21 世纪全国高等院校财经管理系列实用规划教材

国际结算(第 2 版)

主　编　张晓芬　李劲涛
副主编　彭一峰　王　瑛
参　编　李春梅　徐李桂
　　　　谭　丹　胡玉婷

北京大学出版社
PEKING UNIVERSITY PRESS

内 容 简 介

随着我国对外贸易的发展，国际结算任务日益繁重。为规避国际结算业务面临的操作风险，需要从业人员具备较高的专业素质。

本书通过对国际结算的基本理论、基础知识和国际惯例的讲解，使学生对国际结算知识有全面系统的了解和认识，并能熟练地进行国际结算的各种实际业务操作。本书主要包括国际结算概述、国际结算中的票据、国际结算方式、国际结算单据、国际贸易融资和非贸易结算等内容。为了更好地使学生学有所专、学以致用，本书在阐述基本原理的同时，列举了对国际结算业务有借鉴意义和指导作用的典型案例和操作实例。

本书可作为高等院校国际经济与贸易专业及其他经管类专业教材，同时也可作为国际贸易与金融从业人员培训的参考用书。

图书在版编目(CIP)数据

国际结算/张晓芬，李劲涛主编. —2 版. —北京：北京大学出版社，2011.9
(21 世纪全国高等院校财经管理系列实用规划教材)
ISBN 978-7-301-17420-3
Ⅰ. ①国…　Ⅱ. ①张…②李…　Ⅲ. ①国际结算—高等学校—教材　Ⅳ. ①F830.73
中国版本图书馆 CIP 数据核字(2011)第 181222 号

书　　名：国际结算(第 2 版)
著作责任者：张晓芬　李劲涛　主编
策 划 编 辑：李　虎　王显超
责 任 编 辑：魏红梅
标 准 书 号：ISBN 978-7-301-17420-3/F・2870
出　版　者：北京大学出版社
地　　址：北京市海淀区成府路 205 号　100871
网　　址：http://www.pup.cn　http://www.pup6.cn
电　　话：邮购部 62752015　发行部 62750672　编辑部 62750667　出版部 62754962
电 子 邮 箱：pup_6@163.com
印　刷　者：三河市博文印刷有限公司
发　行　者：北京大学出版社
经　销　者：新华书店
787 毫米×1092 毫米　16 开本　18.75 印张　420 千字
2007 年 8 月第 1 版　2011 年 9 月第 2 版　2018 年 7 月第 6 次印刷
定　　价：35.00 元

21世纪全国高等院校财经管理系列实用规划教材

专家编审委员会

丛　书　序

我国越来越多的高等院校设置了经济管理类学科专业，这是一个包括经济学、管理科学与工程、工商管理、公共管理、农业经济管理、图书档案学 6 个二级学科门类和 22 个专业的庞大学科体系。2006 年教育部的数据表明在全国普通高校中经济类专业布点 1518 个，管理类专业布点 4328 个。其中除少量院校设置的经济管理专业偏重理论教学外，绝大部分属于应用型专业。经济管理类应用型专业主要着眼于培养社会主义国民经济发展所需要的德智体全面发展的高素质专门人才，要求既具有比较扎实的理论功底和良好的发展后劲，又具有较强的职业技能，并且又要求具有较好的创新精神和实践能力。

在当前开拓新型工业化道路，推进全面小康社会建设的新时期，进一步加强经济管理人才的培养，注重经济理论的系统化学习，特别是现代财经管理理论的学习，提高学生的专业理论素质和应用实践能力，培养出一大批高水平、高素质的经济管理人才，越来越成为提升我国经济竞争力、保证国民经济持续健康发展的重要前提。这就要求高等财经教育要更加注重依据国内外社会经济条件的变化适时变革和调整教育目标和教学内容；要求经济管理学科专业更加注重应用、注重实践、注重规范、注重国际交流；要求经济管理学科专业与其他学科专业相互交融与协调发展；要求高等财经教育培养的人才具有更加丰富的社会知识和较强的人文素质及创新精神。要完成上述任务，各所高等院校需要进行深入的教学改革和创新。特别是要搞好有较高质量的教材的编写和创新。

出版社的领导和编辑通过对国内大学经济管理学科教材实际情况的调研，在与众多专家学者讨论的基础上，决定编写和出版一套面向经济管理学科专业的应用型系列教材，这是一项有利于促进高校教学改革发展的重要措施。

本系列教材是按照高等学校经济类和管理类学科本科专业规范、培养方案，以及课程教学大纲的要求，合理定位，由长期在教学第一线从事教学工作的教师立足于 21 世纪经济管理类学科发展的需要，深入分析经济管理类专业本科学生现状及存在问题，探索经济管理类专业本科学生综合素质培养的途径，以科学性、先进性、系统性和实用性为目标，其编写的特色主要体现在以下几个方面：

(1) 关注经济管理学科发展的大背景，拓宽理论基础和专业知识，着眼于增强教学内容的联系实际和应用性，突出创造能力和创新意识。

(2) 体系完整、严密。系列涵盖经济类、管理类相关专业以及与经管相关的部分法律类课程，并把握相关课程之间的关系，整个系列丛书形成一套完整、严密的知识结构体系。

(3) 内容新颖。借鉴国外最新的教材，融会当前有关经济管理学科的最新理论和实践经验，用最新知识充实教材内容。

(4) 合作交流的成果。本系列教材是由全国上百所高校教师共同编写而成，在相互进行学术交流、经验借鉴、取长补短、集思广益的基础上，形成编写大纲。最终融合了各地特点，具有较强的适应性。

(5) 案例教学。教材具备大量案例研究分析，让学生在学习过程中理论联系实际，特别列举了我国经济管理工作中的大量实际案例，这可大大增强学生的实际操作能力。

(6) 注重能力培养。力求做到不断强化自我学习能力、思维能力、创造性解决问题的能力以及不断自我更新知识的能力，促进学生向着富有鲜明个性的方向发展。

作为高要求，财经管理类教材应在基本理论上做到以马克思主义为指导，结合我国财经工作的新实践，充分汲取中华民族优秀文化和西方科学管理思想，形成具有中国特色的创新教材。这一目标不可能一蹴而就，需要作者通过长期艰苦的学术劳动和不断地进行教材内容的更新才能达成。我希望这一系列教材的编写，将是我国拥有较高质量的高校财经管理学科应用型教材建设工程的新尝试和新起点。

我要感谢参加本系列教材编写和审稿的各位老师所付出的大量卓有成效的辛勤劳动。由于编写时间紧、相互协调难度大等原因，本系列教材肯定还存在一些不足和错漏。我相信，在各位老师的关心和帮助下，本系列教材一定能不断地改进和完善，并在我国大学经济管理类学科专业的教学改革和课程体系建设中起到应有的促进作用。

2007 年 8 月

刘诗白　刘诗白教授现任西南财经大学名誉校长、博士生导师，四川省社会科学联合会主席，《经济学家》杂志主编，全国高等财经院校资本论研究会会长，学术团体“新知研究院”院长。

第 2 版前言

近年来，随着经济、金融全球化浪潮的到来，各国间贸易迅速发展，国际市场发生了重大变化，国际贸易竞争日益激烈，竞争手段不断增加。

国际结算作为一种跨国经济行为是国际金融领域的一个重要分支，是从微观角度研究国际资金流动顺利进行、债权债务按期清偿、货币收付及时实现的学科，它包含对国际结算中的票据、国际结算方式以及以银行为中心的转账结算支付体系的研究。

本书第 1 版发行以来，受到广大师生的好评，被全国多所高等财经院校选作教材。为了更好地满足教学和银行国际结算业务部门的需求，我们力求以科学性、实用性、新颖性，阐明国际结算的理论和实践，以更新、深化、可操作性为宗旨，对第 1 版进行了修订。

第 2 版在每章后的习题中增加了选择、判断、技能练习、业务处理等实际操作功能，特别是对国际结算领域中遇到的专业术语及英文缩写进行了归纳整理，删除了一些章节，使全书内容更为精炼。

本书在编写过程中着重突出以下特点。

(1) 科学性、通用性。本书符合学校、学科的课程设置要求，以高等教育的培养目标为依据进行编写，能够满足同类专业不同层次院校的需求，同时也可作为进出口单位相关人员的业务参考用书。

(2) 实用性。国际结算是一门理论与实务相结合的课程，尤其强调理论在实际业务中的应用。因此，本书面向就业，突出应用，采用大量的案例来解释、分析国际结算业务的操作要点，并附有各种票据和单据的实例，对票据的签发审核和单据的制作审核加强了训练，同时在主要章节后面安排实训题，培养学生的动手操作能力，为读者提供学以致用、检验和巩固知识的机会。

(3) 新颖性。本书及时反映学科的发展现状和前沿动态，编写内容紧密结合国际惯例的变化，各种单据、信用证和案例都围绕 UCP600 条款中的最新修订内容。

本书分为 10 章，内容包括国际结算概述、国际结算中的票据、国际结算基本方式、信用证、国际结算单据、银行保函与备用信用证、国际贸易融资、非贸易结算等，系统地阐述了国际结算的理论与实务等内容。各章具体编写分工如下：辽宁工业大学张晓芬编写了第 1 章和第 6 章，河南理工大学李劲涛编写了第 2 章和第 10 章，中南林业科技大学彭一峰编写了第 5 章，北方民族大学王瑛编写了第 9 章，兰州理工大学李春梅编写了第 8 章，广西民族大学徐李桂编写了第 3 章，中南林业科技大学谭丹编写了第 4 章，上海建桥学院胡玉婷编写了第 7 章。本书由张晓芬负责全书结构的设计、组织编写工作和最后统稿定稿。

本书课程学时建议：第 1 章 2 学时，第 2 章 6 学时，第 3 章 3 学时，第 4 章 5 学时，第 5 章 8 学时，第 6 章 8 学时，第 7 章 4 学时，第 8 章 4 学时，第 9 章 6 学时，第 10 章 2 学时，共计 48 学时。

在本书编写和修订过程中，编者参考了有关书籍和资料，在此向其作者表示衷心的感谢！在出版过程中，本书得到银行国际结算部门和一些企业的大力支持，在此一并表示感谢！

由于编写时间仓促，编者水平有限，书中难免有疏漏之处，欢迎广大读者予以指正。

编　者

2011 年 7 月

第 1 版前言

近年来，随着经济、金融全球化浪潮的到来，各国间的贸易迅速发展，国际市场发生了重大变化，国际贸易竞争日趋激烈，竞争手段不断增加。根据海关最新统计数据，我国 2006 年对外贸易总额已达到 17 606.9 亿美元。迅速扩大的对外经济规模对作为清偿国与国之间债权债务关系的跨国货币收付活动的国际结算发展提出了新的挑战。与此同时，国际商会银行委员会正式通过了《跟单信用证统一惯例》(UCP600)，并将于 2007 年 7 月 1 日正式实施。相对于 UCP500 来说，UCP600 的修订是划时代性的，它对国际贸易和国际结算实务将产生巨大影响，无疑也使信用证业务的操作发生了质的变化。因此，我们适时地编写了本书，以满足高等院校国际结算课程教学的新需要。

本书在编写过程中着重突出以下特点。

1. 科学性、通用性强

本书符合学校、学科的课程设置要求，以高等教育的培养目标为依据进行编写，能够满足同类专业不同层次院校的需求，同时也可供研究人员或从事国际结算业务的人员参考使用。

2. 实用性强

国际结算是一门理论与实务相结合的课程，尤其强调理论在实际业务中的应用。因此，本书面向就业，突出应用，引入大量经典实例，并附有各种票据和单据的样例，在每一章的结尾，还配有题型丰富的课后思考练习题，为读者提供学以致用、检验和巩固知识的机会。

3. 内容新颖

本书编写之时，恰逢 UCP600 颁布。因此，本书中融入了 UCP600 中的最新修订内容，反映了国际结算实际业务的最新变化。

4. 融入集体智慧

本书由 7 所大学的教师共同编写，这些教师长期从事国际结算教学及科研工作，其中两名教师曾在企业从事过国际贸易工作，具有一定的实践经验。

本书分为 10 章，内容包括国际结算概述、国际结算中的票据、国际结算基本方式、信用证、国际结算单据、银行保函和备用信用证、国际贸易融资、非贸易结算等，系统地阐述了国际结算的理论与实务问题。其中：辽宁工业大学张晓芬编写了第 1、6 章，河南理工大学李劲涛编写了第 2、10 章，中南林业科技大学彭一峰编写了第 5 章，北方民族大学王瑛编写了第 9 章，兰州理工大学李春梅编写了第 8 章，广西民族大学徐李桂编写了第 3 章，中南林业科技大学谭丹编写了第 4 章，上海建桥学院胡玉婷编写了第 7 章。在写作中，编者还得到一些企业和银行国际结算部门的大力支持，在此一并表示感谢！

由于编写时间仓促，本书难免有疏漏之处，欢迎广大读者予以指正。

编　者

2007 年 6 月

目　　录

第 1 章　国际结算概述……1

1.1　国际结算的基本概念……2

1.1.1　国际结算的含义……2

1.1.2　国际结算的种类……2

1.1.3　国际结算的业务特点……4

1.1.4　国际结算的基本内容……6

1.2　国际结算的演进与发展……7

1.2.1　国际结算的产生与发展……7

1.2.2　国际结算业务的发展趋势……9

1.3　国际结算的当事人及相互关系……10

1.3.1　国际结算中的银行……10

1.3.2　进出口双方与所在地银行……13

综合练习……15

第 2 章　国际结算中的票据……18

2.1　票据概述……19

2.1.1　票据的含义……19

2.1.2　票据的功能……19

2.1.3　票据的基本特征……20

2.1.4　票据权力与票据义务……22

2.1.5　票据的法律体系……25

2.2　汇票……28

2.2.1　汇票的含义……28

2.2.2　汇票的内容……29

2.2.3　汇票的当事人……32

2.2.4　汇票的票据行为……33

2.2.5　汇票的种类……38

2.3　本票……38

2.3.1　本票的含义……38

2.3.2　本票的必要记载内容……39

2.3.3　本票的种类……39

2.4　支票……40

2.4.1　支票的含义和特点……40

2.4.2　支票的必要记载内容……40

2.4.3　支票的主要当事人责任……40

2.4.4　支票的种类……41

2.4.5　汇票、本票和支票的区别……42

2.5　票据的风险与防范……44

2.5.1　票据的风险……44

2.5.2　票据风险的防范……44

综合练习……45

第 3 章　国际结算基本方式——汇款……48

3.1　汇款方式概述……49

3.1.1　汇款方式的含义……49

3.1.2　汇款的基本当事人及责任……50

3.2　汇款方式种类及业务程序……51

3.2.1　电汇……51

3.2.2　信汇……54

3.2.3　票汇……54

3.3　汇款方式的头寸调拨与退汇……57

3.3.1　汇款方式的头寸调拨……57

3.3.2　退汇……59

3.4　汇款方式在国际贸易中的应用……60

3.4.1　预付货款……60

3.4.2　货到付款……61

综合练习……63

第 4 章　国际结算基本方式——托收……66

4.1　托收方式概述……67

4.1.1　托收方式的含义……67

4.1.2　托收方式有关当事人及责任……67

4.2　托收方式的种类及业务流程……69

4.2.1　托收方式的种类……69

4.2.2　托收的业务流程……71

4.3　托收方式的特点及出口商的风险防范……74

4.3.1　托收方式的特点……74

4.3.2 出口商面临的风险及防范……75

4.4 国际商会和托收统一规则……77

综合练习……79

第5章 信用证……85

5.1 信用证概述……86

5.1.1 信用证的定义……86

5.1.2 信用证的特点和作用……87

5.1.3 跟单信用证的内容……90

5.2 信用证当事人的权利及义务……93

5.2.1 开证申请人……94

5.2.2 开证行……94

5.2.3 通知行……96

5.2.4 受益人……97

5.2.5 议付行……97

5.2.6 保兑行……98

5.2.7 兑付行……98

5.2.8 偿付行……98

5.3 跟单信用证的业务程序……98

5.3.1 申请开立信用证……99

5.3.2 开立信用证……100

5.3.3 信用证通知与保兑……100

5.3.4 信用证审核、议付与索汇……101

5.3.5 信用证付款赎单……103

5.4 信用证的种类……103

5.4.1 光票信用证和跟单信用证……103

5.4.2 保兑信用证和不保兑信用证……104

5.4.3 即期付款信用证、延期付款信用证、承兑信用证和议付信用证……104

5.4.4 可转让信用证和背对背信用证……106

5.4.5 对开信用证……108

5.4.6 循环信用证……109

5.4.7 预支信用证……110

5.5 信用证业务的风险及防范……110

5.5.1 出口商面临的风险及防范……110

5.5.2 进口商面临的风险及防范……113

5.5.3 银行面临的风险及防范……115

5.6 跟单信用证统一惯例……117

5.6.1 跟单信用证统一惯例概述……117

5.6.2 UCP600的基本内容……118

5.6.3 UCP600相对UCP500内容的实质变更……118

综合练习……121

第6章 国际结算单据……130

6.1 单据的基本概念……132

6.1.1 单据的含义与种类……132

6.1.2 单据的作用……133

6.1.3 合格单据的要求……133

6.1.4 信用证的开立……134

6.2 发票……137

6.2.1 商业发票……137

6.2.2 其他发票……140

6.3 运输单据……143

6.3.1 海运提单……143

6.3.2 航空运送单据……151

6.3.3 公路、铁路或内陆水路运送单据……152

6.3.4 不可转让的海运单……154

6.3.5 租船合约提单……154

6.3.6 涵盖至少两种不同运送方式的运送单据……155

6.3.7 快递收据和邮政收据……155

6.4 保险单据……156

6.4.1 保险单的含义和作用……156

6.4.2 保险单的种类……156

6.4.3 保险单的内容和制作要求……157

6.5 其他单据……160

6.5.1 包装单据……160

6.5.2 商检证书……161

6.5.3 原产地证明书……164

6.5.4 船运公司证明……166

6.5.5 装运通知……167

6.5.6 受益人证明……168

6.6 结汇单证中使用的汇票……169

综合练习 ……173

第 7 章　跟单信用证项下的单据审核 ……181

7.1　单证审核的原则 ……182
7.1.1　合理谨慎审单原则 ……183
7.1.2　遵循单据表面相符原则 ……183
7.1.3　银行审单单据化原则 ……185
7.1.4　银行独立审单原则 ……187
7.1.5　合理时间审单原则 ……188
7.2　单证审核的要求和方法 ……189
7.2.1　信用证本身的审核 ……189
7.2.2　单证审核的方法 ……192
7.3　单据审核的处理要点 ……193
7.3.1　单据审核的要点 ……193
7.3.2　银行对于单据不符的处理方法 ……198
综合练习 ……201

第 8 章　国际结算的其他方式——银行保函和备用信用证 ……207

8.1　银行保函 ……209
8.1.1　银行保函概述 ……209
8.1.2　银行保函种类 ……213
8.1.3　银行保函的业务处理 ……216
8.1.4　银行保函业务的风险与防范 ……220
8.2　备用信用证 ……223
8.2.1　备用信用证概述 ……223
8.2.2　《国际备用证惯例》(ISP98)简介 ……224
8.2.3　备用信用证与跟单信用证和银行保函的比较 ……225
综合练习 ……228

第 9 章　国际贸易融资 ……231

9.1　跟单托收项下的贸易融资 ……232
9.1.1　跟单出口托收押汇 ……232
9.1.2　跟单托收凭信托收据借单提货 ……234
9.1.3　跟单托收凭银行保函提货 ……235
9.2　信用证项下的贸易融资 ……236
9.2.1　出口信用证项下的贸易融资 ……236
9.2.2　进口信用证项下的贸易融资 ……241
9.3　国际保理业务 ……244
9.3.1　国际保理业务概述 ……244
9.3.2　国际保理业务的种类及其运作 ……247
9.4　包买票据业务 ……252
9.4.1　包买票据业务概述 ……252
9.4.2　包买票据业务的特点及其与其他融资方式的比较 ……253
9.4.3　包买票据业务的办理程序 ……255
9.4.4　包买票据业务的利弊分析 ……259
9.4.5　包买票据业务的风险与防范 ……260
综合练习 ……262

第 10 章　非贸易结算 ……268

10.1　非贸易结算的内容 ……269
10.1.1　非贸易结算的含义 ……269
10.1.2　非贸易结算的范围 ……269
10.2　信用卡 ……271
10.2.1　信用卡的含义和特点 ……271
10.2.2　信用卡的种类和信用卡机构 ……272
10.2.3　信用卡的运作 ……273
10.3　其他非贸易结算 ……276
10.3.1　外币兑换 ……276
10.3.2　旅行支票 ……277
10.3.3　侨汇 ……279
综合练习 ……281

参考文献 ……283

第1章

国际结算概述

教学目标

通过本章的学习，掌握国际结算的概念及国际结算所研究的内容，了解国际结算的产生与发展过程，熟悉国际结算中当事人及其之间关系，对国际结算这门课程有一个大致的了解。

教学要求

知识要点	能力要求	相关知识
国际结算的概念	(1) 理解国际结算的含义 (2) 学会分析比较国际贸易结算和非贸易结算 (3) 掌握国际结算支付工具、支付方式含义	(1) 国际结算的含义 (2) 国际结算的种类 (3) 国际结算的基本内容
国际结算的产生与发展	了解国际结算的发展过程，掌握国际结算的最新动态，培养独立分析、判断及解决问题的能力	国际结算产生与发展的相关背景知识，国际结算的发展趋势
国际结算的当事人及相互关系	能够在实际业务中选择适合银行为国际结算服务	(1) 国际结算中银行之间的关系 (2) 贸易商与银行之间的关系

导入案例

中国上海 TEX 出口公司在 2004 年广州春交会上结识了俄罗斯 Ladimir 公司，公司求购节能灯，共计 3 个 40 尺的集装箱，总金额为 8 3456.79 美元，俄方客户坚持采用 100%货款在装运后 30 天内付清。由于这是初次交易，TEX 公司不敢贸然接受 100%商业信用的结算方式，要求修改结算方式为：100%货款采用即期信用证在装运后 30 天付款，俄方客户按期通过德意志银行莫斯科分行开来了信用证，信用证指定中国银行上海分行为通知行，TEX 公司在收到信用证后开始组织生产，生产完毕后，按照合同和信用证的要求，及时向中国银行上海分行办理了交单，由于资金紧张，TEX 公司同时向银行提出了融资的要求，中国银行上海分行审核单据后，认为“交单相符”，并在第二天接受了融资要求，给其办理了出口押汇，出口公司获得 70%的出口融资，35 天后，中国银行上海分行从开证处收回了全部货款，将余额扣除本金后，支付给了 TEX 公司，该笔出口业务顺利完结。

资料来源：徐进亮主编.《国际结算惯例与案例》. 对外经济贸易大学出版社，2007.

从这个案例可以看出，国际结算是通过银行进行的，国际结算的方式不同，银行所起的作用就不同，那么银行之间如何建立代理关系，实际业务中选择什么样的结算方式？这些都是本书将要阐述的问题。

1.1 国际结算的基本概念

伴随着国际交往日益增加以及经济全球化的深入发展，商品货款及劳务价款的索取与偿付；国际资金的单方面转移与调拨；国际银行间资金的转账与划拨等国际上发生的货币收付活动越来越频繁。国际结算在促进各国经济和国际贸易发展等方面发挥了很大作用。

1.1.1 国际结算的含义

国际结算是指处于两个不同国家的当事人(包括个人、企业、其他法人组织或政府)，因为商品买卖、服务供应、资金调拨、国际借贷等活动通过银行办理的两国间货币收付业务。

国际结算是一项极其重要的跨国经济行为，是保障与促进国际各项活动与交往正常进行的必要手段。它的主体是处于两个不同国家(地区)的当事人，位于国际结算的首尾两端，而银行是国际结算的枢纽。国际结算的目的是以有效的方式和手段来实现国际上的以货币表现的债权债务的清偿。

1.1.2 国际结算的种类

1. 按照产生债权债务原因划分

国际结算可按照产生债权债务原因的不同分为国际贸易结算和非贸易国际结算。

1) 国际贸易结算

国际贸易结算是基于国际商品贸易而形成债权债务所进行的货币收付业务。国际贸易结算是国际结算的基础，在国际结算中具有主导地位，包括了所有商品贸易方式的结算，其结算范围为：有形商品的进出口贸易结算；记账贸易结算；资本性货物贸易以及综合类的商品贸易结算(如国际工程承包、补偿贸易、技术服务贸易等)；等等。国际贸易结算是以有形贸易结算(商品的进出口贸易)为主的。

2) 非贸易国际结算

非贸易国际结算是指由国际贸易以外的其他经济活动，以及政治、文化等交流活动，而引起的货币收付。它包括以下内容。

(1) 无形贸易结算，主要是劳务的进出口交易，此外还包括非贸易因素所形成的债权债务，如学费、旅费等。

(2) 金融交易类结算，是指国际上各种金融资产买卖的结算，如外汇买卖、证券、股票等金融工具的买卖，也包括期权、期货等衍生工具的买卖等，特点是数额比较庞大。

(3) 国际资金单方面转移结算，是指发生在政府与民间的各种援助、捐助、赠款以及各种资金调拨行为等形式。

此外，还有国际商品经济活动引起的资金跨国流动，如侨汇业务、信用卡及旅行支票业务等，非贸易结算是以服务贸易结算为主。

近年来，随着国际信贷、外汇买卖等金融交易量的迅速增加，国际非贸易结算的笔数和金额均已大大超过了国际贸易结算。但是国际贸易结算在整个国际结算中仍然占据着重要地位。就国际结算实务而言，贸易结算较之非贸易结算要复杂得多，它几乎使用了所有国际结算的手段和方式。国际贸易结算是本书学习的重点。

2. 按结算中使用的支付手段划分

按照结算中使用支付手段的不同，可以分为以下 4 种。

1) 现金结算

现金结算是最原始的国际结算方式，在早期的国际结算贸易中，买方一手交钱，卖方一手交货，货款两清。随着国际贸易量的不断增加，这种结算的弊端越来越多，如运送货币的风险较大、成本过高、识别货币真伪有一定困难等，所以在当今的国际贸易中，很少使用这种现金结算业务，它通常用于金额较小的非贸易结算中。需注意的是国际结算中使用的结算货币，必须是可自由兑换的货币。

2) 票据结算

国际贸易结算基本上是非现金结算，即使用以支付金钱为目的并且可以流通转让的债权凭证——票据(包括汇票、本票和支票)作为主要的结算工具清偿债务。票据在结算中起到流通手段和支付手段的作用，票据的使用极大地提高了国际结算的效率和安全程度。

3) 凭单付款结算

国际贸易双方订立销售合约后，卖方有交货义务，买方有付款义务。国际商会制订的《2010 年国际贸易术语解释通则》中，对于每项贸易条件都订明了买卖双方的责任，尤其是在使用“象征性交货”的价格术语时，采用信用证方式结算，是典型凭单付款实例。卖方只需在合同规定时间和地点完成装运，并向付款银行提交符合信用证规定的包括物权凭证在内的有关单据，就算完成了交货义务，银行审核所有单据准确无误后，支付货款。

4) 电讯化结算

随着科学技术的不断发展和进步，国际结算已开始进入电讯结算阶段，即在国际结算过程中的各个环节，采用电子数据方法处理业务，如使用 EDI 制作和传递发票、提单等商业单据，以电子方式审核有关单据，传递一切有关的信息，结清债权债务关系。

1.1.3 国际结算的业务特点

1. 国际结算需按照国际法规和国际惯例进行

国际结算涉及多边关系，因此公认的法规和惯例成为国际结算业务顺利开展的前提。国际结算中适用的国际法规和国际惯例通常包括以下几种。

1) 国际法规

《联合国国际货物销售合同公约》，该公约规范了国际货物买卖合同双方当事人之间的权利和义务，一般也适用于当事人在国际结算业务中的行为。

《日内瓦统一汇票本票法公约》和《日内瓦统一支票法公约》，这两个公约统称为《日内瓦统一法》，现在已被法国法系和德国法系的大多数国家所接受，因此大陆法系各国的票据法基本趋于统一。

2) 国际惯例

国际惯例是国际组织或权威机构为了减少贸易争端、规范贸易行为，在长期、大量的实践基础上制定出来的，在法律上没有明文规定但为国际普遍接受的通行做法。国际贸易与结算所涉及的国际惯例很多，但通常要遵守下面几项国际惯例。

一是国际商会《托收统一规则》(URC522)，于1996年1月1日起实施。该规则自实施以来，已被各国银行和贸易商广泛采用。

二是国际商会《跟单信用证统一惯例》，于1929年制定，原名为《商业跟单信用证统一规则》，此后经过多次修改，定名为《跟单信用证统一惯例》，是国际银行界、律师界、学术界自觉遵守的“法律”，对信用证的争议或纠纷乃至诉讼通常援引它作为依据，是全世界公认的、到目前为止最为成功的一套非官方规定。目前，大家熟悉并使用的是顺应时代变迁、顺应科技发展的并于2007年7月1日正式实施的UCP600。这是UCP自1933年问世后的第六次修订版。

三是国际商会《跟单信用证项下银行间偿付统一规则》(URR525)，于1996年7月1日生效。它主要解决了银行间偿付的程序问题，有利于推动银行间偿付在世界范围实行标准化的进程。

四是国际商会《见索即付保函统一规则》(URDG458)，于1992年4月出版。URDG458不仅为银行、保险公司等金融机构以及从事国际借贷、项目融资、工程承包、招投标、租赁、劳务输出及技术合作的企业提供了帮助，而且为律师、法院和仲裁机构提供了解决相关争议的依据。

五是国际商会《国际备用证惯例》(ISP98)，于1999年1月1日起生效，并被定为国际商会第590号出版物，在全世界推广使用。它填补了备用信用证在国际规范方面的空白。

六是国际商会《2010年国际贸易术语解释通则》INCOTERMS 2010，于2011年1月1日正式生效。价格术语解决了买卖双方在货物交接过程中的责任、风险、费用划分等问题，为国际结算提供了方便。

2. 国际结算以可兑换货币为媒介

可兑换货币也称自由外汇，是指一种货币只要不受限制可以自由兑换成其他货币。作为可兑换货币必须具备以下 3 个条件：①能自由兑换成其他货币；②对国际性经常项目(即贸易与非贸易项目)的支付不受限制；③该货币国的管理当局不采用或不实行多种汇率制度或差别汇率制度。

目前，可自由兑换货币很多，但是要注意的是，不是所有的可自由兑换货币均可用于国际收支和国际结算。由于世界各国经济发展的不平衡性，最终用于国际支付和国际结算的货币总是集中在少数几种可兑换货币上，如美元、欧元、英镑等，它们是国际结算的主导货币。

专栏 1-1

人民币跨境贸易结算

2008 年 12 月，国务院宣布对广东和长江三角洲地区与港澳地区、广西和云南与东盟的货物贸易进行人民币结算试点。2009 年 4 月 8 日，国务院决定在上海市和广东省内四城市(广州、深圳、珠海、东莞)开展跨境贸易人民币结算试点。香港地区则申请境外人民币贸易结算首先试点地区。2009 年 7 月 2 日，中国人民银行、财政部等六部委联合发布《跨境贸易人民币结算试点管理办法》(以下简称《办法》)，期待已久的跨境贸易人民币结算试点具体操作办法终于出台。

人民币跨境贸易结算指将人民币直接用于跨境贸易，进出口均以人民币计价和结算，居民可向非居民支付人民币，允许非居民持有人民币存款账户。通俗地说就是在国际贸易结算中所使用的货币是人民币，进出口双方用人民币计价，出口方收到的货款是人民币，进口方付出的货款也是人民币，同时在本国居民与非本国居民之间的货币往来也可使用人民币。

开展人民币跨境贸易结算不仅顺应了市场的需求，而且扩大了人民币在周边国家及地区内的影响力，标志着人民币国际化进程迈出了实质性的第一步，顺应了国内外市场和企业对人民币作为国际支付手段的需求，又有利于企业选择合适的结算方式，规避汇率风险，实现双赢。企业对使用人民币进行国际结算也具有较大的需求。跨境贸易人民币结算真正的变化在于境内外银行之间的后台结算部分。比如，中国某出口企业在与海外买家协商过程中，可以要求人民币结算，海外买家则在付款行开具人民币信用证，随后议付行通知卖家，之后才是发货、收货、收付款等。国际贸易人民币结算首先有利于加强中国对外经济、贸易和投资往来，促进中国经济更好地融入世界经济。也有利于进一步完善人民币汇率形成机制并促进国际货币体系多极化发展。促进中国金融业的发展与开放，有利于增强中国在国际市场上的金融资源配置能力。

资料来源：http://baike.baidu.com/view/2351314.htm.

3. 国际结算以银行为中介

商业银行是国际结算业务的连接纽带。在现代国际结算中，不同国家间的债权债务关系的清偿都是通过银行作为中介实现的。银行的介入大大提高了结算效率，降低了结算风险，为进出口双方提供了资金支持，虽然有时在国际结算中银行提供了以自身信用为主体的多样化服务，如信用证、保函等，但是银行在国际结算中的中介代理人地位是根本的，在清算债权债务的活动中，商业银行提供服务、承担风险的根本目的是为了获得一定利润。

4. 国际结算以国际贸易为基础

在进出口交易的整个环节中，贸易货款收付是合同中最重要的条款之一。出口方按照合同要求按时按质按量交付了货物，收回货款是出口商的根本目的和最主要权利，支付货款是进口方的主要义务。于是出口方就成为债权方，进口方就成为债务方，国际结算也就有了存在的基础。国际结算服务于国际贸易，国际贸易的发展对国际结算提出了新的要求，目前，买方市场在全球贸易中逐步形成，出口竞争的方式日益多元化，竞争的层次也愈来愈深，国际结算中的附属结算方式，如保理(Factoring)、保函(Letter of guarantee)和包买票据(Forfeiting)等，越来越被广泛地应用，它们作为新的结算方式，越来越多地被企业广泛采用，甚至可以说，它们正在逐步取代信用证成为主流的结算方式。

5. 国际结算比国内结算复杂

因为国际结算是跨国界进行的，国际贸易的交易双方处在不同国家和地区，各国的政治制度、法律体系不同，文化背景互有差异，这使得国际结算的有关各方在语言及文字沟通、资信了解、运输与保险的操作、外汇管制等许多方面增加了困难，如果出现争议和纠纷，没有统一的法律管辖，在实际业务中有一定的困难。

1.1.4 国际结算的基本内容

本书主要介绍由国际货物买卖所引起的国际贸易结算实务知识及其有关的理论。对涉及国际贸易结算各当事人之间权利义务关系的法律规则和国际惯例，也有论述。

国际结算包括的内容，如图1.1所示。主要有以下三部分内容。

1. 国际结算支付工具

国际贸易货款结算，作为支付工具的有货币和票据，在实际业务中，以现金结算货款的情况比较少，仅限于小额支付，大多情况下采用票据进行结算。因此，票据的运作规律、行为、法律、要式及种类等是国际结算研究的第一个对象。票据是具有一定格式、明确规定金额、期限，到期时由付款人对持票人或其指定人无条件支付一定款项的信用凭证。票据有汇票(Bill of Exchange)、本票(Promissory Note)、支票(Check)三种主要形式，还有旅行支票、信用卡等其他形式。票据的广泛应用使国际结算更加迅速、安全。

2. 国际结算方式

结算方式是按照一定条件、采取一定形式、使用相应的信用工具实现国际货币收付的方式。国际结算方式的产生、发展、应用以及创新是国际结算研究的第二个对象。

国际贸易与非贸易往来的债权债务需要通过一定的方式进行结算。按照资金流向与结算工具传送方向是否一致，国际结算方式可分为顺汇和逆汇两大类别。

(1) 顺汇，由债务人或付款人主动将款项交给银行，委托银行使用某种结算工具，支付一定金额给国外债权人或收款人的结算方法。汇款中的信汇、电汇均属此类。

(2) 逆汇，由债权人以出具票据的方式，委托银行向国外债务人收取一定金额的结算方式。托收、信用证业务均属此类。

按结算工具和使用方法划分，国际结算可分为汇款、托收、信用证、银行保函、保理等，这是最常用的分类方法。

按信用工具的性质划分，分为商业信用结算和银行信用结算，前者即由出口商和进口商相互提供信用，包括汇款和托收，后者即由银行提供信用来进行债权债务的清偿，包括信用证、银行保函、信用卡等。在上述结算方式中，国际贸易使用最普遍的是信用证结算方式。

3. 国际结算中的单据

单据的传递与使用是实现国际结算的必备条件之一，在国际贸易结算中，单据具有举足轻重的作用。特别是以跟单信用证结算货款时，出口商提交的单据合格与否，成为其能否收回货款的决定性因素。因此，单据的种类，制作要求等内容是国际结算研究的第三个对象。单据包括运输单据、商业发票、保险单据等，也包括进口商根据进口国的规定、货物性质或其他需要而要求出口商特别提供的附属单据，如海关发票、领事发票、产地证书、卫生检疫证明等，以及附属于商业发票的单据，如包装单、尺码单、检验证等。

随着现代化通信技术的发展，货物单据化的事实将有所改变，一些国家已经简化了单据的实用程序。特别是电子数据交换(EDI)的问世与推广应用，将引发国际贸易及其结算的传统单据运作体系的重大变革。

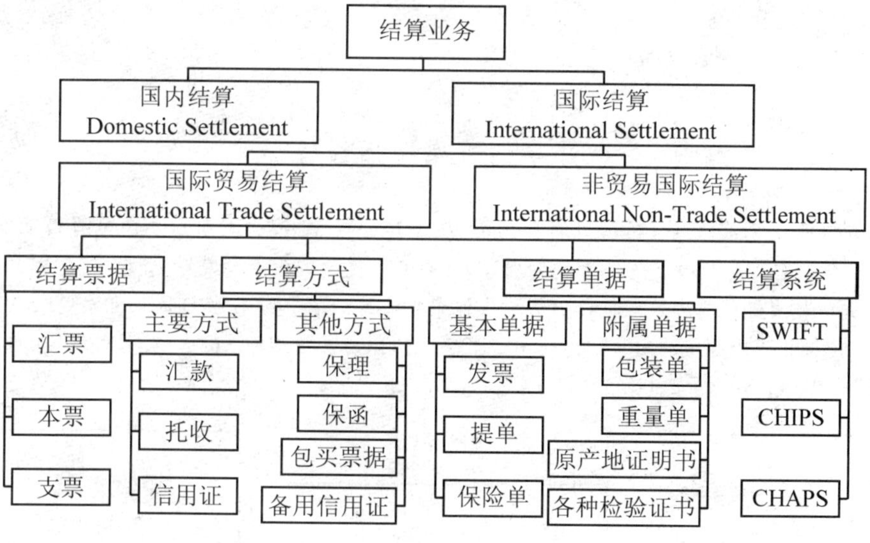

图 1.1　国际结算的内容

1.2　国际结算的演进与发展

1.2.1　国际结算的产生与发展

国际结算是以国际贸易的产生和发展为前提的，但它们不是同时产生的。国际结算的产生虽然落后于国际贸易，但是国际结算方式创新又促进了国际贸易的发展。

1. 由物物交换发展到现金结算

国际结算最早源于国际间的商品买卖，当时国际贸易是以物易物形式进行的，物品被用作交换的支付手段，例如，在古罗马人们使用羊、希腊使用牛作为支付手段，后来通过长期实践，人们意识到金属胜过上述用作货币的物品，尤其是黄金和白银，因为金银有质地均匀、体积小、价值大、便于分割、易携带等特点，这样一般等价物的职能就长期地固定在金银上，金银就从商品世界中分离出来，升华为货币。但是这种支付方式需要买方把作为货币的贵重金属运送到卖方那里，在途时间较长，不安全，费用也高，占用资金的时间长，而且存在难辨真伪、不好清点的困难。后来，随着国际贸易活动的扩大与扩展，单纯的现金结算已越来越不符合实际的需要，于是出现了商业汇票等非现金结算方式。

2. 由现金结算过渡到非现金结算

在 15 世纪末 16 世纪初，到了由封建社会向资本主义社会过渡的时期，国际商品交换的种类、范围及交易量都有了飞速发展，商人们开始使用“字据”来代替现金，出现了以不附带货运单据的汇票结算方式，并广泛流行。

16—17 世纪，票据形式结算已被广泛使用，票据是一种书面形式，上面记载着所有者拥有的金钱或财物的权利，并且票据能够以简便方式转让，转让这种所有权，使债权债务能够得到清偿。

■ 实例 1-1

最早的汇票流通过程

美国的进口商 A 向澳大利亚的出口商 B 购买 20 万美元羊毛，澳大利亚 C 商向美国 D 商购买 20 万美元小麦。B 出口商发货后开出一张以 A 商为付款人的 20 万美元的汇票，然后通过一定的中间人或直接将其卖给了 C 商，收回自己的货款，而 C 商用这张汇票支付给 D 商，最后由 D 商持汇票要求 A 商付款，如图 1.2 所示。这样异国或异地的结算因为使用了汇票而转化为国内结算。(注：本案例改写. 选自郭晓晶的《国际结算》. 科学出版社，2006.第 2 页.)

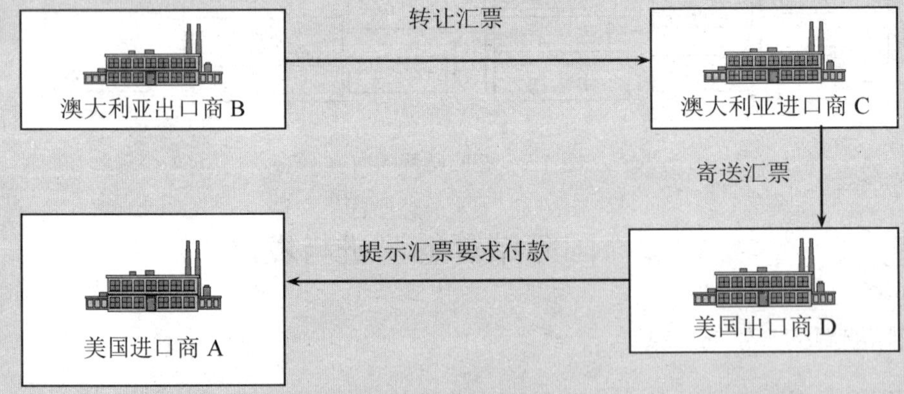

图 1.2 最早的汇票流通过程

3. 从凭货付款发展到凭单付款

进入 18 世纪，随着科学技术的进步，运输和通信工具进一步发展，国际贸易条件发生了巨大变化，商人从事海上贸易时大部分采用 FOB 条件，商人们不再自己运送货物，而是委托船东运送货物，买方自始至终在船上监督交货的情况，并对货物进行检查，如果他认为货物与他事先看到的样品相符，就在当时当地偿付货款，这是一种典型的买卖双方直接结算的方式。到 19 世纪中叶，随着航运单据和保险单据的条款日趋完善和标准化，海运提单和保险单据成为可转让的票据，在 CIF 条件下，卖方凭单交货，买方凭单付款，使商品的买卖可以通过单据的买卖与交割得以实现，从而使国际贸易从以货物为依据发展到以单据为依据。

4. 从买卖双方的直接结算向有银行介入的结算发展

19 世纪末、20 世纪初，随着金融业的兴起和发展，国际贸易中逐渐出现了银行间的相互代理，使国际结算由单纯的商人间直接结算逐渐转变为以票据为主要结算工具通过银行来完成的间接结算，银行最初介入国际结算，主要是接受进出口商委托代汇、代付货款，商人只是利用银行进行收付和融资，但在国际贸易中，商人往往互不信任，这就要求银行为其开出以银行保证付款的凭证，以促成交易的达成，信用证随之出现，在银行信用证业务中，银行以“本人”的身份介入买卖双方之间的结算，对进口商交付合格单据以保证收到货物，而对出口商予以付款保证，从而使原始的国际结算方式逐步过渡到现代国际结算方式，即以银行为中心的国际结算体系。现在由于银行拥有高效率的资金转移网络、安全的保障系统和良好的信誉，买卖双方还可以要求银行为其融资。国际贸易融资是国际商业银行的一项重要任务，所有商业银行都把贸易融资放在重要地位，并且贸易融资方式更加多样化，除了传统的短期贸易融资如进出口押汇、票据贴现、打包贷款外，中长期贸易融资也得到很快发展。

1.2.2　国际结算业务的发展趋势

1. 电子数据交换(EDI)将成为国际结算的主要形式

EDI(Electronic Data Interchange)，在我国译为“电子数据交换”，又称“无纸贸易”。目前，国际上对它还没有一个统一的定义，一般认为它是指按照某种协议，对标准化的贸易文件通过电子计算机网络在贸易伙伴之间进行传递和综合处理的系统。EDI 起源于 20 世纪 60 年代欧美国家，最早使用于美国运输业，后经不断改进和反复应用，逐步推广到世界各地。采用 EDI 贸易方式，从订立合同、生产、发货、报关到结汇，整个过程都是通过电子计算机自动处理，不需要传递书面单证，比之传统贸易方式，它加快了文件的传输速度，简化了中间环节，减少了资金占用，节约了文本制作费用，避免了因重复录入数据产生的差错率，从而提高了效率、竞争能力和服务质量。现在欧美发达国家和一些发展中国家，EDI 已成为对外贸易最基本的手段和联络方式，被广泛应用于贸易公司、海关、商检、银行、交通运输和保险等部门或行业，并已取得巨大的经济利益。电子化国际结算带来了极大的便利与革新，随着国际贸易的各个环节向电子化方向发展，电子数据交换(EDI)将最终代替纸制单据成为国际结算的主要形式。

2. 传统结算方式面临新的变革

长期以来，信用证(L/C)这种以银行信用作为付款保证的支付方式，一直处于主导地位，20 世纪 60—70 年代，全球进出口贸易额的 85%以上都是采用信用证方式来结算的。但进入 90 年代以后，世界经济的发展，已造就一个全球性的买方市场。买方更愿意选择对其有利的商业信用支付方式，而不愿采用对其约束力强、费用高的信用证支付方式。出口商积极采用商业信用支付方式，其目的就是为了适应竞争的需要，提高竞争力，扩大出口机会。信用证支付方式的使用率却迅速下降，而非信用证支付方式，如付款交单(D/P)、承兑交单(D/A)以及赊销(O/A)等以商业信用为付款保证的支付方式却大行其道，很快成为国际贸易中的主流支付方式。目前，欧美企业贸易额的 90%是采用非信用证方式进行交易的，其坏账率不超过 0.5%；亚太国家中许多企业亦采用托收或赊销方式。而我国企业使用信用证的比例高达 85%，但坏账率竟达 5%。可见，采用托收和赊销等商业信用方式是国际货款支付方式的发展趋势。

1.3 国际结算的当事人及相互关系

国际结算是在一定规则下由当事人在分工基础上共同完成的一项行动，在不同国际结算方式下，当事人叫法不同，但基本涉及 4 个当事人，即进出口双方和各自所在地的银行。

1.3.1 国际结算中的银行

1. 国际结算中的银行关系

国际结算是通过银行进行的货币收付活动，在实际业务中是由一家银行从付款人处收到款项，然后通过该银行海外分支机构和代理行的合作来完成。银行在国际结算中发挥很大作用，为进出口商提供服务乃至资金融通，增加了进出口商在交易中的安全感，并且有利于资金的周转，使国际贸易量大大增加，进一步推动国际贸易的顺利发展。以中国银行为例，其在全球 27 个国家的地区设有 600 多间分行、子公司及代表处，境外代理行 4 000 余家，覆盖了纽约、伦敦、东京、香港、法兰克福和新加坡等主要国际金融中心，形成了强大的国际结算网络。

根据与本行的关系可以将往来银行分为联行和代理行。

1) 联行

联行是指一家商业银行内部的总行、分行及支行之间的关系，既包括分行、支行之间的横向关系，也包括总行与下属分行、支行之间的纵向关系，其中分行之间的关系是联行的主体。根据设立地点不同，联行可分为国内联行和海外联行，国际结算中所涉及的都是海外联行。设立海外联行的目的主要是为了开拓海外市场，方便国际结算，扩大银行业务范围，更好地促进国际贸易发展。

(1) 分行。设在国外的分行是总行的经营性机构，无论是在法律上，还是在业务上，它都是母行的有机组成部分，它不是独立的法律实体，没有独立的法人地位，不但受其所在国家的金融管理法令和条例的约束，也受其营业所在地的管理法令和条例的约束。它的资金由其总行提供，盈亏由总行承担，主要部门负责人也有总行委派。

分行下设的营业机构即支行，它直接属分行管辖，规模比分行小一些，层次比分行低一些。

(2) 子银行。子银行是按东道国法律注册的一家独立的经营实体。其资本全部或大部分属于其母银行，母银行对它有控制权。子银行的经营范围很广，可从事东道国国内银行所能经营的全部业务，在某些情况下，还能经营东道国银行不能经营的业务，如证券、投资、保险业务等。

(3) 代表处。代表处是总行在国外开设的，并代表该银行的办事机构，代表处本身不经营业务，仅为其总行提供当地的各项信息。

在办理结算和外汇业务时，联行是最优选择，因为联行与本行是一个不可分割的整体，利益共享，风险共担。

2) 代理行

代理行是指接受其他国家或地区的银行委托，代办国际结算业务或提供其他服务，并建立相互代理业务关系的银行。我们把建立了业务关系的港澳及外国银行，或不同系统的我国银行在港澳及国外的分支机构称为代理行。但是在实际业务中我们所说的代理行通常为港澳及外国银行。代理行又分为一般代理行和账户代理行。

(1) 一般代理行。代理行之间关系一般由双方的总行直接建立，分支行一般不能独立对外建立代理关系。选择一般代理行从三方面考虑：一是选择合适的国家和地区，在业务往来较多的国家和地区建立；二是选择国际性大银行，其资金实力雄厚、信誉好、风险低；三是选择对我国友好的银行。

银行建立一般代理关系的步骤具体如下。

首先，签协议(即双方的合同)。代理协议的主要内容有：双方银行名称、地址、相互代理业务范围、各自的责任、协议生效日期、代理期限、使用分支行等内容。

其次，交换控制文件。为确保业务安全、顺利完成，双方银行在签订代理协议后，还必须交换控制文件。控制文件(安全措施)分 3 个方面，一是签字样式，即印签，是银行有权签字人的签字式样。银行之间的信函、凭证、票据等，经有权签字人签字(手写的字，不易模仿)后，寄至收件银行，由收件银行将签名与所留印签进行核对，如果相符，即可确认是真实的，代理行印签由总行互换；二是密押，银行之间传递业务信息，主要是通过电报或电传进行的，为了确保该份文件来自对方银行，银行之间互相交换了类似密电码之类的东西，发报银行在每一份电文前列加上一行从密码本算出来的数字和字母(就是所谓的密押)，收报银行用密码本对“密押”进行核对，确保无误后才作业务处理。近十多年以来，国际银行间已普遍使用 SWIFT 系统(可称为全球银行间的内部互联网)，传递的信息由电脑系统自动加密和核对，非常方便，但为了防止密押被破译，应当及时更换；三是费率表，它是银行办理代理业务时收费的依据，一般由总行对外制定并公布。

一般代理行在双方订立代理协议并互换了控制文件后，即建立了代理关系。

(2) 账户代理行。在国际经济交易中不管双方当事人以何种支付方式进行结算，资金必须在银行之间调拨，这种银行之间的资金转移是通过银行账户进行的。

账户代理行是在建立了代理关系后，代理行之间单方或双方互相在对方银行开立了账户的银行，是为了解决双方在结算过程中的收付而建立的特殊关系，账户行业务资金都可直接进行。

选择账户代理行的原则是在选择一般代理行的前提下，再选择同我方业务往来密切、资信可靠、经营作风正派、提供服务好、条件优惠的代理行做账户行；账户币种的选择方面，以可自由兑换的国际通用货币为主。

一般而言，建立往来账户有两种形式：一是单方开立账户，即一方在对方银行开立对方货币或第三国货币账户，如一家银行在外国代理行开立账户则被称为存放国外同业，在我国被称之为往账，如外国银行在本行开立的账户称为国外同业存款，我国亦称来账；二是双方银行相互在对方国家开立对方国家货币账户，如中国银行在美国花旗银行开立美元账户；花旗银行在中国银行开立人民币账户。有往来账户关系的银行成为账户行。

2. 国际结算中的银行网络

随着电子计算机和通信技术的发展，一些国家的银行组织建立了国际性的银行电信网络。国际银行间通过这种电信网络传递信息，提高了业务处理标准化，缩短了结算时间，促进了国际贸易的发展。

1) 环球银行金融电信协会(SWIFT)

环球银行金融电信协会是一个国际银行间非盈利的合作组织，该组织成立于 1973 年 5 月，总部设在比利时的布鲁塞尔，在荷兰和美国设有运行中心，在各会员国设有地区处理站。SWIFT 把银行业务分为客户汇款、银行间头寸调拨、外汇业务、托收业务、证券业务、贵金属和银团贷款业务、信用证和保函业务、旅行支票及银行账单处理业务等九大类。其中第一类格式代码为 MT1xx，用于客户汇款与支票业务，如 MT199 通常用于电汇业务；第七类格式代码为 MT7xx，用于跟单信用证及保函业务，如开立跟单信用证的格式代码为 MT700/ MT701，MT710 是通知由第三家银行开立的跟单信用证报文格式。SWIFT 具有自动存储信息、自动加押、自动核对密押的功能，加之 SWIFT 的通信是电脑化的，会员之间的资金转移只需几分钟就能完成。目前，全世界已有超过 200 个国家的 7 000 多个银行在使用 SWIFT 协议。中国是 SWIFT 会员国，中国银行、中国工商银行、中国农业银行、中国建设银行、中国交通银行等均加入了 SWIFT 组织，开通了 SWIFT 网络系统。

2) 国际性支付系统

国际性支付系统主要处理国际上各种往来所产生的债权债务清偿和资金转移，大致有两种类型：一类是由某国清算机构建立并运行，由于该国的金融及货币在世界经济中占有重要地位，所以逐步被沿用至国际支付清算领域，如美国的 CHIPS、英国的 CHAPS 以及日本的外汇日元清算系统等，尽管其分属美、英、日三国，但却处理着目前国际上绝大部分美元、英镑、日元交易的支付清算。另一类是由不同国家共同组建的跨国支付系统，如欧元支付清算系统 TARGET，于 1999 年 1 月 1 日建在德国法兰克福，任何一家金融机构，只要在欧元区所在国家的中央银行开立汇划账户，即可通过与 TARGET 相连接的所在国的清算系统进行欧元的国内或跨国清算；欧洲中央银行及各成员国中央银行负责监督 TARGET 的运营，并作为清算代理人直接参与 TARGET 运行。TARGET 系统的业务范围包括与欧洲中央银行执行统一货币政策有关的欧元资金收付、银行间的大额欧元清算、银行客户间的大额欧元收付结算等。

专栏 1-2

清算所同业支付系统

清算所同业支付系统(Clearing House Interbank Payment System，CHIPS)建立于 1970 年，是一个由纽约清算协会拥有并运行的私营支付系统。CHIPS 是当前最重要的国际美元支付系统。CHIPS 是一个贷记清算系统，它累计多笔支付业务的发生额，并且在日终进行净额结算。CHIPS 的会员行可以是商业银行，国际条例公司和纽约州银行法所定义的投资公司或者在纽约设有办事处的商业金融机构的附属机构。CHIPS 网络现有 140 个会员行，分为每个营业日末的 CHIPS 结算的会员行和非结算会员行。在非结算会员行中，绝大部分是外国银行在美国的分行或代理机构。结算会员行必须在纽约联邦银行开设资金和簿记证券账户。

参加 CHIPS 的银行均有一个美国银行公会号码 (American Bankers Association Number)，即 ABA 号码，作为参加 CHIPS 清算所的代号。每个 CHIPS 会员银行所属客户在该行开立的账户，由清算所发给通用认证号码(Universal Identification Number)，即 UID 号码，作为收款人或收款行的代号。凡通过 CHIPS 支付和收款的双方必须都是 CHIPS 会员银行，才能通过 CHIPS 直接清算。通过 CHIPS 的每笔收付均由付款一方开始进行，即由付款一方的 CHIPS 会员银行主动通过其 CHIPS 终端机发出付款指示，注明账户行 ABA 号码和收款行 UID 号码，经 CHIPS 电脑中心传递给另一家 CHIPS 会员银行，收在其客户的账户上。

资料来源：中国银行网站.

1.3.2 进出口双方与所在地银行

进出口商与银行在办理国际结算时的关系体现在两个方面：一是进出口商对银行的选择，二是银行对进出口商的选择和支持。

1. 进出口商对银行的选择

在国际结算中，进出口双方是重要的当事人之一。买卖双方在合同中必须明确所使用的支付方式。银行是国际结算的中心枢纽，应按照结算方式中要求办理有关货款的收付。进出口商与银行之间的业务往来应以双方签署的有关文件(合同或协议)来约束和保障有关当事人的权利和义务，通常情况下，进出口商与银行之间的有关文件如下。

一是双方就各自行为的范围、方式以及在行为过程中能获得的利益和有关免责条款达成的一致，往往采用协议书或合同的形式。如在托收方式下，出口方委托所在地银行办理托收业务，是以托收委托书(收款委托书)指示为准的，一切寄出的托收单据均须附有托收指示，托收指示是银行及有关当事人办理托收的依据。

二是银行向贸易商所发出的有关文件，如在信用证支付方式下，受益人(即买卖合同中的卖方)有权享有信用证的利益，受益人在接受了开证行开出的不可撤销的信用证时，他们之间便形成了以信用证条款为内容的合同关系，受益人只能按照信用证的要求处理办理货物出口手续，才能得到货款。

无论采取什么结算方式，当进出口商与银行对结算具体运作方式达成一致理解后，业务便可顺利进行。一旦双方出现分歧，或者对代理人选择不慎，进出口商的权利就会受到损害。所以进出口商对银行的选择要考虑双方是否是长期的业务关系，该银行是否有良好的业务记录、信誉以及银行从业人员的素质等因素，选择适宜银行进行货款的结算。

2. 银行对进出口商的选择和支持

银行在国际结算中，也会慎重有选择性地向客户提供其服务，以保障和实现银行的利益，银行选择进出口贸易商时主要考虑以下几个方面因素。

(1) 长期的业务关系。长期而稳定的业务关系，使银行对客户的信誉、经营状况有一定了解。银行会选择信誉良好、长期合作的贸易商提供金融产品，如银行给予客户的信用证的授信额度、信托收据、票据承兑、银行保函、出口信贷、押汇等，无不体现出银行对客户的选择和支持。

(2) 良好的信用记录。进出口商在与银行的合作中以及与其他客户的交往中有着良好的信用记录。

(3) 较雄厚的实力。在国际结算中，越是实力雄厚、信誉卓越的大商家，越容易获得银行资金以及信誉方面的支持。在实际业务中，大的贸易商和银行往往会签订银贸合作协议，以求双方共同发展。银行一方面通过主动选择推销其金融产品。另一方面，它作为代理人接受客户的委托。在接受客户委托的过程中，银行也会通过不断改进和提高服务质量，来进一步稳定和争取客户，对客户提供支持。如为客户提供咨询，对客户提供的单据进行审核等。

总之，进出口商与银行相互间是一种互动合作的关系，一方面进出口商谨慎选择银行来代理完成货款的收付。另一方面，银行也会选择性地向客户提供其金融产品，以保障和实现银行利益。

本章小结

国际结算是指处于两个不同国家的当事人，因为商品买卖、服务供应、资金调拨、国际借贷通过银行办理的两国间货币收付业务。实质上是货币的跨国收付活动，是一项极其重要的跨国经济行为。

国际结算分为国际贸易结算和非贸易结算。国际结算是伴随国际贸易的发展而产生发展的。从买卖双方的传统现金结算、直接结算向有银行介入的间接结算、凭单付款结算发展，随着国际贸易的各个环节向电子化方向发展，电子数据交换(EDI)将最终替代纸质单据成为国际结算的主要形式。

银行在国际结算中处于中介代理地位，办理国际结算业务的银行必须有广泛的海外机构网络，包括联行和代理行，联行是基础，代理行是主体，代理行又分为一般代理行和账户代理行，只有账户代理行才能直接转账收付货款。

进出口商与银行相互间是一种互动合作的关系，且这种互动合作是在一定条件下的互动合作。

关键术语

国际结算　International Settlement

国际贸易结算　Settlement of International Trade

非贸易结算　Non-trade Settlement

有形贸易　Visible Trade

无形贸易　Invisible Trade

可兑换的货币　Convertible Currency

国内联行　Domestic Sister Bank　　海外联行　Overseas Sister Bank
代理行　Correspondent Bank　　电子数据交换　Electronic Data Interchange，EDI
环球银行金融电讯协会　Society for Worldwide Interbank Financial Telecommunication，SWIFT

综 合 练 习

一、填空题

1．国际结算是处于两个国家的当事人通过(　　　　)办理的(　　　　)业务。
2．根据与本行的关系可以将往来银行分为(　　　　)和(　　　　)。
3．建立代理行关系时，双方互相交换的控制文件包括(　　　　)、(　　　　)和费率表。
4．结算按资金的流向和结算工具的传递方向分类有(　　　　)和(　　　　)两大类别。
5．国际结算包括(　　　　)和(　　　　)和结算单据三部分内容。

二、判断题

1．我国内地与港、澳、台地区之间的货币收付，因属同一个国家。所以属于国内结算。(　　)
2．代理行之间，核对往来函件的真伪用印鉴。(　　)
3．目前的国际结算绝大多数都采用现汇结算。(　　)
4．银行间的代理关系，一般由双方银行的总行直接建立，分行不能独立对外建立代理关系。(　　)
5．美国某企业有一笔 90 天期的日元应付货款，若预测日元兑美元将升值，为了减少外汇风险损失，该企业应尽可能推迟结汇。(　　)
6．至今已经形成了一系列被各国银行、贸易、航运、法律等各界人士公认，并广泛采用的国际惯例，因此国际惯例对贸易的当事人具备强制性。(　　)
7．国际结算属于一项银行中间业务。(　　)

三、选择题

1. 商品进出口款项的结算属于(　　)。
A. 双边结算　B. 多边结算　C. 贸易结算　D. 非贸易结算
2. “汇款方式”是基于(　　)进行的国际结算。
A. 国家信用　B. 商业信用　C. 公司信用　D. 银行信用
3. 甲国向乙国提供援助款 100 万美元，由此引起的国际结算是(　　)。
A. 国际贸易结算　B. 非贸易结算
C. 有形贸易结算　D. 无形贸易结算
4. 以下(　　)引起的货币收付，属于“非贸易结算”。
A. 服务供应　B. 资金调拨　C. 设备出口　D. 国际借贷
5. 国际结算制度的核心即是(　　)。
A. 信用制度　B. 银行制度　C. 贸易制度　D. 外汇管理制度

四、简答题

1. 简述国际结算的含义与种类。
2. 国际结算研究的内容有哪些?
3. 目前适用于国际结算的国际惯例与规则有哪些?
4. 代理行之间的关系是如何建立的?
5. 控制文件包括几方面?分别起什么作用?

【案例分析题】

根据以下案例所提供的资料,试分析:国际结算业务中选择银行应考虑哪些因素?

某中行曾收到一份由印尼雅加达亚欧美银行发出的要求纽约瑞士联合银行保兑的电开信用证,金额为 600 万美元,受益人为广东某外贸公司,出口货物是 200 万条干蛇皮。但查银行年鉴,没有该开证行的资料,稍后,又收到苏黎世瑞士联合银行的保兑函,但其两个签字中,仅有一个相似,另一个无法核对。此时,受益人称货已备妥,等待装运。为慎重起见,该中行一方面劝阻受益人暂不出运,另一方面抓紧与纽约瑞士联合银行和苏黎世瑞士联系查询,先后得到的答复是“从没听说过开证行情况,也从未保兑过这一信用证,请提供更详细资料以查此事。”至此,可以确定,该证为伪造保兑信用证,诈骗分子企图凭以骗我方出口货物。

分析国际结算业务中选择银行时应该考虑哪些因素?

【实际操作题】

早先在意大利有一个商人 A 向在伦敦的商人 B 进口一些机织布匹,当时虽然已经有了汇票,但还没有跨国银行机构,所以他们之间的贸易必须由其直接结清彼此的债权债务。请为其设计一个得以顺利结算的方案(画出示意图),并指出该结算方案的前提条件。

附　　录

银行代理协议的式样:

Agency arrangement

Through friendly negotiation and on the basis of equality and mutual benefits, Bank A and Bank B agree to establish correspondent relationship for the cooperation of banking business as follows:

Office concerned:

Bank A including its……　　branches

Bank B including its……　　branches

Additional branches will be included through negotiation whenever business requires.

Control Documents:

1. Each party will send its Booklet of Authorized Signatures and Schedule of Terms and Conditions to the other party.

2. Bank A's telegraphic test key is supplied to Bank B's Office for mutual use.

Currency for transactions: US Dollars, Hong Kong Dollars, Euro. Other currencies will be included through negotiation whenever it is necessary. Account

will be opened through negotiation according to the development of business.

Business transactions:

1. Remittance: Each party may ask the other party to pay by draft, mail transfer, telegraphic transfer. At time of drawing cover is to be remitted to the designated account of the paying party.

2. Letter of Credit: Each party may issue by mail or by cable the letter of credit to the other party nominated as advising bank. Appropriate

Instruction is to be embodied in each credit advice with regard to reimbursement.

3. Collection : Each party may send collections directly to the other party with specific instruction in each individual case regarding the disposal proceeds.

4. Each party may request the other party to provide the credit standing of their clients.

5. Credit facilities: Credit facilities furnished by each bank shall be subject to separate arrangement.

This arrangement become effective immediately on the date of signing of both partied and will terminate after receipt of either party's advice three months prior to the date of termination.

Bank A	Bank B
(Sign)	(Sign)

第2章

国际结算中的票据

教学目标

通过本章的学习，要求掌握票据的概念、特征及流通形式，了解票据的法律体系；掌握汇票的定义、必要记载项目，了解票据行为及汇票当事人的权力责任；掌握本票的定义、必要项目、票据行为及与汇票的异同；掌握支票的定义、必要项目及与汇票的异同。

教学要求

知识要点	能力要求	相关知识
票据概述	(1) 掌握票据的含义 (2) 掌握票据的权利和义务	(1) 票据的概念和特征 (2) 票据权利和义务 (3) 国内和国际票据法律
汇票	(1) 掌握汇票的含义、基本内容 (2) 能够使用汇票处理实际业务	(1) 汇票的概念 (2) 汇票的记载项目、票据行为和汇票种类
支票	(1) 掌握支票的含义、内容 (2) 能够使用支票处理实际业务	(1) 支票的概念 (2) 支票的记载项目和种类
本票	(1) 掌握本票的含义、内容 (2) 能够识别汇票、本票和支票	(1) 本票的概念 (2) 本票的记载项目和本票种类

导入案例

1997 年 8 月，某市 A 公司与新加坡 B 商签订了一份进口胶合板的合同。合同总金额为 700 万美元. 支付方式为付款交单，允许分批装运。按照合同规定，第一批价值为 60 万美元的胶合板准时交货，经检验 A 公司认为质量良好，对双方合作很满意，就在第二批交货期来临之际，B 商向 A 公司提出：鉴于贵公司资金周转困难，为了帮助贵方，我方允许贵公司采取远期付款。贵公司作为买方，可以给我方开出一张见票后一年付款 700 万美元的汇票，请×××银行某市分行承兑。承兑后，我方保证将 700 万美元的胶合板在一年内交货。贵方全部收货后，再付给我方 700 万美元的货款。

A 公司以为现在不付款，只开张远期票据就可得到货物在国内市场销售，利用这一年的时间，还可以将贷款再投资，这是一笔无本生意，于是欣然接受了 B 商的建议，给 B 商签发了一张见票后一年付款 700 万美元的汇票。但 A 公司始料不及的是，B 商将这张承兑了的远期票据在新加坡的美国银行贴现 600 万美元，从此却一张胶合板都不交给 A 公司了，事实上，B 商将这笔巨款骗到手后便无影无踪了。

一年后，新加坡的美国银行持这张承兑了的远期票据请×××银行某市分行付款。尽管 B 商没有交货，某市分行却不得以此为理由拒绝向善意持票人美国银行止付票据金额。最后，由某市银行分行付给美国银行 600 万美元而结案。

资料来源：梁琦.《国际结算与融资》. 南京大学出版社，2000. 第 66 页.

从这个案例中可以看出，在国际结算中，掌握票据的相关知识是必不可少的。票据是市场经济中货币信用发展到现代阶段的产物。票据既是反映现代化经济生活中债权债务关系的重要凭证，又是促进市场经济高速高效运行的信用工具、支付工具和流通手段。票据从它的签发、背书、承兑、保证，一直到支付等各阶段的行为和责任，都是在严密完善的票据法的管辖下规范运作的。本章主要讲述票据的概念、特点、票据权利与义务、票据行为和汇票、本票、支票等内容。

2.1　票据概述

2.1.1　票据的含义

票据(Bills)有广义和狭义之分。广义票据指代表商业权利的凭证，如发票、提单、保险单等。狭义票据指以支付一定金额为目的，可以流通转让的证券。我国《票据法》规定的票据，是指出票人约定自己或委托付款人见票时或在指定时间向收款人或持票人无条件支付一定金额并可以流通转让的有价证券。它是以支付金钱为目的的特定证券，包括汇票、本票和支票。本章介绍的是狭义票据。

2.1.2　票据的功能

票据是商品经济中的重要工具，票据制度与公司制度都是市场经济的支柱。从经济角度来讲，票据具有汇兑、支付、流通、信用和融资四大基本功能。

1. 汇兑功能

汇兑功能是票据的原始功能，其作用是解决资金支付的空间间隔问题。由于商品交换活动的发展，商品交换规模和范围不断扩大，经常会产生在异地或不同国家之间的兑换和转移金钱的需要，直接携带或运送现金很不方便。在这种情况下，可以在甲地将现金转化为票据，再在乙地将票据转化成现金或票款，通过票据的转移、汇兑实现资金的转移，不仅简单、方便、迅速，而且很安全。

2. 支付功能

支付功能是票据的基本功能。在现实经济生活中，随时都会发生支付的需要，如果都以现金支付，不仅费时、费力，而且成本高、效率低。如果以银行为中介、以票据为手段进行支付，只需办理银行转账即可，这种支付方式方便、准确、迅速、安全。

3. 流通功能

以票据作为支付手段，不仅可以进行一次性支付，还可通过背书或交付进行流通转让。在票据到期时，只需通过最后持票人同付款人之间进行清算，就可以使此前发生的所有各次交易同时结清。

因此，从支付角度讲，票据被誉为“商人的货币”。在票据史上，自背书转让制度出现以后，票据就可以流通转让，并且由于背书人对于票据的付款负有担保责任，票据的背书次数越多，则负担保责任的人越多，因而该票据的可靠性就越强，票据的价值就越高。流通性是票据特别是汇票的显著特征，出于这种流通性，任何持票人都可以通过向债权人转让票据来清偿其债务。这样票据作为流通工具，完善了自身的支付功能，扩大了市场的流通手段。

4. 信用和融资功能

信用功能是票据的核心功能，被称为“票据的生命”。

在现代商品交易活动中，信用交易是大量存在的，卖方常常因竞争需要等原因向买方提供商业信用。这种信用保障程度较低，并且难以转让和提前收回资金，从而阻碍商业信用的发展。

但是如果使用票据结算，由买方向卖方开出约期支付票据，则可使债权表现形式明确，保障性增强，清偿时间确定，转让手续简便，且还可通过贴现提前转化为现金。现代票据市场一方面买卖到期票据，一方面贴现未到期票据，使资金周转灵活。

2.1.3 票据的基本特征

票据是以收付金钱为目的的特定证券，无条件支付一定金额是票据定义的最核心内容。在履行票款支付义务时，出票人可以自己付款，也可以委托他人付款。

票据作为一个整体，具有债权证券、指示证券、有价证券、无因证券、要式证券、流通证券、文义证券等特性，其中无因性、要式性、流通转让性是票据的基本特性。

1. 票据的无因性

票据上权利的发生，当然有作为其原因的法律关系，即原因关系或资金关系。付款人代出票人付款不是没有缘故的，他们之间一般存在资金关系，要么付款人处有出票人的存款，要么付款人欠出票人的款项，也可能是付款人愿意向出票人贷款；出票人让收款人去收款，也不会没有原因，他们之间通常存在对价关系，即出票人对收款人肯定负有债务，可能是购买了货物，也可能是以前的欠款。这些原因是票据当事人权利义务的基础，因此也叫票据原因。

票据的无因性并非否认这种关系，而是指票据一旦做成，票据上权利即与其原因关系相分离，成为独立的票据债权债务关系，不再受先前原因关系存在与否的影响。如果收款人将票据转让给他人，对于票据受让人来说，他无需调查票据原因，只要是合格票据，他就能享受票据权利。票据上权利的内容，完全依票据上所记载的内容确定，不能进行任意解释或者根据票据以外的其他文件来确定。

2. 票价的要式性

票据的存在不重视其产生原因，但却非常强调其形式和内容。所谓要式性是指票据的形式必须符合法律规定，票据上的必要记载项目必须齐全且符合规定。各国法律对票据必须具备的形式条件和内容都作了详细规定，各当事人必须严格遵守这些规定，不能随意更改。

只有形式和内容都符合法律规定的票据，才是合格的票据，才会受到法律的保护，持票人的票据权利才会得到保障。

3. 票据的流通转让性

票据具有流通转让性，可凭交付或背书后交付进行转让，流通转让是票据的基本特征。票据转让不同于一般债权和书面凭证的转让，其流通转让具有如下特点。

(1) 票据转让不必通知债务人。根据民法规定，一般债权的债权人在转让其债权时，必须及时通知债务人。而票据权利的转让，可以仅凭交付或背书后交付即可完成，根本不需通知债务人。票据债务人不得以不知晓为由拒绝承担票据义务而仍向原权利人清偿。

(2) 正当持票人的权利不受前手票据权利缺陷的影响。正当持票人是指善意并付对价的票据受让人。

① 受让人付对价。受让人获得票据时必须向让予人支付一定代价。这些代价可以是一定价值的货物、服务及货币。付对价后的受让人称为付对价持票人。

受让人支付的对价可以是全部对价也可以是部分对价，并不一定要求是十足的对价。受让人支付的对价可以是直接的也可以是间接的，如《中华人民共和国票据法》(以下简称《票据法》)规定，因税收、继承、赠与可以依法取得票据，不受给付对价的限制。但是，因税收、继承、赠与等依法取得的票据，其票据权利不得优于前手。

《票据法》还规定，以欺诈、偷盗、胁迫等手段取得票据的，或明知前列情形，出于恶意取得票据的，不得享有票据权利。

② 受让人善意取得票据。如果受让人在支付对价后取得了表面完整、合格并且未过期的票据，而且未发现票据本身或票据转让人的权利有缺陷或责任何可疑之处，则该受让人为正当持票人。正当持票人的权利不受前手票据权利缺陷的影响。

③ 票据受让人获得全部票据权利。票据受让人受让票据而成为正当持票人后，就能获得全部票据权利，并且在必要时能以自己的名义提出起诉，要求票据义务人履行票据义务。

4. 票据的设权性

票据发行的目的，主要不在于证明已经存在的权利与义务关系(一般债权债务关系)，而是设定一种新的权利与义务关系(票据权利义务关系)。票据上的权利与义务关系在票据做成之前并不存在，它是在票据做成的同时而产生的。以票据代替现金充当支付手段，更加安全、方便、灵活。

票据权利义务关系不同于一般债权债务关系，其权利和义务更受法律的保障和约束。票据权利人(持票人)的权利保障性更强，相对比较安全；票据义务人的约束更强，他们必须依法承担相应责任。

5. 票据的可追索性

票据具有可追索性，可追索性是指票据的付款人或承兑人如果对合格票据拒绝承兑或拒绝付款，正当持票人为维护其票据权利，有权通过法定程序向所有票据债务人起诉、追索，要求得到票据权利。

6. 票据的文义性

票据行为的内容完全以票据上文字记载为准，只要持票人合法善意地取得票据，向付款人提示后，付款人就得按票据上记载的内容无条件地向持票人付款，而不能以票据以外存在民事关系为由来对抗票据权利的行使。

7. 票据的提示性

持票人行使票据权利时，必须向票据债务人出示票据，否则，持票人的票据权利不可能实现。因此，出示票据是持票人行使票据权利所不可缺少的前提条件。

2.1.4 票据权力与票据义务

1. 票据权利

1) 票据权利的特征

票据权利是指依票据而行使的，以取得票据金额为直接目的的权利。票据权利是基于票据行为人的票据行为而发生的，是与票据义务而相对存在的。票据行为人的票据行为(如出票)完成时，发生了行为人自己的票据义务，同时也发生了相对人(收款人)的票据权利。

票据权利是体现在票据上的金钱给付请求权，是指持票人向票据债务人(义务人)或者关系人请求支付一定金额的权利，该权利包括付款请求权和追索权两种。票据权利的本质反映为请求支付票据金额的可能性。

票据权利的性质是债权，但又不同于一般民事债权，它具有以下特征。

(1) 票据权利具有证券性。票据权利是债权和证券所有权的统一，是债权的物权化，要享有票据权利，必先取得票据，失去了票据，也就失去了票据权利。它将无形的债权转化为有形的票据所有权，并通过票据所有权来实现票据上的债权。

(2) 票据权利具有单一性。票据权利不能共享，其所有者只能有一人，对于同一票据权利不可能有两个或两个以上不同的所有者。

(3) 票据权利具有二次性。一般债权只有一个债务人，债权人只有一次请求权。而票据债权可能有多个义务人，债权人可行使二次请求权。票据债权人(持票人)首先向主义务人(由付款人代为履行)行使一次请求权即请求付款权，如果未能满足，则可向从义务人(如背书人)行使二次请求权即追索权。

(4) 票据权利具有期待性。票据权利是二重性权利，追索权是在付款请求权未能实现时，即票据被拒绝承兑或者拒绝付款，或者有其他法定原因而使持票人的付款请求权落空时，持票人才对次债务人所享有的请求其支付票据上所载金额的权利。也就是说，票据权利是一种期待性权利。

(5) 票据权利具有无因性。票据权利是一种单纯的金钱债权，即债权人单凭票据应享有请求债务人支付一定金钱的权利。权利人享有票据权利只以持有票据为必要，至于权利人取得票据的原因、票据权利发生原因，权利人既无说明的义务，义务人也无审查的权利。这些原因存在与否、合法与否，对票据权利不发生影响。

2) 票据权利的种类

票据权利依行使的顺序不同可分为 3 种类型。

(1) 主票据权利。主票据权利是指持票人对主义务人(出票人、承兑人等)或委托人(付款人)所享有的、依票据而请求支付票据上所记载金额的权利。主票据权利一般包括对本票出票人、汇票付款人、支票付款行的请求权。

主票据权利是第一次请求权，持票人必须首先向主义务人行使第一次请求权，而不能越过它直接行使其他请求权。

(2) 副票据权利。副票据权利是指在主票据权利未能实现时，发生的由持票人对从债务人所享有的请求偿还票据金额及其他金额的权利。副票据权利是第二次请求权，副票据权利一般包括追索权与再追索权。

(3) 辅助票据权利。辅助票据权利是指在主票据权利未能实现时，发生的由持票人对特定的从义务人所享有的请求支付票据金额及其他有关金额的权利。辅助票据权利一般包括持票人对参加承兑人和保证人的付款请求权。

3) 票据权利的取得与行使

(1) 票据权利的取得。票据权利的取得主要有两种途径，即原始取得(出票)和继受取得(受让)。票据权利的原始取得是指持票人不经他人而直接从出票人处取得票据。出票是设立票据权利的票据行为，通过出票行为，收款人占有票据从而取得票据权利的方式是最基本的原始取得方式。

票据权利的继受取得是指持票人从票据的前手权利人受让票据，从而取得票据权利，即通过背书转让和交付转让取得票据权利。

(2) 票据权利的行使。票据权利的行使是指票据权利人请求票据义务人履行义务的行为。其方式是提示票据，即由持票人实际将票据向票据债务人出示，请求其付款。提示包括承兑提示和付款提示。若付款请求权不能实现，则持票人可以持票向所有前手行使追索。持票人行使票据权利必须遵守法定形式，完成必要的保全手续，如提示票据做成拒绝证书等。

2. 票据义务

1) 票据义务的特征

票据义务的性质是一种金钱给付的义务，因而票据义务不可称为票据债务。票据义务是票据权利的相对物。

票据义务具有以下特征。

(1) 票据义务具有单向性。在票据权利义务关系中，从履行票据义务的角度来讲，票据义务人必须对正当持票人承担无条件支付票款的义务，而不能以此为条件对票据权利人主张一定的权利。

不过从经济活动的其他角度来讲，票据义务人通常是有一定权利的，如得到相应的货物、服务或货币。

(2) 票据义务具有连带性。在通常情况下，票据权利人只能有一个，而票据义务人可能有多个。凡在票据上进行必要事项的记载并完成签名者，都是票据义务人。票据义务人主要有出票人、背书人、承兑人、保证人、保付行和参加承兑人等。

票据义务人之间对票据债务负有连带偿还的责任，在某一票据义务人无力偿还时，其他票据义务人都有代其偿还的责任。

(3) 票据义务具有双重性。票据义务带有金钱给付和担保双重义务性。付款义务是主要义务，担保义务是从属义务。票据义务人要向收款人、持票人担保票据真实、有效，以及付款人按规定履行票据义务，否则应直接承担付款义务。

2) 票据义务的种类

票据义务的种类与票据权利的种类是相对应的。

(1) 主票据义务。主票据义务是主义务人或其委托人(付款人)依票据记载所承担的付款义务。通常认为，本票出票人、汇票承兑人、支票保付行是主债务人，承担直接、绝对的付款责任；承兑之前的汇票付款人、未进行保付的支票付款行虽不是主债务人，但他们作为出票人的委托者应首先接受持票人提示，因此也可认为他们所承担的是主票据义务，不过他们所承担的并不是绝对的付款责任，也就是说他们可以拒付。

(2) 副票据义务。副票据义务是指背书人作为被追索人所承担的付款义务，在主票据义务未能履行时，副票据义务人应履行付款义务。

(3) 辅助票据义务。辅助票据义务是指参加承兑人或保证人作为特定义务人所承担的付款义务。

3. 票据抗辩

票据抗辩是指票据义务人提出相应的事实或理由，拒绝履行票据义务的行为。票据抗辩是票据义务人的自我保护方式，是票据义务人所拥有的权利。

1) 对物抗辩

票据抗辩主要是对物抗辩，即因票据本身所存在的事由而发生的抗辩，是一种效力较强的抗辩。

对物抗辩又可分为以下三类。

(1) 对票据记载的抗辩，是指因票据上所存在的记载内容而发生的对物抗辩。它包括票据绝对必要记载欠缺抗辩、票据未到期抗辩、背书不连续抗辩等。

(2) 对票据效力的抗辩，是指因票据义务所赖以成立的实质性要件无相应效力而发生的对物抗辩。它包括票据无权代理抗辩、票据伪造或变造的抗辩，票据行为人欠缺行为能力的抗辩等。

(3) 对票据义务灭失的抗辩，是指因票据义务虽曾存在，但基于某种情况已归于消灭而发生的对物抗辩。它包括票据义务因时效届满而消灭的抗辩、票据义务因保全手续欠缺而造成的抗辩。

2) 对人抗辩

对人抗辩是指因票据义务人与特定票据权利人之间的法律关系而发生的抗辩。如票据义务人可对以欺诈、偷盗或者胁迫手段取得票据的持票人主张抗辩。

对物抗辩可以对所有的票据权利人主张，对人抗辩只能对相应的当事人主张。例如，对于获得窃取票据的善意持票人，票据义务人不能主张抗辩。

2.1.5　票据的法律体系

1. 票据法的概念

票据在国际结算乃至社会经济生活中都发挥着重要的经济作用，各国为保障并促进票据的流通使用、保护当事人的权利，相继立法确立票据的流通规则。所谓票据法就是关于票据种类、票据行为以及票据当事人权利义务等内容的法律规范的总称。票据法包括广义和狭义的票据法。

广义的票据法，是指调整票据关系的全部法律规范的总称。它既包括票据的专门立法，又包括民法、商法、刑法、诉讼法和破产法中关于票据的法律规定。

狭义的票据法，是指关于票据的专门立法，即各国政府为促进商品贸易的发展所规定的关于汇票、本票以及支票的流通规则的法律规定。通常我们所指的票据法为狭义票据法。

2. 三大票据法体系

1) 法国票据法体系

法国票据法体系又称拉丁法系，是最早形成的票据法体系。

早在 1673 年，法国就对汇票及本票的签发和流通作了规定，这是近代各国票据法的开端，也是法国票据法的基础。1807 年法国又颁布了《拿破仑商法典》，该法典在继承《路易十四商事条例》的基础上，作了若干个别性修订，1865 年法国制定《支票法》。

法国票据法的特点是仅将票据作为替代现金运输的工具，并作为证明原因关系的契约，强调票据当事人之间必须先有资金关系，即出票人必须在付款人存有资金的情况下，付款人才承担汇票或支票的付款义务，而对票据的形式要求并不严格。这种把属于原因关系的资金关系当作票据的必要条件加以规定，实质上导致了票据与原因关系的不可分离，从而妨碍了票据的使用与流通。为了适应商品贸易发展的需要，法国于 1935 年以《日内瓦统一公约》为基础，修订其商法典，并于次年颁布施行。

2) 德国票据法体系

德国票据法体系又称日耳曼法系，是继法国票据法体系之后形成的有重要影响的票据法体系。德国票据法体系是在统一德国各邦地方票据法的基础上经多次修订而形成的，1871 年正式定名为《德国票据法》，内容仅限于汇票和本票。1908 年德国单独制定了《支票法》。

《德国票据法》的特点是较为注重票据的流通和信用功能，《德国票据法》将票据关系与作为其发生基础的原因关系完全分离，撇开当事人之间的资金关系，强调票据的无因性，而且还规定严格的票据形式，强调票据的要式性和文义性，认为缺乏必要的形式要件，票据即丧失其效力，从而促进了票据的使用和流通。这些特点与现代票据制度的基本特点是完全一致的。

德国票据法体系的形成推动了欧洲各国票据法的发展，奥地利、瑞士、瑞典、丹麦、葡萄牙、挪威等国均仿照《德国票据法》制定了本国的票据法。先前仿效法国票据法的国家也都先后以《德国票据法》为蓝本修改了本国的票据法。这样，德国的票据法体系最终成为大陆法系票据法的代表。

德国现行的《票据法》和《支票法》是 1933 年公布的。

3) 英国票据法体系

最早的《英国票据法》是詹姆士爵士于 1882 年制定公布的。英国票据法不仅包括汇票和本票，还包括支票。1957 年英国公布了《支票法》，作为 1882 年《英国票据法》的补充。

《英国票据法》对美国、加拿大、印度、澳大利亚、新西兰等国影响很大。美国于 1897 年仿效《英国票据法》制定了统一的美国票据法——《统一流通证券法》，这一法律经多次修改后，被纳入美国《统一商法典》，作为第三编《商业证券》，包括汇票、本票、支票和存单四种。

一般认为，目前国际上尚存的票据法体系只有两个，即以《德国票据法》为基础的欧洲大陆法系和以英国、美国票据法为基础的英美法系。这两大票据法体系在基本方面是相同的，但也有一些差异，如关于票据的分类就有区别：英美法系认为汇票是基本票据，本票和支票是派生票据，只是因为当事人不同而分为汇票、本票、支票；大陆法系将票据分为两类，即一类是汇票和本票，另一类是支票，其对两类票据分别单独立法，如《德国票据法》仅包含汇票和本票，关于支票是另外立法。

3. 国际票据法

19 世纪末 20 世纪初，随着产业革命的完成，资本主义由自由竞争阶段向垄断竞争阶段过渡，国际贸易得到了极大发展，并形成了全球统一的世界市场。这使得票据的使用更加频繁，使用范围不断扩大，日益成为国际间重要的信用和结算工具。与此同时，三大票据法体系的存在以及同一法系中不同国家的规定又不尽相同，都给票据在国际经济贸易中的流通和使用带来很多不便。因而，票据法的国际统一势在必行。从 1880 年起，国际法协会、国际法学会提出过几次统一法草案，国际联盟成立以后，又开始着手票据统一问题。到目前为止，票据法的国际统一经过了 3 个阶段，并产生了 3 个正式国际票据法。

1) 《海牙统一票据法》(草案)

20 世纪初至第一次世界大战之前为国际统一票据法的第一阶段。1910 年和 1912 年，国际法学会先后在荷兰海牙召开了两次国际统一票据法会议，有 30 多个国家参加了会议，会议拟定了《统一汇票本票法规则》和《统一汇票本票法公约》及《统一支票法规则》，这些规则和公约被称为《海牙统一票据法》。

当时有德国等 27 个国家签字(英、美等国持保留态度)，但在签字国尚未全部完成本国家的批准手续时就发生了第一次世界大战，《海牙统一票据法》未正式生效。

2) 《日内瓦统一票据法》

第一次世界大战后至第二次世界大战前为国际统一票据法的第二阶段。自 1920 年起，国际联盟即着手进行因战争而停止的国际票据法统一工作。1930 年和 1931 年，国际联盟在日内瓦召开统一票据法国际会议，分别有 30 余个国家的代表参加了会议，签署了有关支票的 3 个公约，即《日内瓦统一支票法公约》、《解决支票法律冲突公约》、《支票印花税法公约》。这 3 个公约也是相互独立的，各国可分别加入。以 1930 年的《日内瓦统一汇票和本票法公约》和 1931 年的《日内瓦统一支票法公约》为主体的各公约规定，通常被称为《日内瓦统一票据法》。

以德国、法国为首的大多数欧洲大陆国家，亚洲的日本，拉美的巴西、秘鲁、哥伦比亚、厄瓜多尔等国，均签署并批准了《日内瓦统一票据法》的各公约，并以此为基础修改了本国原有的票据法。英、美及其殖民地、附属国派代表参加了这次会议，但因对《日内瓦统一票据法》有不同看法而未签署公约，致使统一票据的立法又未取得完全成功。

3) 《国际汇票和本票公约》

20 世纪 70 年代以后，国际统一票据法进入了第三个阶段。第二次世界大战以后，票据在国际流通更加广泛，但日内瓦统一票据法体系和英美票据法体系并存，使得在票据上发生的争议很难获得统一的解释。因此，迫切需要制定一个国际票据的统一法规。

自 1972 年起，联合国国际贸易法委员会即开始着手进行统一国际票据法的工作，并起草了《国际汇票和本票公约》，经过十多年的讨论、修改，终于在 1987 年最后通过了公约草案。1988 年 12 月，在联合国第 43 次大会上，正式通过了《国际汇票和本票公约》。

《国际汇票和本票公约》是在考虑日内瓦统一票据法体系与英美票据法体系之间的差异基础上制定的，但其目的并不在于直接调和两大票据法体系，而仅仅着眼于解决国际贸易中汇票和本票使用上的不便。因而，该公约的适用范围及法律效力都不同于《日内瓦统一票据法》。《国际汇票和本票公约》仅限于“国际票据”，即出票地、付款地不在同一个国家之间的票据，而且不能适用于缔约国国内的票据法规范。《国际汇票和本票公约》对缔约国的当事人不具有强制适用的效力，只有在有关当事人选择适用于该公约的规定时，该公约的规定才具有约束力，而《日内瓦统一票据法》对缔约国的当事人具有强制适用的效力，不管当事人是否愿意，有关规定均对其具有约束力。

专栏 2-1

我国票据法

我国关于票据的立法要远远落后于西方国家，直接原因是受票据发展的制约，根本原因是受社会经济发展的制约。

在清末，以汇票、本票和支票为主体的西方票据制度开始传入我国，与此同时，票据法的制定也提上了日程。当时票据法是聘请国外学者起草的，仅包括汇票和本票两种。北洋政府于 1925 年修改时增加了对支票的规定，但都未正式通过和公布。国民党政府综合历次草案并加以修改后，于 1929 年 10 月正式颁布了票据法，内容包括汇票、本票和支票。

中华人民共和国成立后，废除了旧票据法，国民党政府仍在我国台湾地区施行 1929 年票据法，并于 1960、1973、1977、1986 年多次修订该法，在此后 30 余年的时间里，我国的票据使用一直处于只有支票，没有汇票和本票，且支票只能转账支付、不能流通转让的状态。在这种情况下，已没有必要制定专门的票据法。

进入 20 世纪 80 年代以后，为适应商品经济发展的需要，我国逐步恢复了票据的使用。1988 年经国务院同意中国人民银行制定了《银行结算办法》，规定可以使用汇票、本票和支票作为支付结算手段，以建立起以汇票、本票、支票和信用卡为核心的“三票一卡”新的银行结算制度。《银行结算办法》的制定及实施，标志着我国的结算制度开始从非票据结算向票据结算的全面转变。

为规范票据行为，保障票据活动各当事人的合法利益，增强票据的流通性和可接受性，充分发挥票据的经济性功能，20世纪90年代初，我国正式成立了票据法起草小组，研究制定我国统一的票据法。1995年我国正式颁布了《中华人民共和国票据法》。《票据法》从内容上看比较系统全面，共有7章111条；在适用范围上，既适用于国内票据，又适用于涉外票据——出票、背书、承兑、保证、付款等行为既发生在国内又发生在国外的票据；在形式上是汇票、本票和支票统一立法，在这点上类似于英美法系。

阅读案例 2-1

关于涉外票据及其法律的适用

20××年底，香港凯利贸易公司与珠海中达开发公司因合作业务，需要筹集资金，经人介绍认识了珠海飞鸿电子公司经理。该公司经理答应帮忙，但要求凯利公司先借100万元人民币给飞鸿公司用以偿还其所欠广东吉粤海进出口公司的贷款。次年7月1日，凯利公司将3张收款人为粤海进出口公司、金额为120万港元的中国银行香港分行的支票交给飞鸿公司，声明该3张支票是给飞鸿公司还款抵押担保。7月5日，飞鸿公司将该3张支票交付粤海进出口公司。作为偿还所欠部分贷款。同一天，飞鸿公司经理因违法被行政拘留。7月10日，凯利公司以“因收款人与被担保人没有发生金钱上及生意上的往来为由”，通知中国银行香港分行支付。粤海进出口公司多次找凯利公司要求兑付，均遭拒绝。无奈之下，粤海进出口公司向法院起诉凯利公司，要求凯利公司向粤海进出口公司支付支票金额。法院经审理认为，本案属于行使追索权的涉外票据纠纷。本案中支票的出票地和付款地为香港。根据涉外票据追索权的法律适用规则，应适用香港法。最后，法院判决凯利公司向粤海进出口公司支付支票金额100万元。

资料来源：徐莉芳.《国际结算与信贷》. 上海立信出版社，2004年. 第30页

2.2 汇　　票

2.2.1 汇票的含义

汇票(Bill of Exchange)是国际结算中使用最广泛的一种票据，也是其他票据的基础。

根据《中华人民共和国票据法》的解释：汇票是出票人签发的，委托付款人在见票时或者在指定日期无条件支付确定的金额给收款人或者持票人的票据。

《英国票据法》的定义：汇票是由一人向另一人签发的要求即期、定期或在可以确定的将来时间向指定人或根据其指令向来人无条件支付一定金额的书面命令。

以上两种定义的实质是相同的。在关于汇票的定义中，特别要注意以下两点：

(1) 汇票是出票人的书面命令。汇票的基本关系人有三个，即出票人、付款人和收款人。汇票就是出票人签发的，命令付款人向收款人付款的书面指示，或者说是出票人命令他人付款，而不是自己付款。汇票必须是书面的，而不是口头的，否则将无法签字。

(2) 汇票的付款命令是无条件的。无条件意味着付款不能有限制或附带条件，即没有先决条件，汇票是命令，而不是请求、商量、征求意见等。

如果汇票的付款命令附加了条件，则这张汇票就是无效汇票，因而不具备法律效力。

2.2.2　汇票的内容

汇票的内容是指汇票上记载的项目。根据其性质及重要性不同，这些项目可以分为以下几种。

1. 绝对必要记载项目

绝对必要记载项目是汇票必须记载的内容，必要项目记载的内容是否齐全直接关系到汇票是否有效。

根据我国《票据法》规定，汇票应包括“汇票”字样、无条件付款命令、确定的金额、付款人名称、收款人名称、出票日期、出票人签章等内容。

1) “汇票”字样(Bill of Exchange)

它的主要目的是表明票据的性质和种类，以区别于其他票据。

2) 无条件付款命令(Unconditional Order)

书面付款命令或付款委托应该是无条件的。如：“货与合同相符即付款 10 万美元”、“从壹号账户付 2 万美元”等都是有条件的付款命令，因为如果货物与合同不符、壹号账户没有 2 万美元，就无法付款。反之，“付购设备款 50 万美元”、“付 10 万美元再借记壹号账户”则都是无条件付款命令。“付购设备款”只是说明付款的原因和性质，“再借记壹号账户”则说明的是付款后的账务处理，它们都不构成付款的条件。当然最简明的方式是“付×元”。

3) 确定的金额(Amount)

票据上的权利必须以金钱表示，不能用货物数量等表示，并且金额必须确定，不能模棱两可，如“付大约 2 000 美元”、“付 5 000 美元加利息”等都是不确定的。

在实际中防止涂改，票据的金额还必须同时用大、小写记载。如果大小写不一致，《英国票据法》和《日内瓦统一票据法》都规定以大写为准；我国《票据法》则认为该种情况下票据无效。

4) 付款人名称(Name of Drawee)

付款人指汇票命令的接受者，亦即受票人。但受票人不一定付款，因为他可以拒付，也可以指定担当付款人。

汇票上付款人的记载要有一定的确定性，以便持票人能顺利找到。实务上一般都注明详细地址，特别是以在同一城市有许多机构的银行为付款人时，一定要仔细注明。

5) 收款人名称(Name of Payee)

汇票上关于收款人的记载又称为“抬头”，它应像付款人一样有一定的确定性，不过实务中一般只写一个完整的名称，不强求写明地址。

汇票“收款人”的填写方法主要有 3 种。

(1) 限制性抬头(Restrictive Order)。此种抬头的汇票只限于付给指定的收款人，即票据的义务人只对记明的收款人负责。

限制性抬头的表示方法有以下几种：①仅付 A 公司(Pay to A only)；②付给 B 公司，不能转让(Pay to B，Not Transferable)；③付给 C 公司(Pay to C)，但在票据其他地方有“不可转让”(Not Transferable)的字样。

限制性抬头的票据不可流通转让，所以在一定程度上限制汇票支付功能的发挥，因此这种汇票在实务中的使用并不普遍。

(2) 指示性抬头(Demonstrative Order)。这是指可以由收款人或其委托人、指定人提示取款的汇票。指示性抬头汇票并不强求一定要收款人本人亲自收款，收款人可以通过背书将汇票转让给他人，由受让人以持票人身份取款。

实务中，指示性抬头有3种表示方法：①付给A的指定人(Pay to the order of A)；②付给B或其指定人(Pay to B or order)；③付给C(Pay to c)，这种抬头虽然没有指定人字样，但收款人仍有权将票据背书转让。

指示性抬头汇票既实现了汇票流通转让的基本性质，又要求背书而具有一定转让条件，使转让更可靠、更安全，因此在实务中使用最为广泛。

指示性抬头汇票并不是非转让不可，是否实际转让取决于收款人的意愿。

(3) 来人抬头(Bearer Order)。它又称持票人抬头，不管谁持有来人抬头票据，都有权要求付款人付款，该种抬头汇票无须背书即可转让，即只要通过简单交付就可实现转让。

实务中来人抬头汇票有两种表示方法：付给来人(Pay Bearer)；付给A或来人(Pay to A or Bearer)。

由于来人抬头汇票容易因丢失而被他人冒领，收款人的权利缺乏保障，实际中使用较少。并且有些票据法如《日内瓦统一票据法》规定，不允许汇票做成“来人抬头”的方式。

6) 出票日期(Date of Issue)

这是指汇票签发的具体时间。出票日期有3个重要作用。

(1) 决定到期日。远期汇票到期日的计算是以出票日为基础的，确定了出票日及相应期限，也就能确定到期日。

(2) 决定汇票的有效期。持票人如不在规定时间内要求票据权利，票据权利自动消失。《日内瓦统一票据法》规定，即期汇票的有效期是从出票日起的1年时间；我国《票据法》规定见票即付的汇票有效期为2年。

(3) 决定出票人的行为效力。若出票时出票人已宣告破产或清理，则汇票不能成立，

7) 出票人签字(Signature of Drawer)

签字原则是票据法最重要和最基本的原则之一，票据责任的承担以签字为条件，票据必须经出票人签字才能成立。出票人签字是承认了自己的票据义务，收款人才因此有了票据权利。如果汇票上没有出票人签字，或若签字是伪造的，票据都不能成立。因此，出票人签字是汇票最重要的和绝对不可缺少的内容。

以上内容是我国《票据法》规定必须记载的事项，缺一不可，否则汇票无效。其他国家票据法的规定也都大同小异，《日内瓦统一票据法》的规定同我国规定基本相同。

《英国票据法》规定的必要记载项目只有5个，即无条件支付命令、确定金额、付款人名称、收款人名称和出票人签字，而没有“汇票”字样和出票日期的要求。该法认为，没有“汇票”字样并不会影响汇票的效力；没有出票日期，票据仍然成立。如果出具的是远期汇票，善意持票人可以加上出票日期以确定到期日，使之成为完整汇票。

2. 相对必要记载项目

除以上必须记载的内容外，还有付款日期、出票地点、付款地点三个“相对必要记载

项目”。这些项目如果不记载也不会影响汇票的法律效力，因为这些内容可以间接确定。

1) 付款日期(Tenor)

付款日期即付款到期日，是付款人履行付款义务的日期。汇票的付款期限有即期和远期之分。

(1) 即期付款。即期付款又叫见票即付，指出票完成后即可要求票据权利(票款)的票据。在持票人向付款人做付款提示时，付款人应马上付款。

(2) 远期付款。远期付款指出票完成后不能马上要求、而只能在规定日期要求票据权利的票据。

远期汇票的到期日有 3 种确定方法：①定日付款，即汇票上规定有确切的付款日，付款人到期付款，如 2011 年 3 月 12 日付款；②出票后定期付款，又称出票远期付款，此种汇票是以出票日为基础，一段时期后付款，如出票后 30 天付款；③见票后定期付款，又称见票远期付款，须首先由持票人在规定时间内向付款人作承兑提示，然后以承兑日为起点，推算到期日，如承兑后 30 天付款。

如果未注明付款期限，则为见票即付。各国票据法都是如此规定的。

2) 出票地点(Place of Issue)

出票地点指出票人签发汇票的地点。它对国际汇票具有重要意义，因为票据是否成立是以出票地法律来衡量的，但是票据不注明出票地并不会影响其生效。

我国《票据法》规定，汇票上未记载出票地，则出票人的营业场所、住所或者经营居住地为出票地。

3) 付款地点(Place of Payment)

付款地点是指持票人提示票据请求付款的地点。到期的计算、在付款地发生的“承兑”、“付款”等行为都要适用付款地法律。因此，付款地的记载是非常重要的。但是不注明付款地的票据仍然成立。

根据我国《票据法》规定，汇票上未记载付款地的，付款人的营业场所、住所或者经营居住地为付款地。

3. 任意记载项目

此外，当事人还可以根据需要记载一些其他内容，称之为“任意记载项目”，它是由出票人等根据需要记载的限制或免除责任的内容。这些项目一旦被接受即产生约束力。

1) 担当付款人

担当付款人是出票人根据与付款人的约定，在出票时注明或由付款人在承兑时指定的代付款人执行付款的人，其目的是为了方便票款的收付。

2) 预备付款人

预备付款人相当于汇票的第二付款人。在付款人拒绝承兑或拒绝付款时，持票人就可以向预备付款人请求承兑或付款。预备付款人参加承兑后成为票据债务人，到期要履行付款责任。

3) 必须提示承兑及其期限

远期汇票并不一定都要求承兑，但如果汇票上有“必须提示承兑”记载时，持票人就一定要作承兑提示。如果汇票上还记载了提示承兑的期限，则持票人的承兑提示还必须在此规定时间内作出。

4) 不得提示承兑

如果汇票上记载有“不得提示承兑”的字样，持票人就不能作承兑提示。如果付款人对该汇票拒绝承兑，则不会构成拒付。

5) 免做拒绝证书

拒绝证书是由付款人当地的公证机构等在汇票被拒付时制作的书面证明。在通常情况下，持票人追索时要持此证书。如果汇票载有免做拒绝证书的内容，则持票人在被拒付时无需申请此证书，追索时也不需出示此证书。·

6) 免做拒付通知

拒付通知是持票人在汇票被拒付时，按规定制作的通知前手作偿还准备的书面文件。如果汇票载有免做拒付通知文句，持票人在汇票被拒付时就不必做此通知。

2.2.3 汇票的当事人

汇票的基本当事人有三个，即出票人、收款人和付款人。

1. 出票人

出票人(Drawer)是指签发并交付汇票的当事人。出票人在汇票上签章，即对汇票承担付款责任，向收款人或者持票人保证在提示时，付款人一定付款或者承兑，若汇票未获付款，则在持票人完成必要的法律程序后，出票人将偿付票款给持票人。出票人在承兑前是主债务人，在承兑后是次债务人。

2. 付款人

付款人(Drawee)是指接受无条件支付命令的当事人，即受票人。因为付款人被记载于汇票上，就取得对汇票予以承兑或者予以付款的职能，所以被称作为付款人。但是付款人不一定就承兑或者付款，票据法没有规定因为出票人赋予付款人这一职能，付款人就必须对票据承担付款的责任。付款人不是票据的债务人，付款人有选择不付款或者不承兑的权利。持票人不能强制付款人承兑或者付款。若付款请求权不能实现，持票人就可以对出票人等票据债务人行使追索权。

远期汇票的付款人一旦承兑汇票，就成为票据的主债务人，即承兑人。承兑人在汇票上签章，表示接受出票人的无条件支付命令，应当保证按照其所承兑的文义于到期日自己付款。汇票的出票人、被迫付款的背书人，均可凭票向承兑人主张权利。

3. 收款人

收款人(Payee)是指收取票款的当事人。出票人签发并交付汇票给收款人，收款人就取得了票据上的权利，即付款请求权和追索权，成为票据的债权人。收款人可以自己持票向付款人主张权利，实现票款，也可以将票据的权利通过背书转让给他人。

汇票进入流通领域之后，还包括下列有关当事人。

4. 背书人

背书人(Endorser)是指在票据背面作签章，将票据权利通过背书转让给他人的人。收款人将汇票背书转让给他人后成为第一背书人，受让人依次将票据背书再转让，相应成为第二背书人、第三背书人等。背书人在票据背面作签章，即对受让人承担保证其所持汇票承兑和付款的责任。背书人在汇票得不到承兑或者付款时，应当向持票人或者被迫付款的后手背书人清偿票款。背书人是票据的次债务人。

5. 被背书人

被背书人(Endorsee)是指接受票据背书转让的受让人。被背书人通过受让票据的权利，成为票据的债权人，有权持票对付款人或者其他票据债务人主张付款请求权和追索权。被背书人若不拟凭票取款，也可以转让汇票给他人，而自己就成为另一个背书人。

6. 保证人

保证人(Guarantor)是指对汇票的出票人、承兑人、背书人或者参加承兑人的票据行为作保证的人。保证人必须在汇票上或汇票的粘单上记载相应保证事项。保证人的责任与被保证人相同。

7. 参加承兑人

参加承兑人(Acceptor for Honor)是指当票据提示被拒绝承兑时，在票据上签章、表示参加承兑汇票的人。参加承兑人是票据的债务人，当票据到期、付款人拒绝付款时，由参加承兑人承担支付票款的责任。

8. 持票人

持票人(Holder)是指现在正持有汇票的人。持票人可能是汇票的收款人，也可能是汇票流通过程中的被背书人或者来人。《英国票据法》对持票人有对价持票人和正当持票人之分，不同持票人享有的票据权利不同。

2.2.4　汇票的票据行为

1. 出票

出票(Issue)包括两个动作：开票(或写成)并签字、交付。交付是物权的自愿转移，是票据生效不可缺少的行为。在汇票、本票、支票的使用中，都存在出票行为。

本票和支票都是只开单张，汇票的开立可以是单张，也可以是两张或两张以上。英美国家的国内汇票多为单张汇票。国外跟单汇票一般可开成多份，每张汇票都具有同等效力。其中一张付讫后，其余几张自动失效，所以每张上要注明是第几份，并说明“付一不付二”(Pay the First(Second Being Unpaid))或“付二不付一”(Pay the Second(First Being Unpaid))的字样。

出票完成后，出票人就成为汇票的主债务人，承担担保承兑和付款的责任。若付款人不承兑或者不付款，则出票人应当承担清偿票款的责任。而收款人取得出票人的票据后，即取得票据上的权利。出票是基本的票据行为，是设立票据权利的行为。

2. 背书

1) 背书的概念

背书(Endorsement)是指持票人在票据背面签名，并交付给受让人的行为。背书的基本目的是为了转让票据及票据权利。

背书行为的完成包括两个动作。一是在票据背面或者粘单上记载有关事项并签名。根据我国《票据法》规定，背书必须记载以下事项：签章、背书日期、被背书人名称等。二是交付。背书日期，背书人可以不记载，未记载背书日期的，视为到期日前背书。

汇票、本票、支票都可以经过背书而转让，但并不是所有票据都能背书转让，对于限制性抬头或记载有“不得转让”字样的票据是不可以背书转让的，而对于“来人抬头”票据，不需背书即可转让。因此，背书转让的只是指示性抬头票据。

2) 背书的种类

背书可以分为以下几种类型。

(1) 记名背书和无记名背书。记名背书又称为特别背书、正式背书、完全背书。记名背书的特点是背书内容完整、全面，包括背书人签名、被背书人或其指定人、背书日期等。背书日期可有可无，如果没有记载背书日期，则视为在票据到期日前背书。例如：

Pay to the order of D Company For B Company, ShangHai (signed)

这就是记名背书，表示收款人 B 公司将票据权利转让给 D 公司。B 公司为背书人，而 D 公司就是指定的被背书人。被背书人 D 公司可以继续通过背书转让该汇票，见表 2-1。

表 2-1　记名背书转让汇票

顺序 / 当事人	第一次	第二次	第三次	第四次	第五次
背书人	B	D	E	F	G
被背书人	D	E	F	G	H

无记名背书又称空白背书、略式背书。它是指仅在票据背面签名而不注明被背书人的背书。

(2) 限制背书和有条件背书。限制背书是指背书人在票据背面签字、指定某人为被背书人或记载有“不得转让”字样的背书。例如：

Pay to D Company only For B Company (signed)

对于限制背书的受让人能否将票据转让，各国票据法有不同规定：根据《英国票据法》，限制背书的被背书人无权再转让票据权利；《日内瓦统一票据法》和我国《票据法》承认不得转让的背书，规定限制背书的票据仍可由被背书人进一步转让，但原背书人即作限制背书的背书人只对直接后手负责，对其他后手不承担保证责任。

有条件背书是指对被背书人享受票据权利附加了前提条件的背书。包括我国在内的多数国家票据法规定，有条件背书的背书行为是有效的，但背书条件无效。

对有条件背书的受让人而言，在行使票据权利或再将票据背书转让时，他可以不理会前手附加的条件，因为这些条件不具有法律效力。

(3) 委托收款背书和设定质押背书。委托收款背书是指记载有“委托收款”字样的背书，背书人的背书目的不是转让票据权利，而是委托被背书人代为行使票据权利，即代为收款。委托收款背书的被背书人不得再以背书转让票据权利，因为票据的所有权仍属于背书人而不是被背书人。

设定质押背书是指记载有“质押”字样的背书，被背书人只有在依法实现其质押权时，才可行使票据权利。在其他任何情况下，票据的所有权都属于背书人，被背书人不得侵犯背书人的票据权利。

除了以上分类外，还有回头背书，部分背书及分割背书、“不得追索”字样的免责背书等类型。

3. 承兑

1) 承兑的概念

承兑(Acceptance)是指远期汇票的付款人在汇票上签名，同意按出票人指示到期付款的行为。

承兑行为的完成包括两项内容：首先是完成记载及行为人签名。承兑时，可以写明已承兑“Accepted”并签名，也可仅签名。承兑日期视情况而定，见票后定期付款汇票必须记载承兑日期。此外，还可以加上担当付款人或付款处所的记载。汇票一般是两张一套，付款人只需承兑一张。其次是完成交付。承兑的交付有两种：一种是实际交付，即付款人在承兑后将汇票退还给持票人；另一种是推定交付，付款人在承兑后将所承兑的汇票留下，而以其他方式通知持票人汇票已承兑并告知承兑日期。

在承兑的交付中，通知一般以书面形式为主。另外，我国《票据法》对承兑日期作了如下规定。

(1) 定日付款或出票后定期付款的汇票，持票人应在汇票到期日前作承兑提示。

(2) 见票后定期付款的汇票，持票人应在出票后 1 个月内作承兑提示。

(3) 付款人应在收到提示承兑的汇票 3 日内承兑或者拒绝承兑。

2) 承兑的种类

汇票的承兑有两种。

(1) 普通承兑。普通承兑即一般承兑，它是指付款人对出票人的指示不加保留地予以确认的承兑。

(2) 保留承兑。保留承兑是指付款人在承兑时，对汇票的到期付款加上了某些保留条件或对票据文义有修改意见的承兑。

常见的保留承兑有以下几种；有条件承兑、部分承兑、修改还款期限的承兑、限制地点的承兑等。

我国《票据法》规定，付款人承兑汇票，不得附有条件。承兑附有条件的，视为拒绝承兑。但国外一些票据法规定，对于保留性承兑，持票人有权拒绝接受，也可以接受。如果持票人接受了保留性承兑，在付款人拒付的情况下，持票人不能向出票人或背书人追索。

4. 参加承兑

参加承兑(Acceptance for Honor)是指在汇票不获承兑，持票人尚未追索时，其他人要求承兑汇票的行为。只是在远期汇票中才可能有参加承兑行为。参加承兑的目的是为了阻止持票人追索，维持特定债务人的信誉。

我国票据法暂时还没有关于参加承兑方面的规定。参加承兑人即作参加承兑的行为人。对参加承兑人资格的规定是：根据《日内瓦统一票据法》，他可以是除承兑人以外的任何人，包括出票人、背书人、保证人、预备付款人等。

《英国票据法》认为，参加承兑人应是票据债务人以外的其他当事人。

5. 保证

保证(Guarantee)通常是指非票据债务人为票据债务承担保证的行为。其目的是为了增强票据的可接受性，使之便于流通和融资。在汇票、本票和支票的使用中，都可以存在保证。

作保证时，保证人应在票据或粘单上记载保证字样、保证人名称和住所、被保证人名称、保证日期并由保证人签名。如果未记载被保证人，对于已承兑的汇票，应以承兑人为被保证人；对于其他票据，则以出票人为保证人。如果未记载保证日期，出票日期即为保证日期。

保证不得附带条件。附有保证条件的，不影响对票据的保证责任，但保证条件无效。

6. 提示

提示(Presentment)是指持票人向付款人出示票据、要求其履行票据义务的行为。提示是持票人要求票据权利的行为。

提示分为承兑提示和付款提示。

(1) 承兑提示是持票人在票据到期前向付款人出示票据，要求其承兑或承诺到期付款的行为。承兑提示只是针对远期票据主要是汇票而言的，即期汇票、本票、支票不必作承兑提示。

(2) 付款提示是指持票人在即期或远期票据到期日向付款人出示票据要求其付款的行为。汇票、本票、支票均需作付款提示。

7. 付款

付款(Payment)是指在即期票据或到期的远期票据的持票人向付款人出示票据时，付款人支付票款的行为。付款是票据流通过程的终结，是票据债权债务的最后清偿。汇票、本票、支票都存在付款行为。

在付款时，付款人必须做到以下几点。

(1) 对票据权利所有人付款。在付款时，付款人首先须是出于善意，即不知道持票人权利的缺陷；其次是要鉴定背书的连续性。只有在符合以上两个要求的情况下，付款人的付款才被称为正当付款，至此付款人才可以免除债务。

(2) 立即付款。当持票人按规定向付款人做付款提示时，付款人应在数小时内付款。

(3) 支付金钱。票据权利是一种金钱权利，付款人必须支付金钱。如果票据上规定了支付货币的种类，付款时应支付规定货币，如果没有规定支付货币的种类，一般应支付本国货币。如我国规定应以付款日的外汇牌价按人民币支付。

(4) 到期日付款。付款人只能在票据到期日向持票人支付票款，如果付款人在到期日前支付了票款，应承担由此产生的一切后果。

(5) 足额付款。我国《票据法》规定，付款人必须足额支付票款，不能作部分付款。国外法律的规定有所不同于《日内瓦统一票据法》的规定，持票人不得拒绝部分付款，《英国票据法》规定，持票人可以接受部分付款，也可以拒绝。在接受部分付款时，债务并不能完全了结，因此持票人仍需保留票据。

(6) 注销票据。付款人作正当付款后，应要求收款人在票据背面签字作为收款证明并收回票据，注上“付讫”字样，此时票据就“注销”。票据注销后，不仅付款人的付款义务被解除，所有债务人的责任都因此消灭。

8. 参加付款

参加付款(Payment for Honor)是指在票据不获付款、持票人尚未行使第二次权利(追索)时，其他人要求付款的行为。参加付款与参加承兑的目的和作用相同。

9. 拒付

拒付(Dishonor)又叫退票，指付款人在持票人按票据法规定作提示时，拒绝承兑和拒绝付款的行为。汇票、本票和支票都有可能发生拒付。如果即期汇票和承兑前远期汇票以及支票发生拒付，持票人可依法行使追索权；如果承兑后的远期汇票和本票发生拒付，持票人可分别对直接承兑人和出票人起诉。

拒付包括以下3种情形。

(1) 持票人到期不获承兑或付款。持票人到期不获承兑或付款包括下面几种情形：付款人明确表示拒付；虽未明确拒付，但在规定时效内未做承兑或付款；承兑人或付款人避而不见；作部分承兑或付款。

(2) 承兑人或付款人死亡、破产或因违法被责令终止业务活动。

(3) 在非承兑票据的出票人破产时，付款人大多会拒付。

10. 追索

1) 追索的概念

追索(Recourse)是持票人在票据被拒付时，对背书人、出票人及其他债务人行使请求偿还的行为。它是持票人在特殊情况下要求票据权利的一种手段和方式。

持票人在追索时必须具备一定条件。

(1) 持有合格票据，即指票据的记载和背书的连续两方面合格。

(2) 持票人尽责，即指持票人已在规定的时间内作了提示，做成拒绝证书和拒付并通知前手。

(3) 发生拒付。

2) 追索的金额

对于追索的金额，可分下面两种情况。

(1) 追索金额。持票人行使追索权时，追索金额包括：被拒付的票据金额；票据金额自到期日或提示付款日起到清偿日的利息；取得有关拒绝证明和发出通知书的费用。

(2) 被追索人的再追索金额。包括：已清偿的全部金额；前项金额自清偿日起至再追索清偿日止的利息；发出通知书的费用。

2.2.5 汇票的种类

1. 根据出票人划分

根据出票人是否为银行，汇票可分为银行汇票和商业汇票。

(1) 银行汇票是一家银行向另一家银行签发的书面支付命令，其出票人和付款人都是银行。银行汇票由银行签发后交汇款人，由汇款人带往或寄往收款人，收款人持票向付款行请求付款，付款人在审核无误后即予付款。银行汇票的信用基础是银行信用。

(2) 商业汇票是由公司、企业或个人签发的汇票，其付款人可以是公司、企业、个人，也可以是银行。商业汇票的信用基础是商业信用，其收款人或持票人承担的风险较大。不过，对商业汇票进行承兑，可在一定程度上降低收款人的风险。

2. 根据汇票承兑人划分

根据承兑人是否为银行，汇票可分为银行承兑汇票和商业承兑汇票。

(1) 银行承兑汇票是指由公司、企业或个人开立的以银行为付款人并经付款银行承兑的远期汇票。银行对商业汇票加以承兑改变了汇票的信用基础，使商业信用转换为银行信用。汇票经过银行承兑后，持票人通常能按期得到票款，从而增强商业汇票的可接受性和流通性。

(2) 商业承兑汇票是以公司、企业或个人为付款人，并以公司、企业或个人进行承兑的远期汇票。商业承兑并不改变汇票的信用基础。

3. 按付款时间划分

按付款时间不同，汇票可分为即期汇票和远期汇票。

(1) 即期汇票是注明付款人在见票或持票人提示时，立即付款的汇票。未载明具体付款日期的汇票也是即期汇票。

(2) 远期汇票是载明在一定期间或特定日期付款的汇票。根据付款期限的表示或确定方法不同，远期汇票有定日付款、出票后定期、见票后定期汇票3种形式。

4. 按汇票是否附有商业单据划分

按收付款时是否附有商业单据，汇票可分为光票和跟单汇票。

(1) 光票指无需附带任何单据即可收付票款的汇票。这类汇票全凭票面信用在市面上流通而无物权单据作保证。

(2) 跟单汇票是指附带有关单据的汇票。跟单汇票一般为商业汇票。跟单汇票的流通转让及资金融通，除与当事人的信用有关外，更取决于附属单据所代表货物的价值及单据质量。

2.3 本　　票

2.3.1 本票的含义

本票(Promissory Note)，根据《英国票据法》，是一人向另一人签发的，约定即期或定期或在可以确定的将来时间向指定人或根据其指示向来人无条件支付一定金额的书面付款承诺。

根据我国《票据法》规定，本票是出票人签发的，承诺自己在见票时无条件支付确定金额给收款人或者持票人的票据。

2.3.2　本票的必要记载内容

根据我国《票据法》规定，本票的绝对必要记载内容有 5 个方面：“本票”字样；无条件支付的承诺；确定的金额；收款人名称；出票日期和出票人签章。以上条款，缺一不可，否则本票无效。本票比汇票少了一个必要项目——付款人。本票中关于付款地、出票地等事项的记载也应清楚明确，不过没有记载也不影响本票的效力。根据我国《票据法》规定，本票上未记载付款地点的，出票人的营业场所为付款地，未记载出票地点的，出票人的营业场所为出票地。

《日内瓦统一票据法》规定，本票应包括：“本票”字样、无条件支付付款期限、付款地点、收款人、出票地点与日期、出票人签字。

2.3.3　本票的种类

1. 根据出票人划分

根据出票人是否为银行，本票可以分为商业本票和银行本票两种。

(1) 商业本票。商业本票又称一般本票，它是指公司、企业或个人签发的本票。国际结算中开立本票的目的是为了清偿国际贸易而产生的债权债务关系。

商业本票的信用基础是商业信用，出票人的付款缺乏保证，因此其使用范围渐趋缩小。中、小企业很少签发本票，一些大企业签发本票通常也限于出口买方信贷的使用。

(2) 银行本票。银行本票是指银行签发的本票。它通常被用于代替现金支付或进行现金的转移。即期的银行本票习惯称为出纳发出的命令，意即上柜即可取现。因此，银行本票多为即期本票，远期本票则严格限制其期限，如我国规定，本票自出票日起，付款期限最长不超过两个月。由于银行本票在很大程度上可以代替现金流通，各国为了加强对现金和货币金融市场的管理，往往对银行发行本票有一些限制。

根据我国《票据法》规定，本票仅指银行本票。

2. 根据付款期限划分

根据本票的付款期限不同，本票可分为即期本票和远期本票。远期本票多以融资为目的，即期本票多以支付为目的。银行本票一般是即期本票。

3. 特殊本票

(1) 银行券。银行券是金本位制下银行发行的纸币，持币人可随时将纸币兑换成金银货币。该本票的特点是定额、不记名(来人抬头)、无利息、通过交付完成转让。

(2) 国库券。国库券是财政部代表一国中央政府签发的本票。其特点是定额、大额、不记名、折价发行、可流通和抵押。

2.4 支　　票

2.4.1 支票的含义和特点

《英国票据法》的定义简单、明确：支票(Cheque)是以银行为付款人的即期汇票，是银行存款户向该银行签发的授权其对某人或其指定人或来人无条件即期支付一定金额的书面命令。

我国《票据法》认为：支票是出票人签发的，委托办理支票存款业务的银行或者其他金融机构在见票时无条件支付确定的金额给收款人或者持票人的票据。

支票具有以下几个特点。

(1) 支票出票人应具备一定条件。支票出票人具备的条件包括以下几点。

① 必须是银行的存款户，即在银行要有存款，在银行没有存款的人绝不可能成为支票的出票人。

② 要与存款银行订有使用支票的协定，即存款银行要同意存款人使用支票。

③ 支票的出票人必须使用存款银行统一印制的支票。支票不能像汇票和本票一样由出票人自制。

(2) 支票为见票即付。支票都是即期付款，所以付款银行必须见票即付。

(3) 支票的付款人仅限于银行。

(4) 通常情况下，支票的出票人都是主义务人，但保付支票除外，后者主义务人为保付银行。

2.4.2 支票的必要记载内容

我国《票据法》规定，支票必须记载以下事项：表明“支票”的字样；无条件支付的委托；确定的金额；付款人名称；出票日期和出票人签章。

以上内容缺一不可，否则，支票无效。不过，支票上的金额可以由出票人授权补记。除必要项目外，收款人、付款地、出票地都是支票的重要内容。支票上未记载付款地的，以付款人地址为付款地；未记载出票地的，出票人的营业场所、住所或者经常居住地为出票地。

《日内瓦统一票据法》规定，支票应包括的条款有：“支票”字样、无条件支付金额的命令、付款人、付款地、出票日期与地点、出票人签名。

2.4.3 支票的主要当事人责任

1. 出票人的责任

支票出票人必须对所出支票担保付款，其责任具体包括以下几点。

(1) 不得开立空头支票。空头支票是指出票人在付款行处没有存款或存款不足的情况下，签发的超过存款余额及银行透支允许范围的支票。各国法律均严格禁止签发空头支票。

(2) 如果付款行拒付，支票签发人应负偿还之责。如果由于某种原因造成支票付款行拒付，支票出票人仍应承担票款的支付责任。

(3) 支票提示期限过后，出票人仍应承担票据责任。

《日内瓦统一票据法》规定了支票的提示期限：国内支票为出票日起8天；出票和付款不在同一国家的为20天；不同洲的为70天。

如超过提示期限，支票过期作废，但出票人的责任并不因此消失，他们应对持票人承担票据责任。我国规定，持票人对支票出票人的权利，自出票日起6个月内仍有效。如果过期仍不行使其权利，则票据权利自动消失。

阅读案例2-2

某甲开立100英镑的支票给乙，授权乙向丙银行取款，乙拿到支票后拖延很久不去取救，恰在此时，丙银行倒闭，甲在丙银行账户里的存款分文无着。乙在未获支票款项的情况下，找到了甲，要甲负责。甲以支票已过期为由，拒绝对乙付款。

分析：

甲可以对乙拒绝负责，但理由并不是因为支票过期。支票不同于即期汇票，即期汇票的持票人如不在合理的时间内向付款人提出付款，出票人和背书人均解除责任。但支票的持票人如不在合理时间内提示付款。出票人仍必须对支票负责．除非持票人的延迟提示而使出票人受了损失。在上例中、由于乙的提示已晚致使甲受损失。那么甲就可不对该支票负责，因为乙如果及时去取款，甲就不会受到损失，所以他可对支票不负责任。如果丙银行倒闭清理时，所有债权人尚能分到一定比例的偿付金，那么、甲作为存户债权人应把所分到的偿付金付还给乙，如甲按30%的比例分到了偿付金，他应按同样的比例付给乙，而对其余的70%可不负责任。

资料来源：贺瑛．《国际结算》．高等教育出版社，2006．第15页．

2．付款行与收款人的责任

付款行的责任是审查支票是否合格，特别是核对出票人签字的真实性。只有当支票上的出票人签字与支票开户人留在银行的印鉴相符时，付款行才付款。如果错付，银行应承担赔偿责任。此外，付款行在付款时还应要求持票人作收款背书。不过，支票的付款行一般不是票据义务人，也可以由于各种原因不付款。

收款人的主要责任是在规定时间、地点提示合格支票，否则就可能会发生票据抗辩。

2.4.4　支票的种类

1．记名支票和无记名支票

根据收款人抬头不同，可分为记名支票和无记名支票。

(1) 记名支票，指注明收款人姓名的支票。除非记名支票有限制转让的文字，否则记名支票即为指示性抬头支票，可以背书转让。

记名支票在取款时，必须由收款人签章并经付款行验明其真实性。

(2) 无记名支票。无记名支票又称空白支票或来人支票，它是没有记明收款人的支票。任何人只要持有此种支票，即可向银行要求付款，且取款时不需要签章。银行对持票人获得支票是否合法不负责任。

从实质上讲，支票也可以分成限制性、指示性和来人抬头。

2. 普通支票和划线支票

根据支票对付款有无特殊限制，在国外可分为普通支票与划线支票。

(1) 普通支票。国外称非划线支票，是指无两条平行线的支票或对付款无特殊限制或保障的一般支票。普通支票的持票人可以持票向付款银行提取现款，也可以通过其往来银行代收转账。

(2) 划线支票。国外与普通支票相对应的是划线支票。划线支票是指由出票人或持票人在普通支票上划有两条平行线的支票。划线支票的持票人只能委托银行收款，不能直接提现。划线支票可以起到防止遗失后被人冒领、保障收款人利益的作用。

3. 现金支票和转账支票

根据支票对付款有无特殊限制，在国内分为现金支票与转账支票。

(1) 现金支票。我国的现金支票相当于国外的普通支票，持票人可以选择提取现金或做成转账收款。

(2) 转账支票。我国与现金支票相对应的是转账支票。转账支票是由发票人或持票人在普通支票上载明“转账支付”的支票。在支票标有转账支付的记载时，付款银行只能通过银行转账收款，不能提取现金。

4. 保付支票

保付支票是指由付款银行加注“保付”字样的支票。由于普通支票仅仅是出票人向银行发出的支付命令，出票人是否在银行有足够的存款、银行是否能够承担付款责任，对于持票人来说，并无确实的保障。如果付款行对支票进行了保付，就是承担了绝对付款的责任，从而使持票人在任何情况下都能保证获得支付。

5. 银行支票

银行支票是以银行为出票人，并由银行任付款人的支票。我国的定额支票就属于这一性质。定额支票是由有关单位将款项交存银行后，由银行开出的、统一载明确定金额的支票。这种支票通常用于农副产品收购的价款支付。

2.4.5 汇票、本票和支票的区别

汇票、本票和支票之所以能成为不同的票据，是因为它们都有其独自的特点，彼此间存在差异。

1. 性质不同

汇票和支票都是无条件的支付命令；本票是无条件的支付承诺；前者是出票人命令他人付款，后者是出票人承诺自己付款。

2. 当事人及相互间的关系不同

汇票和支票各有三个基本当事人，本票有两个；签发支票时，其出票人与付款人之间必先有资金关系；汇票则没有要求，本票是自己付款，无所谓资金关系。

3. 主义务人不同

本票和支票的主义务人一直是出票人；汇票则有两种情况，即期汇票和承兑前的远期汇票的主义务人是出票人，承兑后的义务人是承兑人。

4. 出票份数不同

汇票的出票一般是一式两份；本票和支票则是一式一份，没有副本。

5. 记载的必要项目不同

汇票必须记载的项目较全，包括汇票名称、无条件支付的委托、确定的金额、付款人、收款人、出票日期、出票签章七项；本票、支票的必须记载内容分别不包括付款人名称、收款人名称。

6. 付款人的性质不同

支票的付款人必须是银行，而汇票和本票的付款人可以是银行，也可以是企业或个人。

7. 付款期限种类不同

支票是见票即付，无到期日的记载；汇票和本票有即期和远期付款之分，一般应记载到期日。

8. 票据行为不同

本票无承兑、参加承兑；支票无承兑、参加承兑、参加付款行为；汇票则全有。

阅读案例 2-3

国外不法商人以空头支票骗取我出口货物案

某外贸公司与加纳商人成交出口一批货物，货款计 12 000 美元。成交条件系预付货款，运输条件是空运。当时该商人开给该公司以加纳某银行为付款人的美元支票 1 张。

2 月 16 日，该外贸公司将支票委托国内某银行(托收行)向外收款，采用立即托收方式，委托香港麦加利银行(代收行)托收。根据这种托收方式，支票托收之款可先收账，如果付款人退票拒付，代收行可主动将垫付的票款从委托人的账户划回。3 月 2 日，我国内某银行接香港麦加利银行收账报单，即给外贸公司结汇，但此系麦加利银行(代收行)垫款，并非真正收要了票款。公司却认为货款已收到，便将货用空运发出。

4 月 27 口香港麦加利银行将托收的支票退回，并主动从我托收行账户划回其垫付的票款。原因是支票的付款行拒付票款，拒付理由是该张支票不仅不合法，而且是伪造的。我国内某银行(托收行)只能将支票退还该外贸公司，并从该公司账内将票款冲回。由于货系空运，国外不法商人已提货潜逃。公司白白损失了 12 000 美元的货款和航空运费。

分析我们从此案例中吸取哪些教训？

资料来源：林孝成．《国际结算实务》．高等教育出版社，2004 年．第 58 页

2.5 票据的风险与防范

2.5.1 票据的风险

票据的风险是由多种原因引起的。

1. 票据的伪造和变造

假借他人名义而签发票据的行为称票据的伪造。其行为有：伪造他人签名和印章，或盗用他人真正印章后而签发票据等。由于票据伪造不易被发现，会使票据债务人以及许多人继续接受该票据，成为该票据直接或间接受害者。因为许多国家规定，票据发生伪造后并不影响真正前面的效力，所以最后承担票据责任的人往往是第一次进行背书的人(接受伪造票据的人)，从而使其承担了票据风险。

另外，未经授权擅自变更票据上依法记载的有效要件的行为称为票据的变造。例如，变更票据的到期日期、票据的金额等。票据变造后，一部分票据关系人的利益会受到影响。

2. 持票人享有的票据所有权有缺陷

如果票据是以欺诈、暴力或恐吓等手段，或以不合法的支付对价，或在流通转让过程中违反诚信原则，或在相当于欺诈的情况下取得的，这类票据持有人享有的票据权利有缺陷，在票据取得和流通的过程中就会损害一部分人的利益，从而产生票据风险。

2.5.2 票据风险的防范

(1) 出口方应认真选择客户，对不熟悉的新客户一定要加强资信调查，做到心中有数，防患于未然。

(2) 要了解票据本身的特性和票据签发机构的可靠性，精通票据业务是非常重要的。

(3) 对客户提交的票据应委托银行检验其真实性，即使收到以世界资信最好的银行为付款行的票据也不能掉以轻心。

(4) 贸易成交前，买卖双方一定要签署平等互利的销售合同。

(5) 在银行未收妥票款之前，不要过早发货以免钱货两空。

本章小结

在国际结算中，票据是非常重要的结算工具。我国《票据法》规定的票据，是指出票人约定自己或委托付款人见票时或在指定时间向收款人或持票人无条件支付一定金额并可以流通转让的有价证券。它是以支付金钱为目的的特定证券，包括汇票、本票和支票。

票据作为结算工具，要式性、文义性、无因性和流通性是其最重要的特点。只有要项齐备、出票人签字真实有效的票据才具有法定的效力，票据凭背书和交付得以流通。票据当事人在票据的流通过程中，根据票据文义和票据行为来确定各自的权利或责任。无论哪一种票据，其最终目的都是为了实现票据的给付，因此，票据当事人通过正当的票据行为(出票、背书、提示、承兑、追索等)可以实现这一目的。目前在国际结算中使用最多的是汇票，汇票是出票人命令他人无条件付款的票据，其基本当事人有三人：出票人、收款人、付款人。汇票可以按出票人、承兑人、付款期限、是否跟单进行分类。本票和支票各自都有不同的种类，在使用不同的票据进行结算时，需要注意它们的特点。世界各国的票据立法以英美法系和大陆法系为主要参照，多数基本原则是相同的，但也有法的差异和冲突。

关键术语

汇票　Bill of Exchange
支票　Cheque
无因性　Non-causative Nature
出票人　Drawer
收款人　Payee
背书人　Endorsee
保证人　Guarantor
指示性抬头　Demonstrative Order
出票日期　Date of Issue
出票地点　Place of Issue
即期汇票　Sight Bill
出票　Issue
提示　Presentment
付款　Payment
参加承兑　Acceptance for Honor
保付支票　Certified to Pay
本票　Promissory Note
流通性　Negotiability
要式性　Requisite in Form
付款人　Drawee
承兑人　Acceptor
持票人　Holder
限制性抬头　Restrictive Order
来人抬头　Bearer Order
付款日期　Tenor
付款地点　Place of Place
远期汇票　Time Bill
背书　Endorsement
承兑　Acceptance
追索　Recourse
保证　Guarantee

综 合 练 习

一、填空题

1．汇票的提示分为两种，分别是(　　　)、(　　　)。

2．世界上两大票据法体系，一是(　　　)法系，二是(　　　)法系。

3．出票人撤销其开出的支票，称为(　　　)，支票因出票人在存款行没有足够的存款以支付票据金额而未得付款，称为(　　　)。

4．汇票付款期限为出票后 90 天，出票日期为 4 月 15 日，此汇票到期日应为(　　　)。

5．汇票的收款人（即抬头）有三种表示方法，分别是(　　　)、(　　　)、(　　　)。其中不能转让的为(　　　)汇票，无须持票人背书转让的为(　　　)汇票。

二、判断题

1．正当持票人的权利会因为前手权利缺陷而受到影响。　(　　)

2．票据行为可以不完全按照票据上的文字记载。　(　　)

3．德国票据法体系是最早形成的票据法体系。　(　　)

4．汇票的付款日期是绝对必要记载项目。　(　　)

5．保付支票是银行必须支付的支票。　(　　)

三、选择题

1．票据的必要项目必须齐全且符合法定规定要求，票据行为也应符合法定形式的要求，这叫做票据的(　　)。

A．无因性　　B．流通性　　C．提示性　　D．要式性

2．汇票承兑以前，票据上的第一主债务人是(　　)。

A．出票人　　B．承兑人　　C．第一背书人　　D．第二背书人

3．某公司签发一张汇票，注明“At 90 days after sight”，则这是一张(　　)。

A．即期汇票　　B．远期汇票　　C．跟单汇票　　D．光票

4．假设一张汇票的出票日为2001年12月31日，付款日为出票后2个月，则其到期日为(　　)。

A．2002年2月28日　　B．2002年2月29日

C．2002年3月1日　　D．2002年3月4日

5．下列汇票中，注明(　　)是不可转让的。

A．pay to Johnson Co. Ltd. only　　B．pay to Johnson Co. Ltd. and its order

C．pay to bearer　　D．Pay to the order of Johnson Co. Ltd.

6．以下关于支票的说法，正确的是(　　)。

A．是一种无条件的书面支付承诺　　B．付款人可以是银行，工商企业或个人

C．可以是即期付款或远期付款　　D．是以银行为付款人的即期汇票

四、名词解释

票据　票据权利　票据义务　出票　背书　承兑　保证　汇票　本票　支票

五、简答题

1．什么是票据？票据有哪些特性？

2．简述目前国际上有关票据的法律体系。

3．简述背书的几种形式。

4．行使追索权应当具备哪些条件？

5．根据我国《票据法》规定，试述支票的必要项目。

6．简述支票、汇票和本票的区别。

【案例分析题】

某年5月A公司向B公司销售货值为6.5万美元的商品。5月20日，B公司作为出票人向A公司开出以C银行为付款人，A公司为收款人的指示性抬头定日付款汇票，金额6.5万美元，付款日7月20日。6月10日，收款人A公司将汇票背书转让给D公司。7月5日D公司再背书转让E公司。E公司于到期日向C银行做付款提示遭拒付。E公司及时做成拒绝证书并通知了全体前手后，向出票人B公司行使追索权。但B公司以收到的货物与合同不符为理由拒绝偿付票款。试问：B公司做法是否合理？为什么？B公司的正确处理方法是什么？

【实际操作题】

天津纺织品进出口公司日前出口美国ABC Trade Co一批货物，金额为23 485美元。假定天津纺织品进出口公司于2002年12月5日签发以其指定人为收款人、见票日后60天付款的远期汇票，试代替天津纺织品进出公司完成下列行为。

① 出具该远期汇票。

② 指定付款人于 2002 年 12 月 12 日承兑该汇票，试完成汇票的普通承兑行为。

③ 计算汇票的付款日。

附　　录

【附录 2-1】汇票

ACCEPTED 12 th April, 20__ Payable Bank Ltd. London For Bank of Europe, London Signed	Due 11 th July ,20__ Exchange for GBP 5000.00 Beijing, 5 th April, 20__ At 90 days after sight pay to C Co.or Order The sum of five thousand pounds To Bank of Europe, London.　　　For　A Company Beijing signature

【附录 2-2】本票

Promissory Note for GBP 800.00　　　London, 8fh Sept. ,2000 At 60 days after date we promise to pay Beijing Arts and Crafts Corp. or order the sum of Eight hundred pounds For　Bank of Europe London signature

【附录 2-3】支票

31st Jan.,2000 Payee Tianjin Economic & Development Corp £450.0 652156	Cheque　　London,31st Jan.,2000 No.652156 BANK OF EUROPE LONDON Pay to Tianjin Economic &Development Corp.or order The sum of four hundred and fifty pounds　£450.0 For Sino－British Trading Co., London Signature 652156　60…2116　02211125　000045000

第3章

国际结算基本方式——汇款

教学目标

通过本章的学习，对国际结算的基本方式——汇款有一定的了解和认识。掌握汇款的含义，了解汇款的基本当事人，熟悉汇款方式种类及业务流程，理解汇款的头寸调拨方式及退汇方法，熟悉汇款方式在国际贸易中的实际应用。并能针对具体情况分析决定是否使用汇款方式以及使用哪一种汇款方式更合适。

教学要求

知识要点	能力要求	相关知识
汇款的含义与基本当事人	理解汇款方式的含义，了解基本当事人的责任	(1) 汇款的概念 (2) 汇款的基本当事人 (3) 汇款基本当事人的责任
汇款的方式种类及业务流程	(1) 能够根据业务情况选择合适的汇款方式及填写汇款申请书 (2) 能够使用 SWIFT 正确报文格式办理汇款业务 (3) 能够开立银行即期汇票 (4) 能够正确办理汇款解付业务	(1) 汇款的方式种类 (2) 不同汇款方式的业务流程
汇款的头寸调拨方式及退汇方法	(1) 能够选择汇款最佳调拨方式 (2) 能够正确办理退汇业务	(1) 头寸调拨的概念 (2) 头寸调拨的不同方式 (3) 退汇的概念 (4) 退汇的方法
汇款在国际贸易中的应用	能够根据业务选择使用预付货款或货到付款方式结算	预付货款、货到付款的概念和应用情况

导入案例

东方国际集团上海市对外贸易有限公司(以下简称上海外贸)与匈牙利金城豪克国际贸易责任有限公司(以下简称豪克公司)签订了一份 95 H T I 4 E 025 售货合同，约定：由上海外贸供给豪克公司不同规格的童晴棉服和童羽绒服，货物总计数量为 28 000 件，总金额为 365 600 美元，装运数量允许有 5%的增减，价格条件为 CIF 布达佩斯，装运口岸为中国上海，目的地为匈牙利布达佩斯，付款条件为提单日后 70 天内电汇付款。售货合同签订后，上海外贸按合同约定在最迟装运期前将货物装上船只，取得提单并交给豪克公司。但货物到港后，一部分被匈牙利海关没收，一部分下落不明，豪克公司因此拒绝付款。上海外贸不得不向中国国际经济贸易仲裁委员会上海分会(以下简称上海仲裁分会)申请仲裁。

资料来源：本案例改编自中华人民共和国最高人民法院网站：典型案例，
http://www.court.gov.cn/popular/200304010041.htm

在国际结算中，汇款方式由于其操作简便、成本低而被大量采用。因此，本章将详细介绍汇款的含义、方式种类和业务流程、头寸调拨和退汇的方法，并通过实例分析使大家更好地了解汇款在国际贸易结算中的作用和过程。

3.1　汇款方式概述

3.1.1　汇款方式的含义

汇款(Remittance)是持款人将款项交付给银行，委托银行将该款项调拨到国外，通过该银行的联行或代理行将款项付给收款人的一种结算方式。

汇款分为国内汇款和国际汇款，本章讲述的是国际汇款或称境外汇款，即汇款人与收款人身处不同的国家。对于银行而言，汇款业务又分为汇入汇款业务(Inward Remittance)和汇出汇款业务(Outward Remittance)。银行应持款人的请求，按照汇款申请书办理汇出资金的业务，这样的业务称为汇出汇款业务，如图 3.1 中的中国银行办理的此类业务。

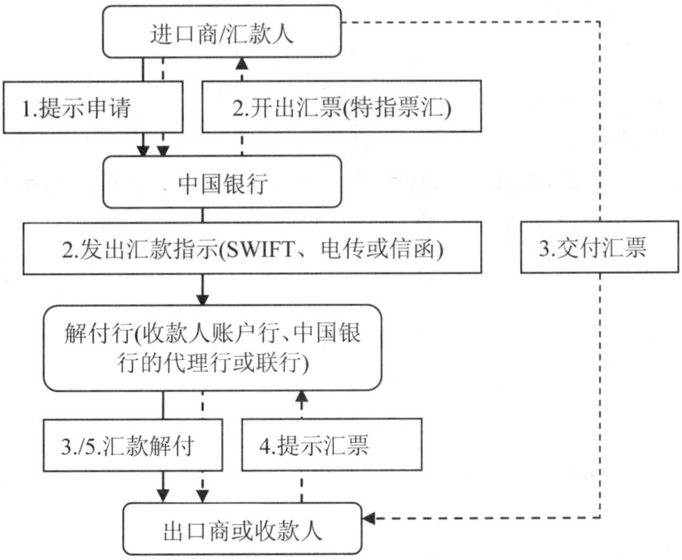

图 3.1　中国银行办理的汇出汇款业务(引用自：中国银行网站)

接受国外银行的委托，将收到的款项付给收款人的银行办理的是汇入汇款业务，如图3.2中的中国银行国内分行办理的此类业务。

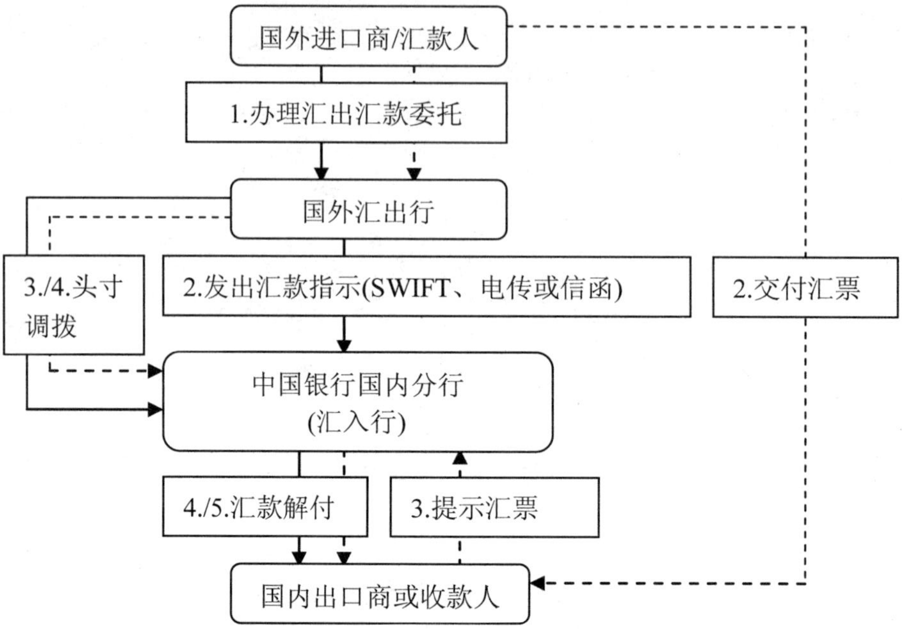

图3.2 中国银行办理的汇入汇款业务(引用自：中国银行网站)

3.1.2 汇款的基本当事人及责任

汇款的基本当事人有4个：汇款人、汇出行、汇入行或解付行、收款人或受益人。

1. 汇款人

汇款人(Remitter)即主动将款项交付给银行，委托银行办理汇出款项业务的人。在国际贸易中，汇款人通常为进口商。

汇款人的责任如下。

(1) 认真填写汇款申请书(一式两联)，明确各委托事项。汇款申请书是汇款人与银行的契约，银行将严格按照汇款申请书办理汇款业务，因此，汇款人必须保证汇款申请书的内容正确完整。如果因为汇款申请书的填写错误而使汇款不能及时到达或汇错，银行将不承担任何责任。因此，在办理汇款业务之前，进口商应了解出口商及其开户行的详细信息，如出口商的名称、地址、账号、开户行名称及地址、开户行的代理行名称及地址等。

(2) 交款付费。将所汇款项交付给银行并按照要求支付银行费用。如果选择由对方付费，则必须在汇款申请书中明确。

2. 汇出行

汇出行(Remitting Bank)即接受汇款人的委托，为汇款人办理汇出款项业务的银行。

汇出行的责任如下。

(1) 审核汇款申请书。指出汇款申请书中的错漏并要求汇款人改正或完善汇款信息，如没有问题，则在汇款申请书上签章，与汇款人订立办理汇款业务的契约。

(2) 严格按照汇款申请书办理汇出汇款。按照汇款申请书选择结算工具(如电汇、信汇或票汇)，将款项通过一定的方式调拨至国外；正确发出付款指示，指示国外联行或代理行付款给确定的人。

3. 汇入行或解付行

汇入行(Paying Bank)也称解付行，即应国外联行或代理行的委托，将收到的款项解付给收款人的银行。在国际贸易中通常是出口方所在地银行。

汇入行的责任如下。

(1) 审核汇出行付款委托的真实性。核对汇出行所寄付款委托书或支付电文的印鉴或密押，确认该付款委托真实有效。如不能确认该委托或对该委托的指示有疑惑，必须通过最快的方式与汇出行联系确认。

(2) 严格按照汇出行的付款委托办理业务。及时将款项按指示解付给收款人。

4. 收款人

收款人(Beneficiary or Payee)即收到款项的人。在国际贸易中，收款人通常为出口商。

收款人的责任：检查所到款项是否足额，是否应为自己所收，如有疑问及时与汇款人联系解决。

3.2　汇款方式种类及业务程序

在接受汇款人的委托后，汇款行需要委托国外联行或代理行向收款人解付该笔款项，便需要发送付款委托书(Payment Order)。而发送付款委托书有 3 种主要方式，亦即通常所说的汇款的 3 种方式：电汇、信汇及票汇。这 3 种方式在结算速度及安全性等方面均有差异，其中电汇是目前贸易汇款中使用得比较多的方式，票汇在因私汇款中使用较多，而信汇则因为速度慢、容易遗失等缺点基本退出了结算舞台，使用的人已经非常少。

3.2.1　电汇

1. 电汇

电汇(Telegraphic Transfer, T/T)即汇款行应汇款人的要求，使用加押电报、电传、SWIFT 等电信方式委托汇入行将一定款项解付给收款人的汇款方式。这种方式因为速度快、安全性高被广泛使用。缺点则是银行费用较其他两种方式高。

在过去，银行间电信网络尚未十分发达，汇款行通过派发电报或电传的方式，委托汇入行解付款项给收款人，电报以字数计费，电传则以派发的时间来计费，因此费用特别高。而近几十年来，由于计算机技术在银行的广泛应用以及电脑网络的普及，银行间通信已基本淘汰电报或电传方式，改用 SWIFT 方式。

2. 电汇的业务程序

电汇方式的业务流程如图 3.3 所示。

(1) 汇款人填制汇款申请书，申请办理电汇业务，交款付费。

(2) 汇出行接受汇款申请书并签章，将汇款回执交回汇款人。

(3) 汇出行以电信方式(主要是 SWIFT)将付款委托发给汇入行，同时调拨该笔款项给汇入行。

(4) 汇入行核对电文密押无误，通知收款人款项到达或直接将款项打入收款人账户。

(5) 款项不直接入账的收款人在收款收据上签章并交付银行。

(6) 汇入行解付款项给收款人。

(7) 汇入行发送扣款通知，亦即借记通知给汇出行。

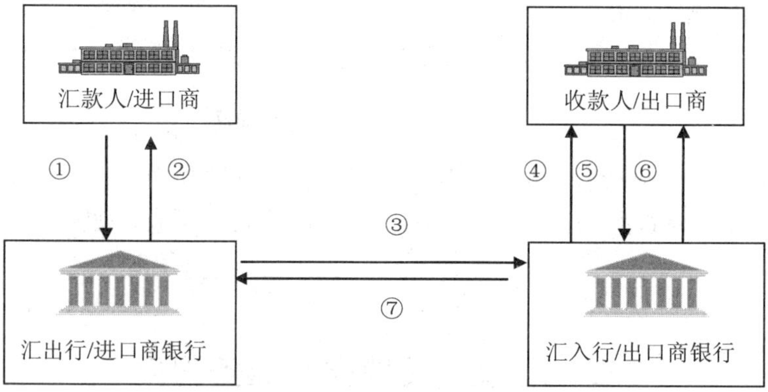

图 3.3　电汇方式的业务流程图

通常电汇采用的 SWIFT 报文格式为 MT103(Model Tape 103)或 MT202(Model Tape 202)。MT103 为单个客户汇款，单个客户可以是个人也可以是机构。MT202 是单笔普通金融机构头寸调拨，通常与另一报文格式连用，可以是因汇款而调拨资金，也可以是因其他原因而调拨资金。

MT103 格式必选项目见表 3-1。

表 3-1　MT103 格式必选项目

必选项(M)	栏位	栏位名称
M	20	Sender's Reference (发报行编号)
M	23B	Bank Operation Code (银行操作代码，表示操作类型)
M	32A	Value date/Currency/Interbank Settled Amount (起息日/货币/银行间清算金额)
M	50a	Ordering Customer (汇款人)
M	59a	Beneficiary Customer (收款人)
M	71A	Details of Charges (收费详情)

MT202 格式必选项目见表 3-2。

表 3-2　MT202 格式必选项目

必选项(M)	栏位	栏位名称
M	20	Transaction Reference Number (发报行编号)
M	21	Related Reference (相关交易编号。如与 MT103 连用，则为 MT103 的 20 栏编号)
M	32A	Value Date, Currency Code, Amount (起息日，货币，金额)
M	58a	Beneficiary Institution (收款人银行)
M	59a	Beneficiary Customer (收款人)
M	71A	Details of Charges (费用详情)

3. 电汇的特点

1) 速度快，资金在途时间短

在三种汇款方式中，电汇的速度最快，通常两三天内款项即可到账。如收款人所在国与汇款币种发行国一致时，或汇出行与汇入行之间有账户关系时，汇款甚至当天即可入账，如汇港币到香港，汇美元至纽约，因此大大减少了资金的占用时间。

2) 安全可靠

现在银行大多通过 SWIFT 发送支付报文，SWIFT 可以自动加押、自动核押，极大地增强了银行间通信的安全保密性。同时，SWIFT 的标准电文格式也使银行间的信息传递更为准确。

3) 费用较高

虽然目前银行间通信使用 SWIFT 方式费用大大降低，但与信汇及票汇相比，除同样要对汇出金额按比例收取手续费外，银行还要额外收取电信费用，所以电汇的费用仍相对稍高。而 SWIFT 以发报笔数计费，单笔汇款的金额越大，汇款的成本越低，因此大金额款项或是急用款项采用电汇更为合适。不过，在国际贸易汇款实务中，由于资金及时到位而产生的收益(如利息收入、资金使用的高效率等)对客户的吸引力通常都会大于降低汇款成本的考虑，因此对多数企业客户而言，电汇已成为首选。

阅读案例 3-1

电汇诈骗案的教训

我国某艺林有限公司(以下简称艺林公司)以传真方式与新加坡某石油海事有限公司(以下简称石油公司)订立了 96RLIS－3045 合同，约定：艺林公司售出 950 公吨零号柴油(允许溢短装 10%)给石油公司，总价 259 000 美元，FOB 香港，付款方式：买方必须于某日前将订金 100 000 美元电汇至卖方指定银行，买方在提单日起计 15 天内用电汇方式将全部货款汇至卖方指定的银行账户。

在收到石油公司按期电汇的订金 100 000 美元后，艺林公司立即按合同发货，实际交货 949.94 吨，总计 246 034.46 美元。按照合同条款，石油公司还应向艺林公司偿付余款 146 034 美元，但石油公司迟迟未付。几次催款之后，石油公司传真了一份已电汇货款的银行底单给艺林公司，但经查实，石油公司根本没有电汇146 034.46美元，所谓已电汇货款的银行底单只是石油公司编造的一个骗局。在接下来的5个月里，艺林公司先后发出传真信函，或派专人前往新加坡，向石油公司追款，但都毫无结果，石油公司始终未偿付欠艺林公司的货款及利息。艺林公司不得不向中国国际经济贸易仲裁委员会申请仲裁。虽然仲裁结果对艺林公司有利，但艺林公司已付出了大量的人力物力，而经济损失是否能够弥补还要看仲裁的执行结果。

本案例中，以电汇方式结算虽然速度较快，但双方成交的金额较大，买方只预付了不到一半的订金，又无其他保障措施，卖方不得不承担余款迟付、不付的风险。可见，如果买卖双方缺乏足够的了解，采用汇款方式结算的风险很大。因此在订立合同之前，卖方必须对买方的资信状况进行调查，以决定是否采用汇款方式结算。如决定采用汇款方式结算，还可以在买卖合同中规定，由买方提供银行付款保函，由银行担保买方如期付款，如买方不能按时履约，卖方将可以获得银行的赔付。

资料来源：本案例改编自：中国国际经济贸易仲裁委员会华南分会网站1999年仲裁案例评析，“柴油购销合同争议仲裁案裁决书”，http://www.sccietac.org/cietac/gb/introduce/index.jsp

3.2.2 信汇

信汇(Mail Transfer, M/T)即汇款行应汇款人的要求，使用信函方式将信汇委托书M/T Advice或付款委托书发给汇入行，委托汇入行将一定款项解付给收款人的汇款方式。

信汇的业务程序与电汇基本一致，区别仅在于发送解付指示的方式不是电信，而是信函邮寄。汇出行的有权签字人必须在信汇委托书或支付委托书上签字，汇入行收到委托书后核对印鉴无误，即可通知收款人取款或直接为收款人入账。

信汇方式的优点是费用低，缺点是速度慢，资金在途时间长，信函还可能在途中遗失，安全性较差。目前我国的大多数商业银行已基本不提供信汇服务。

3.2.3 票汇

1. 票汇的含义

票汇(Remittance by Banker's Demand Draft, D/D)是汇出行应汇款人的请求，开出银行即期汇票交给汇款人，由汇款人自带或邮寄给收款人，由收款人持汇票自行向付款行提示请求付款的汇款方式。这种方式因为费用低、可以背书流通等优点被个人客户广泛采用。在国际贸易中，汇款金额较小(如支付佣金)或不急于用款时，票汇方式才会被进出口商所考虑。

2. 票汇的业务程序

票汇方式的业务流程如图3.4所示。

(1) 汇款人填制汇款申请书，申请办理票汇业务，交款付费。

(2) 汇出行开出银行即期汇票交回汇款人。

(3) 汇款人自带或邮寄汇票给收款人。

(4) 收款人向汇票上的付款行(即汇入行)提示。

(5) 汇入行核对汇票印鉴无误，解付款项给收款人。

(6) 汇入行发送扣款通知亦即借记通知给汇出行。

票汇业务中，汇出行开出银行即期汇票后，必须由有权签字人在汇票上签字，付款行必须在核对汇票的印鉴无误后，才能将款项解付给收款人。如汇票金额较大，汇出行会主动发送 SWIFT 报文给付款行以证实汇票的真实性。如汇出行未发证实报文，付款行会发报询问，或待汇款头寸收妥才解付。

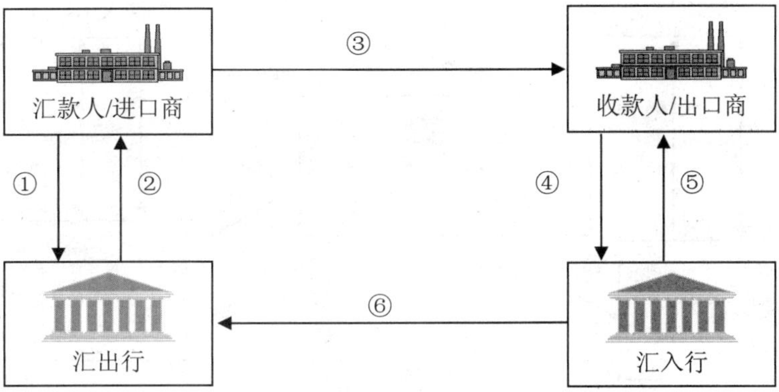

图 3.4　票汇的业务程序图

3. 中心汇票

为加快票据清算速度，方便持票人在任何一个地方向当地银行提示汇票，现在汇出行常常将汇票的付款行做成汇出行在汇款货币清算中心的联行或代理行。如美元的清算中心是纽约，而收款人所在地是美国以外的地区，那么通过中国银行办理票汇时，汇票的付款行可能被做成中国银行纽约分行，而非收款人所在地的银行。此时收款人可以向当地银行提示汇票，通过当地银行向中行纽约分行办理托收来收到款项。

中心汇票的业务流程如图 3.5 所示。

(1) 汇款人填制汇款申请书，申请办理票汇业务，交款付费。

(2) 汇出行开出中心汇票交回汇款人。

(3) 汇款人自带或邮寄汇票给收款人。

(4) 收款人向当地银行提示。

(5) 当地银行向付款行(即在货币清算中心所在地的银行)托收汇票。

(6) 付款行核对汇票印鉴无误，向收款人所在地银行(即托收行)付款。

(7) 收款人所在地银行解付款项给收款人。

(8) 付款行发送扣款通知亦即借记通知给汇出行。

中心汇票的优点如下。

(1) 收款人可以在任何一个地方向当地银行提示汇票要求付款。收款人若持有的是普通银行汇票，则必须向汇票上的付款行提示，这就限制了汇票的提示地与收款地。而中心汇票则不同，由于付款行是汇出行在该货币清算中心的联行或代理行，所有该货币的清算都要通过清算中心银行进行，这样收款人既可以直接向其提示汇票要求付款，也可以向它以外的任何一家银行提示，通过它们向清算中心银行办理汇票托收，从而可以在任何一个地方取得票款，极大地方便了该汇票的流通转让。

(2) 中心汇票的清算速度较快。通常汇出行会在清算中心银行开有往来账户，清算票款时可由清算中心银行直接在汇出行的账户上扣款(即借记)，而不需要汇出行特别调拨资金(头寸)，节约了资金的在途时间。

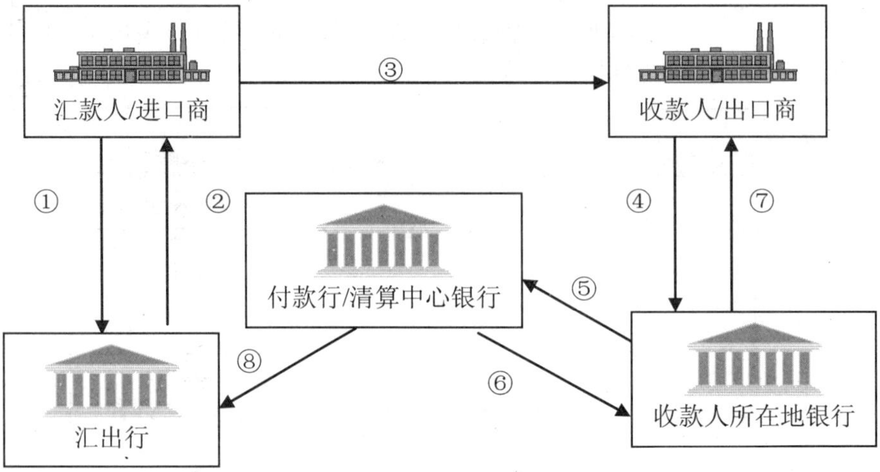

图3.5　中心汇票的业务流程序图

4. 票汇的特点

(1) 费用低。除手续费外，无须支付其他费用，因此较电汇成本低，适合只在乎汇款成本而不在乎到款时间的客户选择。

(2) 可以流通转让。电汇及信汇均无可以融资的手段，而票汇不同，汇票本身是传统的结算工具，可流通转让是它的基本特点。汇出行开出的银行汇票信誉较商业汇票高，在贴现市场上也较受欢迎，因此收款人以该汇票融资相对容易。

(3) 汇款时间长。汇款行开出汇票后还需要汇款人将汇票通过种种方式交给收款人，收款人才能向付款行提示汇票要求付款，如果付款行不是采用立即贷记方式，还需要办理托收，待汇出行调拨的款项到达才解付，这个过程可能持续1至2个月。因此使用票汇，款项的到账时间可能比信汇更长。而在这段时间，银行可以免费占用客户的汇款资金，因此对银行有利，对收款人不利。

(4) 无须通知收款人取款。票汇的解付前提是收款人向付款行提示即期汇票，因此，付款行无须向电汇或信汇通知收款人款项到达。

专栏3-1

向境外汇款业务方式

向境外汇款业务方式比较多，如果是用电汇，其费用在汇款金额的3%以上，目前中行、工行、招商、中信等多家银行都有电汇等方式向国外汇款。以比较常用的中行和工行为例，中行电汇须有确定的收款人国别、地址、名称和账号，3～5个工作日可到账，如所用币种是美元，那么须交纳票面金额千分之一的手续费(最低20元人民币)、1%～3%的钞变汇差价和150元人民币的电报费；工行承诺电汇业务7个工作日以后到账，如用美元需交纳票面金额千分之一的手续费(最低20元，最高200元)、3%的钞变汇手续费和150元的电报费。

银行汇票由中国银行在国内开立，境外收款人凭护照在指定银行支取或转账。银行收取千分之一的手续费(最高为300元)加2元工本费，境外通常不产生额外费用。

邮局国际信汇全球通行，但是比较慢。这种办法在银行转账行不通时是汇现金的好办法。邮局遍布全世界150多个国家，是世界上最大的网络。您只需要去邮局填写国际信汇单即可，信汇单将寄往您选定的当地邮局，由您负责通知收款人，并告诉收款人确认号码，以便领取汇款。国际信汇的费用根据寄往的国家而不同，时间也比较长，一般欧洲需要4天，其他地区需要10～15天。

资料来源：http://wang3891gw.blog.163.com/blog/static/815047912008963455499/

3.3　汇款方式的头寸调拨与退汇

3.3.1　汇款方式的头寸调拨

1. 汇款头寸调拨的含义

头寸可以理解为款项。在向汇入行发出付款委托后，汇出行必须将相应的汇款金额拨付给汇入行，以偿付汇入行对收款人的解付，称为头寸调拨(Reimbursement of Remittance Cover)或拨头寸。

每一笔汇款都会引起汇出行对汇入行的偿付行为，头寸调拨就不可避免。由于汇入行通常会在收妥头寸后才向收款人解付汇款，因此采取合适的头寸调拨方式、拉直汇款线路、缩短资金到账时间对汇出行的信誉就极为重要。同时，不同的头寸调拨方式也可能造成不同的后果：收款人收到的款项可能是汇出金额全额，也可能小于汇出金额，关键在于头寸调拨过程中是否经过汇出行和汇入行以外的其他银行，如果经过，就会随之产生中间行费用。在某些情况下，汇入行也可能先行解付汇款，而后才向汇出行索偿，但这种方式的风险较大，一般较少采用。

2. 汇款的头寸调拨方式

为明确汇款头寸的偿付方式，汇出行会在付款委托书上作出偿付指示。偿付指示中常涉及两个词：借记(Debit)与贷记(Credit)。站在银行的角度，借记指从账户中转出款项，即账户中的金额将减少；贷记则指向账户中转入款项，账户中的金额将增加。

根据账户关系的不同，汇款的头寸调拨方式可以分为以下几种。

1) 由汇出行直接贷记汇入行账户

当汇入行在汇出行开有往来账户时，在发出付款委托后，汇出行会主动将头寸贷记汇入行账户。付款委托书上会说明该头寸偿付的方法：In cover, we have credited the sum to your account with us.(关于头寸偿付，我行已贷记你行开在我行的账户。) 汇入行收妥头寸即会解付汇款。头寸调拨方式如图3.6所示。

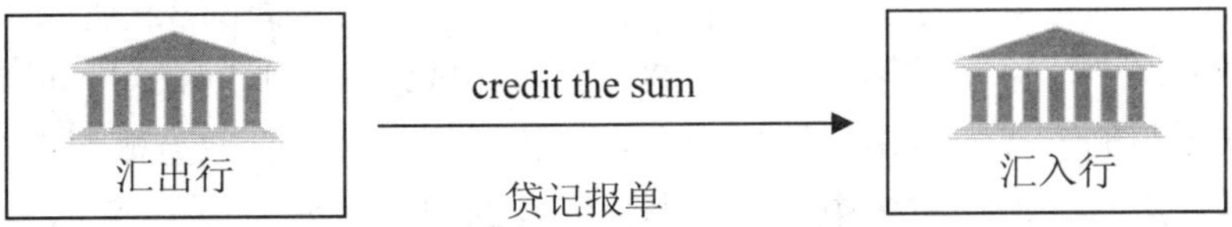

图3.6　汇出行贷记汇入行账户

2) 由汇入行直接借记汇出行账户

当汇出行在汇入行开有往来账户时，汇出行会在付款委托书上授权汇入行借记自己开在汇入行的账户。偿付说明：In cover, please debit the sum to our account with you. (关于头寸偿付，请借记我行开在你行的账户。) 汇入行在解付款项的同时就会将该头寸从汇出行的账户中转出。头寸调拨方式如图 3.7 所示。

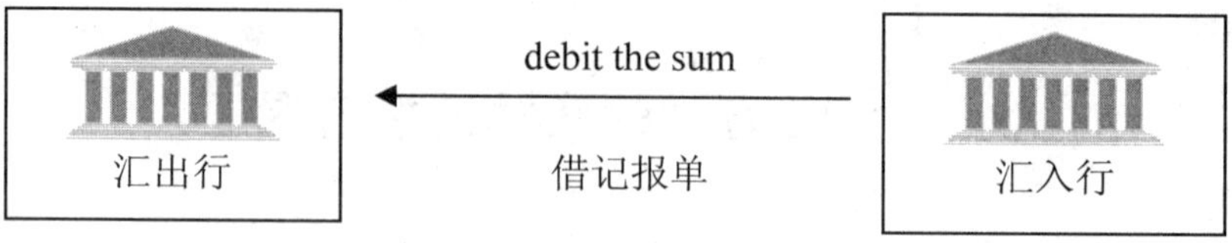

图 3.7　汇出行贷记汇入行账户

3) 通过同一账户行转账

当汇出行与汇入行无直接账户关系，但两行在同一家代理行开有往来账户时，可以通过这家代理行进行头寸的偿付，这家代理行即称为“碰头行”。偿付说明：In cover, we have authorized A Bank to debit our a/c and credit you’re a/c with them. (关于头寸偿付，我们已授权 A 银行借记我行的账户并贷记你行的账户。) 在这里，A 银行即为碰头行，汇出行与汇入行都在 A 银行开有账户，因此 A 银行在收到指示后，将从汇出行的账户上借记头寸并贷记相同头寸至汇入行账户，而后向汇出行发出借记报单，向汇入行发出贷记报单，如图 3.8 所示。

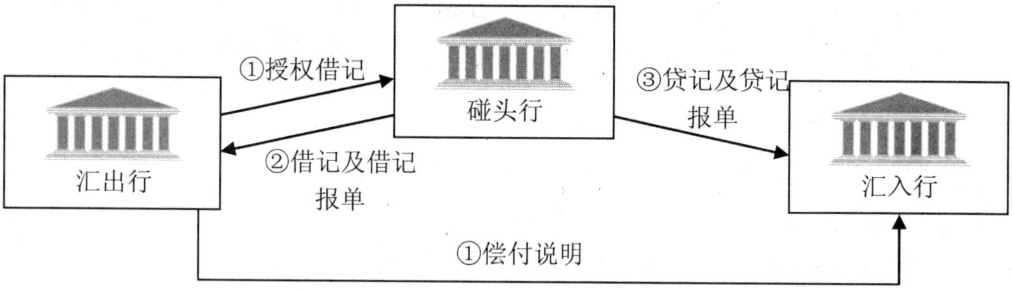

图 3.8　通过同一账户行转账示意图

4) 通过各自的账户行转账

当汇出行与汇入行并无共同的账户行时，汇出行必须通过自己的账户行将头寸拨至汇入行的账户行，前提是这两家账户行必须建有账户关系。因此汇出行必须事先向汇入行查询，了解各自的账户关系。偿付说明：In cover, we have instructed the bank of A , New York , to pay the proceeds to you’re a/c with the bank of B, New York.(关于头寸偿付，我们已指示 A 银行纽约分行将款项付至你行开在 B 银行纽约分行的账户。) 如图 3.9 所示。

在这几种方式中，第一、第二种头寸调拨方式路线最直、时间最短、成本最低，也是汇出行最喜欢采用的方式，但由于这两种方式依赖于汇出汇入行双方账户关系的建立，因而并不能总是使用。在汇款实务中，头寸调拨涉及的银行越多，费用越高，时间也相应拉长，对收款人也就越不利，同时也相应影响汇出行的声誉。因此在决定拨头寸的方式时必须掌握最新的汇出汇入行账户关系，从尽量采用第一、二种方式到向后选择。

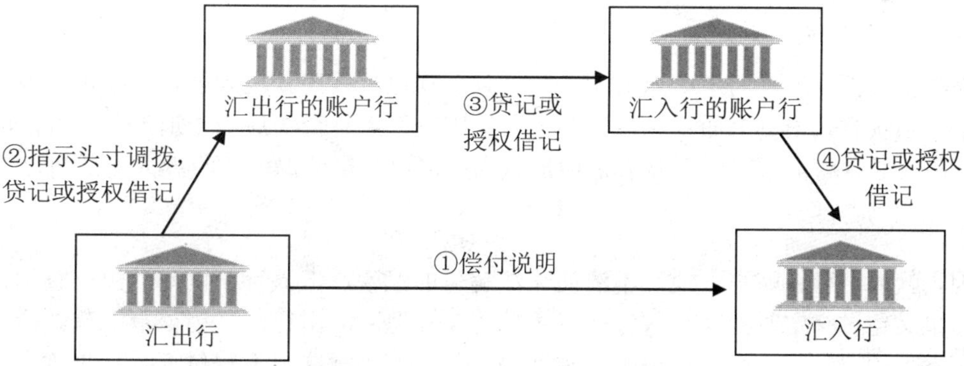

图 3.9 通过各自的账户行转账示意图

另外还有更复杂的头寸调拨方式，这里不再一一介绍。

3.3.2 退汇

在汇款解付以前，无论是汇款人还是收款人都可以向银行申请退回该笔汇款给汇款人，亦即退汇。大多数情况下，退汇主要由汇款人向汇出行提出。也有少部分情况，收款人不愿意接受汇款，要求退汇。办理退汇最重要的前提条件是汇款尚未解付，如果汇款已经解付，则无论哪一方提出退汇，汇款也无法撤销。

1. 汇款人退汇

因为种种原因，汇款人可能在汇出汇款后向汇出行申请退回该笔汇款。处理程序如图 3.10 所示。

(1) 汇款人填写退汇申请，电汇或信汇将汇款回执退回，票汇则将汇票退回。

(2) 汇出行向汇入行发送退汇通知，请求停止解付。

(3) 汇入行查验该笔汇款状态，如已解付，及时通知汇出行。如未解付，将头寸退回汇出行。

(4) 汇出行扣除银行费用将款项退回汇款人。

在票汇的情况下，如果汇款人无法提供正本汇票，通常汇出行不会接受退汇申请，因为作为出票人的汇出行必须维护自己的信誉，汇票可以流通转让，汇出行必须保证当有人提示汇票时给予付款。如果汇款人提出汇票遗失或被窃，必须向汇出行证实，在按法定程序挂失后，由汇款人出具担保书，保证如有重付，由汇款人赔偿银行损失，汇出行可以为汇款人办理退汇手续。

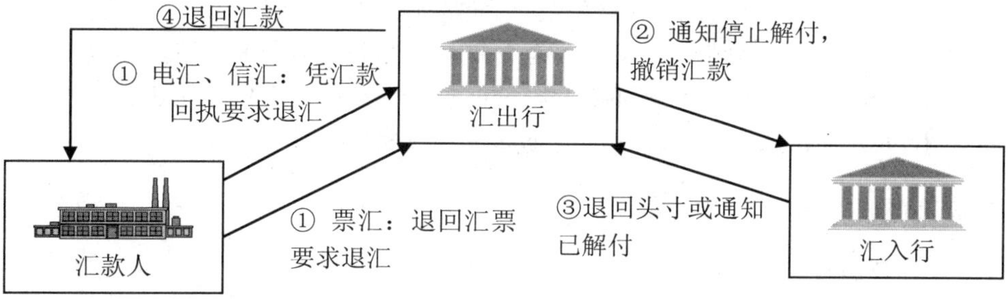

图 3.10 汇款人退汇业务流程图

2. 收款人退汇

因收款人拒收汇款而申请退汇的，如汇款头寸已收妥而款项未解付，在电汇或信汇的情况下，由收款人出具书面申请，注明拒收原因，汇入行查实后给予退汇。在票汇的情况下，收款人必须将汇票退回汇款人，由汇款人向汇出行申请退汇，收款人无法自己完成。

3. 汇入行退汇

因收款人名称、账户、地址不清而无法解付的汇款，汇入行可以向汇出行查询，查询没有结果又超过一定时间，汇入行可以主动将头寸退回汇出行，注销该笔汇款。或是收款人逾期不来领取汇款，汇入行也可以主动退汇。如汇入行决定不解付汇款，收款人不可以强迫汇入行解付，而应该与汇款人联系，由汇款人向汇出行申请解决。

阅读案例 3-2

为什么收款人败诉？

甘肃靖远羊羔肉科技有限公司(简称科技公司)与外商签订投资合同，并在中国银行甘肃分行申请开立外汇账户，由该行将外商汇到新成立公司名下的款项汇入公司委托的兰州圣安商贸有限公司(简称圣安公司)名下。但在外商汇入的25万元美金到账后，银行却没有转入圣安公司，而是退汇到汇出银行。为此，圣安公司以中行甘肃分行侵权为由，将其告上了法庭，要求其赔偿资金251 150美元，并赔偿相应的利息，理由是中行甘肃分行未经其同意出具汇款凭证侵犯了存款人圣安公司和合资企业圣农公司的合法权益，构成侵权，应承担民事赔偿责任。中行甘肃分行认为，圣安公司没有收到款项的主要原因一是汇款人提供的账户错误，二是因为该款项所有权人即汇款人撤销指令，请求退款，因此银行的行为合理合法，本身没有任何过错。最终兰州市中级人民法院对此案作出了一审判决，驳回了圣安公司的诉讼请求。

本案中，中行甘肃分行与圣安公司分别是汇入行与收款人，在汇款业务中，汇入行与收款人之间没有任何契约关系，汇入行只是接受汇出行的委托办理解付汇款的业务，也只对汇出行负责。同时按照国际惯例，当汇入行收到头寸而尚未解付时，如收到汇款行的退汇通知，汇入行可以按汇出行指示办理退汇业务。因此中行甘肃分行的作为符合国际惯例，兰州中院一审判圣安公司败诉是尊重国际惯例的结果。而圣安公司较好的解决方法是与汇款人协商，请汇款人重汇该笔款项。

资料来源：本案例改编自：魏娟. 境外汇款被退 银行遭索赔25万美元[EB/OL]. [2007-1-25]. http://www.xbsb.com.cn

3.4 汇款方式在国际贸易中的应用

在国际贸易中使用汇款结算方式，因为汇款时间与货物运送时间的先后差别，分为预付货款(Payment in Advance)和货到付款(Payment after Arrival of the Goods)两种。前者进口商先付款，出口商后交货；后者出口商先交货，进口商后付款。

3.4.1 预付货款

1. 预付货款的含义

预付货款是出口商未交货之前，进口商将一部分或全部货款提前支付给出口商，出口商收到款项后按照约定发运货物的结算方式。预付货款是对进口商而言，对出口商即为预收货款。

2. 预付货款的应用

(1) 出口商对进口商不够信任，要求预付定金。如成套设备进口一般要求进口方预付一定比例的定金，以及一些临时、应急性的采购也往往需要预付部分定金。

(2) 买卖的货物在国际市场上是紧俏商品，出口商以预收货款作为担保。

(3) 出口商与进口商关系密切，相互信任。一些跨国公司的母子公司和关联公司间的进口有时采用预付货款方式，以体现对对方的支持。

3. 预付货款的特点

(1) 对出口商有利。预先收到货款，货物出口已有保障；可以利用进口商的资金备货出货，资金负担较轻。

(2) 对进口商不利。先行付款而使资金被占用，同时要承担出口商不交货、迟交货或货物质量不合格等风险。

4. 进口商预付货款的风险规避

事先了解出口商的资信状况，以决定是否采用预付货款。如决定采用预付货款，还可以采取相应的保护措施来防止出口商违约，如要求出口商提供银行履约保函来担保出口商收款后按时交货、要求出口商提交银行质量保函来保证出口货物的质量等，在出口商违约的情况下，进口商可获得担保银行的赔付。

3.4.2 货到付款

1. 货到付款的含义

货到付款是出口商先交货，待进口商收到货物之后立即或在一定时间内付款的结算方式。这种结算方式属于交货付现(Cash on Delivery，C.O.D)或记账赊销(Open Account，O.A.)。

2. 货到付款的应用

1) 寄售(Consignment)

寄售是出口商将准备销售的货物先行运往国外，委托当地的销售商按照寄售协议规定的条件在当地市场上销售，商品售出后，代销商扣除佣金和其他费用，将货款交付给寄售人的一种交易方式。

寄售的应用范围：①商品为展销品、滞销品；②着眼于新市场的开拓。通过寄售销售商品，从而树立企业形象，建立客户关系。

2) 售定(Cash on Delivery)

售定是指货物出运前买卖双方已经成交，付款时间及货价都已确定，等进口商收到货物后，用汇款方式将货款汇交出口商。

售定的应用：适用于我国广东、广西、福建等省对港澳地区出口鲜活商品，如活的家禽、蔬菜、水果等。由于路程较短，通过银行寄单往往晚于货到时间，影响货物的及时交接，同时鲜活商品的数量不确定，因此实务中单据往往由出口商随货物直接交给进口商，进口商等收到货物后再按实际货物数量核算货款，在约定期限内通过银行汇交出口商。

3. 货到付款的特点

(1) 对进口商有利。进口商先收货再付款，无须承担货物质量风险、出口商违约风险，资金负担较轻。

(2) 对出口商不利。出口商要承担进口商收货后少付款、迟付款、不付款等风险，资金负担较重。

4. 出口商采用货到付款的风险规避

事先了解进口商的资信状况。如采用寄售，应了解寄售当地的市场情况，选择信誉较好的代销人。如采用售定，最好安排港澳代理对货物和单据的交接进行监督，催促进口商按时支付货款。如合同金额较大，出口商还可以采取相应的保护措施来防止进口商违约，如在合同中要求进口商提供银行付款保函来担保进口商收到货物后按时付款，否则由担保银行赔付。

从上述汇款业务的特点可以看出，汇款业务属于商业信用，无论是预付货款还是货到付款，进出口双方在履行合同办理货物运输与货款结算的过程中，风险始终不平衡，总有一方的资金负担更重，风险更大。如果进出口双方互不了解，采用汇款方式结算就要承担很大的风险。不过，在国际贸易中，汇款业务由于费用低廉、操作简便，受到不少企业客户的青睐，长期合作的上下游企业和跨国企业集团内部交易多采用赊销方式，用汇款和托收结算。随着我国对外贸易的发展，越来越多的外贸企业建立起了自己的客户群，进出口商之间合作时间长，彼此了解对方的资信状况，汇款方式就成为进出口业务中较好的结算方式。因此，汇款方式也已成为我国国际结算的主流。

本章小结

本章介绍了国际贸易结算基本方式汇款。汇款是持款人将款项交付给银行，委托银行将该款项调拨到国外，通过该银行的联行或代理行将款项付给收款人的一种结算方式。

汇款业务中的基本当事人有四个：汇款人、汇出行、汇入行或解付行、收款人或受益人。汇款方式主要有电汇、信汇和票汇。其中电汇因为速度快、安全性高在国际贸易中使用最广泛，信汇已基本退出结算舞台，票汇在私人汇款中使用较多，国际贸易中只有在汇款金额小、时间性要求不强的情况下才会被进出口商所考虑。

汇款的头寸调拨有不同的方法：由汇出行直接贷记汇入行账户，由汇入行直接借记汇出行账户，通过同一账户行转账，通过各自的账户行转账等。

在汇款尚未解付之前，汇款人、收款人可以申请办理退汇，汇入行也可以在无法解付的情况下主动退汇。

汇款在国际贸易中应用广泛。它以商业信用为基础，风险较大，进出口双方资金和风险负担不平衡，但费用低廉，操作简便。因此在长期合作的上下游企业间可以使用汇款结算，如果贸易关系建立不久，以其他方式结算更为适宜。

关键术语

汇款　Remittance
汇款人　Remitter
汇出行　Remitting Bank
汇入行或解付行　Paying Bank
收款人　Beneficiary or Payee
电汇　Telegraphic Transfer (T/T)
信汇　Mail Transfer (M/T)
票汇　Remittance by Banker's Demand Draft (D/D)
借记　Debit
贷记　Credit

综 合 练 习

一、填空题

1．汇款方式包括(　　　)、(　　　)、(　　　)三种。

2．(　　　)方式下，汇入行不负通知收款人到银行取款之责。

3．票汇结算的信用基础是汇款人与收款人之间的商业信用，办理中使用的是(　　　)汇票。

4．在国际贸易中使用汇款结算方式，因为汇款时间与货物运送时间的先后差别，分为(　　　)和(　　　)两种。

5．根据账户关系的不同，汇款的头寸调拨方式可以分为(　　　)、(　　　)、(　　　)和通过各自的账户行转帐等方式。

二、判断题

1．汇款一经解付，汇款人就不能要求银行办理退汇。 (　　)

2．在国际贸易中，符合“安全迅速收汇”原则的结算方式是电汇。 (　　)

3．以汇款方式办理贸易结算时，进、出口双方中，必然有一方要承担对方不严格履约的风险。 (　　)

4．与信汇、票汇相比，电汇方式费用较高，因此进出口商应尽量避免使用。 (　　)

5．货到付款的结算方式对出口商最有利。 (　　)

6．汇款结算都是通过银行来传递资金的，所以是以银行信用为基础的结算。 (　　)

三、单项选择题

1．收款最快，费用较高的汇款方式是(　　)。

A．T/T　　B．M/T　　C．D/D　　D．D/P

2．在汇款业务中，若汇出行给汇入行的汇款通知中指示：“In cover, please debit our account with you”，则表明(　　)。

A．汇出行在汇入行开设有该笔汇款业务所使用货币的账户

B．汇入行在汇出行开设有该笔汇款业务所使用货币的账户

C．通过共同账户行办理有关头寸的划拨

D．通过其他银行办理资金划拨

3．下列属于汇付法的结算方式是(　　)。

A．票汇　　B．信用证
C．跟单托收　　D．非贸易的支票托收

4．属于顺汇方法的支付方式是(　　)。

A．票汇　　B．托收　　C．保函　　D．直接托收

5．当前，业务覆盖面最大的银行间电信网络是(　　)。

A．CHIPS　　B．CHAPS　　C．SWIFT　　D．CHTPS

6．(　　)方式下，汇入行不负通知收款人到银行取款之责。

A．电汇　　B．信汇　　C．票汇　　D．网汇

7．票汇结算的信用基础是汇款人与收款人之间的商业信用，办理中使用的是(　　)汇票。

A．商业即期　　B．商业远期
C．银行即期　　D．银行远期

四、简答题

1．什么是汇款？汇款的基本当事人有哪些？
2．汇款方式的种类有哪些？简述其业务流程。
3．汇款人申请退汇的业务程序是什么？
4．汇款方式有哪些特点？如何防范风险？
5．预付货款与货到付款的各自特点是什么？

【案例分析题】

G 省 D 进出口(集团)公司与香港 E 企业有限公司销售合同纠纷案

1997 年 6 月 30 日，G 省 D 进出口(集团)公司与香港 E 企业有限公司签订成交确认书 97DCS36/6Q 号。该确认书规定：双方成交 100 000 套(SET)吊灯头连线(PENDANT SET)，单价 0.45 美元/ SET，价格条款为 C&F 香港，金额 45 000 美元，装运期 1998 年 7 月，装运口岸和目的地：从 F 市到香港，允许分批和转运，用纸板箱包装，运输标志由卖方安排，货款以 T/T 方式支付。异议和索赔：买方对于装运货物的任何索赔，必须于货到目的港 30 天内提出，并须提供经卖方同意的检验机构出具的检验报告，属于保险公司或承运人责任范围内的索赔，卖方不予接受。一般条款：凡因本成交确认书引起的或与本成交确认书有关的争议，应通过友好协商解决，如果协商不能解决，应提交中国国际经济贸易仲裁委员会，按照申请仲裁时该会现行有效的仲裁规则进行仲裁，仲裁地点在中国深圳。仲裁裁决是终局的，对双方均有约束力，仲裁费用由败诉方承担。确认书受中国法律管辖，并按中国法律解释。

确认书签订后，E 公司依约提供了样品，并于 1997 年 8 月 23 日通过海关进口生产 3.5 万套吊灯头灯座所需的各种材料直接送抵生产厂家——G 省 Y 市二轻电木五金厂。生产厂家生产出产品后，双方当事人共同前往厂家验货，经过验货，E 公司提出产品存有某些外观问题(对质量双方无异议)，要求予以改进后才能出货接受。就验货中发现的问题，双方于 1997 年 11 月 1 日签署了一份备忘录。生产厂家根据备忘录的要求对产品进行了改正，此后 E 公司再次检验，确认完全符合其提供的样品之后，同意出货。D 公司于 1997 年 11 月 25 日、12 月 16 日及 1998 年 1 月 5 日分三批将 3.4 万套吊灯头连灯座成品出口给 E 公司，价值 15 300 美元，E 企业收到货物后未进行检验，付了 3 600 美元，将货物转售至英国。直到英国客户遭到用户的抱怨而对 E 公司提出品质问题时，E 公司才转而向 D 公司提出了品质异议，所欠 11 700 美元拒

付至今。D 公司曾多次致函 E 公司催付欠款，并催其尽快提供生产所需材料，以便厂家继续加工余下的产品，但 E 公司却以种种不能成立的理由拒付。

D 公司不得不在半年后向中国国际贸易仲裁委员会华南分会提出仲裁，仲裁结果为 E 公司赔付 D 公司货款 11 700 美元及利息。

资料来源：本案例改编自：中国国际经济贸易仲裁委员会华南分会网站 1999 年仲裁案例评析，“成交确认书争议仲裁案裁决书”，http://www.sccietac.org/cietac/gb/introduce/index.jsp)

根据以下案例所提供的资料，试分析：

(1) D 公司可以请求仲裁的理由是什么？

(2) 从这个案例中可以吸取什么教训？

【实际操作题】

电汇业务操作

北京祥和机电有限公司(Bei jing Xiang he Electro-Mechanical Co., Ltd.)向南非 TDD(TDD Co., Ltd.)公司出口整套机电设备，金额 50 万美元，双方约定 TDD 公司预付 20%的货款，通过电汇方式支付。

实训要求： 参加实训的学生将作为北京祥和机电有限公司的业务员负责与南非 TDD 公司的结算。

(1) 祥和公司的开户行是北京银行，账号是 123456789，请详细列明应提供给 TDD 公司的美元汇款线路(可上北京银行的网站查询)。

(2) 在完成机电设备的出口后，祥和机电有限公司必须支付 80000 港币的佣金给香港的 Gary Duncan，同样用电汇支付。Gary Duncan 在香港汇丰银行(HSBC Hong Kong, No 1 Queen's Road Central，Hong Kong SAR)开有港币账户，账号：H0034－58765421，港汇丰的 SWIFT 代码：HSBCHKHH。祥和公司通过开在中国银行的港币账户汇出，账号：333666789。请参加实训的学生按照以上信息填写中行的境外汇款申请书。

第4章

国际结算基本方式——托收

教学目标

通过本章的学习，对国际结算的基本方式——托收有一定的了解和认识，能掌握托收的含义、种类及业务流程，了解当事人的义务与责任，把握托收业务中的风险并采取相应的防范措施。

教学要求

知识要点	能力要求	相关知识
托收方式概述	(1) 掌握托收的基本概念 (2) 了解托收的基本当事人和明确托收当事人的责任	(1) 托收的概念 (2) 托收的基本当事人 (3) 托收当事人的责任
托收方式种类及业务流程	(1) 分清托收方式的种类 (2) 能够在实际业务中办理托收业务	(1) 托收方式的种类 (2) 托收方式的业务流程
托收方式特点及出口商风险防范	运用所学知识分析各种案例，学会在实际业务中防范各种托收风险	(1) 托收方式的特点 (2) 出口商面临的风险 (3) 风险防范措施
国际商会和《托收统一规则》	能够根据URC522的基本精神和内容解决实际问题	(1) URC522的效力及作用 (2) URC522的基本精神 (3) URC522的主要内容

导入案例

阳光农产品公司向法国 TT 公司出口一批龙井茶叶，价值 EUR680 000，以托收方式进行结算。合同规定付款条件为：The buyers shall dully accept the documentary draft drawn by the sellers at 30 days after sight upon first presentation and make payment on its maturity. The shipping documents are to be delivered against acceptance.阳光公司装运完毕，备齐各种单据于 4 月 15 日向 G 银行申请办理 D/A30 天的托收手续。G 银行选择法国 F 银行作为代收行，并寄单委托其收款。5 月 25 日，TT 公司来电称，经与船方联系，货已到港多日，但其往来银行 H 银行至今未收到有关该笔货物的托收单据。5 月 26 日，阳光公司去电告知对方，我方已于 4 月 15 日委托当地 G 银行办妥 D/A30 天的托收手续，并于 4 月 16 日寄出单据。5 月 29 日 TT 公司再一次来电称，经查询，其往来银行 H 银行根本没有收到该笔托收单据。阳光公司接电后，立即与 G 银行联系。这时 G 银行也接到国外代收行 F 银行的电文，称托收委托书上的付款人地址不详，无法取得联系，请速告知如何处理。

经调查，阳光公司的业务经办人未将付款人的详细地址告诉银行的结算人员，致使托收委托书上的付款人地址不详，而且阳光公司在申请办理托收时又未指定 W 银行为代收行，所以托收行 G 银行自行选择了与其业务往来较多的 F 银行作为代收行。于是，阳光公司请 G 银行电告 F 银行将相关单据转交 H 银行向付款人提示。但是，由于单据的延误，TT 公司未能按时提取货物，需向海关交纳不菲的滞港费和仓储费。TT 公司拒绝承兑、付款。阳光公司多方协调，最终只好将货物降价卖给 TT 公司。

资料来源：国际贸易实务网 http://met.fzu.edu.cn/

托收是国际贸易中经常采用的结算方式之一，业务流程较汇款方式稍复杂，涉及委托人、托收行、代收行、付款人等四方基本当事人，要使一笔托收业务顺利进行，各方当事人都必须各司其职，相互配合。作为委托人，出口企业应该向托收银行提供办理托收业务所需的详细资料，并且最好明确指定国外代收行。托收行应严格按照委托人的指示办理业务，如果委托人没有指定代收行，托收行可代其选择，但也要征得委托人的同意。代收行在收到托收行的指示后，应严格执行，如有不清楚的地方或不能执行的指示，应及时反馈给托收行，不能延误。

本章将详细介绍托收的定义和种类，业务流程及各方当事人的权利与责任，托收业务的特点与风险，出口商在办理托收业务过程中所面临的风险及应采取的风险防范措施。

4.1 托收方式概述

4.1.1 托收方式的含义

托收(Collection)是国际结算基本方式之一。它是指债权人(一般为出口商)为了取得因商品、劳务或其他交易引起的应收款项，开立汇票或其他金融单据，单独或连同商业单据一起交给本地银行，委托该银行通过其在国外的分行或代理行向债务人(一般为进口商)收取相应款项的方式。

4.1.2 托收方式有关当事人及责任

托收业务的实质是银行作为进出口双方的中间代理人，根据委托人和付款人相应的指示和要求，进行相关单据的交付和资金的划拨，使当事人之间的债权债务得以清偿的过程。

托收业务中的当事人主要由 4 个方面组成：委托人、托收行、代收行和付款人。有些情况下还会出现提示行、需要时的代理人等当事人，他们的责任主要如下。

1. 委托人

委托人(Principal)通常是债权人(出口商)，是指由其开立汇票或其他金融单据，委托托收行办理款项托收的人。

委托人主要承担两方面的责任：一方面是履行与进口商签订的贸易合同的责任，按照合同的规定按质按量按期装运货物，并提供与合同相符的单据；另一方面是履行与托收银行签订委托代理合同的责任，填具《出口托收委托申请书》，向托收银行做出明确的托收指示、提交相关的单据、交纳应承担的托收费用等。

2. 托收行

托收行(Remitting Bank)是指接受委托人的委托，转托其国外分行或代理行向债务人收取款项的银行，也可称为出口方银行、委托行或寄单行。其主要职责是执行委托人指示，按照国际商会《托收统一规则》(URC522)处理业务，对委托申请书和单据进行审查并缮制托收委托书(托收索汇面函)，在收回款项后及时解付给委托人。托收行如在业务处理过程中有过失，需要为其承担责任。

3. 代收行

代收行(Collecting Bank)是指接受托收行的委托，代其向付款人收取款项的银行，也可称为进口方银行或收单行。代收行是托收行的代理人，因此其基本责任与托收行相同，应根据托收委托书(托收索汇面函)的指示和国际商会《托收统一规则》(URC522)处理业务，审查、核对并保管好收到的单据，及时向托收行汇报代收情况，向债务人收取款项并划拨给托收行，在发生拒付或延迟付款时谨慎处理货物。

阅读案例 4-1

代收行未完全执行托收行指示

在一笔托收业务中，托收行在托收指示中规定："DOCS TO BE RELEASED ONLY AGAINST ACCEPTANCE" 以及 "PAYMENT ON DUE DATE TO BE GUARANTEED BY XX BANK(代收行). TESTED TLX TO THIS EFFECT REQUIRED." 代收行办理承兑交单后，向托收行寄出承兑通知书，明确指出 "THE BILL ACCEPTED BY DRAWEE"，到期日为 1998 年 9 月 13 日。不久，当托收行查询有关承兑情况时，代收行复电再次告知 "DOCS HAVE BEEN ACCEPTED BY DRAWEE TO MATURE ON 980913"。在上述承兑通知书及查询答复中，代收行均未表明担保付款，亦未发出承诺担保的电传；托收行亦未就此提出任何异议。承兑汇票到期后，进口商拒付货款，代收行即向托收行发出拒付通知。托收行认为托收指示中要求凭代收行到期付款的担保放单，而代收行已将单据放给付款人，因此要求立即付款。代收行反驳道，放单是基于付款人的承兑，代收行并没有担保到期付款的责任。虽经多次交涉，此纠纷仍未得到解决。

资料来源：国际贸易实务网 http://met.fzu.edu.cn/

4. 付款人

付款人(Drawee)通常是债务人(进口商)，是根据代收行的指示和要求向代收行付款的人。其基本责任是在审查并接受单据后履行付款义务，不得无故拒付或延迟付款。付款人付款义务的履行，以委托人相关义务的履行为前提。

5. 提示行

提示行(Presenting Bank)是向付款人提示单据，要求其进行付款或承兑的银行。提示行一般由代收行兼任，当指定代收行与付款人不在同一城市时，代收行可选择付款人所在地的分行或代理行作为它的提示行，这时提示行与代收行分别是两家银行。

6. 需要时的代理人

需要时的代理人(Principal's Representative in Case of Need)是指经委托人指定于发生拒付时在付款地代为办理货物存放、保险、转售、运回等事宜的人。如果委托人指定了一名“需要时的代理人”，他必须在托收指示中明确且充分地注明该代理的权限，如是否有权提货、指示减价、修改交单条件等，否则银行将不接受该代理的任何指示。

4.2　托收方式的种类及业务流程

4.2.1　托收方式的种类

按照不同的分类标准，托收可以分为以下几种类型。

1. 按照是否附随商业单据，托收可分为跟单托收和光票托收

(1) 跟单托收(Documentary Collection)是指委托人将金融单据连同商业单据或不带金融单据的商业单据交给托收行，委托其代为向付款人收取货款的一种托收方式。在国际结算实际操作中，通常所称跟单托收是指附随金融单据的跟单托收，而不附随金融单据的跟单托收非常少见，只有在个别国家需要对汇票征收印花税时，为了逃避印花税才不开立金融单据。须明确的是，根据国际商会《托收统一规则》(URC522)的规定，托收作业中的单据包括金融单据和商业单据两种，在此“跟单托收”中的“单”系专指商业单据而言。商业单据在跟单托收中是不可缺少的。

(2) 光票托收(Clean Collection)是指委托人将不附带任何商业单据的金融单据交给托收行，委托其向付款人收取款项的一种托收方式。与跟单托收不同，光票托收不涉及任何的商业单据，只与金融单据发生联系。委托人仅将汇票、支票等金融单据交给代收行，而将商业发票、保险单等商业票据直接寄给付款人或委托第三人(如承运人)转交，或者在某些情况下该项托收就不涉及任何商业单据，如向付款人收取以往的一笔欠款，向付款人要求支付其应得的工资、报酬等。光票托收主要用于货款的尾数、样品费用、佣金、带垫费用、贸易从属费用、索赔等款项的结算。

2. 按照不同的交单条件，跟单托收又可分为付款交单和承兑交单

(1) 付款交单(Documents against Payment，D/P)是指代收行只有在付款人付清货款后才将商业单据交给付款人的托收方式。在这种方式下，付款人在按照贸易合同中规定的金额付清货款后，才能取得相关的货运单据，掌握货物的控制权，所以这种方式降低了委托人在国际贸易中的风险，为其获得货款提供了保证。

按照不同的付款期限，付款交单又分为即期付款交单和远期付款交单。

即期付款交单(Documents against Payment at sight，D/P at sight)是指委托人开具即期汇票，委托托收行通过代收行向付款人提示汇票和货运票据，付款人在审核单据无误后，当即付款，在付款时领取货运单据，即所谓的“付款赎单”。

远期付款交单(Documents against Payment after sight，D/P after sight)是指委托人开具远期汇票，委托托收行通过代收行向付款人提示汇票和商业单据，付款人在审核单据无误后在汇票上履行承兑手续，并于汇票到期日付款赎单。在付款人承兑后，汇票到期日以前，由代收行保管汇票和商业单据。

远期付款交单方式的产生是由国际贸易运输的特点所决定的。在国际贸易中，货物运输的所需时间有时会比单据寄达代收行的时间长。在付款交单托收的方式下，如果委托人开立的金融单据是即期的，在单据寄达代收行，代收行向付款人进行提示时，货物还没有运抵目的港，这时即使付款人付款赎单，也无货可提，只会白白增加付款人的资金占用；如果委托人开立的金融票据是远期的，在单据寄达代收行，代收行向付款人进行提示时，付款人可以就金融票据先行承兑，暂不必付款，待票据到期(货到)后再付款赎单提货，这样就不会导致付款人的资金占压。

(2) 承兑交单(Documents against Acceptance，D/A)是指代收行在付款人在远期汇票上履行了承兑手续后即将商业单据交给付款人的托收方式。它只适用于远期汇票的托收。在这种方式下，付款人只需在远期汇票上履行相应的承兑手续，就可取得相关的货运单据，提取货物，付款则可等到汇票到期日再进行。可见，承兑交单为付款人带来了资金融通的便利，却增加了委托人收回货款的风险。如果付款人在汇票到期日拒绝付款或破产、逃跑，就会使委托人遭受钱货两空的损失。所以，在国际贸易的过程中，作为出口方，应尽量避免或严格控制采用承兑交单的方式来进行结算，如不得不使用，也应争取只在与合作时间较长、信誉良好的贸易伙伴交易时采用，或尽可能地缩短承兑期限；作为进口方，则应争取采用承兑交单的方式来进行结算，使自己获得融资的便利。

不难看出，不同的交单方式对进出口双方的影响是不同的。在即期付款交单方式下，出口方在进口方付款赎单以前始终控制着物权，在进口方付款以后能迅速收回货款，是托收方式中资金使用效率最高、风险最低的一种；在远期付款交单方式下，出口方虽然在进口方付款赎单以前也始终控制着物权，但要等到远期汇票到期、进口方付款以后才能收回货款，资金使用效率不如即期付款交单方式高；在承兑交单方式下，出口方在进口方履行承兑手续后即丧失对货物的控制权，并且要等到远期汇票到期，进口方付款后才能收回货款，是托收方式中风险最高、资金使用效率较低的一种。所以，对于出口方而言，最理想的托收方式是即期付款交单，其次是远期付款交单，最后是承兑交单；对于进口方而言，最理想的托收方式是承兑交单，其次是远期付款交单，最后是即期付款交单。

阅读案例 4-2

D/P，D/A 风险大不同

2005 年 3 月和 5 月，北京友谊服装公司分别向西班牙 ROPA 公司出口了两次衬衣，合同金额共为 22 000 欧元，都是以 D/P at sight 方式结算，交易很顺利，双方合作愉快。2005 年 8 月，ROPA 公司向友谊服装公司预订男式高级衬衣 400 000 件，合同金额 6 000 000 欧元，并提出要以 D/A30 天的方式进行结算。友谊公司接到如此大的订单，分外欣喜，又考虑到以往良好的合作纪录，欣然应允，并赶工发货。ROPA 公司在单据寄达后履行了承兑手续，凭从代收行处得到的货运单据提取了货物。30 天后，代收行提示 ROPA 公司付款，却发现 ROPA 公司已人去楼空。友谊公司损失惨重。

资料来源：改编自张晓明主编的《国际贸易实务与操作》. 高等教育出版社.

3. 按照银行的不同立场，托收可以分为出口托收和进口代收

(1) 出口托收(Outward Collection)是指出口商将货物装运出口后，将金融单据和商业单据交给出口地银行(托收行)委托其收取货款，出口地银行将有关单据寄给进口地银行(代收行)委托其代向付款人收取款项，这一业务流程对于出口地银行而言，就是出口托收。

(2) 进口代收(Inward Collection)是指进口地银行(代收行)在收到出口地银行寄来的单据后，按照其指示代为向付款人收取款项，这一业务流程对于进口地银行而言，就是进口代收。

4.2.2　托收的业务流程

1. 即期付款交单

即期付款交单的业务流程图如图 4.1 所示。

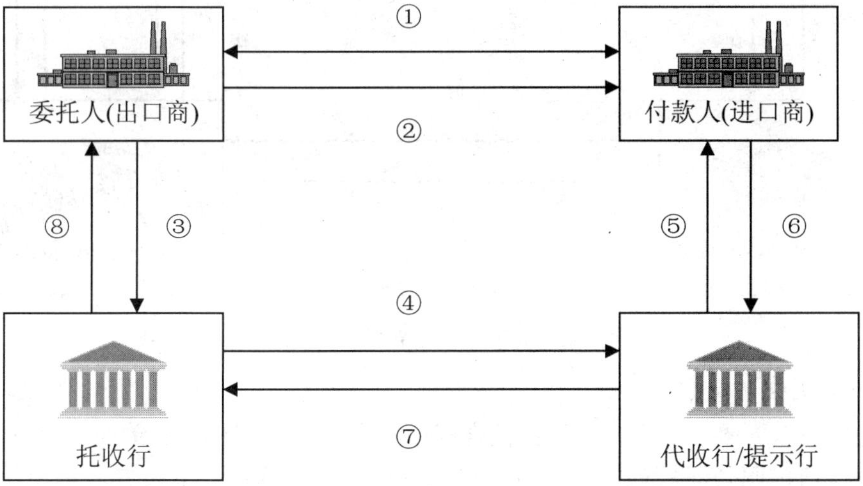

图 4.1　即期付款交单的业务流程图

具体业务内容如下。

(1) 进出口双方签订买卖合同，并在合同中规定采用即期付款交单的结算方式。

(2) 出口商按照合同规定，按质按量按期发运货物，缮制商业发票、装箱单等商业单据，并取得提单和保险单、检验证书等单据。

(3) 出口商发货并取得货运单据后，开立即期汇票，并填写银行托收申请书，连同商业单据一并交与托收行，委托其代为收款。托收申请书是委托人与托收行之间的委托代理合同，是委托人给托收行的明确托收指示，所以在托收申请书中应列明必要的详尽内容(具体格式可参见附录 4-1)。

(4) 托收行按照委托人的要求和指示，审核单据的种类和份数，缮制托收委托书(托收索汇面函)(具体格式可参见附录 4-2)，附随金融单据和商业单据一起寄交国外的代收行。托收委托书中须明确指出该项托收是即期付款交单方式，并列出货款收妥后的处理办法。

(5) 代收行收到托收委托书、金融单据和商业单据后，立即向付款人提示付款。

(6) 付款人在审核单据无误后，向代收行付款，代收行在收到款项后将相关单据交给付款人，付款人凭单据向承运人提货。

(7) 代收行将收妥的款项扣除有关手续费后入托收行的账户，并通知托收行。

(8) 托收行收到代收行的收款通知(收讫贷记通知书)后，立即将货款扣除手续费后划入委托人的账户。

2. 远期付款交单

远期付款交单的业务流程图如图 4.2 所示。

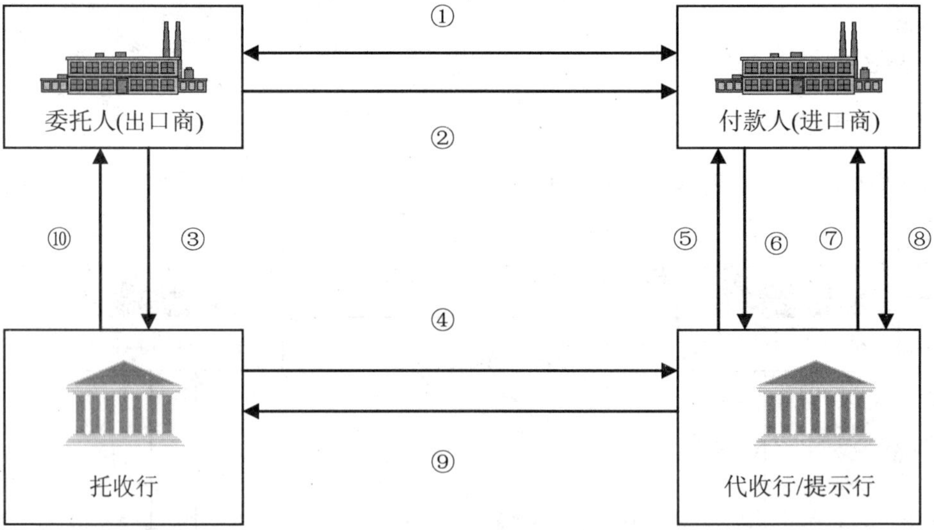

图 4.2　远期付款交单的业务流程图

具体业务内容为如下。

(1) 进出口双方签订买卖合同，并在合同中规定采用远期付款交单的结算方式。

(2) 出口商按照合同规定，按质按量按期发运货物，缮制商业发票、箱单等商业单据并取得提单和保险单、检验证书等单据。

(3) 出口商发货并取得货运单据后，开立远期汇票，并填写银行托收申请书，连同商业单据一并交与托收行，委托其代为收款。托收申请书是委托人与托收行之间的委托代理合同，是委托人给托收行的明确托收指示，所以在托收申请书中应列明必要的详尽内容。

(4) 托收行按照委托人的要求和指示，审核单据，缮制托收委托书(托收索汇面函)，在托收委托书上注明该项托收是远期付款交单托收，连同金融单据和商业单据一起寄交国外的代收行。

(5) 代收行收到托收委托书、金融单据和商业单据后，立即向付款人提示远期汇票，要求承兑。

(6) 付款人对单据进行审核，并履行承兑手续。

(7) 代收行在汇票到期日以前保管汇票和商业单据，于汇票到期日向付款人再次提示汇票，要求付款。

(8) 付款人履行付款手续，代收行在收到款项后将相关单据交给付款人，付款人凭单据向承运人提货。

(9) 代收行将收妥的款项扣除有关手续费后入托收行的账户，并通知托收行。

(10) 托收行收到代收行的收款通知(收讫贷记通知书)后，将货款扣除手续费后划入委托人的账户。

3. 承兑交单

承兑交单的业务流程图如图 4.3 所示。

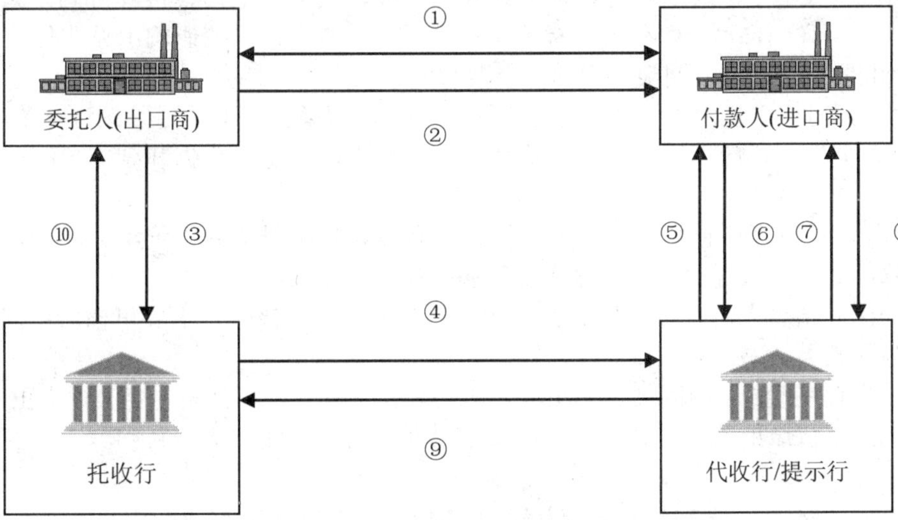

图 4.3　承兑交单的业务流程图

具体业务内容如下。

(1) 进出口双方签订买卖合同，并在合同中规定采用承兑交单方式进行结算。

(2) 出口商按照合同规定，按质按量按期发运货物，缮制商业发票、箱单等商业单据并取得提单和保险单、检验证书等单据。

(3) 出口商发货并取得货运单据后，开立远期汇票，并填写银行托收申请书，连同商业单据一并交与托收行，委托其代为收款。托收申请书是委托人与托收行之间的委托代理合同，是委托人给托收行的明确托收指示，所以在托收申请书中应列明必要的详尽内容。

(4) 托收行按照委托人的要求和指示，审核单据，缮制托收委托书(托收索汇面函)，在托收委托书上注明该项托收是承兑交单托收，连同金融单据和商业单据一起寄交国外的代收行。

(5) 代收行收到托收委托书、金融单据和商业单据后，立即向付款人提示远期汇票，要求承兑。

(6) 付款人对单据进行审核，履行承兑手续并将已承兑汇票交给代收行，代收行将商业单据交给付款人，付款人凭单据向承运人提货。

(7) 代收行于汇票到期日向付款人再次提示汇票，要求付款。

(8) 付款人履行付款手续。

(9) 代收行将收妥的款项扣除有关手续费后入托收行的账户，并通知托收行。

(10) 托收行收到代收行的收款通知(收讫贷记通知书)后，将货款扣除手续费后划入委托人的账户。

出口商在填写托收申请书时应注意以下几点。

(1) “国外代收行”一栏内应用英文填写国外代收行的名称、SWIFT 代码和地址，该代收行一般为付款人的开户银行或往来银行。选择付款人的开户银行或往来银行作为代收行，有利于代收行直接向付款人提示单据，缩短收回货款的时间。

(2) “申请人”一栏内应填写出口商自己的名称和地址，内容要尽量详尽，包括电话、传真号码等。

(3) “付款人”一栏内应填写进口商详细的名称、地址、电话、传真号码。如果该栏的内容的资料不详细，可能给代收行提示单据造成一定难度，以致影响承兑或付款。

(4) “汇票日期”和“期限”栏的内容要与汇票的内容保持完全一致。

(5) “合同号码”栏的内容要与进出口双方签订的贸易合同上的号码保持一致。

(6) “单据”一栏应填写单据的名称和实际份数，而且正本单据和副本单据的份数应分别填写。

(7) “托收条款”所包含的交单方式、银行费用、拒绝付款或拒绝承兑时的通知以及单据和货物的处理方法等相关的内容应给予明确指示。

银行的国际结算人员在对委托人交来的托收单据进行审核时，主要审核对单据种类和份数是否与托收委托书保持一致。

如果单据存在瑕疵，国际结算人员应及时与委托人联系，对有关内容进行更正、补充。如果委托人坚持按原单据的内容寄单，应要求委托人给予书面确认。

4.3 托收方式的特点及出口商的风险防范

4.3.1 托收方式的特点

1. 以商业信用为基础

托收方式项下委托人与托收行之间只是委托代理关系，托收行并不承担保证付款责任，对单据是否与合同相符也不承担责任，对托收过程中发生的风险、意外和费用也不承担任何责任，委托人能否按期收回货款，完全取决于付款人的资信，如果付款人拒付或拒绝承兑，或承兑后破产，或故意延迟付款，委托人就不能按期收回货款。所以，与信用证方式以银行信用为基础不一样，托收方式的信用基础是商业信用。

2. 较汇款方式安全

在国际结算三大方式中，托收方式的风险程度是居中的。它的风险度虽然比信用证方式高，但比汇款方式要小。跟单托收中委托人可以通过控制物权单据的方式来控制货权，除了在承兑交单的方式下，一般不会遭受钱货两空的损失，比货到付款或赊销的方式要安全。付款人在履行了付款手续或承兑手续后，即可获得物权单据，到承运人处提取货物，比预付货款的方式要安全。

3. 较信用证方式操作简便、费用低

托收方式的业务流程较信用证方式简便，所需时间短，有利于小规模贸易货款的回收。由于银行在托收过程中不承担保证付款的责任，仅扮演中间代理人的角色，所以它只收取少量的代理手续费，从而使托收方式的运作成本较信用证方式的运作成本大为降低。

4. 资金、风险负担不平衡

托收方式中，委托人的资金负担较重，在付款人付款之前，货物所占用的资金都是由委托人承担，付款人基本没有资金的负担；在货款未收妥前，有关货物的一切风险均属于委托人，委托人需要为货物办理保险，委托人还要承担付款人所在国的政治风险、外汇风险，而付款人所可能面临的风险只是当他付款或承兑后，凭物权单据提取的货物有可能与合同不符。

专栏 4-1

托收在实际业务中的运用

托收既不像汇款那样是纯商业信用、也不像信用证那样是纯银行信用，而是介于汇款和信用证之间的一种半商业、半银行信用的一种结算方式。托收一般用于结算小额货款、佣金、定金(earnest 或 down payment)、尾款、样品费、代垫费等，由于这时往往没有单据，所以只能采用光票托收。

托收方式可以灵活运用，具体如下。

(1) 在“三来一补”的贸易方式中，可以将付款交单和承兑交单两种方式配合使用。对进口来料、来件、设备采用承兑交单，成品出口采用付款交单方式，这样就可以用出口成品的收汇来偿还进口来料、来件、设备的货款，而不必对开信用证。

(2) 托收与信用证相结合使用，比例可视具体情况而定，如选择四六开、三七开或二八开。

(3) 托收与保函相结合使用，当进口商拒绝付款或拒绝承兑或承兑后拒绝付款，出口商可凭保函索取款项。

资料来源：国际贸易实务网. http://met.fzu.edu.cn/

4.3.2　出口商面临的风险及防范

1. 出口商面临的风险

在托收业务的办理过程中，银行接受出口商的委托，既不承担保证委托人收到货款的责任，也不对单据的真伪负责，在没有特殊约定的情况下，也不对已到达目的地的货物负提取或看管的责任，出口商能否顺利收回货款，主要取决于进口商的商业信用，所以出口商作为委托人所面临的风险明显比进口商要大，归纳起来，主要有以下几种。

(1) 进口商信用风险。进口商经营不善导致财务状况恶化甚至破产倒闭，延迟支付或无力支付货款；市场销售情况发生变化，进口商判断继续销售货物将无利或亏本，借故拒付；进口商恶意欺诈，在承兑付款交单方式下，在承兑后付款前提货潜逃，使出口商钱货两空。

(2) 代收行信用风险。代收行与进口商勾结，在明知进口商无力支付货款的情况下放单；代收行在收回货款后，不及时或不将货款划拨给托收行，使出口商延迟收或收不到货款。

(3) 进口国的政治、法律风险。进口国的政策发生变动，实行外贸管制或外汇管制，进口商申领不到进口许可证或申领不到进口所需外汇。

(4) 操作风险。若价格条款选择不当，货物如在运输过程中发生损失，将可能导致出口商无法从保险公司处获得赔偿。在FOB、CFR价格条款下，货物的保险由进口商负责，如果进口商对这批货物失去兴趣，准备拒付，他就不会愿意再花钱为这批货物办理保险，这样就会使货物丧失保险保障，使出口商陷于非常被动的境地。

(5) 地域风险。南美一些国家的银行习惯将远期付款交单当作承兑交单处理，增加了出口商的风险。

2. 出口商风险防范

尽管在托收方式下，出口商面临着以上各种风险，但是可以通过采取以下防范措施，有效地避免或减少风险，使托收方式起到帮助出口商增强竞争力，尤其是在卖方竞销的情况下帮助出口商扩大市场份额的良好作用。

(1) 慎重选择交易伙伴，认真调查进口商资信情况。商业信用在托收方式中起着决定性的作用，因此详细了解进口商的资信情况是关键性的步骤。出口商应尽量选择有多年合作纪录或在业内信誉良好的进口商作为交易伙伴；在与第一次合作的进口商进行交易时，应尽量争取采用信用证方式进行结算，有了不错的合作纪录后再考虑将结算方式改为托收；如果对方在第一次进行交易时就坚持要采用托收作为结算方式，就要利用托收行、出口信用保险公司、业内其他贸易公司等渠道的信用评级系统，对进口商的资信情况和经营情况进行详细而深入的调查。

(2) 合理控制交易金额。出口商在与进口商进行业务洽谈的过程中，不宜盲目扩大交易金额，创造出口业绩，而应根据进口商的资信状况、经营情况，以及市场需求情况确定合适合理的交易金额。

(3) 选择合适的交单条件。出口商应把握即期付款交单风险低于远期付款交单，远期付款交单风险低于承兑交单风险的原则，在贸易合同洽谈的过程中，灵活运用各种谈判技巧，尽量争取对自己有利的交单条件。

(4) 选择合适的价格条款。在CIF条款下，货物的投保事宜由出口商来办理，如果货物在运输途中出险，出口商可从保险公司处获得赔偿，从而避免了CFR或FOB条款下可能出现的进口商拒付而货物受损给出口商造成损失的风险。因此在确定是以托收方式来进行结算的情况下，出口商应尽量争取以CIF价格条件成交。如果使用CFR、FOB价格条款，出口商应投保卖方利益险。卖方利益险是一种供出口商在采用托收方式并按 FOB 或 CFR 价格条款成交时为保障自身利益而投保的独立险别。当被保险货物在运输途中由于承保范围内风险造成损失，进口商既不付款赎单，又拒绝赔付货物受损部分的损失时，保险公司就会对进口商拒绝赔付受损或灭失部分的损失承担赔偿责任，出口商则将其向进口商或第三方追偿的权利转让给保险公司。此外出口商应也可以向中国出口信用保险公司投保“短期出口信用保险”，化解进口商破产、丧失偿付能力、拒绝收货、拖欠货款、违约或因进口国发生战争、骚乱、实行贸易和外汇管制而造成损失的风险。在与一些经济不发达、政治动荡的地区或国家的进口商做交易时，更要注意投保工作的进行。

(5) 慎重选择代收行。虽然代收行只负责向付款人提示单据和催收货款，并不担保货款的回收，但其对货款回收的速度和程度起着很重要的作用。在实务中代收行与进口商勾结，恶意放单，拖欠货款或故意诈骗的案例并不鲜见。因此，出口商应尽量选择资信情况好、知名度高的银行作为代收行，如果对于代收行的情况不是很了解，也可要求托收行代为选择。

(6) 及时了解进口国的政治、经济动态。出口商应及时并详细了解进口国的有关贸易、外汇方面的政策、法律的内容及变动的情况。由于国际市场行情的变动会对交易商品销售产生较大影响，进口商对该批进口货物所持的态度也会随着行情的变化而变化，所以在市场行情波动较大的时期，出口商要谨慎采用托收作为结算方式。

(7) 指定需要时代理人。出口商可事先指定一个与之关系较好的进口地贸易商或代收行作为需要时的代理人，以便在发生拒付时，能及时为出口商办理货物仓储、转售、保险或运回等事宜，尽量减少损失和额外费用。

(8) 尽量以物权凭证作为跟单托收的附随单据。在空运、国际铁路联运等运输方式下签发的空运单、铁路运单并不是物权凭证，进口商不是凭空运单、铁路运单提货，而是凭航空公司、铁路部门向进口人签发的到货通知和有关身份证明提货。此时，出口商掌握空运单、铁路运单并不能控制货物。如以此类非物权单据作为跟单托收的附随单据，进口商不用赎单即可提走货物，出口商利益得不到保证。海运方式下签发的海运单，邮寄方式下签发的邮包收据也不是物权凭证。在这些情况下，出口商不宜采用托收方式来进行结算，而应要求进口商预付货款或采用信用证方式，确保自身利益。

4.4　国际商会和托收统一规则

为促进国际贸易和国际金融活动的发展，明确托收业务中各方当事人的义务和责任，国际商会于 1958 年制定并出版了《商业单据托收统一规则》(Uniform Rules for Collection of Commercial Paper，国际商会第 192 号出版物)，作为规范托收业务的主要国际规则。该规则后经 1967 年、1978 年和 1993 年的多次修订，于 1995 年 7 月重新出版，更名为《托收统一规则》(Uniform Rules for Collections，即国际商会第 522 号出版物，以下简称 URC522)，并于 1996 年 1 月生效。URC522 统一了各国对于有关托收的惯例和程序的理解和做法，并反映了这一领域业务实践的变化和时代的发展。

作为托收业务领域唯一的现行有效的国际惯例，URC522对减少当事人在托收业务中的误解、争议和纠纷起到了较大作用，自生效以来被各国相关机构普遍采纳，得到了广泛的遵守，促进了国际贸易的健康发展。URC522不仅是从事托收业务的企业，特别是进出口公司和银行，应当掌握和遵循的国际惯例，也是律师、法院和仲裁机构解决与托收有关的争议的重要法律依据。

但是，《托收统一规则》并不是国际上的法律，也不是国际公约，没有法律上的约束力，只属于国际贸易惯例，由当事人自愿选用。URC522第一条a款中明确规定，URC仅适用于在“托收指示”原文中注明适用该规则的托收。所以，我们应注意到，在银行的托收委托书上都会标明这样的一句话：SUBJECT TO UNIFORM RULES FOR COLLECTIONS (ICC PUBLICATION NO.522)，以表明该笔托收业务是受URC522约束的。我国已经正式加入国际商会，我国银行在采用托收作为结算方式时，都必须按照URC522的原则和解释办事。

《托收统一规则》全文分为“总则和定义”、“托收的形式与结构”、“提示的形式”、“责任与义务”、“付款”、“利息、手续费和开支”和“其他规定”等7个部分，共26条，对于托收中各方当事人的义务和责任，托收业务的具体程序均作了较明确详尽的规定，其主要内容可归纳如下。

(1) 基本精神：银行承办托收业务时，完全按照委托人的指示行事，银行对托收过程中遇到的一切风险、费用开支、意外事故等均不负责，概由委托人承担。

(2) 银行的主要义务和责任：银行必须核实所收到单据是否表面上与托收指示书所列单据一致，如有遗漏，应立即通知委托人。除此之外，银行没有检验单据的义务。

(3) 关于提示、付款和承兑：银行应按交来的单据原样向付款人发出提示；如果是限期付款的单据，银行必须毫不延误地提示付款人付款；如果是远期付款的单据，银行必须毫不延误地提示承兑，并不迟于到期日提示付款；跟单托收的远期付款汇票必须指明承兑后还是付款后交单，如无指示，则应在付款后交单。银行应负责查看汇票的承兑在表面上是否完整，但对签名人的真实性及权限概不负责。

(4) 关于改变委托与拒付处理：委托人委托银行办理托收后，可以通知银行改变托收金额和托收条件；如遭受拒付，代收行应立即通知托收行，托收行应及时给予进一步处理指示，如代收行在发出拒绝通知60天内未接到进一步指示，可将单据退还托收行；银行对遭到拒绝承兑或付款时是否需要作出拒绝证书，托收指示书中应有明确指示，如无此指示，银行无义务作出拒绝证书。

应注意到，URC522仅规定“银行托收”业务。托收是“委托收款”的简称，广义的托收是指债权人委托任何第三人向债务人收取款项的业务，所以在广义的“托收”业务中，作为受托人的第三者并不仅限于银行，它也可由商号等非银行机构担任。但这种非经银行办理的托收在各国做法差异甚大，很难制定出一个各方都能接受的统一规则。有鉴于此，国际商会制定的《托收统一规则》仅规范银行托收业务，对于非经银行办理的托收则不予涉及。另外，因为关于EDI(电子数据交换)还存在包括法律问题在内的诸多悬而未决的争论，所以《托收统一规则》没有就此制定有关条文。

本章小结

本章介绍了国际贸易结算基本方式之一——托收托收是指债权人(一般为出口商)为了取得因商品、劳务或其他交易引起的应收款项，开立汇票或其他金融单据，单独或连同商业单据一起交给本地银行，委托该银行通过其在国外的分行或代理行向债务人(一般为进口商)收取相应款项的方式。

托收业务中的当事人主要有委托人、托收行、代收行和付款人。托收可以分为跟单托收和光票托收，其中跟单托收在国际贸易中较常使用。跟单托收又可分为即期付款交单、远期付款交单、承兑交单三种，业务流程略有不同，风险度依次增加，进出口商可根据业务需求在国际贸易过程中灵活选用对自己有利的交单方式。

托收方式以商业信用为基础，风险比汇款方式低，费用比信用证方式低，操作也比信用证方式简便。但是，对于进出口双方来说，采用托收方式进行结算形成的资金和风险负担是不平衡的，出口商面临着信用、政治、操作等多方面的风险。因此，出口商应采取防范措施，有效地规避或减少风险。

《托收统一规则》是国际商会制定的规范托收业务的国际贸易惯例，统一了各国对于有关托收的惯例和程序的理解和做法，对减少当事人在托收业务中的误解、争议和纠纷起到了较大作用。我国已经正式加入国际商会，我国银行在采用托收作为结算方式时，都必须按照 URC522 的原则和解释办事。

关键术语

托收　Collection
跟单托收　Documentary Collection
光票托收　Clean Collection
委托人　Principal
托收行　Remitting Bank
代收行　Collecting Bank
付款人　Drawee
提示行　Presenting Bank
付款交单　Documentary against Payment
承兑交单　Documentary against Acceptance
出口托收　Outward Collection
进口代收　Inward Collection
提示　Presentation
通知　Advice
金融单据　Financial Documents
商业单据　Commercial Documents

综 合 练 习

一、填空题

1．国际贸易结算中使用最多的托收方式是(　　　)。

2．建立在商业信用基础上的结算方式是(　　　)和(　　　)。

3．按照不同的交单条件，跟单托收可分为：(　　　)、(　　　)。

4．承兑交单方式中，委托人向银行提交的汇票一定是(　　　)。

5．信托收据只能使用在(　　　)托收业务中。

6．在托收业务中遇到拒付，代收行及时发出拒付通知后，(　　　)天仍未接到进一步指示，可将单据退回托收行。

7．托收业务中，汇票的付款人应是(　　　)。

二、判断题

1．在托收业务中，只要委托银行可靠，收回货款就不成问题。 ( )

2．对于卖方来说，付款交单托收和承兑交单托收都有风险，而承兑交单托收容易被买方接受，有利于达成交易，因此，应多采用承兑交单托收方式。 ( )

3．在托收业务中，未经代收行同意，委托人不能将海运提单做代收行或代收行的指定人抬头。 ( )

4．托收是通过银行办理的，因此，托收的结算基础是银行信用。 ( )

5．票汇业务和托收业务的结算基础都是商业信用，故都使用商业汇票。 ( )

6．在 D/P 方式下，银行根据委托人的要求，以进口商付款为交单条件。若进口商不付款，则银行不能交单，货物所有权仍在委托人手中。因此，使用 D/P 方式对委托人(出口商)来说，没有风险。 ( )

三、选择题

1．按 D/P、T/R 条件成交时，如付款人到期不能付款，应由( )承担责任。

A．委托人　　B．托收行
C．代收行　　D．付款人

2．跟单托收在进口商未付款或未承兑之前，货物的所有权归( )。

A．委托人　　B．托收行
C．船公司　　D．付款人

3．托收业务中，汇票的付款人应是( )。

A．出口商　　B．进口商
C．出口方银行　　D．进口方银行

4．在下列托收业务中，进口商可凭信托收据向银行借单提货的是( )。

A．D/P at sight　　B．D/P after sight
C．D/A　　D．D/A after sight

5．代收行向付款人提示单据遭到拒付时，代收行应( )。

A．要求付款人出具书面拒付书，说明拒付理由
B．在汇票上注明“拒付”字样
C．立即通知委托人托收单据已被拒付的事实
D．办理拒绝证书

6．托收方式中，使用的汇票是( )。

A．银行汇票，属于银行信用　　B．商业汇票，属于商业信用
C．商业汇票，属于银行信用　　D．银行汇票，属于商业信用

7．出口商为了争取客户，同意进口商采用跟单托收方式办理结算。为了防范风险，出口商应采取( )等措施。

A．加强对进口商资信调查，并严格控制授信额度
B．选择合理的交单方式
C．争取以 CIF 价格成交，并办理好货物运输保险和出口信用保险
D．货物出运前，在进口国物色可靠的必要时的代理人

四、简答题

1．什么是托收？托收的主要当事人有哪些？

2．托收的种类有哪些？简述其业务流程。

3．试述托收方式的特点。

4．出口商在采用托收作为结算方式的过程中会面临哪些风险？应该如何防范？

5．付款交单和承兑交单同为托收方式，对于出口商来说，哪一方式风险较大？为什么？

6．为什么以托收方式结算贸易货款，出口商要争取以 CIF 价格成交？

【案例分析题】

1．2003 年 2 月，美国 PLATELITE 公司向浙江三旗公司采购两批总金额为 166 186.22 美元的发光面板，约定结算方式采用远期 D/P120Days after sight。三旗公司交付货物后委托宁波招行办理跟单托收，并向宁波招行指定 FROST NATIONAL BANK 作为代收行向付款人美国 PLATELITE 公司收款。FROST NATIONAL BANK 对托收委托书和相应的全套单据进行了签收。

然而，直到 2003 年 10 月，三旗公司仍未收到货款，FROST NATIONAL BANK 对托收结果也一直未作回复。三旗公司从其他渠道获悉美国 PLATELITE 公司提走了全部货物，货物承运人业已收回上述货物的全套正本提单。

问：谁应当对此承担责任?

2．君诚贸易公司与 A 国进口商 B 公司成交了衬衣一批，合同金额 800 000USD，结算方式是 D/P at sight。B 公司要求，货款须通过它在当地的开户银行 C 银行办理托收。君诚公司于 2004 年 1 月 12 日发货后即交单给当地 D 银行托收，在托收申请书上明确注明“D/P 即期，通过 A 国 C 银行托收”。但是 D 银行仍按照通常渠道，委托它在 A 国的代理行 E 银行代收。单据于 1 月 22 日寄达 E 银行，因该行不在进口商所在地，E 银行又委托其联行 F 银行代收。F 银行收单后与 B 公司进行联系，但因君诚公司提供的商业发票上标明的是 B 公司迁移前的旧地址，一时无法与 B 公司取得联系。F 银行没有将此情况通知 E 银行，而是将单据搁置起来。按照惯例，D/P at sight 在单据寄达后数天内可收汇，但到 2 月 20 日，C 银行仍未收到货款，但 C 银行也未就此及时查询。适值 A 国政府准备宣告货币贬值，同时公布新的外汇管理办法。根据新办法，该笔货款政府不予供汇，B 公司需向自由市场以议价购汇。B 公司在货物抵港时寻找单据的下落，通过君诚公司向 C 银行查询，才发现原指定代收行已被改为 E 银行。B 公司要求仍将单据转至 C 银行办理托收。待单据从 F 银行处转至 C 银行时，已是 3 月 4 日，A 国货币已经贬值，B 公司一方面以 1 美元折合 9 单位 A 国货币的比价向 C 银行交付 7 200 000 单位 A 国货币提货，另一方面向君诚公司提出索赔，要求赔偿由于单据迟交所造成的损失。经过君诚公司与 B 公司的多次函电往来，并通过我国驻 A 国商务参赞处与 B 公司直接协商，最后双方同意对半承担汇价损失。

问：我们应该从此案例中吸取哪些教训？

3. 上海申达股份有限公司委托香港汇丰银行有限公司上海分行向美国万隆公司收取货款 140 393 美元，托收方式为即期付款交单。申达公司向汇丰银行行提供了全套单据，但因汇丰分行错写了收件行地址，将原应寄给美国加里福尼亚州联合国民银行的托收单据误寄给了美国佛罗里达州梅隆联合国民银行。佛州银行收到托收单据后，未收妥款项便将单据寄交万隆公司。万隆公司提取货物后拒绝付款，申达公司诉请法院判令汇丰分行赔偿其托收款 140 393.55 美元及利息和退税损失人民币 268 750.89 元。法院以汇丰分行办理托收虽应尽善意和谨慎的义务，但不负有对申达公司先行赔偿的义务为由，判决不予支持申达公司的诉讼请求。

问：法院的判决是否合理？

【实际操作题】

陈天是北京开开贸易公司出口部的职员，最近他所在的公司与美国 T 公司签订了一份瓷器出口的合同，合同号 KJM540-9973，合同金额 USD350 000。双方谈妥以 D/P at sight 方式进行结算。现公司决定委托中国银行北京分行通过 CITI BANK NEW YORK BRANCH 来收取款项，由陈天负责来办理托收的相关手续。

如果你是陈天，你应该向哪家银行申请办理托收业务？应该向该银行提供哪些相关资料?应该在托收项下交单委托书上注明哪些有关事项？

附　　录

【附录 4-1】托收项下交单委托书参考格式

托收项下交单委托书

致：华夏银行　　　　　　　　　　　　　　　交单日期：

银行编号：

兹附上我公司托收项下单据，请查收。敬请贵行根据我公司的委托，依照国际商会 URC522 有关规定及贵行有关操作规程办理跟单托收业务。

合同号：	交单方式：	交单金额：
付款期限：	发票号：	核销单号：
代收行：		
付款人：		

提交单据及份数

汇票	发票	运输单据	装箱单	保险单	产地证	质检证	受益人证明
其　他 单　据							

交单指示：

[　] 请办理(　　)押汇/(　　)贴现，申请附后。

[　] 请将汇票/单据径寄代收行托收款项。

[　] 要求代收行通知拒绝付款/承兑的原因。

[　] 国外代收银行费用由(　　)我方/(　　)对方承担。

[ ] 见票____天赎单，逾期按____%向付款人计收利息。
[ ] 贵行费用由( )我方承担，请借记我公司账户 /( )对方承担，如对方不承担，请贵行借记我公司账户。
[ ] 请贵行代为选择代收行，由此产生的风险由我公司承担。
[ ] 其他：

收汇指示：

[ ] 办理押汇　　[ ] 办理贴现　　[ ] 收妥入账

请从我公司收汇金额中扣除贵行有关费用，将余额
[ ] 贷记我公司在贵行外汇账户，账号：
[ ] 办理结汇，人民币账号：
[ ] 其他：

备注：

公司联系人：　　　　电话：　　　　传真：
银行签收人：
银行盖章　　　　　　公司名称及签章

【附录 4-2】出口托收委托书(索汇面函)参考格式

DOCUMENTARY COLLECTION ORDER

ORIGINAL

DEAR SIR:　　　　PLS ALWAYS QUOTE

WE ENCLOSE THE FOLLOWING DOCUMENTS FOR COLLECTION　　　　OUR REFERENCE NO:

DATE:

TO(COLLECTING BANK):　　　　**DRAWER:**

DRAWEE:	AMOUNT	DRAFT AMT	
		OUR CHARGE	
		TOTAL AMT	
INVOICE NO:		MATURITY DATE:	

DOCUMENTS:

DRAFT			CERT OF ORIGIN	
INVOICE			BEN'S CERT	
B/L			QUALITY CERT	
N/N B/L			G.S.P.FORM A	
INSURANCE POLICY			AWB OR C/R	
P/W LIST			INSP CERT	
OTHER DOCUMENTS				

DISPOSAL OF PROCEEDS UPON COLLECTION:

SPECIAL INSTRUCTIONS AND/OR REMARKS:

□DELIVER DOCUMENTS AGAINST PAYMENT.

□ALL YOUR BANKING CHARGES ARE FOR ACCOUNT OF DRAWEE.

□ADVISE US NON-PAYMENT/NON-ACCEPTANCE AND STATING REASONS BY TELETRANSMISSION

□HOLD DRAFT(S) AND DOCUMENTS PENDING FURTHER INSTRUCTIONS FROM US IN CASE OF NON-PAYMENT/NON-ACCEPTANCE.

□IF PAYMENT IS DELAYED COLLECT INTEREST AT % P.A. FOR THE PERIOD OF SUCH DELAY.

□SUBJECT TO UNIFORM RULES FOR COLLECTIONS(ICC PUBLICATION NO.522)

FOR **HUA XIA BANK**

AUTHORIZED SIGNATURE(S)

第5章

信　用　证

教学目标

通过本章的学习，掌握信用证的概念、特点、作用，理解信用证当事人的权利与义务，并熟悉信用证业务的办理程序，明确信用证的分类，理解信用证结算方式的风险及其防范，了解跟单信用证统一惯例(UCP600)的主要内容，并明确其相对UCP500的实质变动。

教学要求

知识要点	能力要求	相关知识
基本知识	(1) 理解信用证的概念与特点 (2) 了解信用证的作用 (3) 读懂空白信用证样本	(1) 信用证的概念 (2) 信用证的特点 (3) 信用证的作用 (4) 信用证的内容
业务流程	(1) 列举并阐述各当事人的基本权利与义务 (2) 图示并阐述信用证的业务流程 (3) 读懂SWIFT信用证样例 (4) 根据合约填写开证申请书 (5) 根据开证申请书开立信用证 (6) 根据合约审核信用证	(1) 信用证当事人的权利与义务 (2) 信用证业务的办理程序
分类	比较分析各种信用证	信用证的种类
风险与防范	运用所掌握的风险与防范知识分析各种案例	(1) 信用证项下的风险 (2) 信用证项下风险的防范
UCP600	比较分析UCP500与UCP600	(1) 跟单信用证统一惯例(UCP600)的基本内容 (2) UCP600相对于UCP500的实质变动

导入案例

我国某粮油食品进出口公司A向国外某贸易公司H出口2 500吨油籽产品，合同规定商品含油量最低为29%，支付条件为不可撤销远期信用证。A公司按照信用证有关规定，在对方船舶到达港口时即装运货物。同时船长要求提单上的运费条款必须填列："Freight payable as per charter party(运费支付按照租船合同办理)"。A公司核查信用证发现，信用证对运费未规定如何填法，如果按船长要求填写，与信用证并不抵触。所以A公司按船长要求填写了提单。

当A公司装运完毕向本地议付行议付时，却遭到拒付，理由是：提单上列明的"运费支付按照租船合同办理"条款构成了租船合同提单，而《UCP500》规定，只有在信用证要求或允许提交租船合同提单时银行才能接受租船合同提单。H公司开来的信用证上并未表示允许提交租船合同提单。A公司只得立即联系H公司，请其速修改信用证为接受租船合同提单。但H公司提出：如果修改信用证需要拖延时间，而A公司已将货物装运，船不久可到港，届时货到港因无法提货，需支付可观的港口仓库保管费用。因此建议将结算方式改为承兑交单托收，由A公司通过H公司所在地的开证行以见票后30天付款的汇票办理托收。A公司考虑再三，也担心由于修改信用证而导致货物滞留港口、影响质量，于是同意了H公司关于改变结算方式的提议，改以承兑交单见票后30天付款办理托收。

谁知时过将近一个多月，A公司却接到银行通知：该托收付款人(H公司)拒付，其理由是货物品质不合格。A公司不得不派人到国外与H公司当面交涉，发现对方是用另外一种检验方法得出的结论，无奈合同中又未对货物检验方法做出统一规定，几经与H公司交涉、商洽，最后A公司只好同意对方的要求降价25%进行结算，A公司损失20多万美元(包括利息、派出人员费用等)。

资料来源：改写自袁永友. 国际商务经典案例. 北京：经济日报出版社，2001. 第285页.

在这个案例中，为什么将信用证结算改为托收结算后出口方变得非常被动，最终遭受很大损失？与托收方式相比，信用证结算方式到底有哪些优势？而这些优势又来自于哪里？这些都是本章要回答的问题。本章将从基础知识、业务流程、种类、风险与防范以及操作惯例等几个方面对信用证结算方式做一个全面的介绍。

5.1 信用证概述

5.1.1 信用证的定义

众所周知，在国际贸易中，进出口双方位于不同国家，而一笔交易往往包含磋商、发货、提货、结算等环节，在交易过程中，进出口双方会面临各种各样的风险，而其中最主要的就是信用风险。出口方往往担心自己发出货物后无法按时按量收到进口方的付款，进口方则担心出口方能否按规定交货以及货物的质量问题。因此买卖双方都需要更高一级的信用保证来消除彼此间的疑虑，银行信用作为更高层次的信用，有介入贸易结算的必要，信用证(Letter of Credit, L/C)正是为了满足这种需要而产生的。而与此同时，物权单据化的概念得到进一步的接受，单据的买卖代表货物的买卖，这为银行进行贸易结算的信用支持提供了可能。信用证解决了进出口双方相互不信任的矛盾，也为进出口双方资金融通提供了便利，因而得以在国际贸易广泛应用，并成为国际结算领域中最重要的贸易结算方式。

根据国际商会第600号出版物《跟单信用证统一惯例》(以下简称《UCP600》)的定义："Credit means any arrangement, however named or described, that is irrevocable and thereby constitutes a definite undertaking of the issuing bank to honour a complying presentation." (信用证意指一项不可撤销的安排，无论其名称或描述如何，该项安排构成开证行对相符交单予以承付的确定承诺。)

根据UCP600的定义、结合信用证的性质特点与操作流程，本教材将信用证定义为：信用证是指银行(开证行)应开证申请人(进口商)的要求向受益人(出口商)开立的，承诺在一定期限内凭规定的单据支付一定金额的书面文件。

■ 专栏 5-1

对于信用证含义的理解

(1) 信用证是银行(开证行)做出的书面付款承诺。信用证不同于汇款与托收的根本区别正在于此，开证行以其自身的信用为基础，向受益人(出口商)做出一个付款承诺，这个承诺一经做出，银行则取代进口商成为第一个付款人。

(2) 开证行只在"指定的"条件下履行"有限的"付款责任。其中"指定的"条件包括3个：① 受益人需提供指定的单据，也就是提交与信用证规定完全相符的单据；② 受益人必须在信用证指定的时间提交单据；③受益人必须在信用证指定的地点提交单据。而"有限的"付款责任是指开证行支付的金额仅以信用证金额为限。

简言之，信用证是一种有条件的银行付款承诺。以信用证作为主要方式的结算即为信用证结算。信用证结算是在托收基础上演变出来的一种比较完善的结算方式。其主要作用是把托收方式下由进口商履行跟单汇票的付款责任转由银行履行，保证进出口双方的货款或单据(货物)交收不至于落空；同时，银行还能为进出口双方提供融通资金的便利，从而促进国际贸易的发展。

5.1.2 信用证的特点和作用

1. 信用证的特点

(1) 信用证是一种银行信用，开证行承担第一性的付款责任。所谓银行信用，是指银行以货币形式提供的信用。信用证支付方式是一种银行信用，由开证行以自己的信用做出付款的保证。信用证一经开出，意味着开证行承担了第一性的付款责任。只要受益人提交的单据与信用证的条款一致，开证行就必须承担首先付款的责任。即使开证申请人(进口商)此时已经倒闭或无力付款，开证行的付款责任也不能改变。

阅读案例 5-1

货物装运前进口商濒临破产怎么办?

我国浙江S公司向澳大利亚P公司出口一批总价值为550 0000美元的贸易合同。8月14日，S公司收到P公司通过澳大利亚联邦银行开立的金额为550 0000美元的信用证，且信用证规定9月10日前货物必须装船出运。8月31日，S公司获悉P公司因资不抵债而濒临破产，而此时S公司备好的货物尚未装运。对此，S公司应如何处理?

分析：S公司应该按期将货物装船出运，并取得与信用证规定相符的全套单据向银行办理交单，以获取货款。因为作为开证行的澳大利亚联邦银行必须承担第一性的付款责任，哪怕P公司已经破产，只要S公司提交的全套单据符合信用证的规定，就必须向S公司做出付款。

资料来源：国际结算网

(2) 信用证是一种自足文件，不依附于贸易合约而存在。《UCP600》第4条a款规定："A credit by its nature is a separate transaction from the sale or other contract on which it may be based. Banks are in no way concerned with or bound by such contract, even if any reference whatsoever to it is included in the credit. Consequently, the undertaking of a bank to honour, to negotiate or to fulfil any other obligation under the credit is not subject to claims or defences by the applicant resulting from its relationships with the issuing bank or the beneficiary. A beneficiary can in no case avail itself of the contractual relationships existing between banks or between the applicant and the issuing bank.(就性质而言，信用证与可能作为其依据的销售合约或其他合约，是相互独立的交易。即使信用证中提及该合约，银行亦与该合约完全无关，且不受其约束。因此，一家银行作出兑付、议付或履行信用证项下其他义务的承诺，并不受申请人与开证行之间或与受益人之间在已有关系下产生的索偿或抗辩的制约。受益人在任何情况下，不得利用银行之间或申请人与开证行之间的契约关系。)"

可见，信用证是独立于贸易合约以外的另一契约，是一种自足(独立、完整)文件。信用证一旦开出，就成为一个独立于任何其他有关交易合约的契约，其有关当事人必须按照信用证自身的条款办事，而不必也不能再顾及任何其他有关合约的执行情况。

阅读案例 5-2

合约与信用证，究竟以谁为准?

国内某出口公司B公司向南非M公司出口一批货物，合同签订后不久收到M公司委托南非某银行所开立的跟单信用证。B公司经检查发现信用证内容中关于货物的启运港口与销售合同有不同之处。销售合同规定，启运港为"QINGDAO"；而信用证却规定启运港为"MAIN PORT OF CHINA"，即允许B公司自由选择中国境内的主要港口出运。B公司因考虑装运方便，遂从烟台起运。货抵达南非后，进口商要求开证行以货物起运港非青岛而拒绝付款。开证行应该接受进口商的请求吗?

分析：不应该。因为根据《UCP600》的规定，银行只需确定单据与信用证相符，而不用理会与贸易合同有关的事项或货物本身的情况。本案中出口商完全按信用证条款的规定行事，因此应该得到开证行的偿付，而开证行在付款后也应该得到进口商的偿付。

根据教学经验自己编制的案例

(3) 信用证是一种纯粹的单据业务。《UCP600》规定："Banks deal with documents and not with goods, services or performance to which the documents may relate .(银行处理的是单据，而不是单据所涉及的货物、服务或其他行为。)"所以，信用证业务是一种纯粹的单据业务。银行虽有义务合理小心地审核一切单据，但这种审核，只是用以确定单据表面上是否符合信用证条款，开证银行只根据表面上符合信用证条款的单据付款。因此，"A bank assumes no liability or responsibility for the form, sufficiency, accuracy, genuineness, falsification or legal effect of any document, or for the general or particular conditions stipulated in a document or superimposed thereon. (银行对任何单据的形式、充分性、准确性、内容真实性、虚假性或法律效力，或对单据中规定或添加的一般或特殊条件，概不负责。)"所以在信用证条件下，实行所谓"严格符合的原则"。"严格符合的原则"不仅要做到"单证一致"，即受益人提交的单据在表面上与信用证规定的条款一致；还要做到"单单一致"，即受益人提交的各种单据之间表面上一致。

阅读案例 5-3

花生的名字

1942 年，一进口商为购买花生，申请开立了一份信用证，规定的商品名称为"Groundnut"，而出口商在装运货物后开出的发票却使用了"Peanut"的货名，遭到银行拒付。出口商便以韦氏(Webster)字典为证，称其对两个字的解释一字不差。但银行说"可能字典有误"，出口商又请油籽公会(当地权威公证机构)出具证明，说明两者相同，但银行仍然拒付。出口人不得不上告法院。请分析本案的判决结果。

分析：法院最后判决银行拒付有理。其理由是：各行业的商品众多，银行职员不可能懂得各行业的商品知识。虽然"Groundnut"和"Peanut"一般都能解释为花生，但在特定的行业中可能有特定的解释，不同的商品名称可能有不同的品质，银行职员并非百科全书，他无法判定不同的商品名称是否具有同样的用途、同样的品质。如果确实在品质上相同，那么出口人就不该用"Peanut"来代替"Groundnut"。

资料来源：本案例改写自：陈跃雪，尹成远.国际结算.南京：东南大学出版社，2005.99 页.

2. 信用证的作用

根据信用证的特点和使用方法，其作用可以归纳为以下几方面。

1) 对出口商的作用

(1) 信用证可以保证其凭与信用证条款相符的单据取得货款。即使进口商有违约现象或破产倒闭等，也不会影响出口商收汇的安全性。

(2) 信用证可保证其按时收汇。只要单据合格，银行都会在一段规定的时期内对出口商进行付款，或是由出口地银行垫款买入单据，从而使出口商能够尽早收汇。

(3) 出口商可以凭信用证获得融资。大多数国家为了推动出口贸易，往往鼓励银行对出口商提供信用证项下的打包放款或是预支等，以此减少出口商本身的资金负担。

2) 对进口商的作用

(1) 能够大大降低收货风险。进口商可以通过信用证条款控制出口商交货的各个环节，如质量标准、数量、运输、保险、商检等，从而尽可能最大降低出口商交货违约的风险。而且一旦进口商付款，就能获得符合信用证要求的、并通常包含特权单据的一整套单据，从而控制货物所有权。

(2) 能够获得信用证项下的融资。进口商同样可以要求开证行提供进口押汇的便利，或通过信托收据等方式获得银行提供的融资，以减少自身资金压力。

3) 对银行的作用

信用证业务对于所有参与的银行来说，可谓风险小、收益高。以开证行为例，开立信用证时银行并不要垫资，只是出借自身的良好信用，但可以取得开证手续费收入及开证押金，只有当合格的单据向开证行提示时，银行才必须支付货款，但同时又可立即获得商业单据，享受特权的保障。此后，开证行可以立即要求进口商进行付款，从而回笼资金。如果进口商提货时发现问题，只能凭合约与出口商交涉，而不能将开证行牵涉其中。如果进口商无理拒付或无力清偿，开证行可以没收押金或质押品，并通过变卖货物来收回其余款项。若押金加货款仍不足弥补开证行垫款及有关利息、费用，就差额部分开证行仍可以债权人身份向进口商索赔或参与其破产清理并优先受偿。

5.1.3 跟单信用证的内容

根据国际商会第516号出版物的规定，标准的跟单信用证应包含以下内容。

1. 信用证的形式(Form of Credit)

信用证的形式主要是指信用证不可撤销的性质，该性质通常会体现在信用证文本中。根据《UCP600》的规定，所有的信用证一经开立，均为不可撤销的付款承诺。

2. 信用证的号码(L/C Number)

信用证的号码即开证行的信用证编号，一般不可缺少。

3. 当事人的名称和地址

信用证上要写明开证行(Issuing Bank)、受益人(Beneficiary)、开证申请人(Applicant)，并且都要标明其完整的名称和详细地址。

4. 信用证金额与币种(Amount & Currency)

信用证金额是开证行承担付款责任的最高限额，如果信用证项下的汇票或发票金额超过该金额就会构成单证不符，开证行一般会拒付。有些信用证在规定金额时带有表示估计的词语，如“about(约)”；“circa (大致)”、“approximately(近似)”等，这表明实际支用额可以在规定金额上下10%的范围内浮动。

5. 到期日与地点(Expiry Date & Place)

信用证到期日也叫信用证的有效期。大多数信用证都明确规定到期日为某年某月某日，但有些信用证只规定有效期长短而不明确说明到期日，这需要从开证日期起推算。信用证有效期(Validity)的长短应能使受益人合理地安排货物出运。信用证项下的交单，除了不能突破信用证有效期外，还不能超过交单期。交单截止期限可以规定为某一确定日期，也可以规定为装运日期后的若干天，但不得超过信用证有效期。如果信用证对此未作规定，则以装运日期后第 21 天与信用证到期日两个日期先到者为最迟交单日。

阅读案例 5-4

出口商应该何时交单?

我国某出口商收到荷兰某银行开立的信用证，该信用证规定信用证有效期为 2010 年 10 月 25 日，最迟装运期为 2010 年 10 月 10 日，而出口商的实际装运日期为 2010 年 10 月 1 日，则出口商交单的最迟期限是哪天？如果出口商的实际装运期为 2010 年 10 月 9 日，则出口商交单的最迟期限是哪天？

分析：在前一种情况下，出口商的实际装运日期为 2010 年 10 月 1 日，则装运日后第 21 天为 10 月 22 日，此日期比信用证到期日 10 月 25 日要早，因此出口商最迟交单日期应为 10 月 22 日。在后一种情况下，实际装运日期为 10 月 9 日，则装运日后第 21 天为 10 月 30 日，比信用证到期日 10 月 25 日要晚，因此出口商最迟交单日期应为 10 月 25 日。

到期地点即交单地点，《UCP600》规定信用证除要明确到期日外还要明确一个交单地点，一般开证行指定通常为出口方所在地。

6. 支用方式

信用证的支用方式有 4 种：即期付款、延期付款、承兑与议付，其中，前面 3 种可统称为兑付。除承兑方式必定要求有汇票外，其余 3 种方式可以使用汇票，也可以不使用。如果信用证要求受益人提供汇票，则需注明汇票的付款期限(例如见票后若干天)、金额(例如 100%发票金额)、付款人(例如开证行)等要件。另外，信用证还需规定在哪家银行支用信用证款项，若非在开证行支用，则必须说明指定银行(Nominated Bank)，除了在自由议付信用证中可以规定由任何银行充当指定银行外，其他信用证的指定银行必须在证中予以确定。

7. 关于商品的描述

(1) 一般应包括品名、规格、数量、单价、价格条件、包装和唛头(Shipping Mark)。货物描述应尽可能的简短，货物描述不应罗列过多细节。

(2) 在表明数量及/或单价时，开证行应了解《UCP600》第 30 条的规定。

① “约”或“大约”用于信用证金额或信用证规定的数量或单价时，应解释为允许有关金额或数量或单价有不超过 10%的增减幅度。

② 在信用证未以包装单位件数或货物自身件数的方式规定货物数量时(例如货物为散装)，货物数量允许有 5%的增减幅度，只要总支取金额不超过信用证金额。

③ 如果信用证规定了货物数量，而该数量已全部发运，及如果信用证规定了单价，而该单价又未降低，或当第②款不适用时，则即使不允许部分装运，也允许支取的金额有 5%的减幅。若信用证规定有特定的增减幅度或使用第①款提到的用语限定数量，则该减幅不适用。

(3) 《国际贸易术语解释通则》(INCOTERMS)及其指导相关的贸易术语(例如：CIF Rotterdam，CFR New York，FOB Hamburg)应作为信用证条款和条件的一部分加以规定，且最好包括在货物描述中。

8. 关于运输的规定

1) 有关港口的名称

信用证应规定装货港(Port of Loading)与卸货港(Port of Discharge)的名称。应使用全称，尤其是卸货港一定要准确，避免模糊用语如 Main Ports, West European Ports, Middle East Ports, Gulf of Mexico Ports 等类似词语。

2) 转运、分批、分期装运与运输的细节

(1) 关于转运：信用证应明确规定是否允许转运(Transshipment)。若允许转运，或不作规定，则表明货物可以转运，但必须以同一运输单据包括全程运输为条件。

(2) 关于分批装运：《UCP600》规定，应在信用证中明确规定是否允许分批装运(Partial Shipment)。如果未作规定，应理解为允许分批装运。

(3) 关于分期装运：分期装运是指在信用证指定的不同期限内分期装运，如："1.2 万公吨山东一级滑石块自 2001 年 1 月起分 12 个月等量装运，即每月装运 1 000 公吨。"

专栏 5-2

《UCP600》知识要点提示

(1) 表明使用同一运输工具并经由同次航程运输的数套运输单据在同一次提交时，只要显示同一目的地，将不视为部分发运，即使运输单据上标明的发运日期不同或装卸港、接管地或发送地点不同。

(2) 若信用证禁止转运，银行仍可以接受表明货物将发生转运的运输单据，前提条件是该批货物以集装箱、托盘、子母船等成组化方式运输，并且同一运输单据包括全程运输。另外，无论信用证是否允许转运，银行都将接受带有承运人有权转让条款的运输单据。

(3)《UCP600》规定，除非另有规定，分期装运下，如其中任何一期未按信用证所规定的期限及时装运，则信用证对该期及以后各期均视为无效。

由于分期装运与分批装运大不相同，所以如申请人欲要求分期装运，则应在申请书正文或"附加指示"中单独注明。

(4) 运输的细节：①应在开证申请书中明确、完整地规定装运地和目的地，并应在"不得迟于"(not later than)后规定一个最迟装运期，否则信用证的有效期将视为最迟装运期，此类信用证称为"双到期"信用证。②《UCP600》规定，除非的确需在单据中使用，银行对诸如"迅速"、"立即"、"尽快"之类词语将不予置理。因此信用证中应尽量避免使用此类用语，以免银行不方便操作业务。③信用证中用于描述装运日期时的"于或约于"或类似措辞将被理解为一项约定，按此约定，某项事件将在所述日期前后各 5 天内发生，起讫日均包括在内。④当词语"×月×日止"(to)、"至×月×日"(until)、"直至×月×日"(till)、"从×月×日"(from)及"在×月×日至×月×日之间"(between)用于确定装运期限时，包括所述日期。词语"×月×日之前"(before)及"×月×日之后"(after)不包括所述日期。

(5) 最迟装运日(Latest Date of Shipment)。装运日是指装运完毕的截止日期，而非开始装运的日期，通常以运输单据的出具日为装运日，有些情况下还应以运输单据中批注的装运日期为准。如果交单由数套运输单据构成，其中最晚的一个发运日将被视为装运日。

9. 关于单据的要求

常见的单据要求包括两类：一类是对基本商业单据的要求，主要包括商业发票、运输单据和保险单据；另一类是对附加商业单据的要求，主要包括装箱单、商品检验证书、产地证、受益人证明、发票等。

10. 其他事项

(1) 对中介银行的指示。中介银行是指由开证行委托或指定进行信用证有关业务的银行，包括通知行与指定银行，后者按其业务性质又分为付款行、承兑行及议付行。对通知行的指示主要是说明该行是否被要求对信用证给予保兑(Confirmation)。对指定银行的指示可能包括：①关于背批的指示，即要求指定银行将付款、承兑或议付的金额在正本信用证背面作必要的记录，以防止超额支用、重复支用；②关于寄单的指示，即应一次寄单还是分两批寄单，若分批寄单，每批寄单的种类及份数；③关于索偿的指示，即应向哪家银行索偿以及采用航索还是电索。

(2) 特别条款。信用证特别条款是相对于信用证一般条款而言的。这里所指的信用证特别条款是广义上的，即有些信用证特别条款是包括在《UCP600》范围之内的。有些是由于开证申请人和开证行为了自身的利益和贸易的方便，又另外在信用证内附加各种“保留”、“限制”条款，以减轻其应承担的责任。例如：“IN CASE SHIPMENT IS NOT EFFECTED IN TIME STIPULATED，AN AUTOMATIC EXTENSION OF THE DATE OF SHIPMENT AND VALIDITY FOR 10 DAYS IS ACCEPTABLE.(货物如不能在规定期限内装运，装运期及有效期均可接受自动延长 10 天。)”再如：“IF DOCUMENTS CONTAIN DISCREPANCIES，A SPECIAL DISCREPANCY HANDLING FEE OF HKD 200.00 WILL BE CHARGED.(如果单据存在不符点，将负担特别的不符点处理费 200 港元。)”

(3) 负责条款。开证行必须做出负责支付的承诺，如果信用证获得保兑，则保兑行也须注明保兑并负责支付的承诺。

(4) UCP 的适用条款。即注明“THIS CREDIT IS SUBJECT TO THE UNIFORM CUSTOMS AND PRACTICE FOR DOCUMENTARY CREDITS, PUBLICATION NO.600 ICC.(此信用证适用于《UCP600》)”的类似语句。

5.2 信用证当事人的权利及义务

信用证业务最基本的当事人有开证申请人、开证行、受益人，在实际业务中往往还有通知行、议付行、兑付行，在某些情况下还会有保兑行、偿付行。各当事人分别享有不同的权利，并承担相应的责任和义务。

5.2.1 开证申请人

开证申请人(Applicant)是指根据进出口合约向其所在地的一家银行提交开证申请，申请开立信用证的当事人，通常为进口商。开证申请人受到两个合约的约束：一是与出口商所签订的进出口贸易合约，在这个合约项下开证申请人是以买方的角色出现；二是申请开证时与开证行签订的业务代理合约，即开证申请书，在这个合约项下开证申请人是以委托人的角色出现。开证申请人的主要权利与义务包括如下内容。

1) 开证申请人的义务

(1) 根据合约申请开立信用证。在申请开证时，开证申请人要注意以下事项：①在合理的时间内申请开证，如果合约对于开立信用证的时间有明确规定，则应在合约规定的时间内申请开立信用证。②开证申请书的内容应该做到“证约一致”。

(2) 开证指示应该清晰明确。银行作为受托人，其办理业务的依据就是开证申请人填写的开证申请书。因此，开证申请人在缮制开证申请书时要做到指示明确、简洁、前后一致，这样银行才方便操作执行。

(3) 提供开证担保。信用证是开证行以自身信用对出口商做出的付款承诺，是对进口商的授信，所以开证行承担了一定的风险。为此，开证行通常要求申请人提供一定形式的担保，保证在开证行向出口商付款后，申请人(进口商)会及时偿还其款项。这种保证可以是现金、动产或不动产，也可以是第三者提供的保证。其中，现金保证就是指缴纳开证押金，开证押金的多少与申请人的资信状况直接有关。

(4) 及时赎单付款。在信用证业务中，开证行只是代理付款人，而申请人(进口商)应当是承担付款责任的委托人。开证行履行其付款义务后，进口商应及时偿付货款向开证行赎取单据。

2) 开证申请人的权利

(1) 有权审核单据。开证申请人有权审核开证行提交的单据，如果发现单据与信用证条款不符，则有权拒绝向开证行付款赎单。

(2) 有权得到与合约规定相符的货物。进口商在支付货款后，凭单据提取合约规定的货物。如果货物与合约不符，进口商无权要求开证行赔付，而只能向出口商、运输公司或保险公司追究责任。

5.2.2 开证行

开证行(Issuing Bank / Opening Bank)是指根据开证申请人的委托开立信用证的银行，通常是进口商所在地的银行。开证行是信用证业务中最重要的一方，开证银行的信誉、业务经验是其他当事人是否参与该信用证业务的主要考虑依据。

开证行受 3 个合约的约束：与开证申请人之间的代理合约(开证申请书)、与受益人(出口商)之间的信用证、与通知行或议付行之间的代理协议。因此，开证行的权利义务如下。

1) 开证行的义务

(1) 根据开证申请人的指示开立信用证。开证行必须严格按申请人的指示行事，尽快开出信用证。当受益人(出口商)提交单据时，开证行应根据信用证条款对其单据进行严格审核。要注意的是，《UCP600》在第 14 条 h 款规定：“If a credit contains a condition without

stipulating the document to indicate compliance with the condition, banks will deem such condition as not stated and will disregard it.(如果信用证中包含某项条件而未规定需提交与之相符的单据，银行将认为未列明此条件，并对此不予置理。)”因此，开证行开证时有责任将申请人在申请书上所列全部条款加以单据化，使受益人能通过单据向申请人及开证行证明其履行合约规定的义务。

阅读案例 5-5

什么是“单据化”？

宁波一家进口公司在缮制开证申请书时提出：“货物须由一家由出口国当局认可的、从业经验超过10年以上的检验机构进行检验”。开证行在依据申请书开立信用证时指出：这一条款可能无法起到进口商所期望的约束作用。请分析开证行为何这样认为？

分析：因为该公司的这一要求“未规定需提交与之相符的单据”，银行无法通过审核单据来确认检验机构的资质。可以将此条款修改为：“出口方必须提交一份货物检验证明及一份检验机构的资质证明文件以证明该检验机构经出口国当局认可且从业经验超过10年”，这样出口商就能通过提交上述两份单据来证明货物已经由满足相关条件的检验机构检验。

资料来源：本案例改写自：陈跃雪，尹成远. 国际结算[M]. 南京：东南大学出版社，2005.

(2) 承担第一性的付款责任。也就是说，开证行取代进口商而成为第一性付款人，进口商则成为第二性付款人——在银行无力支付时付款。一般而言，开证行的付款是终局性付款，即审单付款后没有追索的权利。

(3) 付款前必须以“单证一致、单单一致”、“表面相符”为原则严格审核单据。由于开证行的付款是终局性的，因此开证行付款前必须严格审核出口商提交的单据，看整套单据与信用证条款是否表面相符，单据与单据彼此之间是否保持表面一致。关于这一点，《UCP600》在第14条a款中有明确规定：“A nominated bank acting on its nomination, a confirming bank, if any, and the issuing bank must examine a presentation to determine, on the basis of the documents alone, whether or not the documents appear on their face to constitute a complying presentation.(按照指定行事的被指定银行、保兑行(如有)以及开证行必须对提示的单据进行审核，并仅以单据为基础，以决定单据在表面上看来是否构成相符提示。)”

阅读案例 5-6

如何理解“单证一致、单单一致”？

道森公司向巴达维亚(即现在的雅加达)的某公司进口一批凡尼拉豆。道森公司指示开证行开立了一张以出口人为受益人的信用证，规定凭某些单据进行付款，其中包括一份“由专家们(by experts)出具的品质证明书”。由于电码含糊不清，巴达维亚的通知行通知卖方：该信用证凭交付一份“由一个专家(by expert)出具的证书”及其他的单据付款。出口人弄虚作假，所装运的货物大部分是废品，而唯一的鉴定人未察觉此项弊端，出口人很容易地获得了信用证上要求的证书，并得到了银行的偿付。然而，开证行在偿付后向道森公司索偿时遭到了道森公司的拒绝。此案后来提交当地最高法院进行审理。请分析此案判决结果。

分析：开证行无权向道森公司索偿，因为开证行违背了道森公司的指示，没有认真地进行单据审核，凭只有一个专家(expert)而不是由两个或两个以上的专家(experts)出具的证明就进行了偿付，因此道森公司有权拒付。

资料来源：陈跃雪，尹成远. 国际结算[M]. 南京：东南大学出版社，2005. 第 98 页

2) 开证行的权利

(1) 有收取押金或取得质押的权利。即有权根据开证申请人的资信状况收取一定比例的开证押金或要求申请人作质押，以降低开证风险。

(2) 有权审单及拒付。审核单据不仅是开证行的义务也是开证行的权利，如果开证行在审单过程中发现有单据与信用证条款不符或单据彼此之间不符，开证行有权在征询进口商意见后决定是否接受。

(3) 控制单据及货物。如果开证行经审单相符后做出了正常付款，而进口商却破产或无力付款，那么开证行可以自由处理单据项下的货物，将其出售用以抵偿自己已经支付的垫款，若销售款还不足以弥补垫款，则开证行有权向进口商追索其不足部分。

5.2.3 通知行

通知行(Advising Bank)是受开证行委托将信用证内容通知给受益人的银行。由于开证行通常在进口商所在地，因此它常常通过一家在受益人所在地的银行来完成信用证的跨国传递，而这家银行通常是开证行在受益人所在地的联行或代理行，有时也叫转递行(Transmitting Bank)。通知是指受益人所在地银行将信用证内容全文照录于另一信用证通知书上以转告受益人；转递是指受益人将信用证原封不动地转交给受益人。转递行是通知行的一种特殊形式，一般都统称为通知行。

通知行的权利和义务包括以下内容。

(1) 验明信用证的表面真实性。如果通知行决定接受开证行的委托，承担通知信用证的责任，则通知行只有在核对密押无误后才可通知受益人，以保护受益人的利益。如果无法确定信用证的真实性，通知行必须立即、无延误地通知开证行，并说明这一情况；如果通知行仍决定将该信用证通知受益人，也必须说明这一情况。

阅读案例 5-7

通知行的责任

2001 年，中国银行某分行收到 140 万美元的信用证，该证由纽约 C 银行通知。虽然 C 银行在通知信用证时说明已经核准开证行与纽约 C 银行之间的密押，但是并未加列纽约 C 银行与中国银行该分行之间的密押。这引起中国银行的注意。在收到信用证当天，受益人得到信息前来查证，并要求尽早正式通知。中国银行该分行通过多种手段查询，获悉开证行从未开立这样的信用证。中国银行最后通知受益人该信用证纯属伪造。

分析：本案中的中国银行以非常细致谨慎的专业操守避免了一起虚假信用证诈骗案件的发生，很好地尽到了通知行的责任。

资料来源：陈跃雪，尹成远. 国际结算[M]. 南京：东南大学出版社，2005.第 110 页.

(2) 及时澄清疑点。虽然《UCP600》中规定了银行在单证传递及翻译中责任的免除，但是通知行及时澄清疑点可以说是它的道义责任。现在许多银行把这种帮助客户审核信用证的服务作为一个重要的非价格竞争手段。

(3) 有权拒绝通知。通知行可以拒绝开证行的委托，不承担通知信用证的责任，此时通知行应以电讯或其他最快捷方式毫不延迟地将这拒绝通报给开证行，以使后者能及时地另寻通知行。

5.2.4 受益人

受益人(Beneficiary)是信用证利益的享受者或信用证权力的使用者，是开证行保证付款的对象、信用证的抬头人或收件人(Addressee)，通常就是出口商。受益人受到贸易合约与信用证的双重约束，其权利义务如下。

1) 受益人的义务

(1) 按合约发货，做到“货约一致”。作为出口商，最基本的义务就是按照合约规定发货，确保货物数量、质量、发送时间等与合约一致。

(2) 按照信用证的要求缮制单据，做到“单货一致、单证一致、单单一致”。

(3) 接受议付行的追索。如果议付行议付单据后，向开证行索偿未能成功，那么议付行有权向受益人追回已付款项，这时受益人不得拒绝。

(4) 赔偿进口商的损失。如果进口商提货后发现货物与合约规定不符，且此种不符确属出口商责任，则进口商有权要求出口商进行赔偿，此时出口商不得拒绝。

2) 受益人的权利

(1) 有权决定是否接受及要求修改信用证。当通知行将信用证通知受益人后，受益人应该审核信用证条款。如果发现信用证条款与合约不符，或某些信用证条款无法履行时，受益有权要求进口商指示开证行修改信用证，或拒绝接受信用证。因为信用证条款与合约不符或无法执行时，受益人就无法提供与信用证条款相符的单据，其收款权利也就无法得到保障。

(2) 有权向开证行及进口商收取货款。受益人接受信用证并如期交货及备齐单据后，可向指定银行提交单据，并获得付款。受益人交单后如遇开证行倒闭或无力付款，有权向进口商提出付款要求，进口商仍应负付款责任。如开证行无理拒付，受益人应向开证行据理交涉，甚至诉诸法律，受益人也有权向进口商提出付款要求。

5.2.5 议付行

关于议付，《UCP600》给出了这样的定义：“Negotiation means the purchase by the nominated bank of drafts (drawn on a bank other than the nominated bank) and/or documents under a complying presentation, by advancing or agreeing to advance funds to the beneficiary on or before the banking day on which reimbursement is due to(to be paid the nominated bank.(议付意指被指定银行在其应获得偿付的银行日或在此之前，通过向受益人预付或者同意向受益人预付款项的方式购买相符提示项下的汇票(汇票付款人为被指定银行以外的银行)及/或单据。)”据此，议付行(Negotiating Bank)可定义为开证行指定的或接受受益人请求的对信用证项下汇票及单据承担议付义务的银行。

5.2.6 保兑行

保兑行(Confirming Bank)是开证行授权(邀请)其在信用证上加具保兑(以其自身名义保证付款)的银行。根据《UCP600》第 2 条："Confirmation means a definite undertaking of the confirming bank, in addition to that of the issuing bank, to honour or negotiate a complying presentation.(保兑意指保兑行在开证行之外对于相符提示做出兑付或议付的确定承诺。)"，我们可知，保兑行必须是开证行之外的另一家银行。在国际贸易中，保兑行通常是出口商所在地银行(但有时也可以是第三国银行)，往往是开证行的联行或代理行，并也常由通知行兼任。一经加具保兑，保兑行也与开证行一样承担第一性的付款责任。

5.2.7 兑付行

兑付行(Honouring Bank)是指开证行或其代理付款人，开证行一般将其规定为付款信用证的付款人或信用证项下汇票的付款人。兑付行的权利义务如下。

(1) 按照信用证的要求进行兑付。兑付的形式分为三种：一是对于即期付款信用证进行即期付款；二是对于延期付款信用证发出延期付款承诺并到期付款；三是对于承兑信用证承兑由受益人出具的汇票并到期付款。

(2) 付款前必须审核单据，且审单付款后失去对受益人的追索权。

(3) 在开证行资信极差、付款后可能得不到偿付时，兑付行有权拒付。

5.2.8 偿付行

偿付行(Reimbursing Bank)是根据开证行的要求，对指定的议付行或兑付行进行偿付(清偿垫款)的银行，亦称清算银行(Clearing Bank)。一般情况下，当开证行与议付行或兑付行之间无账户关系时，特别是信用证采用第三国货币进行结算时，为了方便结算，开证行通常会委托另一家有账户关系的银行代为向议付行或兑付行进行偿付，被委托的银行就是偿付行，此时的议付行或兑付行就称为索偿行(Claiming Bank)。偿付行付款后应向开证行索偿。

5.3 跟单信用证的业务程序

一笔信用证业务从开始到结束大体上有 12 个环节，其流程图如图 5.1 所示。

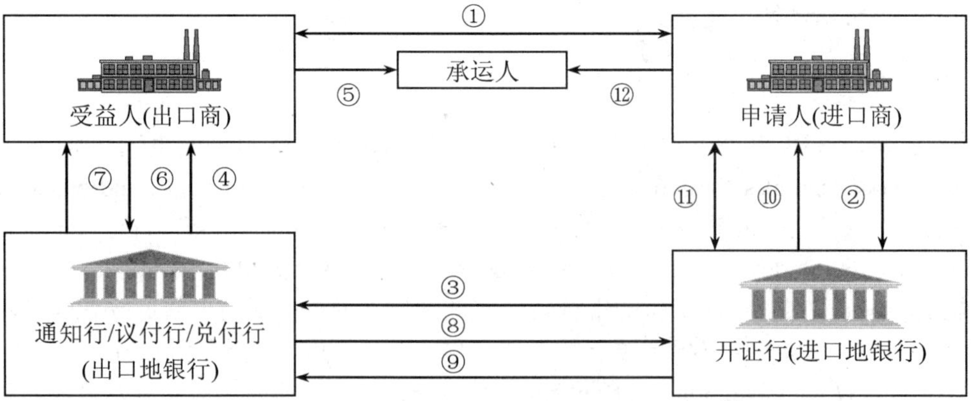

图 5.1 跟单信用证业务流程图

在图 5.1 中，各环节的具体内容如下。

(1) 进出口商签订货物买卖合约，并约定以信用证方式进行结算。

(2) 进口商向所在银行申请开立信用证。

(3) 开证行开出信用证。

(4) 通知行将信用证通知给受益人(出口商)。

(5) 出口接受信用证后，将货物交给承运人，取得相关单据。

(6) 出口商备齐信用证规定的单据和汇票向议付行提示，要求议付。

(7) 议付行审单无误后，垫付货款给出口商(议付)。

(8) 议付行议付后，将单据和汇票寄给开证行索汇。

(9) 开证行收到与信用证相符的单据后，审单付款。

(10) 开证行通知进口商备款赎单。

(11) 进口商审核单证相符后，付清所欠款项(申请开证时已交保证金)，开证行将信用证下的单据交进口商，不再受开证申请书的约束。

(12) 进口商凭单据向承运人提货。

现将信用证流程中各环节的具体操作事宜及注意事项详述如下。

5.3.1 申请开立信用证

以信用证为支付方式的贸易合约签订后，进口方必须在合约规定的期限内，向本地信誉良好的银行申请开立信用证。申请开证，进口商应当填写开证申请书(Application for L/C Issuing)，以作为银行开立信用证的依据。

1. 开证申请书

开证申请书是一种意思表示，是开证申请人订立委托代理契约为目的的要约，申请人在要约中请示银行于特定条件下代付货款、收取单据。当开证行接受了申请书，承诺了要约的请示，开证申请书便成为开证申请人与开证行之间的契约文件，具有法律效力。为了完善开证申请书，国际商会几次修订信用证申请书的标准格式，国际商会第 516 号出版物规定了最新的开证申请书的格式，这个格式与最新跟单信用证格式设计基本一致。

开证申请书是进口商对开证行的详细的开证指示，即明确信用证应该列出的内容，这些内容主要包括：应被提示的单据、支付金额及方式、受益人名称及地址、信用证的有效期、货物描述、装运细节、是否需要保兑等。

开证申请书的内容应该明确、完整，避免出现歧义、误解；同时应该简洁扼要，不应罗列过多的细节。

2. 开证担保书

这是申请人与开证行达成的偿付协议，主要规定双方的权利与义务。由于开证申请书的格式是由开证行提供的，上面一般只记载申请人义务与开证行的权利及免责事项，至于申请人的权利与开证行的义务则并不列明。主要内容有：①申请人承认在其付清货款前，开证行对单据及其所代表的货物拥有所有权，必要时开证行可以出售货物以抵付申请人的欠款。②申请人承诺支付信用证项下的各项费用。③申请人明确遵循国际商会 UCP600 的开证要求。④申请人承诺在单据表面符合信用证规定的前提条件下，在规定期限内付款赎单。

5.3.2 开立信用证

1. 开证前的审查

由于开证行是以自身信用参与信用证业务，并且承担第一性的付款责任，一旦对外付款，就失去追索权，因此开证行决定为开证申请人开立信用证前，必须进行严格的审查。审查内容包括：第一，审查申请人的资信，以确定开证的风险及应收取的押金的比例。第二，审查该进出口交易是否符合国家相关法律法规，是否获得了有关批准文件。第三，审查开证申请书和开证担保书的内容，这是最主要的审查项目，主要审查开证指示是否完整、明确、简洁，是否有非单据化条款，内容是否有自相矛盾之处等。

2. 开立信用证

开立信用证的形式分为两种，即信开(Open by Airmail)或电开(Open by Cable)。

1) 信开本信用证

信开本信用证是指以信函形式开立的信用证。其记载的内容比较全面，银行一般都有印就的信用证格式，开立时填入具体内容即可。信开本信用证一般是开立一式两份或两份以上，开立后以航空挂号寄出。这是一种传统的开立信用证的方式。

信开本信用证任何时候都是信用证的有效文本，是开证行与出口商之间的具有法律效力的合约。

2) 电开本信用证

电开本信用证是指银行将信用证内容以加注密押的电报或电传的形式开立的信用证。由于电讯方式较为快捷，因此实际业务中多采用“电开”形式开立信用证。

(1) 简电本(Brief Cable)。简电本是指仅记载信用证金额、有效期等主要内容的电开本，亦可称预先通知书。简电本的内容比较简单，其目的是预先通知出口商，以便其早日备货。简电本通常不是信用证的有效文本，因此开立简电本时，一般要在电文中注明“随寄证实书”(Mail Confirmation to Follow)字样，并随即将信开本形式的证实书寄出。证实书是信用证的有效文本，可以作为交单议付的依据。此外只有准备开立有效信用证或修改的开证行，才可以发出开立信用证的预先通知书。发出预先通知的开证行应不可撤销地承诺将不延误开出有效的信用证，且条款不能与预先通知书相矛盾。

(2) 全电本(Full Cable)。全电本是开证行以电文形式弄出的内容完整的信用证。该信用证是否为有效文本要根据其条款来判断。

如果电文中注明“This is an operative instrument, no airmail confirmation to follow”，则这样的电开本就是有效文本，可以作为交单议付的依据。

如果电文中注明“随寄证实书”(Airmail Confirmation to Follow)，则以邮寄的证实书作为有效文本及交单议付的依据。为节省时间与费用，这种形式的信用证的使用越来越普遍。

5.3.3 信用证通知与保兑

1. 通知与转递

信用证的通知，是针对电开本信用证而言的。电开本信用证是用以通知行为收件人的，通知行收到信用证并核押无误后，即以自己的通知书格式照录全文，通知受益人。转递是针对信开本信用证而言的，当信用证在寄送到出口地银行后，由银行核对印鉴，若相符，银行只需将原证照转给受益人即可。

2. 保兑

关于信用证的保兑，可能是因受益人对开证行资信不满意而引起，也可能是因开证行主动要求而引起，但无论在何种情况下，都只有开证行才有权指示另一银行对信用证加具保兑。由于保兑行要承担与开证行完全一样的第一付款责任，而且没有追索权，因此收到保兑邀请的银行应慎重考察开证行的资信、与本银行的关系等因素，以决定是否保兑。如果保兑行无法从开证行获得偿付，就会处于非常被动、不利的局面。因为保兑行与开证申请人并无合约关系，无法强制申请人付款赎单，因此保兑行只能处理单据及货物，或者作为开证行的债权人对其提出清偿要求。所以，银行一般只对与自己有良好业务关系的联行或代理行开立的信用证提供保兑。

5.3.4 信用证审核、议付与索汇

1. 信用证审核

信用证与贸易合约虽然相互独立，但信用证的开立必须以贸易合约为基础，因此受益人在接到信用证通知书后，必须严格审核信用证，以确保自己的权益不受侵害。受益人审证主要包含两个方面：一方面是要根据合约审查信用证的内容是否与合约一致，进口方是否擅自变更某些条款，损害自己的利益；另一方面是要认真审核信用证中是否包含不公平的“软条款”。

2. 信用证的修改

如果受益人审核发现信用证与合约不符或存在软条款，可以拒绝接受或提出修改信用证。《UCP600》第10条规定：“Except as otherwise provided by article 38, a credit can neither be amended nor cancelled without the agreement of the issuing bank, the confirming bank, if any, and the beneficiary. (除本惯例第38条另有规定外，凡未经开证行、保兑行(如有)以及受益人同意，信用证既不能修改也不能撤销。)”因此，不论是进口商还是出口商提出修改，都应经开证行同意后，由开证行通过原通知行将修改通知书或电报通知转告给出口商，出口商接受后此修改才能生效。但要注意不允许部分接受修改，部分接受修改将被视为拒绝接受修改的通知。

自发出信用证修改书之时起，开证行就不可撤销地受其发出修改的约束。保兑行可将其保兑承诺扩展至修改内容，且自其通知该修改之时起，即不可撤销地受到该修改的约束。然而，保兑行可选择仅将修改通知受益人而不对其加具保兑，但必须不延误地将此情况通知开证行和受益人。

3. 交单

当受益人确定信用证无误后，便可以进行备货并准备好全套单据，在规定日期前提交给开证行指定的银行。《UCP600》第6条规定：“A credit must state an expiry date for presentation. An expiry date stated for honour or negotiation will be deemed to be an expiry date for presentation. (信用证必须规定提示单据的有效期限。规定的用于兑付或者议付的有效期

限将被认为是提示单据的有效期限。)”因此，受益人必须在信用证规定的交单期前将单据提交至被指定银行。如果信用证的最迟交单日适逢接受交单的银行正常歇业，则最迟交单日将顺延至其重新开业的第一个银行工作日。如果由于天灾、暴动、骚乱、叛乱、战争、恐怖主义行为或任何罢工、停工或其无法控制的任何其他原因导致银行营业中断，则银行对因此而导致的后果概不负责。银行恢复营业时，对于在营业中断期间已逾期的信用证，不再进行兑付或议付。

4. 议付/兑付

当受益人交单后，被指定的议付/兑付行应该进行严格的单据审核，这也应是它们议付或兑付的前提。被指定银行的审单时间是自收到提示单据的翌日起算不超过 5 个银行工作日，审单银行必须在这一段时间内决定提示是否相符。该期限不因单据提示日适逢信用证有效期或最迟提示期或在其之后而被缩减或受到其他影响。

当被指定银行确定受益人提交的单据与信用证条款相符时，就应该进行议付或兑付。

议付的程序是议付行将出口商交来的全套单据与信用证内容进行核对，若单证、单单表面相符，议付行则将汇票金额扣除自议付日至估计收到票款日的利息和手续费后的余额付给出口商。议付后，议付行留下汇票及单据，在对信用证作批注后将其退还给出口商。

兑付分 3 种情况，为即期付款、延期付款或承兑。兑付行应根据信用证的付款期限，承担相应的责任。即期付款是指兑付行将出口商交来的全套单据与信用证内容进行核对，若满足相符提示，则立即将信用证金额付给出口商。延期付款是指兑付行将出口商交来的全套单据审核并确定其与信用证相符后，必须等到信用证所规定的到期日到来，才能将款项付给出口商。承兑则是由兑付行将单据审核无误后先承兑汇票，即在汇票正面加注“已承兑”字样，加注日期并加签，这时承兑行就变成汇票的主债务人，到汇票到期时承担付款责任。

5. 不符单据的处理

当被指定银行、保兑行(如有)或开证行确定“提示不符”即单证不符时，有权拒绝兑付或议付。

当开证行确定提示不符时，可以依据其独立的判断联系申请人放弃有关不符点。然而，这些工作都必须在收到单据翌日起 5 个工作日内完成。

当被指定银行、保兑行(如有)或开证行决定拒绝兑付或议付时，应在不迟于提示单据日期翌日起第 5 个银行工作日终了之前，以电讯或其他快捷方式一次性地通知提示人。

6. 索汇

索汇就是指被指定银行办理议付/兑付后，根据信用证规定将单据连同汇票和索偿证明分次以航邮寄给开证行，同时向开证行或其指定的偿付行请求偿付的行为。

凡信用证规定有电汇索偿条款的，议付行就需用电讯方式向开证行或偿付行进行索偿。如果信用证规定一次性寄单，则一次性寄出全套单据；如果信用证规定分两次寄单，如写明“BY TWO CONSECUTIVE REGISTERED AIRMAIL(以两个连续挂号航空信寄出)”，则必须按照信用证注明的每批单据种类及份数两次寄出。分批寄单的好处是万一某一批单据被耽误或遗失，另一批单据仍能安全寄达开证行。

索汇的对象分为以下两种。

第一种是向开证行直接索汇。如果信用证规定被指定银行直接向开证行索汇(不存在偿付行)，则被指定银行将单据与索偿指示同时寄给开证行，开证行收到单据后应该对其进行审核，如果单证相符、单单相符，即将款项偿还给被指定银行；如果单证不符，则开证行可以拒绝付款，但应在 5 个工作日以最迅速的方式立即通知被指定银行。

第二种是向偿付行索汇。如果信用证中另行规定了偿付行，则被指定银行应先向偿付行索偿。这时被指定银行应一方面把单据寄给开证行，另一方面将索偿指示寄给偿付行。偿付行根据先前开证行开立的偿付授权书，核对相关信息后将款项偿付给被指定银行；同时开证行审核单据，如果发现单证不符，而偿付行的偿付行为已经发生，开证行仍有权就已经履行的偿付向被指定银行索取退款及其利息。

5.3.5 信用证付款赎单

开证行将款项偿付给议付行/兑付行之后，应立即通知进口商备款赎单。进口商在审核单据后，如果单证相符，就应将开证行所垫款项付清，取得单据，这样开证行进口商之间由于开立信用证所构成的权利义务关系即告结束。如果进口商发现单证不符也可以拒绝赎单，此时开证行就会遭受损失，因为它在审单付款后没有追索权，不能向被指定银行要求退款。

进口商付款赎单后，即可凭货运单据提货。如果发现货物与合约不符，不能向开证行提出赔偿要求，只能向出口商索赔，甚至可以进行诉讼或仲裁。

5.4 信用证的种类

根据不同的分类标准，信用证可以分为很多不同的类型，详述如下。

5.4.1 光票信用证和跟单信用证

根据信用证是否附有商业单据，可以分为光票信用证和跟单信用证。

1. 光票信用证

光票信用证(Clean Credit)指仅凭汇票而不随附商业单据付款的信用证。它既可以用作贸易结算工具也可以用作非贸易结算工具。在贸易结算中，受益人不需要提交商业单据，尤其是不需要与物权有关的运输单据，而仅凭开立的汇票，或者再加上诸如发票、垫款清单、受益人声明等文件而支取款项。在非贸易结算中，光票信用证主要用于旅游、使领馆经费和个人消费。光票信用证的受益人可以在信用证有效期内，在信用证总金额的范围内，一次或数次向指定银行凭汇票或支取收据支取现金。

2. 跟单信用证

跟单信用证(Documentary Credit)是指凭规定的商业单据或跟单汇票付款的信用证。国际贸易结算中使用的信用证绝大多数是跟单信用证，且受益人应该提交的单据一般在信用证中有明确指示。跟单信用证的关键是要有代表物权或证明货物已经装运的商业单据，使银行能够通过对物权单据的控制来控制货物所有权；通过转移物权单据来转移货物所有权；根据单据提供信贷，担保付款。

5.4.2 保兑信用证和不保兑信用证

根据是否有另一家银行加以保证兑付，信用证可以分为保兑信用证和不保兑信用证。

1. 保兑信用证(Confirmed Credit)

这是指由开证行以外的另一家银行(保兑行)应开证行请求和授权而以其自身信誉加具了付款承诺的不可撤销信用证。保兑行一旦对信用证加保，就承担起跟开证行同等的第一性付款责任，这对于受益人和其他被指定代理银行来说，就等于是得到了双重的付款保障，自然更有利，但为此也须承担额外的保兑费用，这一费用多由受益人承担，但也可由申请人承担。对于前一种情况，开证行可以在履行付款时从应付款中扣除该项费用。

保兑行对信用证加具保兑的具体做法是在信用证上批注或盖章(“我行保兑”)，常见的批准文句有：“THIS CREDIT IS CONFIRMED BY US; WE HEREBY ADDED OUR OUR CONFIRMATION TO THIS CREDIT(我行保兑此证)”；或“THIS CREDIT BEAR OUR CONFIRMATION AND WE UNDERTAKE THAT DOCUMENTS PRESENTED FOR PAYMENT IN CONFORMITY WITH THE TERMS OF THIS CREDIT WILL BE DULY PAID ON PRESENTATION.(我行保兑此证并保证在提示且如果单证相符时付款。)”

一般需要保兑的信用证主要有以下几种情况：一是信用证金额超过了开证行的支付能力；二是开证行所在国家外汇储备不足或有大量外债；三是进口国政局动荡或对进出口交易实施严厉的外汇管制。在这些情况下，受益要求由本国银行或国际著名大银行对信用证作保兑，可以转嫁由开证行或进口国引起的风险。

2. 不保兑信用证(Unconfirmed Credit)

不保兑信用证泛指一般只有开证行的付款承诺，而没有开证行以外的其他银行以其自身信誉加具付款承诺的信用证。在一般情况下，开证行的信誉都基本能够满足受益人的要求，因此，实务更常见的是不保兑信用证。

5.4.3 即期付款信用证、延期付款信用证、承兑信用证和议付信用证

《UCP600》第6条规定：“A CREDIT MUST STATE WHETHER IT IS AVAILABLE BY SIGHT PAYMENT, DEFERRED PAYMENT, ACCEPTANCE OR NEGOTIATION.(信用证必须规定它是否适用于即期付款、延期付款、承兑抑或议付。)”据此，信用证可以根据不同的支用方式分为即期付款信用证、延期付款信用证、承兑信用证和议付信用证。

1. 即期付款信用证

即期付款信用证(Sight Payment L/C)是指开证行指定一家银行凭受益人提交的单证相符的单据立即付款的信用证。这类信用证中一般有类似文句：“THIS CREDIT IS AVAILABLE BY SIGHT PAYMENT WITH ** BANK.(此证由**银行即期付款)”。

即期付款信用证可以要求受益人提交汇票(即期汇票)，也可以不要汇票(欧洲大陆银行

开立的信用证通常不要汇票，这是因为欧洲大陆国家要征收汇票印花税，所以当地进口商为降低结算成本常会要求银行开立不要汇票的信用证)，其指定付款行可以是开证行自己，也可以是出口地的兑付行。在即期付款信用证项下，如果有兑付行，开证行在收到兑付行寄来的符合信用证条款的单据后，必须立即履行其偿付责任；开证行向申请人提示单据时，后者也应当立即付款赎单。

2. 延期付款信用证

延期付款信用证(Deferred Payment L/C)是指指定银行或开证行在收到合格单据后，约定按信用证规定在一个确定或可确定将来时间承担付款责任的信用证。此类信用证中常见文句为："THIS CREDIT IS AVAILABLE BY DEFERRED PAYMENT WITH ** BANK.(此证由**银行延期付款。)"

在此信用证项下，信用证的兑现方式为远期付款，又不要求有汇票，受益人交单后，要等到付款的到期日才能取得付款。实际上使用这种信用证是为了减少印花税负担，但对受益人来说风险较大。如果兑付行是没有对信用证加具保兑的银行，它有权到期拒付。这时开证行就要承担到期付款的责任，若开证行无力支付，受益人就会遭受损失。因此，在延期付款信用证项下，受益人最好要求兑付行对信用证进行保兑，以确保到期收款。

3. 承兑信用证

承兑信用证(Acceptance L/C)是指开证行或兑付行在收到符合信用证条款的单据及远期汇票后予以承兑，凭汇票到期时再行付款的信用证。证中常见文句为："THIS CREDIT IS AVAILABLE BY ACCEPTANCE WITH ** BANK.(此证由**银行承兑。)"

在信用证业务中如果要开立汇票，则汇票的受票人必须做成银行，以便承兑后贴现。《UCP600》第6条明确规定："A CREDIT MUST NOT BE ISSUED AVAILABLE BY A DRAFT DRAWN ON THE APPLICANT.(不得开立包含有以申请人为汇票付款人条款的信用证。)"

在承兑信用证项下，尽管信用证规定的付款时间是远期的，但因为有汇票，受益人交单时，请受票人承兑汇票，然后通过贴现承兑汇票即期获得付款。虽然损失了一部分贴息，但收款的时间缩短了，相对于延期付款，受益人还是更愿意使用这种信用证。

承兑信用证有卖方远期和买方远期两种不同性质的信用证。

1) 卖方远期信用证(Seller's Usance L/C)

这是真正以远期付款方式为兑现方式的承兑信用证，国内俗称真远期信用证。受益人在向付款行交单后，可取得经过承兑后的远期汇票(承兑费根据信用证约定由受益人承担或由申请人承担)，可以自己持有承兑汇票或将其转让给他人以融通资金(即在贴现市场上贴现，此时出口商须承担贴现息及有关费用)，而申请人则凭质押书和单据收据或信托收据向开证行取得单据，并按期向开证行付款(如果有指定兑付行的话，则开证行还须按期向兑付行付款)，最后信用证付款行作为汇票承兑人在到期日再向汇票持票人履行其付款义务。

卖方远期信用证多以出口地银行为兑付行，其交单地点是当地兑付行所在地，这是由于其受益人通常想要及时取得兑付行承兑过的汇票，以便于在当地做融资贴现。一旦出口地兑付行承兑了汇票，它就做出了到期付款的承诺，该兑付行在付款到期时拒绝付款的可能性就很小了，并且受益人还可以随时根据需要将这种高资信的银行承兑汇票作融资贴现，因而承兑信用证一旦得到了兑付行承兑，就与延期付款信用证取得了保兑行加保一样具有了兑付行的付款保证，并且前者比后者更利于融资。

2) 买方远期信用证(Buyer's Usance L/C)

如果买卖双方订立销售合约的支付条件是即期议付信用证，那么照理买方应该即期偿付开证行赎取单据。然而买方想改为远期承兑信用证，使自己能远期偿付开证行却立即取得单据，但对于应付卖方的货款仍要求指定银行即期垫付给受益人，同时承兑汇票，在计算贴现息和净款后向开证行索偿净款，然后通过开证行向买方收取贴现息和承兑费后一并归还指定银行；买方却要等到远期汇票到期日再偿还汇票金额给开证行。所以这种信用证虽然名为“远期信用证”，但事实上出口商却能够即期收回款项，因此是一种“假远期”付款方式，所以国内俗称为假远期信用证。这种承兑信用证上一般加列有“买方远期条款(Buyer's Usance Clause)”。

4. 议付信用证

如果开证行在信用证里邀请一家银行以非付款行的身份买入受益人提示汇票和单据，这种信用证即为议付信用证(Negotiation L/C)。

议付行经开证行授权进行议付买单，确保了议付行在提交相符单据的情形下，可以得到开证行的偿付。议付信用证的判别方法非常简单，如果信用证注明“AVAILABLE BY NEGOTIATION”，说明此信用证采用的是议付方式。需要注意的是，议付行对受益人享有追索权，这也是对议付行的正当持票人身份的一个确认。

根据是否限定议付银行，议付信用证可分为自由议付信用证和限制议付信用证两类。

(1) 限制议付信用证(Restricted Negotiable Credit)。开证行开立信用证时，预先指定出口地的一家银行或几家银行承办议付买单的业务，受益人应当向指定的银行提示单据，则此种信用证为限制议付信用证。开立限制议付信用证是开证行为了将此业务控制在本银行或其代理行系统内，这样既可以减轻风险，又有利于议付业务“肥水不流外人田”，但对受益人不利，因为有可能出现提供单据不方便的情况。

(2) 自由议付信用证(Freely/Open Negotiable L/C)。这是授权出口地的任何一家银行皆可议付的议付信用证，这种信用证对受益人来说非常方便，可以就近向任何一家银行去做议付。

5.4.4 可转让信用证和背对背信用证

这两种信用证均适用于有中间商参加的贸易结算。根据中间商的转让行为是否被申请人及开证行所了解，将此类信用证分为以下两种。

1. 可转让信用证

开证行在开立信用证时，授权出口地银行在受益人提出申请后，可将信用证的部分或全部权利，即交付货物、凭单取款的权利，转让给他人，这种信用证即为可转让信用证(Transferable Credit)。此时原证的受益人为第一受益人(First Beneficiary)，实际供货商为第二受益人(Second Beneficiary)。

一般情况下，办理转让的银行，即转让行(Transferring Bank)，都会重新缮制一份“新证”，以便将某些内容作适当调整，新证的大部分内容与原证是相同的，尤其是两份信用证的终结付款银行都为原证的开证行，因此两份信用证实际上可以看作是一证，但在以下几个方面可以有变化：第一，第一受益人可以用自己的名字换下原证的申请人，这样做可防止第二受益人与进口商直接交易。第二，货物单价和信用证金额可以被减少。新证与原证的差额实际上是中间商的利润。第三，新证的投保比例可以有所增加。由于信用证金额减少了，要达到原有的保险金额要求，就要提高新证的投保比例。第四，物的装运期与有效期可以提前，交单期可以缩短，这样做，是为了在第二受益人交单以后，第一受益人有足够的时间替换发票和汇票。

可转让信用证的业务流程图如图 5.2 所示。

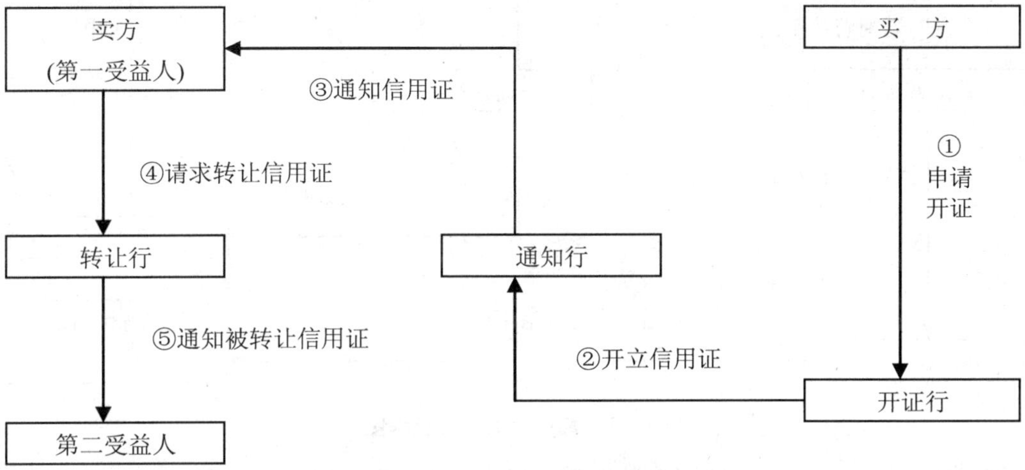

图 5.2 可转让信用证业务流程图

可转让信用证一般只能转让一次(原证注明可无限制转让除外)。在货物允许分批装运时，受益人可以把信用证分为几部分转让给数人，也可以只转让其中的一部分，其余的由中间商自己使用。货物禁止分批装运时，信用证只能做一次性的全额转让，其中要扣减中间商的利润部分。如果没有特别规定，信用证可作跨国转让。

第一受益人提出转让申请时，应不可撤销指示转让行说明自己是否保留拒绝转让行将原始信用证的修改通知给第二受益人的权利。如第一受益人保留该项权利，则转让行在将修改内容通知第二受益人之前，必须征得第一受益人的同意；如放弃这一权利，转让行则可以直接进行通知；如果部分放弃该项权利，如某些内容的修改通知(如信用证的展期、信用证金额的增加)等，须征得第一受益人的同意，其他修改则可直接通知给第二受益人。

当第二受益人向转让行提示单据时，转让行应及时通知第一受益人，用自己的发票和汇票替换由第二受益人提供的发票和汇票，以便向开证行提交合格单据。但转让行只有通知一次的义务，如果第一受益人没有及时替换单据，转让行可将第二受益人提交的单据直接寄开证行索偿，为了避免此类事故发生，第一受益人往往在提出转让申请时，就将自己的空白发票和汇票交到转让行，由转让行代替换单据，以便转让行能够及时向开证行寄单索偿。

除非信用证作了明确规定，否则第一受益人可以请求将信用证的有效地点改在信用证的受让地，即第二受益人所在地，并在那里对第二受益人履行付款。

2. 背对背信用证

出口商收到进口地银行开来的信用证后，凭此信用证作为抵押，向自己所在地的一家银行申请开立一份类似的信用证，该信用证将以原始信用证的受益人(第一受益人)作为申请人，而以实际供货商(第二受益人)作为受益人，这种信用证即为背对背信用证(Back to

Back Credit)。它实现了真正意义上的进口商与供货商之间的“背对背”。

背对背信用证的业务流程图如图5.3所示。

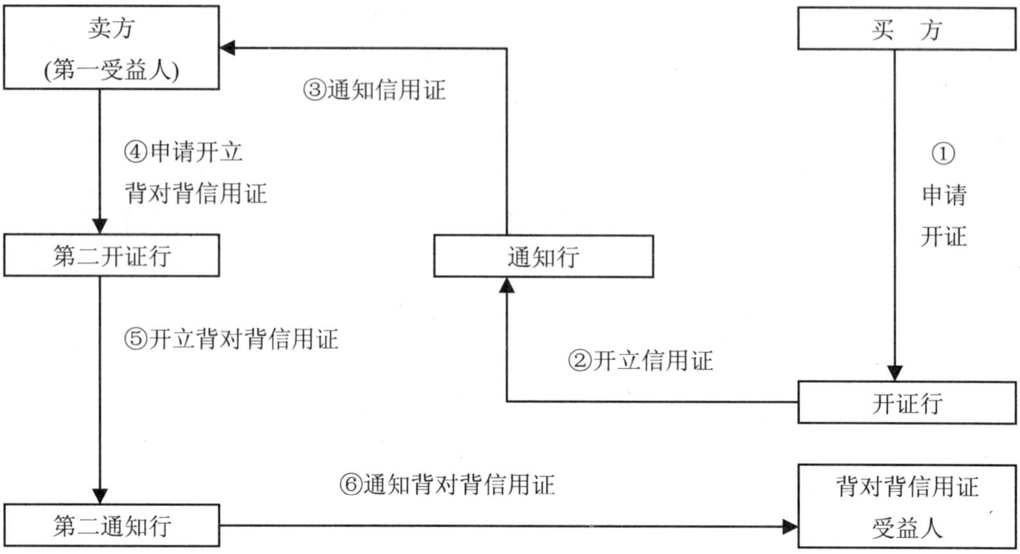

图5.3 背对背信用证流程图

可转让信用证与背对背信用证虽然都是适用于存在中间商情况的特殊跟单信用证，但它们有着明显的不同点，详见表5-1。

表5-1 背对背信用证与可转让信用证的比较

比较项目	可转让信用证	背对背信用证
开立信用证的授意人	可转让信用证的开立是由申请人授意，经开证行同意，并在信用证加列“Transferable”字样	背对背信用证的开立，并非原始信用证申请人和开证行的意旨，而是受益人的意旨，原始信用证的申请人和开证行与背对背信用证无关
新证与原证的关系	如果可转让信用证的全部或部分权利被转让出去，该证就失去那部分金额	凭着原始信用证开立背对背信用证，两证同时存在
第二受益人的权益保证	可转让信用证的第二受益人可以得到原证开证行的付款保证	背对背信用证的第二受益人得不到原证开证行的付款保证
中间银行的地位	中间行按照第一受益人的指示开立变更条款后的新的可转让信用证，通知第二受益人，其地位是转让行	开立背对背信用证的中间银行就是该证的开证行

5.4.5 对开信用证

在补偿贸易或加工/装配贸易等贸易方式下，交易双方可采用互开对等的跟单信用证方式来做结算。这样的两个跟单信用证就互为对开信用证(Reciprocal L/C)。

对开信用证项下，第一张信用证(又称前证)的受益人就是其第二张信用证(又称回头证)的申请人，而前证的申请人又是其回头证的受益人，并且前证的付款行一般就是其回头证的开证行，而前证的开证行一般就是其回头证的付款行。

1. 对开信用证的分类

对开信用证可以按照其所依附贸易方式不同而分为以下两类。

(1) 补偿贸易结算的对开信用证。在补偿贸易，先由设备引进方向设备出口方开出用以购买设备的远期付款跟单信用证，再由设备出口方在收到来证后，立即向设备引进方开出用以购买补偿产品的即期付款跟单信用证。

(2) 加工/装配贸易结算的对开信用证。在加工(进料加工)/装配贸易，先由受托方向委托方开出用以购买来料/来件的远期付款跟单信用证，再由委托方在收到来证后，立即向承接方开出用以购买成品的即期付款跟单信用证。

2. 对开信用证业务中，前证开证方应特别注意的事项

(1) 前证中一般要加列一个特别生效条款，声明本信用证生效的前提条件是已经收到认可的回头证。

(2) 前证的付款期限应留有充分余地，力争能够先收后付。

(3) 在加工/装配贸易项下的前证中一般还要再加列一个特别的承兑条款，声明“来料/来件验收无误后承兑”。(尽管这一条款与信用证业务中的“只管单据不管货物”的惯例相悖，但由于其符合加工/装配贸易的业务特点，所以在实务中已经得到普遍认可。)

5.4.6　循环信用证

循环信用证(Revolving L/C)是一种规定可以循环使用多次的信用证，在它被使用之后，能够按时间循环方式或按金额循环方式被再度使用，循环多次，直到达到信用证规定的期限、次数或总金额为止。

贸易中采用循环信用证一般是由于买卖双方签订了一个总金额很大的、需要在长时期内分期分批装运货物的长期合约，此时如果开立一般信用证，买方就得一次支付一大笔保证金或被长期占用一大笔信用额度，为此买方常会采用循环信用证节省开证保证金或信用额度的占用。实务中的循环信用证一般为即期信用证而少有远期信用证。

按循环方式的不同，循环信用证可分为按时间循环和按金额循环两大类。

1. 按时间循环信用证(Revolve in Relation to Time)

这是规定可以按一定的时间周期(如按月或按季度)循环使用信用证上约定的金额，直到达到信用证约定的期限或总金额为止的循环信用证。它又可分为非积累循环信用证和可积累循环信用证两种。

(1) 非积累循环信用证(Non-cumulative Revolve in Relation to Time)。指规定不能将上一个循环周期内未用完的信用证金额在下一个循环周期内积累使用的按时间循环信用证。

(2) 可积累循环信用证(Cumulative Revolve in Relation to Time)。指规定可以将上一个循环周期内未用完的信用证金额在下一个循环周期内积累使用的按时间循环信用证。

2. 按金额循环信用证(Revolve in Relation to Amount)

这是规定信用证每被使用(交单议付或付款)一次之后，可以恢复到原金额被再度循环使用多次，直至达到信用证约定的次数或总金额为止的循环信用证。它又可分为自动循环

信用证、半自动循环信用证和被动循环信用证三种。

(1) 自动循环信用证。指规定信用证每被使用一次之后，指定兑现银行可以立即自动将其恢复金额再度循环使用的信用证。

(2) 半自动循环信用证。指规定信用证每被使用一次之后，只要指定兑现银行没有在约定期限内收到开证行发出撤销循环的指示，即可自行将其恢复到原金额再度循环使用的信用证。

(3) 被动循环信用证。指规定信用证每被使用一次之后，指定兑现银行必须在收到开证行发出允许循环的指示后，才能将其恢复到原金额再度循环使用的信用证。

5.4.7 预支信用证

预支信用证(Anticipatory L/C)允许出口商在装货交单前支取部分货款信用证。由于预支款是出口商用于收购及包装货物，所以预支信用证又叫打包放款信用证(Packing L/C)。

申请开立预支信用证的进口商往往需要开证行在信用证中加列预支条款，为醒目起见，往往用红色打印，所以预支信用证又称为红色条款信用证(Red Clause L/C)，预支条款通常包括以下几方面内容：一是允许受益人预支的最高额度(一般为信用证金额的一定比例)；二是预支时受益人必须保证按照发货交单；三是受益人必须向预支的银行交单收款，预支行从中扣除预支款及利息；四是如在信用证有效期内受益人未能交单，预支行可向开证行索偿，开证行保证立即偿还预支行垫款本息及各项费用。

银行按信用证规定应受益人请示预支款项后，往往要求受益人把正本信用证交出，以控制受益人向该行交单。

如果受益人预支了款项却未发货交单，预支行可以要求开证行偿付。开证行偿付后再向开证申请人追索。由于有这种风险，所以进口商只有对出口商资信十分了解或认为出口商是可靠、稳定的贸易伙伴时才会向开证行提出开立预支信用证的要求。

5.5 信用证业务的风险及防范

信用证是目前我国对外贸易结算中采用较多的结算方式，有着以银行信用为基础、独立于贸易合约、单据交易的特点，这一特点极大地减少了由于交易的不确定性而造成的付款不确定性，为交易双方正常贸易的开展提供了更大的结算保障。

但是，正如任何事物都具有两面性一样，尽管信用证结算较之商业信用的汇票和托收更具安全性，但仍然不能排除其业务过程中可能出现的风险和在结算中发生的欺诈行为。尤其是近年来信用证欺诈案件越来越频繁，迫使开证行不断调高开立信用证的保证金，致使信用证的国际结算工具地位遭遇挑战。信用证业务中的风险和欺诈行为不仅严重影响出口商的收汇和进口商的收货，而且也会使银行遭受损失。因此，有必要在实际业务中采取相应的控制措施，把风险降低到最低限度是非常有必要的。以下将从不同当事人的角度分析信用证业务中可能出现的风险及防范措施。

5.5.1 出口商面临的风险及防范

1. 出口商面临的风险

信用证是开证行向出口商开具的有条件付款保证，所谓的条件就是通常所说的“单证一致，单单一致”。这样出口商发运货物后，只要能提交满足信用证条款要求的单据，开证行就可以保证付款。因此，相对于其他支付方式而言，由于有银行信用的出现，似乎出口商在信用证方式下并无风险，但事实上，出口商也会面临各种风险，主要表现如下。

1) 来自信用证条款的风险

(1) 信用证条款过于苛刻。有些信用证对货物的品质要求很细微、很严格，容易造成出口商有时不注意或难于满足这些要求。如对某些产品的出口，信用证要求出口商必须满足对方国家或某一国产品的质量标准等。这样出口商将面临巨大的收汇风险。

(2) 信用证对有效期、装运期以及交单期规定得过于短促。出口商较难满足这些要求，不能提供相应的单据，很容易造成对方拒付。

(3) 信用证规定海运提单的收货人为开证申请人。此时进口商无需提单即可提取货物，而出口商不能很好地掌握这些货物，丧失了对货物的控制权。

(4) 信用证规定的到期日及到期地点均在开证行所在地。如某些信用证中规定类似文句：“THE EXPIRY DATE MUST BE ON 3RD NOV., 2009 AND THE PLACE SHOULD BE AT OUR SIDE.(到期日为2009年11月3日，到期地点在我方所在地)。”这样，出口商提交单日期就要提前，开证行对出口商提供的付款保证期限从实际操作的角度而言就大大缩短了。出口商难于保证准时按照信用证的要求将单据交到开证行手中，容易形成不符点，因此出口商收汇将面临巨大风险。

(5) 信用证方式下的银行费用均由出口商负担，加大了出口商的成本。如信用证中规定：“ALL BANK CHARGES ARE FOR BENEFICIARY’S A/C.(所有银行费用由受益人承担。)”信用证业务中的银行不仅包括出口商国内的，而且也涉及进口商国内的，有时还可能涉及第三国的银行。由于各个银行提供的服务不同、收费标准不同，因此如果信用证业务中的所有银行费用都由出口商承担，则出口商的业务成本将大大增加。这对出口商是极为不利的。

(6) 信用证中出现软条款。如检验证书必须由买方指定的人签发、此信用证需待收到开证行通知后才生效等条款。

2) 虚假信用证风险

虚假信用证是以根本不存在的虚假银行名义开立的假信用证，或是冒用其他银行名义开立的伪造信用证。其目的是利用贸易合约中列有出口商预付佣金、质押金、履约金并规定出口商收到信用证后立即支付的条款，或列有收到信用证后立即发货的条款，来骗取钱、货。

虚假信用证的主要特征是：电开信用证无密押；电开信用证声称使用第三家银行密押，而所谓的第三家银行的确认电文并未加押；虚假信开本信用证的常见特点是：信用证不经通知，而直达受益人手中，且信封无寄件人详细地址，邮戳模糊；所用信用证格式为陈旧或过时格式；信用证签字笔划不流畅，或采用印刷体签名；信用证条款自相矛盾，或违背常规。

3) 适用法律存在的争议风险

国际商会只是一个国际性的民间经济组织，不具备国际法上的主体资格，因而不具有在国际上的强制执行权，而其出版物《UCP600》也仅属于国际惯例，只有当在信用证中声明适用时《UCP600》才发生效力。如果信用证中有明文规定，则按规定条款办理，其效力优先于《UCP600》。有时即使有关信用证依据《UCP600》的规定是有效的，但如违反对其有约束力的法律的强制性规定，仍是无效或无法执行的。实际上，信用证的受益人没有必要也不可能对所有国家的相关法律、不同时期的政策法规全部知悉。

4) 国家风险，即指进口国的国家风险

来自进口国的国家风险主要包括以下内容。

第一，外汇管制风险。进口国的外汇管制可能是交易发生之前就存在的，也可能是突然发生的。有些贸易虽然事先已经知道有外汇管制，但如进口商没有预先申请办妥进口外汇，议付行/兑付行的收款可能受到阻延甚至收不到。对有可能突然发生外汇管制的国家更要注意，因为一旦该国宣布全面冻结外汇，则由该国开出的信用证也会被止付。

第二，贸易管制的风险。当前几乎各国对贸易都有管制，且根据需要不断调整和改变管制的具体规定及措施，使出口商很难适应，也给银行增加了收汇的风险。如我国向欧洲某国出口的水果，如超过配额被该国海关扣留时，要等很长一段时间开始才能进关，或是只能重新运回国内，此时出口商就可能因水果变质、腐烂而遭受损失。

第三，战争或内乱。国际风云变幻无常，一旦进口方国家政局不稳，发生动乱、政变或战争，以致禁止国际汇兑，则议付行将面临更大的风险。

5) 来自开证行的风险

第一，信用证的开证行因破产或丧失偿付能力而对受益人构成的风险。出口商提供相符单据后，能否从开证行处得到付款，要视开证行是否实力雄厚、经营稳健，是否具有良好的信用基础。但在西方一些国家银行破产的事情时有发生，即使一些历史悠久的大银行也不例外，尤其是 2008 年金融风暴之后，银行的付款承诺也开始变得不“信用”了，我们已无法再以过去惯用的信用评级来判别来自开证行的信用风险了。因此开证行倒闭的风险是存在的。好在开证行一旦倒闭，出口商可凭合约要求买方付款，尚有挽救余地，但那毕竟又将花费额外的人、财、物力。

第二，开证行的资信、经营作风等方面存在问题而可能给受益人造成的损失。有些开证行由于经营管理不善，亏损严重，便不顾信誉，千方百计地赖账。有时开证行会根据进口商的要求，无理拒付或严加挑剔，找出不符点，迫使出口商降价，或协同进口商要求法院冻结信用证项下的货款的支付。这时，出口方可根据国际惯例据理力争，处理得好，就有可能追回本想拒付的货款。

6) 进口商信用不佳的风险

市场行情发生变化时，信用不佳的进口商无理对单据的非实质性不符进行挑剔、拖延甚至拒付货款，使出口商面临着收汇的风险。信用不好的进口商还有可能不及时开证或是开立带有软条款的信用证，这些都是出口商可能面临的风险。

2. 出口商对风险的防范

从保障货物和收汇安全的角度，出口商应注意以下几方面问题。

1) 了解和掌握开证行的资信

开证行的资信直接关系到出口商及出口商银行的利益，因此开证行最好是资信好、偿付能力强、与我方银行有代理关系的银行。但开证行通常不是由出口商选择的，这样在收到国外开来的信用证时，首先要关心的就是开证行的资信。对此，我们可以通过网络、国际上比较权威的银行资信评定机构等途径来对开证行的资信状况进行了解。

2) 出口商应谨慎签约

信用证虽然与合约是独立的，但信用证开出的依据却是合约。因此，出口商在签订合约时，合约中的付款条件一定要具体、明确、完善。如为防止进口商拖延开证，合约中应规定信用证的开证时间；明确信用证的种类，如为“不可撤销”、“不可转让”等；列明费用由谁承担；等等。

3) 认真审证

当出口商收到信用证时，应认真审核信用证中的各种条款。信用证条款是出口商获得付款的条件，当信用证中的条款难以满足或者对自己不利时，出口商应通过进口商要求开证行修改信用证，直至满意为止。这样，出口商的收汇才有了保障。

4) 严格按信用证规定制单、装运和交单

出口商应按信用证的要求，正确、及时地缮制所规定的各种单据、安排装运并在规定的期限内交单。一旦与信用证条款有出入，就会招来不必要的损失。

5) 通过单据控制货物

一般而言，海运提单是物权证书，海运提单的抬头应做成对出口商比较有利的抬头形式，这样，通过背书转让，出口商可以把单据交付其委托的银行，才能有效地控制货物。

6) 出口商应向所在国保险机构投保

比如在我国，出口商可投保出口信用保险，由中国信保公司承保出口商在完全履行信用证条款并交单后的收汇风险。

5.5.2 进口商面临的风险及防范

在信用证业务中，由于各当事人处理的是单据，而不是实际货物，因此出口商只要提交与信用证相符的单据，开证行就应该付款，这样进口商获得单据后可能面对以下风险。

1. 进口商面临的风险

1) 虚假单据风险

有些出口商会利用信用证凭单付款独立于合约的特性，将根本不存在的货物载入假造的提单或其他有关单据，迫使开证行在单证相符的情况下无条件付款。进口商发现上当要求赔偿时，由于开证行和议付行均不负赔偿之责，保险公司也不承担货物未上船的索赔，因此买方的损失很难挽回。此外，信用证通常规定装船期限，以督促出口商在一定期限内交运，否则将无法取得信用证项下的货款。当货物因故未能及时装船时，出口商往往会要求承运人倒签提单或先行签发已装船提单，以便取得符合信用证规定的装船日期的提单结汇。这两种提单签发方式实质是伪造装运日期，借以掩盖出口商违反合约装运条件的非法行为。

阅读案例 5-8

国内L公司与英国P公司签定了一笔货价为300万英镑的进口服装合同，合同规定以信用证方式结算。在信用证装运期内，P公司发来传真称货物已经如期装运。不久开证行即收到议付行转来的全套单据，提单表明货物已由伦敦装运至国内港口。单据经过审核无不符点，开证行即向议付行进行了偿付，随后 L

公司向开证行进行了偿付。但偿付后L公司等了将近一个月，货物依然未到，L公司遂向伦敦海事局进行查询，发现在提单所述的装船日那天根本没有提单上所说的船只出运服装，L公司最终损失惨重。

分析：这是一起典型的以伪造单据进行的信用证诈骗，由于进口商审单时未能发现伪造事实，因此遭受严重的损失。

2) 出口商利用预支信用证进行欺诈

预支信用证下银行对出口商的预支款项通常是在获得进口商及开证行的指示后进行的。预支的目的本来是帮助出口商准备货物，但当出口商获得付款后不发货或者携款潜逃时，进口商预付的款项就要遭受损失。

3) 对开信用证下货物或设备进口后对方迟迟不开证

对开信用证是用于三来一补贸易形式下的特殊信用证。进口商授权银行向对方开出信用证进口原料和设备的本意在于利用这些原料和设备生产成品后，反过来向对方出口，但当对方迟迟不开证或开来的信用证不生效时，进口商会遭到重大损失。

2. 进口商对风险的防范

1) 加强对出口商的资信调查

在开证前就应对出口商的资信状况进行调查了解，只有这样，业务双方才能防患于未然。具体而言，进口商应了解出口商的生产经营状况、经营实力、经营规模、有无不良信贷记录等。

2) 谨慎合理地制定信用证的条款

进口商是通过信用证中的各项条款来制约受益人执行合约的，因此信用证的条款应能最大限度地限制国外不法商人的不轨行为，以保障自身的利益。进口商可以通过信用证中加列一些条款来约束出口商发运货物，如：①要求出口商提交商品相关的检验证书，如质量检验证书、数量/重量检验证书等。这样进口商可以对出口商发运的货物加以控制，以避免出口商不发货、发假货、发残次货及少发货等行为的发生。②对出口商货物发运状况加以规定，如对货物装船日、装运港口、卸货地点、是否允许分批装运、是否允许转船等情况加以限制，以避免出口商不按时发货或货物发运后进口商不能按时获得货物等情况的发生。③对出口商发运货物后向银行提示单据的日期加以规定。此日期的规定对进口商而言同样重要。如果出口商发运货物后迟迟不交付单据，除了会发生许多不必要的费用支出外，进口商还不能及时得到货物，这样会影响进口商的资金周转。

3) 注意核实提单的真实性

尤其是在进口一些大宗商品时，无论是在签订合同还是开立信用证时，均可要求客户在装船之后一定时间如24小时内发送装船通知，列明提单号码、装卸港、装船日期、货名、装运数量等内容，以便通过相应的机构如伦敦海事局、劳埃德公司或有关船公司查询船踪，确定提单内容的真实性。

4) 对开信用证项下应加列生效条款

在对开信用证项下，买方应当在信用证上加列诸如“当收到对方银行开来信用证时，本方银行开出的信用证方可生效”之类的条款，只有加列此类条款，原料或设备的进口商才可以避免对方货物出口后由于不开证或不及时开证而造成己方生产的产品不能出口的损失。

5) 预支信用证项下加列限制预付条款

进口商应要求开证行在信用证中加列“此信用证项下预付款项应伴随着出口商货物及发运情况分批支付”条款。此外，如有条件，进口商应尽可能派人监督出口商备货、发货，只有这样，进口商才可避免银行预先支付款项后出口商不发货或携款潜逃等方面的风险。

5.5.3 银行面临的风险及防范

1. 银行面临的风险

由于信用证方式是建立在银行信用基础上的支付方式，业务比较复杂，涉及的当事人多，因此信用证业务中的银行将面对巨大风险问题。总体而言，这些风险主要表现在以下几方面。

1) 银行提供开证服务时面临的风险

信用证是一种有条件银行付款保证。当开证行向出口商开出信用证时，则构成开证行的一项承诺，即出口商只要提供与信用证条款相等的单据，开证行就应履行付款责任。当开证行对外付款后，尽管此时开证行往往掌握进口商申请开证时预先交付的信用证金额一定比例的押金，但进口商并未向开证行付款赎单或并未完全支付信用证中的金额，这样开证行就要承担垫款后进口商不赎单或拒付的风险。

2) 银行通知信用证时可能面临的风险

信用证的通知一般是由开证行在信用证中指定的出口地银行承担。按照UCP600的规定，当出口地银行接到对方银行开立的信用证时，应通过核对密押号码和预留印鉴等方式来表明审核所收到的信用证的真伪。如不能确定真伪时，出口地银行在不承担责任的前提下告知出口商此信用证尚未确定真实性的事实，并以最快方式联系开证行加以确认。如果通知信用证时未满足上述要求，则通知行应承担相应的责任。

3) 出口地被指定银行提供服务时可能面临的风险

当出口地银行接受开证行的邀请参与信用证的议付或兑付时，这些被指定银行就要审核出口商提交的单据，并在“单证相符，单单一致”的条件下向出口商付款、承兑远期汇票或者议付票据，然后向开证行寄送单据，并向开证行或其指定的偿付行索汇。

如果在向开证行寄单索汇时，未发现单据中的不符点，或者遭遇到开证行资信不佳时，这些银行就会面临遭遇巨大损失的风险。

4) 保兑行向受益人付款后可能遭遇开证行拒付的风险

信用证业务中的保兑行通常是由开证行在信用证中指定的、信誉好的大银行来担任，当它接受开证行的指定并对信用证加具保兑时，保兑就要承担与开证行相同的付款保证责任。

在根据保兑信用证发货后，出口商通常向保兑行提交单据要求付款。保兑行凭单付款后还应向开证行索汇。如开证行信誉不佳或者进口国政治风险较大时，保兑行则承担遭遇损失的风险。

5) 循环信用证项下开证行面临进出口商联手套取银行信用的风险

循环信用证是用于方便进出口双方业务交往的一种信用证。当双方经常发生贸易往来，为了节省进口商每次进口申请开证的费用而由开证行向出口商开出的允许在一定期限内可以使用多次的信用证。在此信用证项下，进口商一次交付一定比例的押金，就可以由开证行对出口商多次提交的出口单据予以支付。在这种情况下，进出口双方可以联手欺诈，套取开证行的资金。进口商可以通过向银行交付一定的金额(押金)而出口商却可从银行获得数额更大的资金，随后二者瓜分，此时开证行遭遇到的损失就发生。

2. 银行对风险的防范

1) 开证行的风险防范措施

第一，应认真审核进口商的资信状况。对于不同信用等级的进口商，开证行可以仅凭信用证或者凭进口商交付的低比例开证押金或者高比例押金向出口商开出信用证。这样当信用不佳的进口商拒绝赎单时，开证行可以减少遭遇的损失。其次，开证行为避免风险，可在信用证中规定海运提单必须做成以开证行自己为抬头，这样当进口商拒绝赎单的情况发生时，开证行通过自己掌握的提单可以提取货物变卖，从而抵消或减少出现的损失。第二，应严格按照UCP600的规定正确处理单据。正确处理单据：一是指要认真审核单据，保证审单质量；二是指开证行要保管好单据。

阅读案例5-9

糊涂的开证行

某年4月26日伦敦W银行开证，我出口方装运、议付、寄单索汇，5月5日收妥货款。5个月后，9月8日，开证行提出“单证不符”，“货物误装目的港”，要求退款。我出口方经仔细审单后发现，来证的目的港为太平洋西岸哥林多的南圣胡安(San Juan del sur/ corinto)，但我出口单据的目的港为西印度群岛波多黎各(Puerto Rico)的圣胡安(San Juan)。议付行审单时未发现，开证行伦敦W银行审单时付汇时也未审出这一不符点。

哥林多南圣胡安进口商由于未收到货物，拒绝付款赎单，并进而注销了原信用证。伦敦W银行以错装目的港为由再次要求我方退款，并要求查访货物下落。我方议付行遂反驳伦敦W银行，根据《UCP600》，开证行付款后即无向受益人追索的权利，而此项业务已经过去5个月，更属无法追索。议付行建议此事由进出口双方另行商议解决。后据了解，除了6箱产品仍存于波多黎各圣胡安仓库外，其余15箱已经失散。我出口方与议付行已经收回货款，并未受到损失，但伦敦W开证行却因此而损失惨重。

分析：本案例主要是由于审单工作的重大失误，不仅我出口方和议付行未发现目的港的差错，而且伦敦W开证行也未审查出来而使其遭受了重大损失。由于开证行付款后即无权追索，我方才免除了责任与损失。即使我方在经济方面未受损失，但在审单工作上却有重要的教训值得汲取。

资料来源：姚莉，王学龙. 国际结算. 北京：中国金融出版社，2002. P151.

2) 信用证项下被指定银行提供服务时的风险防范措施

首先应考核开证行的信用状况，避免出现由于开证行信誉不佳而造成己方代为付款而开证行却拒不履行偿付义务情况的出现。其次，被指定银行应加强自身人员业务训练，不断提高业务水平，严格审核出口商提交的单据，避免出现己方认为单据相符而开证行却发现不符点，进而造成拒付的情况。最后，当开证行面临的国内政治风险较大时，被指定银行可以拒绝接受指定以避免风险。

3) 被指定银行提供保兑服务时的风险防范措施

同样应审核开证行的信誉状况以及所在国政治风险的大小，避免发生保兑付款后因开证行拒付而给自己带来损失。当面临风险较大时，保兑行可以拒绝接受开证行的保兑邀请，另外，开证行要求某银行提供保兑服务时常常说明开证行在此银行开有账户并存有一定数额的资金。如果没有这种关系，被指定银行则应谨慎从事。

5.6 跟单信用证统一惯例

5.6.1 跟单信用证统一惯例概述

1. 《跟单信用证统一惯例》的产生与完善

《跟单信用证统一惯例》(UNIFORM CUSTOMS AND PRACTICE FOR DOCUMENTARY CREDITS，UCP)是国际商会(INTERNATIONAL CHAMBER OF COMMERCE，ICC)制定并出版的关于跟单信用证的国际使用规则，是国际贸易和国际结算中最重要的国际惯例之一。

19 世纪以来，随着国际贸易的发展，信用证逐步成为一种常用的支付方式，由于各国习惯、法律各不相同，往往导致各当事人对信用证条款的解释也不同，争议、纠纷甚至诉讼不断发生，严重影响了跟单信用证的推广使用和国际贸易的发展。为改变这种状况，使信用证成国际间有效的支付工具，1926 年 3 月，在国际商会第 20 次会议上，美国提出了统一商业信用证规则的建议，引起了国际商会的重视。随后国际商会便开始制定统一的信用证使用规则的工作，并于 1929 年 7 月在阿姆斯特丹大会上通过了由法国人执笔编写的《跟单信用证统一惯例》(以下简称《惯例》)第一版本(NO.74)，建议从 1930 年 5 月开始实施。

最初的版本内容不完善，受到了英、美等大国银行界的抵制，只有法国和比利时的银行界支持并予采用。

1933 年国际商会对《惯例》进行了第一次修订。第一次修订后，支持和采用《惯例》的国家增加到 40 个，但英国、美国银行界仍采取排斥态度。直到 1938 年，美国银行界才在保留某些对美国适用的特殊规定后，采用了《惯例》。1962 年国际商会对《惯例》进行了第三次修订后，修订本正式改名为《跟单信用证统一惯例》，编号为第 222 号出版物。至此，采用《惯例》的国家达到 100 多个，可以说这是《惯例》初次获得全球性的承认。后来，《惯例》分别又于 1974 年和 1981 年进行了第四次、第五次修订，采用《惯例》的银行逐渐遍布全球 160 多个国家和地区。随着通信工具的电子化、运输方式和工具的新发展以及新型单据和制单技术的进步、跟单信用证种类的增加等，1981 年修订本又有了修订的必要。为此，国际商会根据形势的发展和各国银行委员会的要求，经过仔细而慎重的努力，1993 年第六次修订本终于问世，国际商会编号为第 500 号出版物，即《UCP500》。

《UCP500》经过十几年的使用，在许多方面已不适应国际贸易业务与信息化发展的需要，国际商会于 2002 年开始着手对《UCP500》进行修订，以适应新形势下银行与贸易业务的需要。2006 年 10 月 25 日，在国际商会 2006 年秋季例会上，对拟命名为 UCP600 的《跟单信用证统一惯例 2007 年修订版》进行投票表决，中国银行作为国内同业中唯一的代表出席此次会议，并按照国际贸易额的总量与英、法、德、意、美、加、荷、日等 9 个国家一起享有最高的 3 票投票权。最终会议批准了新修订的《UCP600》。《UCP600》于 2007 年 7 月 1 日正式施行。

2. 《跟单信用证统一惯例》的性质

《跟单信用证统一惯例》(以下简称《惯例》)是国际商会推荐给银行界采用的一套业务惯例，它为各种跟单信用证交易提供了指南，也促进了国际贸易的发展。然而，该《惯例》并非建立在法律基础上，它不具有强制性，而只对采用该《惯例》的银行产生约束力，对不采用的银行没有强制作用和约束力；即使是采用《惯例》的银行，也有权在信用证中规定与《惯例》不同的条款。但信用证一旦注明根据《UCP600》开立，处理跟单信用证纠纷中法院将会以《惯例》作为“法律准则”。在实际中若不注明“Subject to UCP, Publication No.600 ICC”之类文句的话，信用证将难以被有关当事人接受。我国银行在开立信用证时也都加上了这一文句。

5.6.2 UCP600 的基本内容

国际商会的《UCP600》中对《UCP500》的修改过程中，全面地回顾《UCP500》实施以来ICC发布的各类出版物、意见及决定，吸收了其中的合理条款；全面地反映了近年来国际银行业、运输业和保险业出现的变化，并体现了一定的前瞻性；在结构上改变了《UCP500》分类不科学，次序排列不足，语言繁杂欠精练等；虽然《UCP600》(共 39 条)比《UCP500》减少了 10 条，但却比《UCP500》更加准确、清晰；更加易读易掌握，极大地丰富和影响了今后跟单信用证业务的实务操作和审核单据的标准。

其中第 1～5 条为总则部分，包括 UCP 的适用范围、定义条款、解释规则、信用证的独立性等；第 6～13 条明确了有关信用证的开立、修改、各当事人的关系与责任等问题；第 14～16 条是关于单据的审核标准、单证相符或不符的处理的规定；第 17～28 条属单据条款，包括商业发票、运输单据、保险单据等；第 29～32 条是杂项规定；第 33～37 条属银行的免责条款；第 38 条是关于可转让信用证的规定；第 39 条是关于款项让渡的规定。

5.6.3 UCP600 相对 UCP500 内容的实质变更

1. 条款结构和措辞上的变化

《UCP600》对《UCP500》的 49 个条款进行了大幅度的调整及增删，在全文结构上的变化是按照业务环节对条款进行了归结。简而言之，就是把通知、修改、审单、偿付、拒付等环节涉及的条款在原来《UCP500》的基础上分别集中，使得对某一问题的规定更加明确和系统化，极大的方便了使用者查找相关条款。

《UCP600》从条款文字措辞上显现了通俗易懂、简约化，改变了《UCP500》难懂的语句，取消了易造成误解，如“合理时间”(reasonable time)条款的删除、从根本上消除《UCP500》规定的不确定性，同时也消除司法部门以“不合理”为由干涉正常银行业务的隐患；“在其表面”(on its face)仅保留一处(《UCP500》中出现 28 次)，以此表明银行仅为负责单据表面一致性没有改变；对表达不确切、内容过时以及与国际贸易实务相脱节的条款进行修改或删除，如“可撤消信用证”在实务中已经不存在，应予以删除；对“运输行单据”条款的删除并未改变 UCP“不接受运输行仅以运输行身份签发运输单据”的做法；对“运输单据之额外费用”的删除，因为此类费用不论在运输行业还是信用证操作中，均是被接受的正常费用，不宜限制范畴。

《UCP600》在措辞上更为简洁、严格、统一、清晰、与时俱进。《UCP600》在第一条做出了“除非信用证明确修改或排除”(unless expressly modified or excluded in the credit)的总括性规定，替代了《UCP500》中出现30多次的“除非信用证另有规定”；如《UCP600》第20条对原UCP500第24条只使用了一半的文字进行修改，显现出更加简洁。《UCP600》中拒付通知的格式及内容增加a single弥补原《UCP500》的漏洞，显现出条款更加严格。关于5%溢短的变化，《UCP600》将修订为“not to exceed 5%”，既消除了误解，又与关于 about 的规定相统一。《UCP600》仅在需要的地方保留了三处“and/or”，其余均修订为“or”，大大让惯例的行文更加清晰；《UCP600》增加了对银行因遭受恐怖袭击（acts of terrorism）导致银行停业所造成后果免责的规定，是由于近年来恐怖活动激增，成为影响国际贸易的潜在因素，这一条款增加，显示出UCP与时俱进的先进性。

2. 明确了重要的新定义

《UCP600》第一次系统地对有关跟单信用证的14个概念进行了定义，如兑付(Honour)定义了开证行、保兑行、指定银行在信用证项下除议付以外的一切与支付相关的行为。这个定义的引入可以使其他条款的规定统一而简洁，可以认为ICC在试图向这样一个方向努力：无论哪一种信用证，银行在其项下的义务是同一性质的。特别是Honour很有可能出现在将来的信用证条款中，比如开证行给指定银行的指示条款中需要各当事人在实务中加以注意，以判定开证行的承诺性质。

在《UCP600》中专门规定了“相符交单”(Complying Presentation)这一条款，强调要与信用证条款、使用的惯例条款以及国际银行标准实务相符合，减少实务中对于单据不符点的争议。由于国际银行标准实务是一个广义的范畴，并不局限与国际商会645号出版物《关于审核跟单信用证项下单据的国际银行标准实务》，因此这一规定实际上仍存在一定的灵活性。

《UCP600》明确了议付(Negotiation)是对单据（汇票）的一种买入行为，并且明确了是对受益人的融资——预付或承诺预付。按照这个定义，改变承认了远期议付信用证合理存在，同时也将议付行对受益人的融资纳入受惯例保护的范畴。同时议付行在任何情况下均享有追索权，除非该行保兑了信用证。

另外《UCP600》更换了一些定义，如对审单做出单证是否相符决定天数，由“合理时间”变为“最多为收到单据翌日起第五个工作日”，确立了新的国际结算实务操作标准；UCP600 中“信用证”仅强调其本质是“开证行一项不可撤消的明确承诺，即兑付相符交单”；开证行和保兑行对于指定银行的偿付责任，强调是独立于其受益人的承诺等。

3. 《UCP600》增加的新条款

(1) 增加了实务操作性条款。“即使单据遗失，开证行也必须付款”，这一规定无疑具有重大意义，对消除误解，减少纠纷，加强开证行的付款责任将起到重要作用。但是应该注意，开证行对付款不得免责的确立，一是信用证的要求得到满足，这既包括单证相符、寄递单据的方式和次数的指示得到遵守；二是单据必须是在指定银行与开证行之间丢失的。如果受益人置信用证的规定于不顾，将单据提交非被指定银行而后遗失，开证行对付款将是免责的。《UCP600》中拒付电增加了“持单直至申请人放弃不符点”的选择，这一规定更符合实务的做法，有利于促进问题的解决。它摒弃ICC以往的观点，不仅改变了惯例，也是对法律的挑战。

(2) 建立了“单据必须满足其功能”的标准。在信用证实务中，ICC提出的专家意见中超过58%集中在《UCP500》的7个条款上，其中针对《UCP500》第21条的明显不足，《UCP600》增加更加符合实务的规定，即“只要满足了所要求单据的功能”从而建立了新的审单标准。

(3) 明确了开证行可以作为转让行转让自己开立的信用证。不仅加快了信用证业务进程，同时也大大减少了换单造成的不符，在涉及修改和多个受益人情况下交单的不可控性。实务中多次出现过开证行转让自己的信用证情况，由于缺乏惯例的规定，造成了不少业务纠纷。因此ICC形成了“只要信用证在开证行有效，开证行可以作为转让行”的意见。《UCP600》采纳了这一观点，并取消了“信用证须在开证行有效”的前提，使得信用证的转让更具有灵活性。

(4) 明确了“沉默不等于接受”这一说法。在实务中一些银行在信用证的修改通知中加列“如果在一个规定的时间内，受益人没有正式拒绝修改，修改自动生效”等类似语句，ICC强烈反对此类做法，认为这是“沉默等于接受”的翻版，这也是与许多国家的法律相违背的。因此在《UCP600》中做出了明确规定：如果修改中加列了接受或拒绝修改的时限，银行将不予理睬。

《UCP600》中对《UCP500》还有许多条款进行了修订，如运输单据须显示出全部承运条款、关于暂保单出具人的变化及其他单据中的货物描述等等具体条款上，由于篇幅的关系就不能叙述，需要我们在实务中去把握。

总之，从《UCP600》到《UCP500》的修订是划时代性的，它对于国际贸易和国际结算实务的影响是巨大的，无疑对信用证业务操作发生质的变化，面临着新的挑战和法律质疑，这需要我们在实务中不断进行研究和探索，真正掌握和运用其精神并灵活地运用于实务之中。

本章小结

与汇款、托收相比，信用证结算以银行信用为基础，并由银行承担第一性的付款责任，使进出口双方承担的风险减小，因此目前仍然在国际结算业务中占据重要地位。

信用证的三大基本性质是：开证行承担第一性付款责任、信用证为自足性文件、信用证是单据业务，这三个基本性质贯穿于信用证结算业务的始终。信用证的当事人包括开证申请人、开证行、通知行/转递行、受益人、议付行、保兑行、兑付行、偿付行，它们各自有着不同的权利和义务。信用证记载的基本内容包括主要当事人、支用方式、单据要求、货物描述、装运条款、保证条款等。

信用证的基本业务流程包括：进口商申请开立信用证、开证行开立信用证、信用证的通知与保兑、信用证的审核与修改、出口商发货交单、信用证的议付与索汇、开证行审单付款、进口商付款赎单。

根据不同的分类标准，信用证可以分为不同的种类，如光票信用证与跟单信用证，可撤销信用证和不可撤销信用证，保兑信用证与不保兑信用证，付款、承兑和议付信用证，可转让信用证和背对背信用证，对开信用证，循环信用证，预支信用证等。

虽然信用证结算有银行信用的加入，但信用证结算方式下，进出口商与参与业务的银行仍难免会面临风险，其中尤以信用风险最为突出。对于这些风险进出口商与银行都应该谨慎防范。

目前，对于国际信用证结算业务的规范主要来自于国际商会的出版物《跟单信用证统一惯例》，该惯例最新的版本于2007年正式修订施行。

关键术语

信用证 Letter of Credit
开证申请人 Applicant
开证行 Issuing Bank / Opening Bank
受益人 Beneficiary
通知行/转递行 Advising Bank / Transmitting Bank
议付行 Negotiating Bank
保兑行 Confirming Bank　兑付行 Honouring Bank
偿付行 Reimbursing Bank
转运 Transshipment
分批装运 Partial Shipment
信用证的有效期 Validity of Credit
最迟装运日 Latest Date of Shipment
最迟交单日 Latest Date of Presentation
光票信用证 Clean Credit
跟单信用证 Documentary Credit
保兑信用证 Confirmed Credit
不保兑信用证 Unconfirmed Credit
可转让信用证 Transferable Credit
背对背信用证 Back to Back Credit
对开信用证 Reciprocal L/C
循环信用证 Revolving L/C
预支信用证 Anticipatory L/C
跟单信用证统一惯例 UNIFORM CUSTOMS AND PRACTICE FOR DOCUMENTARY CREDITS，UCP

综 合 练 习

一、填空题

1．信用证是进口商根据买卖合同规定的业务向银行申请开立的，信用证的第一付款人是(　　　)。

2．在交易金额较大，对开证行的资信又不了解时，为保证货款的及时收回，买方最好选择(　　　)信用证。

3．关于信用证的有效期，除特殊规定外，银行将拒绝接受迟于运输单据出单日期(　　　)天后提交的单据。

4．对开信用证经常用于(　　　)和(　　　)情况下。

5．所谓信用证“严格相符”的原则，是指受益人必须做到(　　　)和(　　　)。

6．循环信用证按循环方式不同分为 (　　　)和(　　　)两种。

7．(　　　)是指卖方开立远期汇票，但按即期付款且由买方承担未到期汇票贴现利息的信用证。

二、判断题

1．银行审单的基本原则是单据只需做到表面上的“单证一致、单单一致”。(　　)

2．UCP600 规定，银行审单的时间为 7 天。(　　)

3．凡参与信用证业务的银行都必须承担谨慎审单的责任。(　　)

4. 某信用证规定“AVIALABLE FOR NEGOTIATION OF DRAFTS AT 30 DAYS SIGHT DRAWN ON US”，这说明该信用证项下的汇票付款人是开证申请人。(　　)

5．信用证在规定装运港时可以使用笼统的名称。(　　)

6．信用证是银行应进口商的申请，向出口商开出的保证付款的凭证，因此，进口商应承担第一付款人的责任。(　　)

7. 信用证中所描述的单据主要是指能代表货物所有权的单据，如海运提单以及其他必须提交的单据。 (　　)

三、选择题

1. 根据《UCP600》，在跟单信用证业务中，(　　)承担第一性付款责任。
   A. 受益人　　B. 开证申请人
   C. 开证行　　D. 由开证行指定的通知行
2. 根据《UCP600》，信用证未经(　　)同意则不能有效修改。
   A. 开证行，保兑行，受益人　　B. 开证行，受益人，开证申请人
   C. 开证行，开证申请人，保兑行　　D. 开证行，通知行，受益人
3. 在信用证业务中，(　　)在审单付款后享有追索权。
   A. 保兑行　　B. 开证行　　C. 议付行　　D. 偿付行
4. 某开证申请人要求信用证在开证行到期，并提交以开证行为付款人的见票后90天付款的汇票，则这份信用证应(　　)。
   A. 即期付款　　B. 延期付款　　C. 承兑　　D. 议付
5. 如果信用证上关于金额的条款为“ABOUT 10,000 US DOLLARS”，这说明该笔交易的实际支用金额最多可为(　　)。
   A. 9 000 美元　　B. 11 000 美元　　C. 10 000 美元
6. 国外开来的不可撤销信用证规定，汇票的付款人为开证行，货物装船完毕后，闻悉开证申请人已破产倒闭，则(　　)。
   A. 只要单证相符，受益人仍可从开证行取得货款
   B. 可立即通知承运人行使停运权
   C. 由于付款人破产，货款将落空
   D. 待付款人财产清算后方可收回货款
7. (　　)不属于卖方远期信用证与买方远期信用证的区别。
   A. 前者由卖方承担票据贴现费用，后者由买方承担
   B. 前者出口商是远期收汇，后者实际上是即期收汇
   C. 前者需要使用汇票，后者不需要
   D. 前者常用于向出口商提供融资，后者常用于向进口商提供融资
8. 信用证上若未注明汇票的付款人，根据《UCP600》的解释，汇票的付款人应是(　　)。
   A. 开证人　　B. 开证行
   C. 议付行　　D. 进口商

四、简答题

1. 信用证的基本特点是什么？
2. 信用证的基本当事人有哪些？他们各自的权利与义务是什么？
3. 信用证的基本流程是什么？
4. 背对背信用证与可转让信用证有哪些主要区别？

【案例分析题】

1．杭州出口公司 B 收到一份来自加拿大的信用证，该信用证并未规定最迟装运期，只规定了信用证的有效期为 2010 年 9 月 30 日，且在中国到期。那么，B 公司最迟应于什么时候完成装运？

2．我某公司对南非出口一批化工产品 2 000 公吨，采用信用证支付方式。国外来证规定："禁止分批装运，允许转运。"该证并注明：按《UCP600》办理。现已知：装期临近，已订妥一艘驶往南非的"黄石"号货轮，该船先停靠新港，后停靠青岛。但此时，该批化工产品在新港和青岛各有 1 000 公吨尚未集中在一起。如果你是这笔业务的经办人，最好选择哪种处理方法？

3．长沙某出口企业 N 公司向香港某企业出口生猪，对方开来信用证规定从 2008 年 1 月至 12 月每月 10 日前装运，一共装运 12 批。当年 1 月 N 公司按时装运完成，后来 1 月底发生强冰冻，交通中断，直到 2 月底才恢复，N 公司第二批生猪遂直到 2 月 27 日才装运发出。请分析：如果 N 公司后来的批次全部都能够按信用证规定在每月 10 日前装运，那么它能否顺利获得开证行的偿付？

4. 我国 A 公司向加拿大 B 公司以 CIF 术语出口一批货物，合约规定 4 月份装运。B 公司于 4 月 10 日开来信用证。此证按《UCP600》规定办理。证内规定：装运期不得晚于 4 月 15 日。此时我方已来不及办理租船订舱，立即要求 B 公司将装期延至 5 月 15 日。随后 B 公司来电称：同意展延船期，有效期也顺延一个月。我 A 公司于 5 月 10 日装船，提单签发日 5 月 10 日，并于 5 月 14 日将全套符合信用证规定的单据交银行办理议付。试问：A 公司能否顺利结汇？为什么？

5. 某市中国银行分行收到新加坡某银行电开信用证一份，金额为 100 万美元，购男式 T 恤，目的港为巴基斯坦卡拉奇，证中有下述条款：①检验证书于货物装运前开立并由开证申请人授权的签字人签字，该签字必须由开证行检验；②货物只能待开证申请人指定船只并由开证行给通知行加押电通知后装运，而该加押电必须随同正本单据提交议付。问：出口商可不可以接受该信用证？

6. 我某公司向国外 A 商出口货物一批。A 商按时开来不可撤销即期议付信用证，该证由设在我国境内的外资 B 银行通知并加具保兑。我公司在货物装运后，将全套合格单据送交 B 银行议付，并收妥货款。但 B 银行向开证行索偿时，得到开证行因经营不善已经宣布破产。于是，B 银行要求我公司将议付的货款退还，并建议我方可委托其向 A 商直接索取货款。对此你认为我公司应如何处理？为什么？

【实际操作题】

1. 根据合同审核信用证，指出不符点。

SALES CONTRACT

Sellers: GREAT WALL TRADING CO. , LTD. Contract No.: GW2009X06

Address: RM201 HUASHENG BUILDING Date: 2009. 4. 22

NINGBO P.R. CHINA Signed at: NINGBO

Fax: 0574-25763368

Buyer: F. T. C. CORP.

Address: AKEDSANTERINK AUTO P. O. BOX. 9. FINLAND

Fax:______

This sales contract is made by and between the sellers and the buyers, whereby the sellers agree to sell and the buyers agree to buy the under-mentioned goods according to the terms and conditions stipulated below:

(1) 货号、品名及规格 Name of Commodity and specifications	(2)数量 Quantity	(3) 单位 Unit	(4) 单价 Unit Price	(5) 金额 Amount
HALOGEN FITTING W500	9600PCS	PC	CIF HELSINKI USD 3. 80/PC	USD 36 480.00
10% more or less both in amount and quantity allowed.	Total Amount			USD 36 480.00

(6) Packing: CARTON

(7) Delivery From NINGBO to HELSINKI .

(8) Shipping Marks: N/M

(9) Time of Shipment: Within 30 days after receipt of L/C. allowing transshipment and partial shipment.

(10) Terms of Payment: By 100% Confirmed Irrevocable Letter of Credit in favor of the Sellers to be available by sight draft to be opened and to reach China before MAY 1, 2009 and to remain valid for negotiation in China until the 15th days after the foresaid Time of Shipment. L/C must mention this contract number advised by BANK OF CHINA NINGBO BRANCH. ALL banking charges outside China (the mainland of China) are for the account of the Drawee.

(11) Insurance: To be effected by Sellers for 110% of full invoice value covering F. P. A. up to HELSINKI

(12)Arbitration: All dispute arising from the execution of in connection with this contract shall be settled amicable by negotiation. In case of settlement cannot be reached through negotiation the case shall then be submitted to China International Economic & Trade Arbitration Committee in Shenzhen (or in Beijing) for arbitration in act with its sure of procedures. The arbitration award is final and binding upon both parties for setting the Dispute. The fee for arbitration shall be borne by the losing party unless otherwise awarded.

The Seller GREAT WALL TRADING CO. , LTD　　　The Buyer ALICE

马丁

Issue of Documentary Credit

ISSUING BANK: METITABANK LTD., FINLAND.
FORM OF DOCUMENTARY CREDIT: REVOCABLE
CREDIT NUMBER: LRT9802457
DATE OF ISSUE: 090428
EXPIRY: DATE 090416 PLACE FINLAND
APPLICANT: P. T. C. CORP.
AKEDSANTERINK AUTO
P. O. BOX 9, FINLAND
BENEFICIARY: GREAT WALL TRADING CO. , LTD
RM201 HUASHENG BUILDING
NINGBO P. R. CHINA
AMOUNT: USD 36 480.00 (SAY U.S. DOLLARS THIRTY SIX THOUSAND FOUR HUNDERD AND NINETY ONLY)
AVAILABLE WITH/BY: ANY BANK IN ADVISING COUNTRY BY NEGOTIATION
DRAFT AT... : DRAFTS AT 30 DAYS' SIGHT FOR FULL INVOICE VALUE
PARTIAL SHIPMENTS: NOT ALLOWED
TRANSSHIPMENT: ALLOWED
LOADING IN CHARGE: NINGBO
FOR TRANSPORT TO: HELSINKI
SHIPMENT PERIOD: NO LATER THAN MAY 30, 2009
DESCRIP. OF GOODS: 9600PCS OF HALOGEN FITTING W500, USD6. 80 PER PC CIF HELSINKI
DOCUMENTS REQUIRED:
+ COMMERCIAL INVOICE 1 SIGNED ORIGINAL AND 5 COPIES
+PACKING LIST IN 2 COPIES
+FULL SET OF CLEAN ON BOARD MARINE BILLS OF LADING, MADE OUT TO ORDER, MARKED "FREIGHT PREPAID" AND NOTIFY APPLICANT (AS INDICATING ABOVE)
+GSP CERTIFICATE OF ORIGIN FORM A, CERTIFING GOODS OF ORIGIN IN CHINA, ISSUED BY COMPETENT AUTHORITIES.
+INSURANCE POLICY/CERTIFICATE COVERING ALL RISKS AND WAR RISKS OF PICC. INCLUDING WAREHOUSE TO WAREHOUSE CLAUSE UP TO FINAL DESTINATION AT HELSINKI, FOR AT LEAST 120 PCT OF CIF-VALUE.
+SHIPPING ADVICES MUST BE SENT APPLICANT WITHIN 2 DAYS AFTER SHIPMENT ADVISING NUMBER OF PACKAGES, GROSS & NET WEIGHT, VESSEL

NAME, BILL OF LADING NO. AND DATE, CONTRACT NO. , VALUE.

PRESENTATION PERIOD: 6 DAYS AFTER ISSUANCE DATE OF SHIPPING DOCUMENT

CONFIRMATION: WITHOUT

INSTRUCIONS: THE NEGOTIATION BANK MUST FORWARD THE DRAFRS AND ALL DOCUMENTS BY REGISTERED AIRMAIL DIRECT TO US IN TWO CONSECUTIVE LOTS, UPON RECEIPT OF THE DRAFTS AND DOCUMENTS IN ORDER, WE WILL REMIT THE PROCEEDS AS INSTRUCTED BY THE NEGOTIATING BANK.

2. 阅读以下信用证，并选择填空。

信用证内容

Department: A SWT034C07 Sep/No: 00639

Message Received On: 2009-07-08/15:35:30

******

LOCAL TIME THU JULY 8 15:07:21 2009

TO: BANK OF CHINA, CHANGSHA

SWIFT CODE: BKCHCNCSA300

FROM: NAT'L AGRICULTURAL COOPERATIVE FED'N, SEOUL

TEST-KEY: SEE 72 FIELD (CAL FOR 116188)

MUR: 000000000482167

MESSAGE – TYPE: 700 ISSUE OF A DOCUMENTARY CREDIT

+27: SEQUENCE OF TOTAL	1/1
+40A: FORM OF DOCUMENTARY CREDIT	IRREVOCABLE
+20: DOCUMENTARY CREDIT NUMBER	JC968509MU00158
31C: DATE OF ISSUE	090708
+40E: APPLICABLE RULES	UCP LATEST VERSION
+31D: DATE AND PLACE OF EXPIRY	090908 CHINA
+50: APPLICANT	RAIN DREANS IMP. &EXP. CORP NO.90, MOSQUE ROAD, SEOUL, KOREA
+59: BENEFICIARY	CHANGSHA WENTON CO., LTD. 498 SHAOSHAN ROAD, CHANGSHA CHINA
+32B: CURRENCY CODE, AMOUNT:	USD 22422
+41D: AVAILABLE WITH… BY…	ANY BANK BY NEGOTIATION
:42C: DRAFTS AT…	60DAYS AFTER SIGHT

:42A: DRAWEE AMERICAN EXPRESS BANK LTD., NEW YORK

:43P: PARTIAL SHIPMENTS ALLOWED

:43T: TRANSSHIPMENT ALLOWED

:44E: PORT OF LOADING/AIRPORT OF DEPARTURE CHINA PORT

:44F: PORT OF DISCHARGE/AIRPORT OF DESTINATION BUSAN KOREA

:44C: LATEST DATE OF SHIPMENT 090831

:45A: DESCRIPTION OF GOODS AND / OR SERVICES

+TRADE TERMS: CIF BUSAN KOREA

ORIGIN: CHINA

+ Trolley Cases

TS503214 1 104PCS

TS503215 1 149PCS

TS503216 1 440PCS

:46A: DOCUMENT REQUIRED

+SIGNED COMMERCIAL INVOICE IN QUADRUPLICAE

+PACKING LIST IN QUADRUPLICETE SHOWING PIECE LENGTH PER PACKAGE

+FULL SET OF CLEAN ON BOARD OCEAN BILLS OF LADING MADE OUT TO THE ORDER OF NATIONAL AGRICULTURAL COOPERATIVE FEDERATION MARKED "FREIGHT PREPAID" AND NOTIY ACCOUNTEE

+INSURANCE POLICY OR CERTIFICATE IN DUPLICATE, ENDORSED IN BLAND FOR 110 PCT OF THE INVOICE VALUE, EXPRESSLY STIPULATING THAT CLAIMS ARE PAYABLE IN THE CURRENCY OF THE DRAFT, ALSO INDICATING A CLAIMS SETTLING AGENT IN KOREA AND INSURANCE UST INCLUDE INSTITUTE CARGO CLAUSE: ALL RISKS, WAR RISKS AND SRCC

+CORY OF FAX/TXL SENT TO APPLICANT ON SHIPMENT DATE ADVISING SHIPPING DETAILS ADDITIONAL CONDITION

:47A: +BILLS OF LADING ARE INDICATED NAME ADDRESS AND TELEPHONE NUMBER OF CARRYING VESSEL'S AGENT AT PORT OF DESTINATION

:71B: CHARGES EXCEPT OTHERWISE STATED, ALL BANKING CHARGES OUTSIDE KOREA INCLUDING REIMBURSING BANK'S CHARGES ARE FOR BENEFICIARY'S ACCOUNT

:48: PERIOD FOR PRESENTATION DOCUMENTS TO BE PRESENTED WITHIN 21 DAYS AFTER THE DATE OF SHIPMENT BUT IN ANY EVENTS WITHIN THE CREDIT VALIDITY

+49: CONFIRMATION INSTRUCTIONS WITHOUT
:53A: REIMBURSING BANK AMERICAN EXPRESS BANK LTD., NEW YORK
:78: INSTRUCTIONS TO THE PAYING/ACCEPTING/NEGOTIATING BANK
+THIS CREDIT IS AVAILABLE AT SIGHT BASIS, WITH ACCEPTANCE COMM. AND DISCOUNT CHARGES FOR APPLICANT'S ACCOUNT
+PLS CLAIM REIMBURSEMENT BY FORWARDING BENEFICIARY'S TIME DRAFT AND A COPY OF B/L TO THE REIMBURSING BANK
+T/T REIMBURSEMENT NO ALLOWED
+ALL DOCUMENTS MUST BE FORWARDED IN TWO CONSECUTIVE LOTS BY INT'L COURIER SERVICE TO THE FOLLOWING ADDRESS: NATIONAL AGRICULTURAL COOPERATIVE FEDERATION INTERNATIONAL BANKING DEPARTMENT 75, 1-KA, CHUNGJEDNG-RD JUNGKU, SEOUL, KOREA
+THIS CREDIT IS SUBJECT TO UCP, ICC PUBLICATIONS NO.600(2007 REVISION)
:72: SENDER TO RECEIVER INFORMATION TEST
S70314
WITH HANIL BANK, SEOUL
PLS CONTACT THEM FOR TESTKEY VERIFICATION
+ END OF MESSAGE+
33062 BOCSH A CN
08-JULY-2009 AT 15:35 FROM EXTEL

根据信用证内容回答以下问题：

(1) 开证行用(　　)方式将信用证经过通知银行给受益人。
A．信开　　B．快邮　　C．电开

(2) 该信用证中规定汇票的付款期限为(　　)。
A．见票后 60 天　　B．提单日后 60 天　　C．出单日后 60 天

(3) RAIN DREAMNS IMP. & EXP. CORP. 是该信用证的(　　)。
A．卖方　　B．开证申请人　　C．开证行

(4) 该信用证要求汇票上的付款人为(　　)。
A．BANK OF CHINA, CHANGSHA
B．NAT'L AGRICULTURAL COOPERATIVE FED'N, SEOUL
C．AMERICAN EXPRESS BANK LTD., NEW YORK

(5) 该信用证允许受益人使用的金额是(　　)。
A．USD 22422.00　　B．USD 42422.00　　C．USD 42424.00

(6) 该信用证规定偿付费用由(　　)承担。
A．议付行　　B．开证申请人　　C．受益人

(7) 该信用证规定的交单期限为(　　)。
A. 最迟装运日后 21 天　　B. 提单日后 21 天　　C. 装箱单后 21 天

(8) 该信用证中规定受益人需提交的提单是(　　)。
A. 清洁已装船提单　　B. 不清洁已装船提单　　C. 备运提单

(9) 该信用证项下的海运提单应由(　　)背书
A. CHANGSHA WENTONG CO., LTD.
B. NATIONAL AGRICULTURAL COOPERATIVE FEDERATION
C. AMERICAN EXPRESS BANK LTD., NEW YORK

(10) 该信用证项下的海运提单上“通知人”一栏应填 (　　)。
A. TO ORDER
B. CHANGSHA WENTONG CO., LTD.
C. RAIN DREANS

(11) 该信用证规定，如有货损应用(　　)赔付。
A. 韩元　　B. 美元　　C. 人民币

(12) 按照信用证的规定，出口运费应在(　　)支付。
A．货到目的港后由进口商
B. 货到目的港后由出口商
C. 货离起运港前由出口商

(13) 该信用证项下的海运提单必须注明(　　)。
A. 承运船公司在目的港代理的名称、地址和电话
B. 承运船公司在起运港代理的名称、地址和电话
C. 第三方托运人的名称、地址和电话

(14) 该信用证规定受益人提交的保险单据应为(　　)。
A. 保险单和保险凭证　　B. 保险单或保险凭证　　C. 预约保单

(15) 该信用证规定装船通知副本应(　　)。
A. 作为单据提交到银行议付　　B. 直接寄给开证申请人　　C. 未作具体规定

(16) 该信用证规定受益人需要提交的单据(不包括汇票)在(　　)。
A. 5 种　　B. 6 种　　C. 7 种

(17) 按照信用证的规定，受益人可以在 (　　)装运。
A. 2009-08-22　　B. 2009-09-22　　C. 2009-09-08

(18) 该信用证属于(　　)。
A. 假远期信用证　　B. 不可撤销即期信用证　　C. 远期承兑信用证

(19) NAT’L AGRICULTURAL COOPERATIVE FED’N, SEOUL 是本信用证的(　　)。
A. 开证行　　B. 保兑行　　C. 偿付行

(20) 该信用证中规定的适用规则为(　　)。
A. “EUCP LATEST VERSION”(电子化交单统一惯例最新版本)
B. “UCP URR LATEST VERSION”(统一惯例及偿付统一规则最新版本)
C. “UCP LATEST VERSION”(统一惯例最新版本)

第6章

国际结算单据

教学目标

通过本章的学习，掌握国际结算单据如发票、提单及保险单等单据的内容；熟悉信用证与单据的关系以及各种单据的制作；理解《跟单信用证统一惯例》UCP600对发票、提单、保险单等单据的基本规定；了解其他单据在国际结算中的应用。

教学要求

知识要点	能力要求	相关知识
商业发票	(1) 掌握商业发票、加拿大海关发票的内容以及填制要求 (2) 根据商业发票办理相应进出口手续	(1) 有关信用证、合同、惯例和法律法规对商业发票的要求 (2) 其他商业发票作用
运输单据	(1) 能够办理货物运输手续 (2) 掌握运输单据内容，能填制和审核提单	(1) 运输单据的种类和作用 (2) 各种运输单据在使用过程中的区别
保险单据	(1) 能够办理保险手续 (2) 掌握保险单内容，能够填制和审核保险单据	(1) 保险单证种类 (2) 信用证保险条款的内容以及制作要求
其他单据	(1) 能够制作信用证、合同中要求的单据 (2) 能够办理商品检验以及出口善后工作	包装单据、商检证书、原产地证书、装运通知等内容和填制要求
汇票	(1) 到银行办理国际货款结算手续 (2) 能够缮制商业汇票	(1) 出票、提示、承兑、付款、背书等票据行为的含义 (2) 使用汇票时货款的支付方式和支付程序

导入案例

某贸易开发进出口公司向哈尔顿贸易有限公司出口一批货物，开来的信用证中有关部分条款规定：“... Inspection certificate of quality in duplicate, inspect at the time of shipment, issued by C. C. I. B. Insurance policy in duplicate for 110% of the invoice value covering P. I. C. C. Ocean Marine Cargo Clauses (W.A.) and War Risks dated 1/1/1981. Loss if any, pay to Halton Trading Co., Ltd. ... The Shipping Mark to be 'H.L.T./263/AND 692/LIEPAJA' only.”(……中国进出口商品检验局出具于装运时检验的品质检验证书一式二份。保险单一式二份，按发票价值的 110%投保，以中国人民保险公司 1981 年 1 月 1 日修订的海洋运输货物保险条款包括水渍险及战争险。保险如发生赔偿，请付给哈尔顿贸易有限公司。……运输标志仅为：“H.L.T./263 AND 692/LIEPAJA”。)

贸易开发进出口公司根据买方所开来的信用证规定条款，于 3 月 15 日装运完毕。3 月 17 日向开证行寄单。但开证行于 3 月 28 日来电提出：

“你第××××号单据经审核发现单证不符：

(1) 我信用证对品质检验证书规定‘在装运时检验’(Inspect at the time of shipment)，根据你方提单日期说明你货物于 3 月 15 日装运，而检验证书的日期为 3 月 13 日，说明你货物并非在装运时检验，不符合信用证要求。

(2) 我信用证规定‘保险如发生赔偿，请付给哈尔顿贸易有限公司’。从你所提供的保险单上寻找不到有类似文句的表示。

(3) 我信用证规定运输标志为‘H.L.T./263 AND 692/LIEPAJA’而你所有单据均表示为‘H.L.T./263 & 692/LIEPAJA’。

上述单证不符合要求经研究无法接受，单据暂代保管，听候你方处理意见。3 月 28 日”

贸易开发进出口公司接到上述开证行拒付电，认为其不符点是不成立的，完全是对方挑剔，即反驳如下：

“你行 28 日电悉，你行所谓不符点是不成立的：

(1) 对于‘装运时检验’的问题，本批货物实际于 3 月 13 日开始装船。所以在装运日的当天进行检验，检验证书签发日期所以也是 3 月 13 日。提单上的装运日期 3 月 15 日系该船货物全部装完的日期。如果我品质检验证书日期如你所想象与提单上的装运日期为同一天，则变成装运完毕后才检验，这是不可能的，因为货装上船后是无法检验的。我实际情况是 3 月 13 日货物开始装运时由中国进出口商品检验局进行检验，认为合格才开始装运，所以我检验证书于 3 月 13 日签发。3 月 13 日开始装运，13 日进行检验，这符合‘在装运时检验’的要求。

(2) 信用证规定：‘保险如发生赔偿，请付给哈尔顿贸易有限公司’，我保险单就是因为根据上述信用证条款规定，所以在保险单上以哈尔顿贸易有限公司作为该保险的被保险人(The insured)。其意即该保险单的权益人就是哈尔顿贸易有限公司，如果保险发生赔偿时，当然是付给被保险人——哈尔顿贸易有限公司。所以这已经符合你信用证规定‘保险如发生赔偿，请付给尔顿贸易有限公司’的要求。

(3) 你信用证规定运输标志为‘H.L.T./263 AND 692/LIEPAJA’，而我单据运输标志为‘H.T./263 & 692/LIEPAJA’，所不同者就是‘AND’与‘&’，因为‘&’就是等于‘AND’，所以不能算为单证不符。

根据以上所述，所有不符点不成立，你行应按时付款。3 月 30 日”

开证行仍然不同意，4 月 1 日又复电如下：

“你 30 日电悉。虽然你方给予不少解释，但却不能改变其不符点存在：

(1) 根据你方解释此批货物于 3 月 13 日开始装运，所以品质检验证书出具日期为 3 月 13 日。但我行只能从运输单据上来确定装运时间。根据 UCP500 第 23 条 a 款第 II 项规定：‘已装船或已装具名船只，可由提单上印就的‘货物已装上具名船只’或‘货物已装运具名船只’的词语来表示，在此情况下，提单的出具日期即为装船日期与装运日期’。所以按上述规定，你方所提交的已装船提单，其出单日为 3 月 15 日，则 3 月 15 日应被视为本批货物的装运日期。3 月 15 日装运，3 月 13 日进行检验，所以单据明显不符合‘于装运时检验’的要求，故单证不符。

(2) 你 30 日电解释，以哈尔顿贸易有限公司作为保险单上的被保险人，其效果就是使保险发生赔偿可以付给哈尔顿贸易有限公司。但我银行不管其业务上的效果如何，我银行只管单据表面上与信用证条款是否相符。根据 UCP500 第 4 条规定：‘在信用证业务中，各有关当事人所处理的只是单据，而不是单据所涉及的货物、服务及/或其他行为。’所以我银行不管保险发生赔偿时其结果如何，只要保险单上没有表示信用证所要求的词句，就是单证不符的现象。

(3) 关于运输标志问题，你方认为‘AND’与‘&’是相等的。但请你方注意：我信用证规定：The shipping mark to be ‘H.L.T./263 AND 682/LIEPAJA’ only.(注意‘only’词)其意即只有如此的标志才能接受，你方将‘AND’改为‘&’，其表面上不一致，就是单证不符。

根据以上所述，单证不符是明显存在的，速告你方单据处理的意见。4 月 1 日”

贸易开发进出口公司经有关人员与议付行探讨，虽然开证行对我单据有些挑剔，但严格说我单据确实有一定的缺陷，也无法再反驳对方。贸易开发进出口公司只好又同买方商洽，最后以降价 20%而结案。

从此案例中我们应吸取哪些教训？

资料来源：中国出口精英网 www.cnexp.net/waimao_anli_hetong/Index.html

从这个案例中可以看出，在信用证结算方式下，单据成为唯一付款依据，国际商会在《跟单信用证统一惯例》UCP600 号出版物中规定：“在信用证业务中，各有关当事人所处理的只是单据，而不是单据所涉及的货物、服务及/或其他行为。”因此只要卖方能提交合格单据，银行就必须承担付款责任，出口商的交货主要是通过交单来完成的，至于货物的实际情况，银行不过问。由此可见，单据在国际贸易结算中占据着重要地位，所以我们有必要对结算单据的性质、作用、具体内容、缮制注意事项有所了解，只有这样才能确保顺利、及时收回货款，提高企业经济效益和对外贸易顺利发展。

本章将详细介绍信用证项下各种单据内容和缮制要求，并通过实例分析使大家更好地了解各种单据在国际结算中的作用。

6.1 单据的基本概念

6.1.1 单据的含义与种类

国际贸易是单据贸易，几乎所有贸易环节的具体操作都与单据的交换密切相关，即使是在计算机高度发展的今天，单据也在扮演着相当重要的角色。广义的单据(Documents)是泛指国际结算中使用的所有商业/公务证明文据(商业单据)与资金支付凭据(金融单据)。狭义单据就是商业单据，是国际贸易和国际结算中直接说明货物有关情况的商业凭证，通常简称“单据”；而金融单据则是指国际贸易结算中使用的汇票、本票、支票及付款收据等各种资金支付凭证。

国际结算中的商业单据很多，如发票、提单、保险单、海关发票、产地证、检疫证等。这些单据按其作用不同可以分为两大类：第一大类是基本单据，即在交易中不可缺少的单据，如商业发票、运输单据、装箱单等。第二大类是附属单据，是指除基本单据外，进口商根据本国政府的有关规定或货物本身的不同特点而要求出口商提供的单据。它本身又可以分为两类：一类是进口国官方要求必须提供的单据，如海关发票、领事发票、产地证、检疫证、出口许可证等；另一类是由于货物本身的特点而要求出口商提供的说明货物情况的单据，如装箱单、重量单、尺码单、检验单等。

另外，在基本商业单据和随附商业单据之外，还有一些不需要在出口结算中提供的单据，但是在业务中涉及的，如租船订舱时向运输部门提供的托运单、代办托运人签发的运输单据等。

6.1.2　单据的作用

在国际贸易和国际结算中，单据起着十分重要的作用。

(1) 代表货物所有权。单据特别是货运单据中海运提单是物权凭证，提单的转移意味着货物所有权的转移，卖方交付货运单据就意味着交付货物，买方付款赎取单据，代表收到货物，谁控制了货运单据就等于控制了货物所有权。

(2) 单据是有关交易方履行合同的证明。合同订立后，出口商履行阶段可概括为“货、证、船、款”四个环节，无论是哪个环节，出口商及合同有关的相应各方只有在履行了约定义务的情况下才能取得相关单据，卖方按期向买方交付合同规定的单据就意味着它履行了合同规定的义务，进口商履约的主要义务是接受货物、支付货款，至于货款支付的数量、时间、币种等均以汇票、发票为依据。

(3) 单据是避免和解决争端的依据。因为国际贸易是单据贸易，所以在履行合同过程中，都要对相关单据严格把关，取得合格、合法单据，不然就可能造成因单据的不规范、不确切而引发麻烦或在发生有关争议后无法利用合法的手段(出示合格的单据)保护自己。发生争议有关部门进行裁决时，也以单据(如商检部门出具检验证书)作为重要依据。

(4) 单据是银行办理贸易结算的重要依据，单据也是进出口双方取得融资的手段。由于单据能代表货物的权利，于办理融资的银行而言，有一定的抵押物，风险相对较小，因此受益人还可以凭相符的单据从银行取得各种融资。

(5) 单据也是进出口报关、纳税的重要凭证。

6.1.3　合格单据的要求

1. 正确(Correctness)

正确是所有单证工作的前提，要求制作的单据应首先满足“单单、单证一致”。即信用证项下提供的所有单据的相关内容应保持一致并且所有单据的有关规定与信用证中的要求不应矛盾，体现在文字上没有冲突；其次、各种单据应符合国际贸易惯例、各国/行业法律和规则的要求，目前，各国银行开来的信用证，绝大多数都在证内注明按照国际商会《跟单信用证统一惯例 UCP600》解释，银行审单时，除信用证另有规定外，都是以统一惯例作为审单依据，所以制作单据时，应注意不要与惯例抵触；第三，单据还应与所代表的货物无出入，虽然信用证项下银行审核单单一致、单证一致，就支付货款，但是单货不一致，海关不会放行，所以单据制作一定要正确。

2. 完整(Completeness)

完整主要是指一笔业务所涉及全部单据的完整性。可从以下几方面理解：第一，内容完整；第二，份数上完整；第三，种类完整。凭单据买卖的合同/信用证都会明确要求出口方需提交哪些单据、提交几份、有无正副本要求、是否需要背书及应在单据上标明的内容，所有这些都必须得到满足。

3. 及时(In time; Punctuali)

及时是指单据制作不能迟延。具体可以这样理解：及时制单、及时审单、及时交单、及时收汇。单据之间的时间差必须符合进出口的程序。另外单证本身的时间不可逾越，信用证一般都有装运期和有效期的规定，前者是对运输单据装运时间的规定，后者是对卖方向银行交单时间的限制，如果信用证没有特殊规定，银行不接受提单签发后 21 天才交到银行议付的提单。除合同和信用证有特殊规定外，原则上尽快制单、及时结算可以加速货物和资金的流通，这是符合买卖双方共同利益的。

4. 简明(Conciseness)

简明指所制作的单据简单、明了。国际商会《跟单信用证统一惯例》规定，“为了防止混淆和误解，银行应劝阻在信用证或其任何修改书中加注过多的细节内容”，简洁不仅可以减少工作量和提高工作效率，而且也有利于提高单证的质量和减少单证的差错。有关专家也指出，单据中不应出现与单据本身无关的内容。

5. 清晰(Tidiness)

所谓清晰，主要是指单证表面是否干净、美观、大方，单据中的各项内容是否清楚、易认，各项内容的记载是否简洁、明了。单据的清晰要求单证的格式设计和缮制，力求标准化和规范化，单证的内容排列要行次整齐，字迹清晰，重点项目要突出内容。不应出现涂抹现象，应尽量避免或减少加签修改。

总之，银行在处理信用证业务时坚持不过问货物真实情况、不管当事人、不管合同、不负责审核单据的真伪，所以在这种情况下，受益人就必须按单单一致、单证一致的要求履行义务，否则就难以向银行主张权利。

下面以锦州和泰矿物有限公司与台湾双胜投资贸易公司签订出口钼铁合同为例，说明信用证项下各种单据含义、作用和填制方法。

6.1.4 信用证的开立

2006 年 11 月份，锦州泰和矿物有限公司经过市场调查，成本核算，确定钼铁出口价格，经过与台商的磋商(询盘、发盘、还盘和接受)最后确定交易条件如下：

品名：钼铁(FERRO MOLYBDENUM)
规格：MO 58 PCT MIN.， SI 1.50 PCT MAX., C 0.15 PCT MAX.,
S 0.10 PCT MAX., P 0.05 PCT MAX., CU 0.50 PCT MAX.,
SIZE 10—60 MM (90 PCT MIN.)
唛头：无
数量：40MTS
单价：USD55.50/MT CIF KAOHSIUNG,TAIWAN
装运港/目的港：从中国港口到高雄港口
装运条款：2007 年 1 月 21 日前，不允许分批装运但可以转船。
包装：40 包，底部带有卸货槽的标准包装袋。
保险：由卖方按发票金额的 110%投保伦敦保险协会条款的 I.C.C(A)险和协会战争险、协会罢工险。
付款条件：不可撤销即期信用证付款，该信用证应于 2006 年 12 月 20 日之前到达卖方。

根据上述条件，买卖双方签订了贸易合同，买方按在合同规定的时间内开来信用证，如 6.2 节的【单据实例 6.1】所示。

Msg Type: 700(Issue of a Documentary Credit)

Destination Bank　BANK OF CHINA,JINZHOU BRANCH

Sequence Total　*27　1/1
Type of Documentary Credit　*40A　IRREVOCABLE

Letter of Credit Number　*20　CDMS2007U/5539

Date of Issue　31C　061218

Date and Place of Expiry　*31D　070205 CHINA

Applicant Bank　51D　TAIWAN COOPERATIVE BANK,TAIWAN

Applicant　*50　SHUANGSHENT INVESTMENT AND TRADING CO.，LTD

PEACE ROAD MARSHALL ISLANDS MH 96890，KAOHSIUNG

Beneficiary　*59　JINZHOU　HOTIY　MINERAL CORPORATION

HOTIY BUILDING，37-2　VICTORY STREET，JINZHOU CITY　，LIAONING，CHINA

Currency Code, Amount　*32B　USD1287600,00

Available with...by...　*41D　ANY BANK BY NEGOTIATION

Percentage Credit Amount Tolerance　*39A　00/00

Drafts at　42C　AT SIGHT
Drawer　42D　TACBTWTP563 ：TAIWAN COOPERATIVE BANK　，TAIWAN
Partial Shipments　43P　NOT ALLOWED

Transshipment　43T　ALLOWED

Shipping on Board/Dispatch/Packing in Charge at/ from　44E　CHINESE MAIN PORT

Transportation to　44B　KAOHSIUNG PORT
Latest Date of Shipment　44C　070121

Description of Goods or Services　45A

40 MTS OF FERRO MOLYBDENUM WITH MO CONTAINED 58 PCT APPROXIMATED AT UNIT PRICE USD55.50 PER KG OF MOLYBDENUM CONTAINED IN FERRO MOLYBDENUM

SPECIFICATION：

MO 58 PCT MIN.，　SI 1.50 PCT MAX.,　C 0.15 PCT MAX.,

S 0.10 PCT MAX.,　P 0.05 PCT MAX.,　CU 0.50 PCT MAX.,

SIZE 10—60 MM (90 PCT MIN.)

CIF KAOHSIUNG ,TAIWAN PER INCOTERMS 2000

Documents Required　46A

+ SIGNED COMMERCIAL INVOICE IN TRIPLICATE.

+ FULL SET OF ORIGINAL CLEAN ON BOARD OCEAN BILLS OF LADING MADE OUT TO ORDER OF TAIPEI FUBON COMMERCIAL BANK,AND BLANK ENDORSED, MARKED "FREIGHT PREPAID" AND NOTIFY PARTY HONGDA UNITED STEEL CORPORATION WITH FULL ADDRESS 658 LUCK ST. JIA HSING KANGSHAN JENN,KAOHSIUNG HSIEN,TAIWAN.

+ PACKING LIST IN 3 TRIPLICATE .

+ FULL SET OF MARINE INSURANCE POLICY OR CERTIFICATE IN NEGOTIABLE FORM

AND BLANK ENDORSED FOR FULL CIF VALUE PLUS 10 PERCENT COVERING INSTITUTE CARGO CLAUSES (A), INSTITUTE WAR CLAUSES (CARGO) AND INSTITUTE STRIKES CLAUSES (CARGO).

+ CERTIFICATE OF ORIGIN (FORM A) IN 2 COPIES .

+VESSEL'S AGE CERTIFICATE ISSUED BY THE SHIPPING COMPANY OR ITS AGENT.

+BENEFICIARY'S CERTIFICATE STATING THAT TWO COMPLETE SETS OF COMMERCIAL INVOICE, PACKING LIST,NON—NEGOTIABLE SHIPPING DOCUMENTS HAS BEEN FAXED TO THE APPLICANT AT FAX NO.08-77581 WITHIN 3 DAYS AFTER SHIPMENT DATE.

+ BENEFICIARY'S CERTIFICATE STATING ONE COPY OF SHIPPING ADVICE HAS BEEN FAXED TO THE APPLICANT AT FAX NO.08-77581 WITHIN 3 DAYS AFTER SHIPMENT DATE.

Additional Instructions 47A.

1. THIRD PARTY DOCUMENTS EXCEPT COMMERCIAL INVOICE AND DRAFT ARE ACCEPTABLE.

2. ALL DOCUMENTS MUST INDICATE THIS L/C NO.: CDMS2007U/5539 AND CONTRACT NO.: 03HL21401

3. SHIPMENT EFFECTED BEFORE L/C ISSUING DATE IS ACCEPTABLE.

4. DELY PENALTY:

+IN CASE OF BENEFICIARY (SELLER)EFFECT THE SHIPMENT LATER THAN THE LATEST SHIPMENT DATE OF THIS CREDIT,THE DELAY PENLITY WILL BE DEDUCTED FROM THE PROCEEDS AT PAYMENT DIRECTLY AS FOLLOWING ONCE IT IS DELAYED FOR:

A)1—15 DAYS LATE:0.1 PCT OF TOTAL INVOICE VALUE

B)16 DAYS LATE AND OVER:0.2 PCT OF TOTAL INVOICE VALUE

Charges 71B

ALL BANKING CHARGES OUTSIDE THE OPENNING BANK ARE FOR BENEFICIARY'S ACCOUNT.

Period for Presentation 48

DOCUMENTS MUST BE PRESENTED WITHIN 7 DAYS AFTER THE DATE OF ISSUANCE OF THE TRANSPORT DOCUMENTS BUT WITHIN THE VALIDITY OF THE CREDIT.

Confirmation Instructions *49 WITHOUT

Instructions to the Paying/Accepting/Negotiating Bank 78

1. ALL DOCUMENTS UNDERE THIS CREDIT MUST BE SENT BY COURIER SERVICE TO US AT NO.60,DONGFA MEN STREET HSINCHU CITY TAIWAN R.O.C.

2. DISCREPANT DOCUMENT FEE OF USD 50.00 OR EQUAL CURRENCY WILL BE DEDUCTED FROM DRAWING IF DOCUMENTS WITH DISCREPANCIES ARE ACCEPTED.

3. UPON RECEIPT OF ALL DOCUMENTS AND DRAFT IN CONFORMITY WITH THE TERMS AND CONDITIONS OF THIS CREDIT, WE SHALL REMIT THE PROCEEDS TO THE BANK DESIGNATED BY YOU.

Sender to Receiver Information 72

THIS IS THE OPERATIVE INSTRUMENT SUBJECT TO UNIFORM CUSTONS AND PRACTICE FOR DOCUMENTARY CREDITS，1993 REVISION，INTERNATIONAL CHAMBER OF COMMERCE

PUBLICATION NO.500.
72 SENDER TO RECEIVER INFORMATION
"Advising Through" Bank　57A : BANK OF CHINA, JINZHOU BRANCH
********other wordings between banks are omitted********

(资料来源：锦州和泰钼铁有限公司提供)

6.2 发　票

6.2.1 商业发票

1. 商业发票的含义

商业发票简称发票(INVOICE)，是进出口贸易的最主要单据之一，它是卖方向买方开立的，对所装运货物做全面、详细说明，并凭以向买方收取货款的价目总清单，是全套进出口单据的核心。

在国际贸易中，商业发票的作用有以下几个方面。

(1) 商业发票是卖方向买方说明自己履约情况的重要证明文件，记载自己发出货物的数量、价格和金额等详细情况。

(2) 商业发票是进出口双方的记账凭证，尽管各个国家、地区的发票格式有较大的差异，所包含内容都大同小异，都详细记载了货物名称、质量描述、单价、数量等项目，因此各国的企业都凭商业发票记账。

(3) 商业发票是报关纳税的依据，世界上大多数国家的海关都是凭商业发票注明的货物的产地、数量、金额等计算征税的。

(4) 在信用证不要求提供汇票的情况下(有些国家使用汇票要征收印花税)，可以用发票代替汇票作为付款依据。

2. 商业发票的内容和缮制

1) 出票人名称与地址

出票人名称与地址在发票正上方表示，在实际业务中，有许多出口企业在印刷空白发票时就印刷上这一内容，如没有印好，则出票人填写合同中的卖方即信用证中的受益人的名称与地址。

2) 发票的名称

一般在出口业务中使用的、由出口方出具的发票都是商业发票，所以并不要求一定标出“COMMERCIAL”(商业)的字样，但一定要醒目地标出“INVOICE”(发票)的字样。

3) 发票的抬头人

此栏前通常印有“TO”,“SOLD TO MESSRS”，“FOR ACCOUNT AND RISK OF MESSRS”等,信用证中一般表示为“FOR ACCOUNT OF×××”或“TO THE ORDER OF ×××”中。除非信用证另有规定，填写信用证的申请人的名称和地址。

如果信用证特别指定了收货人名称，要求以第三方为发票抬头人。例如“All Documents including Commercial Invoice Must Be in Name of Kap Jue Corp. S.P.S BOX 2728 Inchon”。对

于这种条款，发票抬头人和其他所有单据抬头人都应按此要求填写。这样的情况表明，该证的申请人是货物买卖的中间人，而不是货物的真正买方，在转让信用证项下，发票的抬头可以为第一受益人的名称，如第二受益人不替换第一受益人的单据，则以原申请人为抬头。

4) 发票号码(NO.)

本栏目由出口公司自行编制，一般在编制时，在发票号码的顺序数字中能看出这一票业务大致情况，具体的年份，以便于日后查找，同时也被作为相应的汇票号码。为了方便，也可以使用合同号码，如果一个合同项下的货物分批发运，在合同号后面加注标记，作为发票号。如合同号为 JCS0612，则发票号为 JCS0612-1，JCS0612-2，以此类推。

5) 发票的地址

出票的地址应为信用证规定的受益人所在地，通常是议付所在地。

6) 发票的日期

填写制作发票的实际日期。发票日期最好不要晚于提单的出具日期，但有时也可以晚于提单日期，如矿砂、煤等散装货物，必须装完后才能根据装货实际重量制作商业发票。有时候发票出具日期可以早于信用证开立日期，但必须在信用证及 UCP600 惯例规定的期限内提交。

7) 合同号(CONTRACT NO.)

注明国际贸易合同的号码。

8) 信用证号码(L/C NO.)

当货款的支付使用信用证方式时，这一栏填写信用证号码，便于买卖双方根据该信用证号码看出该发票与信用证的联系，有助于银行、企业归类整理。当货款的支付不使用信用证方式时，空白或删去这一栏。

9) 起讫地点(FROM…TO…)

按货物实际的起讫地点填写。如果货物需要转运，转运地点也应明确地表示出来。例如：货物从上海经香港转船至瑞典的哥本哈根。应填写：

FROM SHANGHAI TO GOTEBORG,SWEDEN VIA HONG KONG 或

FROM SHANGHAI TO GOTEBORG,SWEDEN WITH TRANSHIPMENT HONG KONG

注意如果信用证中只标明国名，(如出口使用 CIF 价格术语，装运港标明中国口岸)，在制作发票时，应标明具体港口名称(除非一些特殊交易出运时还未确定目的地)。

10) 唛头及编号(MARKS AND NO.)

如果信用证有关于唛头的规定，就应严格按照信用证规定的内容进行刷唛和制单。如果信用证中没有规定唛头，那么受益人制单时可以参照合同中的唛头，如果合同中也没有规定唛头，出口商可自行设计唛头。唛头的内容可以包括客户名称缩写、合同号、目的港、件数号等内容。唛头内的每一个字母、数字、图形、排列位置等应与信用证规定完全一致，保持原形状，不得随便错位、增减等。发票中的唛头应与提单、托运单保持严格一致，若没有唛头，此栏可打“N/M”。

比如信用证规定：“ABC CO./TR5423/HAMBURG/NO.1-UP”则应在发票上打印：

ABC CO.	或：ABC CO.
TR5423	TR5423

HAMBURG　　　　　　　　　　HAMBURG

NO.1-UP　　　　　　　　　NO.1-300

唛头中的“UP”通常用货物的总包装件数来代替。如货物一共有 300 个纸箱，则可填成“NO.1-300”。

11) 货物描述

货物描述是发票的中心内容，当不使用信用证支付时，合同有关货物内容的条款应如实地反映在发票的这一栏目中。当使用信用证支付货款时，商业发票的货物描述应与信用证的货物描述(SWIFT 信用证中 45a 的内容)完全一致，银行的传统习惯认为，如果发票的描述比信用证的描述简略，为“不相符”。而其他单据可以使用货物的统称，只要不与信用证的名称有抵触即可。货物描述一般包括货物名称、品质、数量、包装、单价等内容。

在实务中商品名称通常有以下几种情况。

(1) 信用证只规定了货物总称，发票应照样显示外，还应加列详细货名，但不得与总称矛盾。

(2) 信用证未规定货物总称，但列举货物的名称很详细，则发票应照信用证规定列明。

(3) 如信用证规定的货名并非英文，这时发票也应照原文显示出来。

(4) 货物品质，表示商品品质方法通常有规格、等级、标准、商标、产地名称等，一般信用证开列了对规格的要求和条件，所制发票必须和信用证规定完全一致。

商品单价包括四部分内容，即计量单位、计价货币、单位价格金额、贸易术语，发票中的表示方法必须与信用证规定一致，尤其是货币必须与信用证的货币相同。

12) 总值

商品总值是发票的主要项目，UCP600 规定“按指定行事的指定银行、保兑行(如有的话)或开证行可以接受金额大于信用证允许金额的商业发票，其决定对有关各方均有约束力，只要该银行对超过信用证允许金额的部分未作承付或者议付。”按照此规定，发票的总值(Total Amount)可以超过信用证规定的最高金额，如信用证规定出口东北大豆 200 公吨，单价为 USD235.00/公吨，总金额为 47 000.00 美元，不允许分批装运，货物数量允许有 5%伸缩(一定要注意，当数量超过 200 公吨时，支取的总金额不能超过 47 000.00 美元，所以在实际业务中尽量不要多交货)。若装出 201 公吨，发票上打出的金额可以为 47 235.00 美元，指定银行可以接受超额发票，但是其通过信用证所能支取的货款仍然是 47 000.00 美元。

如果是信用证总值前有“约”、“大概”、“大约”或类似词语的，允许有 10%的增减幅度，但是需要注意的是“约”放在哪一项，就适应于哪一项，不能以此类推。当信用证规定的金额和数量允许有 5%伸缩时，该信用证项下不同颜色、规格的货物，分别可以满足该增减幅度。但是其中有单独一项货物数量或金额超过规定，即使总金额和总数量在规定的范围之内，也是不允许的。

13) 特殊条款(SPECIAL TERMS)

在相当多的信用证中，都出现要求在发票中证明某些事项的条款，如：要求列明 FOB 金额、运费及保险费、布鲁塞尔税则号等，应该如实按信用证要求注明，通常情况下，这些内容打在发票的商品描述栏中，起到证明、声明的作用。

14) 机构认证

有时信用证要求商业发票或其他单据要由某些权威机构(例如：中国国际贸易促进委员

会 CCPIT)进行认证，则受益人在制单后必须及时到有关部门进行认证。

15) 签名(SIGNATURE)

根据 UCP600 号的规定：商业发票无需签字。如果信用证要求“SIGNED COMMERCIAL INVOICE”，则由出口公司签字盖章，注明公司名称。如果信用证中规定“MANUALLY SIGNED”，则必须手签，银行将不接受印章。

【单据实例 6.1】锦州和泰矿物有限公司制作发票如下：

锦州和泰矿物有限公司

JIZHOU HOTIY MINERAL CORPORATION

HOTIY BUILDING，37-2 VICTORY STREET，JINZHOU CITY ，LIAONING，CHINA

COMMERCIAL INVOICE

TO:

INVOICE NO.: HSF070120

SHUANGSHENT INVESTMENT AND TRADING CO.，LTD
PEACE ROAD MARSHALL ISLANDS MH 96890

DATE: JAN.15, 2007
S/C NO.: 03HL21801 ,KAOHSIUNG
L/C NO.: CDMS2007U/5539

FROM XINGGANG PORT,CHINA TO KAOHSIUNG PORT,TAIWAN

MARKS & NO.S	DESCRIPTIONS	QUANTITIES	UNIT PRICE	AMOUNT
N/M	FERRO MOLYBDENUM MO : 58 .00PCT SI : 0.42PCT C : 0.024 PCT S : 0.082 PCT P: 0.040 PCT CU :0.24 PCT SIZE 10--60MM(90 PCT MIN)	40MTS	US55.50 PER KG OF MOLYBDENUM CONTAINED IN FERRO MOLYBDENUM CIF KAOHSIUNG，TAIWAN PER INCOTERMS 2000	USD1287600.00

TOTAL:

SAY US DOLLARS ONE MILLION TWO HUNDRED EIGHT-SEVEN THOUSAND SIX HUNDRED ONLY

锦州和泰矿物有限公司(章)

JINZHOU HOTIY MINERAL CORPOARATION

(资料来源：锦州和泰钼铁有限公司提供)

6.2.2 其他发票

1. 海关发票

海关发票是根据某些进口国海关的规定，由出口商填制的一种特定格式的发票，它的作用是供进口商凭以向海关办理进口报关、纳税等手续。

进口国海关根据海关发票查核进口商品的价值和产地来确定该商品是否可以进口、是否可以享受优惠税率，查核货物在出口国市场的销售价格，以确定出口商品是否以低价倾售而征收反倾销税，并据以计算进口商应纳的进口税款。因此，对进口商来说，海关发票是一种很重要的单据。

海关发票由出口方填制，有些国家或地区称其为："COMBINED CERTIFICATE OF VALUE AND ORIGIN"(价值与原产地联合证明书)，或"CERTIFIED INVOICE"(证实发票)等。

目前，要求提供海关发票的主要国家(地区)有：美国、加拿大、澳大利亚、新西兰、牙买加、加勒比共同市场国家、非洲的一些国家等。

各国的海关发票格式不尽相同，出口商在使用时，不能搞错格式，但是海关发票内容及制作方法大同小异。

现以加拿大海关发票(CANADA CUSTOMS INVOICE)为例(见本书 177 页的附录 6-1)，介绍海关发票的主要栏目及缮制方法。

(1) 卖方、发货人(Vendor)：填写出口商的名称及地址，包括城市和国家名称。信用证支付条件下此栏填写受益人名称和地址。

(2) 直接运往加拿大的装运日期(DATE OF DIRECT SHIPMENT TO CANADA)：此日期应与提单日期相一致，如单据送银行预审，也可请银行按正本提单日期代为加注。

(3) 其他编号(ORDER REFERENCE)：填写有关合同、订单或商业发票号码。

(4) 收货人名称及地址(CONSIGNEE，NAME AND ADDRESS)：填写加拿大收货人的名称与详细地址。信用证项下一般为信用证的开证申请人，也可以是最终收货人。

(5) 买方名称及地址(PURCHASER'S　NAME AND ADDRESS)：填写实际购货人的名称及地址。如与第四栏的收货人相同，则此栏可打上"SAME AS CONSIGNEE"。

(6) 转运国家(COUNTRY OF TRANSHIPMENT)：应填写转船所在国家(地区)名称。如在香港转船，可填写："FROM SHANGHAI TO VANCOVER WITH TRANSHIPMENT AT HONGKONG BY VESSEL"。如不转船，可填 N/A(即 NOT APPLICCABLE)。

(7) 货物原产地(COUNTRY OF ORIGIN OF GOODS)：一般是出口国名，如是我国，就填写 CHINA。若非单一的国产货物，则应在 12 栏中详细逐项列明各自的原产地国名。

(8) 运输方式及直接运往加拿大的起运地点(TRANSPORTATION：GIVE MODE AND PLACE OF DIRECT SHIPMENT TO CANADA)：只要货物不在国外加工，不论是否转船，均填写起运地和目的地名称以及所用运载工具。如：FROM SHANGHAI TO MONTREAL BY VESSEL。

(9) 价格条件及支付方式(CONDITION OF SALES AND TERMS OF PAYMENT)：按商业发票的价格术语及支付方式填写。如 CIF VANCOUVER D/P AT SIGHT 或 FOB SHANGHAI BY L/C AT SIGHT。

(10) 货币名称(CURRENCY OF SETTLEMENT)：卖方要求买方支付货币的名称，须与商业发票使用的货币相一致。如信用证使用美元，即为 USD，加元即 CAD。

(11) 件数(NUMBER OF PACKAGE)：填写该批商品的外包装总件数，与提单上货物件数保持一致。如：600 CARTONS。

(12) 商品详细描述(SPECIFICATION OF COMMODITIES，KIND OF PACKAGES，MARKS AND NUMBERS，GENERAL DESCRIPTION AND CHARACTERISTICS，I.E.GRADE，QUALITY)：应按商业发票同项目描述填写，并将包装情况及唛头填写此栏(包

括种类、唛头、品名和特性，即等级、品质)。

(13) 数量(QUANTITY，STATE UNIT)：应填写商品的具体数量，如货物是以重量作为计量单位，则是货物净重，而不是包装的件数。

(14) 单价(UNIT PRICE)：应按商业发票记载的每项单价填写，包括四部分内容：计量单位、单位价格金额，计价货币，使用的货币应与信用证和商业发票一致和价格术语。

(15) 总值(TOTAL)：应按商业发票的总金额填写。

(16) 净重及毛重的总数(TOTAL WEIGHT)：填写总毛重和总净重，应与其他单据的总毛重和总净重相一致。

(17) 发票总金额(TOTAL INVOICE VALUE)：按商业发票的总金额填写。

(18) IF ANY OF FIELDS 1 TO 17 ARE INCLUDED ON AN ATTACHED COMMERCIAL INVOICE，CHECK THIS BOX□：如果 1～17 栏的任何栏的内容均已包括在所随附的商业发票内，则在方框内填一个“√”记号，并将有关商业发票号填写在横线上。

(19) 出口商名称及地址，如并非买方(EXPORTERS NAME AND ADDRESS，IF OTHER THAN VENDOR)：如出口商与第 1 栏的卖方不是同一名称，则列入实际出口商名称；而若出口商与第一栏卖方为同一者，则在本栏打上“THE SAME AS VENDOR”。

(20) 原产地负责人(ORIGINATOR)：此栏仍填写出口公司名称、地址、负责人名称。

(21) 主管当局部门的规定(DEPARTMENTAL RULING，)：指加方海关和税务机关对该货进口的有关规定。如有，则要求填写，通常情况下，则填“N/A”(即 NOT APPLICABLE)。

(22) IF FIELDS 23 TO 25 ARE NOT APPLICABLE CHECK THIS BOX□：如 23～25 栏不适用，可在方框内打“√”记号。

(23) 如果以下金额已包括在第 17 栏目内(IF INCLUDED IN FIELD 17 INDICATE AMOUNT)：按实际情况填列；若不适用，可打上 N/A。

(24) 如果以下金额不包括在第 17 栏目内(IF NOT INCLUDED IN FIELD 17 INDICATE AMOUNT)：应则注明金额：如果在 FOB 等价格条件下，卖方又替买方租船订舱时，其运费于货到时支付，则(i)栏可填实际运费额。

(25) CHECK(IF APPLICABLE)：若适用，在方格内打“√”记号。本栏系补偿贸易、来件、来料加工、装配等贸易方式专用；一般贸易不适用，可在方格内填“N/A”。

2. 领事发票

领事发票是出口方根据进口国驻出口国领事馆制定的固定格式填写并经领事馆签章的发票。部分拉丁美洲国家规定必须凭领事发票进口，这种发票证明出口货物的详细情况，或用以确定货物的原产地，凭以明确差别待遇关税；或凭以核定发票售价是否合理，是否存在倾销问题，为进口国用于防止外国商品的低价倾销提供依据。领事发票属官方单证，格式一般相对固定，但有些国家仅要求卖方出具的商业发票上须由该国领事签订，这种发票称为领事签证发票(CONSULAR LEGALIZED INVOICE)。领事发票中应注明的内容视 L/C 上发票认证条款而定，一般须注明“装运货物系××(出口国)制造/出产”。出具领事发票时，领事馆一般要根据进口货物价值收取一定费用。如国外来证载有需由我方提供领事发票的条款，一般不宜接受。特殊情况应按我国主管部门的有关规定办理。

3. 厂商发票

厂商发票是出口货物的制造厂商出具的以本国货币表示出厂价格的销货凭证。其目的是供进口国海关估价、核税及检查是否有削价倾销行为，征收反倾销税时使用。若 L/C 要求“MANUFACTURERS INVOICE”，发票名称应按照要求执行，且缮制时应注意：①出票日期应早于商业发票日期。②价格为以出口国币制表示的国内市场价。填制方法与海关发票同，但应注意出厂价不能高于发票货价，应适当打个折扣(一般按 FOB 价打九折或八五折)，以免被进口国海关视为压价倾销而征收反倾销税导致巨大损失。③发票内应加注证明制造商的语句“WE HEREBY CERTIFY THAT WE ARE ACTUAL MANUFACTURER OF THE GOODS INVOICED”。④抬头人注明出口商，但出单人为制造厂商，应由厂方负责人在发票上签字盖章。⑤货物出厂时，一般无出口装运标记，因此除非信用证有明确规定，厂商发票不必缮制唛头。

6.3　运输单据

运输单据是外贸单证工作中最重要的单据之一，是出口商按规定要求装运货物后，承运人或其代理人签发的一种书面凭证。

根据运输方式的不同，承运人出具不同的运输单据，《跟单信用证统一惯例》UCP600 号中把运输单据调整为 7 种：提单，涵盖至少两种不同运输方式的运输单据，不可转让的海运单，租船提单，航空运单，公路、铁路或内陆水路运单，快递收据、邮政收据或投邮证明书。UCP600 指出除了快递收据、邮政收据或投邮证明书外，海运承运人可以在符合规定条件(十九到二十章)的情形下，签发其他 6 种运输单据。

6.3.1　海运提单

1. 海运提单的含义和作用

由于在对外贸易中海运所占比重最大，所以海洋运输单据尤其是海运提单使用的也较多，《汉堡规则》中的定义为：海运提单(Ocean Bill of Lading)是证明海上运输合同和货物已由承运人或其代理人接管或装运，以及承运人保证凭此交付货物的单据。

提单具有以下三项主要作用。

1) 提单是货物收据

对于将货物交给承运人运输的托运人，提单具有货物收据的功能。不仅对于已装船货物，承运人负有签发提单的义务，而且根据托运人的要求，即使货物尚未装船，只要货物已在承运人掌管之下，承运人也有签发一种被称为“收货待运提单”的义务。其正面载有如唛头、件数、重量以及货物的表面状况等事项，都是收据性文字，所以提单一经承运人签发，即表明承运人已将货物装上船舶或已确认接管，并将按提单所载事项向收货人交付货物的收据。

2) 提单是可以转让的物权凭证

对于取得提单的持有人，提单具有物权凭证的功能。即谁持有提单，谁就有权要求承运人交货，因此提单是可以转让的。提单的转移就意味着物权的转移，提单中所规定的权利和义务也随着提单的转移而转移。承运人一般是凭提单交货，只要承运人善意地将货物交给了提单持有人，即使提单持有人实际上无权占有货物，承运人也可以免责。

注意，这里所说的是正本提单的作用；而副本提单不是物权凭证。

3) 提单是货物运输合同的证明

提单背面印就的条款规定了承运人与托运人之间的权利、义务，责任与豁免，是处理承运人与托运人间的争议的法律依据，因而常被人们认为提单本身就是运输合同。但是按照严格的法律概念，提单并不具备经济合同应具有的基本条件：它不是双方意思表示一致的产物，约束承托双方的提单条款是承运人单方拟定的；它履行在前，而签发在后，早在签发提单之前，承运人就开始接受托运人托运货物和将货物装船的有关货物运输的各项工作；提单内容不是完整的合同内容，如果提单记载内容与事先约定的不一致，托运人可要求承运人赔偿损失。所以，与其说提单本身就是运输合同，还不如说提单只是运输合同的证明更为合理。

2. 提单的种类

(1) 根据货物是否装船，提单可分为已装船提单和备用提单。

已装船提单(Shipped B/L 或 on board B/L)是指货物已装上船后签发的提单，按照 UCP600 号规定，通过以下方式表明货物已在信用证规定的装货港装上具名船只：“预先印就的文字，或已装船批注注明货物的装运日期。”所以已装船提单上应有船名和装船日期。信用证一般要求卖方提供已装船提单，因为已装船，承运人才会对提单上描述的货物负责，这对收货人按时收货有保障。

备用提单(Received to Shipment B/L)是指承运人已接管货物并准备装运时所签发的提单，所以又称收讫待运提单，提单上不写明装船日期和肯定的船名，在实际业务中，买方不愿意接受这样的提单，没有装船日期，所以不能确定货物到港时间，有时会因货到而没有及时处理遭受损失，因此最好的办法是货物装船后，船公司在提单上加注“On Board ”并小签，即变为已装船提单。

(2) 根据货物外表状况有无不良批注，提单可分为清洁提单和不清洁提单。

清洁提单(Clean B/L)是指货物装船时表面状况良好，一般没有添加明显表示货物及/或包装有缺陷批注的提单。在对外贸易中，银行为安全起见，在议付货款时均要求提供清洁提单。至于提单上是否显示 CLEAN ON BOARD，船公司基本不会显示这些字样，并且大多数银行都不要求提单上显示 CLEAN ON BOARD 字样，UCP600 中也明确规定，“清洁”一词并不需要在运输单据上体现，也就是说，银行不会把没有 CLEAN ON BOARD 作为单据的不符点。

不清洁提单(Unclean or Foul B/L)是指承运人在提单上已加注货物外表状况不良及/或包装状况不当或存在缺陷等批注的提单，承运人对不良包装下货物的损坏不承担责任。除非信用证另有规定，否则银行不接受不清洁提单。需注意的是并不是提单上一有批注就构成不清洁提单，按照国际航运公会规定，有下列批注的提单仍然是清洁提单。

① 对货物包装不能令人满意，在提单上批注“旧包装”、“旧箱”等内容。

② 否认承运人知晓货物内容、质量、数量、或技术指标等内容。

③ 强调承运人对货物或包装性质引起的风险不负责任。

在实际业务中，对于不清洁提单如果托运人通过出具保函而换取“清洁提单”，银行审核单据表面相符后，仍会支付货款。

阅读案例 6-1

洁净字样遭删除

某日，我议付行收到国内受益人交来的全套单据，审单员审单后认为全套单据已做到“单单一致、单证一致，”于是毫不犹豫地对客户付了款。但当此单据寄对方开证行索偿时，却遭到了拒付。开证行认为：我方提交的单据中含有一张海运提单，该海运提单上原先与货物描述一起打上的“洁净已装船”批注中的“洁净”字样被删除，这样就不符合信用证提供“已装船洁净提单”的要求。由此推定提单是不洁净的。根据《UCP600》相关规定，银行不能接受此类不洁净提单。

我方收到开证行拒付电后即刻回复道：根据《UCP600》规定：所谓的洁净提单是指对货物包装及外表状况有缺陷的批注的提单，既然我方提供的提单无此描述，就应认为提单是洁净的，故你方的拒付是不成立的。

最后，开证行终于如数支付了信用证款项。

资料来源：本案例改编自中华人民共和国最高人民法院网站，典型案例.

(3) 根据不同运输方式，提单可分为直达提单、联运提单和转船提单。

直达提单(Direct B/L)是承运人签发的由起运港以船舶直接运达目的港的提单，信用证若明确表明不准转船，则受益人必须提交直达提单。

联运提单(Through B//L)是指货物需经两段或两段以上运输运达目的港，而其中有一段是海洋运输，如海陆、海空联运或海海联运所签发的提单。

转船提单(Transshipment B/L)，指船舶在装运港载货后，不直接驶往目的港，而在中途港口换装另一船舶，把货物运往目的港的提单。转船提单由第一承运人签发。

对于转运和转船提单，《UCP600》规定：“转运系指信用证规定的装货港到卸货港之间的运输过程中，将货物从一船卸下并再装上另一船的行为”；“即使信用证禁止转运，注明将要或可能发生转运的提单仍可接受，只要其表明货物由集装箱、拖车或子船运输。”所以转船提单实际上也是联运提单的一种。需注意，转船提单和联运提单各承运人的责任只限于其本身负责的航程。

(4) 根据提单抬头不同，提单可分为记名提单、不记名提单和指示提单。

记名提单(Straight B/L)又称收货人抬头提单，是指提单上的收货人栏中已具体填写收货人名称的提单。提单所记载的货物只能由提单上特定的收货人提取，在一些国家规定收货人取货时可以只凭证明其身份证件即可提出，所以提单失去了代表货物物权凭证的性质，国际贸易中较少使用，银行不愿意接受记名提单议付。记名提单一般只适用于运输展览品或贵重物品等情况，可以不通过银行而由托运人将其邮寄收货人，也可由船长随船带交。这样，提单就可以及时送达收货人，而不致延误。

不记名提单(Bearer B/L)是提单上收货人一栏内没有指明任何收货人，而注明“提单持有人”字样或将这一栏空白，不填写任何人的名称的提单。这种提单不需要任何背书手续即可转让或提取货物，极为简便。承运人应将货物交给提单持有人，谁持有提单，谁就可以提货，承运人交付货物只凭单。这种提单丢失或被窃的风险极大，故国际上较少使用这种提单。

指示提单(Order B/L)是在提单正面“收货人”一栏内填上“凭指示”(To order)或“凭某人指示”(to the Order of…)字样的提单。如果收货人栏内填凭“××指示”，记名指示提单中指名的“××”既可以是银行的名称，也可以是托运人。不记名指示又称“空白抬头”，如“To order”，由托运人背书后可转让。

提单的持有人可以通过背书的方式把它转让给第三者，而不须经过承运人认可，所以这种提单为买方所欢迎。指示提单在国际海运业务中使用较广泛。

阅读案例 6-2

信用证项下提单的作用

**年 4 月国内某公司与美国一代理商签订了一份金额约 USD155 000 的纺织品出口合同，6 月初收到直接买家开出的不可撤销信用证，信用证要求出具记名某某公司的提单，并指定货物由美国某船公司装运。货物装运后全套单据经通知行寄到开证行索汇。正常的偿付结汇时间已过而货款却一直未到账，此时收到开证行的不符点电报，称单据有一处不符点，申请人拒绝赎单，全套单据由开证行保留。与此同时，我公司向船公司查询货物下落，被告知货物已被收货人提走。鉴于全套正本提单仍在开证行处，我方亦未有任何放货指令，我公司要求船公司对此作出解释。船公司答复说，托运人要求出具的是记名提单，记名提单项下可以不需正本提单，仅凭收货人的身份证明即可放货，船公司并无责任。我公司要求申请人赎单及船公司赔偿都未果，不久全套索汇单据被退回。出于无奈，我公司将美国船公司告上法庭。被告以此案适用美国 1936 年海上运输法作为辩护依据，提出提单背面条款中已约定，记名提单项下承运人可以不凭正本提单放货，只要收货人提供证明自己合法身份的有关文件即可。

国内海事法院一审认定，由于被告未能提供完整的美国法律文本，故本案适用中国海商法，提单无论记名与否都是物权凭证，裁定承运人必须凭作为物权凭证的正本提单放货，被告无单放货已严重侵权，应赔偿原告全部货款和利息损失。被告不服，提出上诉。在法庭的严正要求下，被告方提供了完整的美国 1936 年海上运输法文本。经仔细研读，此法只适用于往来美国港口的运输业务，本案恰恰未涉及美国港口。终审判决驳回上诉维持原判。终审判决书下达七天内，我公司即收到了被告赔偿的全部货款与利息。

资料来源：国际贸易实务网 http://met.fzu.edu.cn/

(5) 按提单格式，提单划分为全式提单和简式提单。

全式提单(Long Form B/L)指提单的印就格式，提单既有正面记载的事项，又有背面详细条款的提单。简式提单(Short Form B/L)只有正面必要记载项目而无背面条款。一般提单副本及租船合同的提单为简式提单，后者要参照租船合同的规定。

(6) 按提单使用有效性，提单分为正本提单和副本提单。

正本提单(Original B/L)指可凭以押汇货款和向目的港船公司或其代理提货的提单。正本提单有承运人正式签字盖章并注明签发日期。正本提单上必须标明“正本”(ORIGINAL)字样，正本提单一般签发一式两份或三份，这是为了防止提单流通过程中万一遗失时，可以应用另一份正本。各份正本具有同等效力，但其中一份提货后，其余各份均告失效。副本提单(Non－Negotiable Copy B/L，简称 Copy B/L)是与正本提单相对的提单，没有承运人签发，也没有提单背面条款，而仅供工作上参考之用的提单。副本提单份数根据托运人和船方的实际需要而定。副本提单只用于日常业务处理，不具备法律效力。

此外，还分为有运费预付提单和运费到付提单；班轮提单和租船合同下的提单；舱面提单，倒签提单，过期提单，预借提单等。

3. 提单的内容和缮制规范

提单分正反两面，提单正面是提单记载的事项，提单的背面为关于双方当事人权利和义务的实质性条款。国际上为了统一提单背面条款内容，曾先后签署了《海牙规则》、《维斯比规则》和《汉堡规则》。但这 3 个公约由于签署的历史背景不同，内容不一，各国对这些公约所持态度也不相同，因此各国船公司签发的提单背面条款也就互有差异。

现将提单正面的记载事项和缮制方法介绍如下。

1) Shipper，托运人

托运人是指委托运输的当事人。如信用证无特殊规定，应以受益人为托运人。如果受益人是中间商，货物是从产地直接装运的，这时也可以实际卖方为发货人，因为按《跟单信用证统一惯例》规定，如信用证无特殊规定，银行将接受以第三者为发货人的提单。不过此时必须考虑实际业务是否可行的问题，(如发货人是否在当地有代表可以背书)。

2) Consignee，收货人

这是提单的抬头，直接关系到提单的性质、能否转让、物权归属等问题，是银行审核的重点项目。使用信用证以外的结算方式，收货人一般为进出口贸易合同中的买方，在信用证项下，一般有 3 种写法。

如来证要求 Full set of B/L Consigned to ABC Co.，则提单收货人一栏中填 Consigned to ABC Co.。(记名提单)

如要求来人抬头“to Bearer”；(不记名抬头)，不需背书即可转让。

以上两种提单对出口方而言，存在不能转让或风险较大的特点，在实务中不多见。

实务中使用较多的指示提单如来证要求 B/L issued “To order”、“To order of shipper”、“to order of negotiating bank”则托运人或议付行应在提单背面作空白背书。如果收货人做成“To order of issuing bank”、“To order of applicant”，则发货人不必背书。

收货人栏的填写必须与信用证要求完全一致。

3) Notify party，被通知人

货到目的港口后，船公司将到港信息通知的对象。信用证中有规定，应严格按信用证规定填写，如详细地址、电话、电传、传真号码等，以使通知顺利。如果来证中没有具体说明被通知人，那么就应将开证申请人名称、地址填入提单副本的这一栏中，而正本的这一栏保持空白或填写买方亦可。

4) Pre-carriage by，前段运输；Port of Transshipment，转船港

如果货物需转运，则在此两栏分别填写第一程船的船名和中转港口名称。 如果货物不需转运，空白这两栏。

5) Vessel，船名

如果货物需转运，则在这栏填写第二程的船名；如果货物不需转运，则在这栏填写第一程船的船名。是否填写第二程船名，主要是根据信用证的要求，如果信用证并无要求，即使需转船，也不必填写第二程船名。如来证要求 In case transshipment is effected. Name and sailing date of 2ND ocean vessel calling Rotterdam must be shown on B/L(如果转船，至鹿特丹

的第二程船船名，日期必须在提单上表示)，只有在这种条款或类似的明确表示注明第二程船名的条款下，才应填写第二程船船名。此栏填写船名和航次，如没有航次，可以不显示。

6) Port of Loading，装运港

货物实际装船后起运的港口，应严格按信用证规定填写，装运港之前或之后有行政区的，如 Xingang/Tianjin，应照加。 有时一些国外开来的信用证笼统规定装运港名称，仅规定为"中国港口"(Chinese ports, Shipment from China to…)，这种规定对受益人来说比较灵活，制单时应根据实际情况填写具体港口名称，如"Shanghai port"。如信用证同时列出几个装运港(地)，提单只填写实际装运的那一个港口名称。

7) Port of Discharge，卸货港(目的港)

卸货港是承运人责任终止的港口，对于信用证方式结算的交易，按信用证规定的卸货港填制，当使用集装箱运输时，提单还必须记载最后目的地或交货地。

填写目的港应注意下列问题。

(1) 除 FOB 价格条件外，目的港不能是笼统的名称，如 European main port，必须列出具体的港口名称。如国际上有重名港口，还应加上国名。世界上有 170 多个港口是同名的，例如"Portsmouth"(朴次茅斯)港有五个，英国一个，美国四个；而"Victoria"(维多利亚)港有八个，巴西、加拿大、几内亚、喀麦隆、澳大利亚和塞舌尔、马来西亚和格林纳达都有。

(2) 美国和加拿大国家开来的一些信用证规定目的港后有 OCP 字样，应照加。OCP 即 Overland Common Points，一般叫做"内陆转运地区"，以洛矶山脉为界，以东各州都属于 OCP 地区范围内，采用这样条件可以享受到运费上的优惠，但是货物目的港必须是美国西海岸港口，例如 San Francisco OCP，意指货到旧金山港后再转运至内陆。San Francisco OCP Coos Bay，意指货到旧金山港后再转运至柯斯湾。

(3) 如信用证规定目的港为 Kobe/Nagoya/Yokohama，此种表示为卖方选港，提单只打一个即可。如来证规定 Option Kobe/ Nagoya/Yokohama，此种表示为买方选港，提单应按次序全部照打。

8) Final destination，最终目的地

如果货物的目的地就是目的港，空白这一栏。

9) No. of Original B/L，正本提单的份数

只有正本提单可流通，交单、议付，副本则不行。UCP600 第 20 条指出，"为唯一的正本，或如果以多份正本出具，为提单中表明的全套正本"。即提单可以是一套单独一份的正本单据，但如果签发给发货人的正本超过一份，则应该包括全套正本。全套提单一般理解为正本提单三份。不管有几份，提单必须表明其正本份数。出口商应按信用证规定来要求承运人签发正、副本提单份数。单据上忘记打上正本份数或某份提单没有"正本"字样，都是不符点。

10) Mark & No.，标记与封志号

标记，即唛头，是为了装卸、运输及存储过程中便于识别而刷在外包装上的装运标记，是提单的一项重要内容，是提单与货物的主要联系要素，也是收货人提货的重要依据。提单上的唛头应与发票等其他单据以及实际货物保持一致，否则会给提货和结算带来困难。

封志是装箱人装箱完毕后在集装箱箱门上加上的封志，此封志有唯一号码，破开封志

后才能打开箱门。进港后的集装箱被海关开箱查验后，往往更换新的封志号，这时托运人必须将新的封志号显示在提单上。

11) Number and kind of packages，件数和包装种类

本栏填写包装数量和包装单位。一般要求托运人填写件数的小写在此栏，还要填写件数的大写，防止更改，确保唯一性。在不同包装种类的货物，混装在一个整箱内，合计件数的包装种类显示“件数”(Packages)，对于集成包装的托盘货，一般除了显示托盘数以外，还要在括号里显示小件数。例如：5 Pallets(30 Cartons)/Say five pallets only。如果散装货物无件数时，可表示为“In bulk” (散装)。包装种类一定要与信用证一致。

12) Description of goods，商品名称

商品名称应按信用证规定的品名以及其他单据如发票品名来填写，应注意避免不必要的描述，更不能画蛇添足地增加内容。如果品名繁多、复杂，根据国际惯例，发票可以用“统称”，但不得与信用证中货物的描述有抵触。

13) Gross Weight (kg)，毛重(公斤)

毛重应与发票或包装单相符。如裸装货物没有毛重只有净重，应先加 Net weight 或 N.W.，再注具体的净重数量。

14) Measurement，尺码

尺码即货物的体积。以立方米为计量单位，小数点以下保留三位。FOB 价格条件下可免填尺码。

15) Freight clause，运费条款

运费条款应按信用证规定注明。如信用证未明确，可根据价格条件是否包含运费决定如何批注，主要有以下几种情况。

(1) 如果是 CIF、CFR 等价格条件，运费在提单签发之前支付者，提单应注 Freight paid (运费已付)或 Freight prepaid(运费预付)。

(2) FOB、FAS 等价格条件，运费在目的港支付者，提单应注明 Freight collect、Freight to collect、Freight to be collected (运费到付或运费待收)。

(3) 如果卖方知道运费金额或在船公司不愿意暴露运费费率的情况下，提单可注 Freight paid as arranged (运费已照约定付讫)，或者运费按照约定的时间或办法支付，提单可注 Freight as arranged。

16) Place and date of Issue，提单签发地点和日期

签单地址通常是承运人收受货物或装船的地址，但有时也不一致，例如，收受或装运货物在新港(Xingang)而签单在天津。提单签发的日期是提单所列货物实际装船完毕的日期，应与收货单上大副所签订日期一致。不得晚于信用证规定的装运期，UCP600 规定提单的出具日期将被视为发运日期，除非提单载有表明发运日期的已装船批注，此时已装船批注中显示的日期将被视为发运日期。

17) Laden on Board the Vessel，已装船批注

有些提单正面没有预先印就的类似已装上船的条款，这种提单便称为备运提单。备运提单转化为已装船提单的方式有两种。

(1) 在提单的空白处加“已装船”批注或加盖类似内容的图章。例如“Shipped on Board”，有的只加“On Board”。

(2) 在备运提单下端印有专供填写装船条款的栏目：Laden on Board the Vessel，已装船标注。装船后，在此栏处加注必要内容，如船名等，并填写装船日并由签字人签字或简签。

18) Signed for the Carrier，提单签发人签字

按照跟单性信用证统一惯例 UCP600 号规定，有权签发提单的是承运人或作为承运人的具名代理或代表，或船长或作为船长的具名代理或代表。如果是代理人签字，代理人的名称和身份都应该列明，与 UCP500 号相比，实质性的改变是代理人代表船长签发时不需要显示被代理船长姓名。

【单据实例 6.2】 锦州和泰矿物有限公司向银行提交提单如下：

<table>
<tr><td colspan="2">Shipper:
JINZHOU HOTIY MINERAL CORPORATION
HOTIY BUILDING，37-2 VICTORY STREET，
JINZHOU CITY，LIAONING，CHINA</td><td colspan="2" rowspan="6">B/L NO.: TF07S68

天津福祥海运有限公司
TIANJIN FUXIANG MARINE SHIPPING CO.,LTD.
BILL OF LADING
DIRECT OR WITH TRANSHIPMENT
SHIPPED on board in apparent good order and condition (unless otherwise indicated) the goods or packages specified herein and to be discharged at the mentioned port of discharge or as near thereto as the vessel may safely get and be always afloat.
The weight, measure, marks and numbers, quality, contents and value. Being particulars furnished by the shipper, are not checked by the currier on loading.
The shipper, consignee and the holder of this bill of lading hereby expressly accept and agree to all printed, written or stamped provisions. Exceptions and conditions of this Bill of Lading, including those on the back hereof.
IM WITNESS whereof the number of original Bills iflading
stated below have been signed, one of which being accomplished, the other to be void
original</td></tr>
<tr><td colspan="2">Consignee
TO ORDER OF TAIPEI FUBON COMMERCIAL BANK</td></tr>
<tr><td colspan="2">Notify address
HONGDA UNITED STEEL CORPORATION
658 LUCK ST. JIA HSING KANGSHAN JENN,
KAOHSIUNG HSIEN,TAIWAN.</td></tr>
<tr><td>Pre-carriage by</td><td>Place of receipt</td></tr>
<tr><td>Vessel
SKY FORTUNE V.152E</td><td>Port of loading
XINGANG</td></tr>
<tr><td>Port of discharges
KAOHSIUNG
PORT,TAIWAN</td><td>Final destination</td></tr>
<tr><td colspan="4">Container seal No.   Description of goods   Gross weight(kgs.)   Measurement(m³)
N/M   FERRO MOLYBDENUM   40056.00   40.00
CLHU3080892/833910/CY-CY/20'X1   L/C NO.: CDMS2007U/5539
CLHU3234806/833917/CY-CY/20'X1   S/C NO.: 03HL21801</td></tr>
<tr><td colspan="4">Total Number and kind of packages
FORTY BAGS ONLY
CLEAN ON BOARD</td></tr>
<tr><td colspan="3">REGARDING TRANSHIPMENT
INFORMATION PLEASE CONTACT</td><td>Freight and charges
FREIGHT PREPAID   18 JAN 2007</td></tr>
<tr><td rowspan="2">Ex. rate</td><td>Prepaid at</td><td>freight payable at</td><td>Place and date of issue
TIANJIN 07/01/18</td></tr>
<tr><td>Total prepaid</td><td>Number of original Bs/L (THREE)</td><td>Signed for or on behalf of the Master as Agent
AS AGENT FOR THE CARRIER:TFMS
李弘</td></tr>
</table>

6.3.2　航空运送单据

航空运输是一种现代化运输方式，它与海运运输、铁路运输相比，具有运输速度快、货运质量高等特点，最适合运输急救物质，贵重物品，鲜活、易腐货物，精密仪器等商品。近年来，随着国际贸易的发展，采用航空运输业日趋增加。到 2006 年底，中国已与其他国家签署双边航空运输协定总数达到 106 个，其中草签 13 个。中国 15 家航空公司飞行 43 个国家的 88 个城市，每周提供 204 个定期货运往返航班；与此同时，共有 51 个国家的 93 个航空公司飞行中国大陆 31 个城市，每周提供 307 个定期货运往返航班。采用航空运输，就需要承运人签发航空运输单据(Air Transport Document)。

1. 航空运送单据的性质和作用

航空运送单据简称航空运单(Airway Bill)，是在航空运输下，由承运的航空公司或其代理人签发的运输单据，是发货人与承运人(或代理人)之间的运输合同，当发货人将其货物发运后，承运人或其代理人就会将其中一份交给发货人(即发货人联)作为已接受其货物的证明，也就是一份货物收据；同时航空运单上记载着属于收货人应负担的费用和属于代理的费用，并详细列明费用的种类，因此可以作为运费账单和发票；当航空货物运达目的地后，应向当地海关报关，在报关所需各种单证中，航空运单通常是海关放行查验时的基本单据；若承运人承办保险或者发货人要求承运人代办保险时，则航空运单即可作为保险证书。但它有别于海运提单，并非代表货物所有权的物权凭证，是不可议付的单据。

通常，航空货运单由货运代理人代为填制。因为航空运输的操作要求很高，非货运代理人难以掌握货运单填制的各项要求，货运单填制完毕，托运人(或其代理人)和承运人(或其代理人)签字后即开始生效；货物运至目的地，收货人提取货物并在货运单交付联上签字认可后，其有效期即告结束。

2. 航空运单的种类

1) 航空主运单

凡由航空公司签发的航空运单称为主(或总)运单(Master Air Way Bill，MAWB)，每一批由航空运输公司发运的货物都须具备主运单，航空主运单的运输合同的当事人双方，一方是航空公司(实际承运人)，而另一方是航空货运代理公司(作为托运人)。主运单是承运人办理该运单项下货物的发运和交付的依据，是承运人与托运人之间订立的运输契约。

2) 航空分运单

航空分运单(House Air Way Bill，HAWB)是由航空货运代理人在办理集中托运业务时签发给各批发货人的运单。航空分运单的运输合同的当事人的双方，一方是航空货运代理公司，另一方是发货人，货物到达目的站后，由航空货运代理公司在该地的分公司或其代理凭主运单向当地航空公司提取货物，然后按分运单分别拨交给各收货人，所以发货人和收货人与航空公司不发生直接关系。

3. 航空运单的主要内容及缮制

航空运单通常每套 12 联，其中正本 3 联，副本 9 联，每联上都注明该联的用途。第一联，货物托运后由承运人或航空货运代理人将该联交托运人作为接受货物的证明；第二联，载有收、发货人应负担的费用和代理费用，由承运人留存作为运费账单和记账凭证；第三联，随货走，货到目的地将此联交收货人作为核收货物依据。

航空运单与海运提单类似也有正面、背面条款之分，各航空公司所使用的航空运单则大多借鉴IATA(IATA系“INTERNATIONAL AIR TRANSPORT ASSOCIATION”的缩写)所推荐的标准格式，差别并不大。所以我们这里只介绍这种标准格式(附录6-2)，也称中性运单。下面就有关需要填写的主要栏目说明如下。

(1) 始发站机场：需填写IATA统一制定的始发站机场或城市的三字代码，如中国民航的代号为999，日本航空公司的代号为131等，这一栏应该和11栏填制相一致。

(2) 发货人姓名、住址(Shipper's Name and Address)：信用证结算方式一般填写受益人姓名、地址、所在国家及联络方法；托收结算方式一般填写合同卖方的名称地址。如信用证另有规定则按信用证要求填写。

(3) 收货人姓名、住址(Consignee's Name and Address)：应填写收货人姓名、地址、所在国家及联络方法。信用证结算方式，有的是以买方为收货人，有的以开证行为收货人，根据信用证的规定填写。此栏在托收结算中一般填写合同中的买方。与海运提单不同，因为空运单不可转让，所以“凭指示”之类的字样不得出现。

(4) 承运人代理的名称和所在城市(Issuing Carrier's Agent Name and City)：本栏若运单由承运人的代理人签发时，可填写实际代理人名称及城市名。如果运单直接由承运人本人签发，此栏则可空白不填。

(5) 始发站机场及所要求的航线(Airport of Departure and Requested routing)：一般仅填写起航机场名称即可。这里的始发站应与1栏填写的相一致。

(6) 运费及声明价值费(WT/VAL，weight charge/valuation charge)：此时可以有两种情况：预付(PPD，Prepaid)或到付(COLL，collect)。预付的情况下，通常还应注明支付运费的货币币种及具体的运费金额，需要注意的是，航空货物运输中运费与声明价值费支付的方式必须一致，不能分别支付。

(7) 货物描述：包括货物的名称、数量、包装、价值及运输唛头等项内容，与其他单据填制方法相同。

(8) 签单时间(日期)、地点、承运人或其代理人的签字：签单以后正本航空运单方能生效。《跟单信用证统一惯例 UCP600》明确了航空运单要表明出具日期，除非空运单有专门批注注明实际发运日期，此时批注中的发运日期为发运日期，而UCP500号中规定，当信用证要求实际发运日期时，空运单据上注明的批注日期将被视为装运日期。本栏的日期不得晚于信用证规定的装运日期。以代理人身份签章时，如同提单一样，需在签章处加注“AS AGENTS”；承运人签章则加注“AS CARRIER”。

6.3.3 公路、铁路或内陆水路运送单据

这类运输主要以铁路运输量为最大。铁路是国民经济的大动脉，铁路运输是现代化运输业的主要运输方式之一，它与其他运输方式相比较，具有准确性和连续性强、运输速度比较快、运输量比较大、运输成本较低、安全可靠等优点。国际铁路货物运输有利于我国发展同欧亚各国的贸易，通过铁路把欧亚大陆连成一片，为发展中、近东和欧洲各国的贸易提供了有利的条件，也有利于开展同港澳地区的贸易，并通过香港进行转口贸易。

1. 国际铁路货物联运

国际铁路货物运输是指在国际铁路货物联运中使用一份统一的国际铁路联运票据，由铁路负责经过两个或两个以上国家全程运送，在由一国铁路向另一国铁路移交货物时，不需要收、发货人参加，并以连带责任办理货物的全程铁路运输。

国际铁路货物联运所使用的运单是铁路与货主间缔结的运输契约，当发货人向始发站提交全部货物，并付清应由发货人支付的一切费用，始发站在运单及其副本上加盖注明日期的印章，证明货物已被接受承运，契约生效。铁路运单随同货物自始发站送至终到站，在终到站由收货人付清应由收货人负担的费用后，货物由终到站铁路交给收货人。运单副本由始发站铁路签发给发货人作为货物已经交运的凭证和凭此向银行办理结算的主要单据。由于收货人向铁路提取货物时无需提交运单，因此铁路运单并非物权凭证，也不能通过背书进行转让和作为抵押品向银行融资。

2. 承运货物收据(Cargo Receipt)

我国大陆向港澳地区出口的货物，本不属于国际铁路货物联运，而属于国内铁路运输的范围，但又不完全同于国内的一般铁路运输，它由中国对外贸易运输公司和香港中国旅行社共同组织运输完成，是一种特殊的租车方式的两票运输。它的全过程是由国内段铁路运输和港段铁路运输两段组成，即由发货地外运公司或外贸进出口公司填制铁路运单向车站办理至深圳北站的托运手续；发货单位以出口物资工作单委托深圳外运分公司办理接货租车过轨等手续，装车后立即拍发起运电报；深圳外运分公司接到各发货地工作单和启动电报后，及时通知中旅社做好接车准备工作；发货地发车后，当地外运分公司与铁路局进行票据交换，并编制货车过轨计划，办理租车手续；货车到达后，深圳外运分公司与铁路局进行票据交换，并编制货车过轨计划，办理租车手续；中旅社向香港海关报关，并向广九铁路公司办理托运起票手续；货到香港后，由中旅社负责卸货并送交货主。如属去澳门货物，则发至广州，由广州外运公司办理中转手续，其他手续与对香港运输货物的手续相同。

我国内地通过铁路运往港、澳地区的出口货物，一般多委托中国对外贸易运输公司承办。当出口货物装车发运后，对外贸易运输公司即签发一份承运货物收据给托运人，以作为对外办理结汇的凭证。承运货物收据是承运人出具的货物收据，也是承运人与托运人签订的运输契约，它还是收货人凭以提货的凭证。

承运货物收据的格式及内容和海运提单基本相同，主要区别是它只有第一联为正本，在该正本的背面印有“承运简章”，载明承运人的责任范围。

3. 《跟单信用证统一惯例 UCP600 号》对公路、铁路或内陆水运单据(Road，Rail or Inland Waterway Transport Documents)的要求

UCP600 号增加了新条款：如果铁路运输单据没有明确承运人，可以接受铁路运输公司的任何签字、印戳作为承运人签署单据的证据；注明第二联的铁路运输单据将被作为正本接受，无论是否注明正本字样，铁路或内陆水运单据都被作为正本接受，如运输单据上未注明出具的正本数量，提交的份数即视为全套正本。

6.3.4 不可转让的海运单

海运单(Sea Waybill)，是指证明海上货物运输合同和承运人接收货物或者已将货物装船的不可转让的单证。海运单的正面内容与提单的基本一致，但是印有“不可转让(Non-Negotiable)”的字样。有的海运单在背面订有承运人责任、义务与免责条款、装货、卸货与交货条款、运费及其他费用条款、留置权条款、共同海损条款、双方有责碰撞条款、首要条款、法律适用条款等内容。有的海运单没有背面条款，仅在海运单的正面或者背面载明参照何运输条件或者某种提单或其他文件中的规定。

1. 海运单与提单的区别和联系(见表 6-1)

表 6-1 海运单与提单的区别和联系

提　单	海运单
提单是货物收据、运输合同，也是物权凭证	海运单只具有货物收据和运输同这两种性质，它不是物权凭证
提单可以是指示抬头形式，通过背书流通转让	海运单是一种非流通能性单据，海运单上标明了确定的收货人，不能转让流通
提单的合法持有人和承运人凭提单提货和交货	仅凭提货通知或其身份证明提货，承运人凭收货人出示适当身份证明交付货物
提单有全式和简式提单之分	海运单是简式单证，背面不列详细货运条款但载有一条可援用海运提单背面内容的条款

UCP600 取消了不接受承运船舶仅有风帆驱动的规定，同 UCP500 号相比，代理人代表船长签字时不需要显示被代理船长姓名。

2. 海运单在实际业务中应用

由于海运单不具有转让流通性，在实际业务中可避免单据遗失和伪造提单所产生的后果。收货人提货时无须出示海运单，这既解决了近途海运货到而提单未到的常见问题，又避免了延期提货所产生的滞期费、仓储费等。

它主要应用于跨国公司的总分公司或相关的子公司间的业务往来，买卖双方贸易往来已久，充分信任，关系密切的伙伴愿意使用海运单，在短途海运的情况下，往往是货物先到而提单未到，宜采用海运单。

6.3.5 租船合约提单

租船合约提单(Charter Party Bill of Lading)是指在租船运输业务中，在货物装船后由船长或船东根据租船合同签发的提单。提单内容和条款与租船契约有冲突时，以租船契约为准。租船合约提单上应该有类似这样一些文字：“此提单受到租船合约的约束”。如果信用证不要求或不允许提交租船合约提单，银行将不接受租船合约提单。即使信用证要求提交与租船合约提单有关的租船合约，银行对该租船合约不予审核，但将予以照转而不承担责任。租船合约提单通常是略式提单。这种提单之列有货名、数量、船名、装船港、目的港等必要项目，背面无详细条款。租船提单有的是专有格式，也有的是一般格式的提单。

租船合约提单的主要内容如下。

(1) 注明合约。提单上注明一切条件、条款和免责事项按照“×年×月×日租船合同”或批注“根据×××租船合同出立”字样。

(2) 装船批注。应标明货物已装船或装于具名船只，通过以下方式表明货物已在信用证规定的装货港装上具名船只：预先印就的文字，或者已装船批注注明货物的装运日期。

(3) 装运港和卸货港。应与信用证上的要求一致，但 UCP600 新规定卸货港可以显示为信用证规定的港口范围或地理区域。

(4) 租船合约提单签署，可由船长、船东和他们的剧名代表签发，UCP600 又增加了租船人或其具名代理人可以签发提单，并规定代理人代表船长签发提单时不需要显示被代理船长姓名。

6.3.6 涵盖至少两种不同运送方式的运送单据

跟单信用证统一惯例 UCP600 号把多式联运提单条款改为：涵盖至少两种不同运输方式的运输单据(Transport Document Covering at Least Two Different Modes of Transport)。这种运送单据需由承运人、船东、船长或租船人以外人士签发，文字上取消了 UCP500 号中的多式运输营运人签发的规定。

涵盖至少两种不同运送方式是指必须至少使用两种不同运送方式将货物从一国境内接管货物的地点运至另一国境内指定地点交货的运输方式。这种运输方式可以是陆海、陆空、海空组成，涵盖至少两种不同运送方式的运输单据可以表明货物将要或可能被转运，只要全程由同一运输单据涵盖。在运输过程中需要转运，UCP600 号增加了转运定义：“转运是指从信用证规定的发送、接管或者发运地点至最终目的地的运输过程中从某一运输工具上卸下货物并装上另一运输工具的行为。”如从汽车上卸下来装上船或从某一汽车卸下装上另一汽车都可以。涵盖至少两种不同运送方式的运送单据的作用与海运提单相似，既是货物收据，也是运输合同的证明。在单据做成指示抬头(还可以做成记名，不能转让)时，可作为物权凭证，经有效背书后可以转让。

6.3.7 快递收据和邮政收据

快递收据(Courier Receipt)是一种其他运输方式所没有的特殊单据。交付凭证一般有四联，即发货人联、随货同行联、财务结算联或收货人签收联(由快邮服务公司送上门)。《跟单信用证统一惯例》UCP600 新规定：快递收据必须注明快递服务机构的名称，并在信用证规定的货物发运地点由该具名的快递机构盖章或签字，取消了 UCP500 中的以其他方式证实(Otherwise Authenticated)。

邮政收据(Post Receipt)是邮局核实所寄货物重量并收费后签发给寄件的收据，收据签发后，一份随所寄物品一并发往目的地，然后由目的地邮局向收件人发出取货通知，收件人凭以提取邮件的凭证，另一份交寄件人向银行办理议付，当邮包发生损坏或丢失时，它还可以作为索赔和理赔的依据，但邮包收据不是物权凭证。

对于邮政收据应注意以下问题：①由于邮政收据不是物权凭证，不能背书转让，所以必须做成记名抬头，即直接打收件人即收货人的名称和地址；②UCP600 规定邮政收据或投邮证明必须在信用证规定的货物发运地点盖章或签署并注明日期，该日期被视为发运日期。UCP500 的规定是盖戳或以其他方式证实。

6.4 保险单据

6.4.1 保险单的含义和作用

出口货物在长途运送和装卸过程中，有可能会因自然灾害、意外事故或其他外来因素而导致受损。为了保障收货人在货物受损后获得经济补偿，一般在货物出运前，货主都向保险公司办理有关投保事宜，按 FOB 或 CFR 术语成交的出口货物，卖方无办理投保的义务，但卖方在履行交货之前，货物自仓库到装船这一段时间内，仍承担货物可能遭受意外损失的风险，需要自行安排这段时间内的保险事宜；按 CIF 或 CIP 等术语成交的出口货物，卖方负有办理保险的责任，一般应在货物从装运仓库运往码头或车站之前办妥投保手续。我国进口货物大多采用预约保险的办法，各专业进出口公司或其收货代理人同保险公司事先签有预约保险合同。只要在进出口业务中涉及办理保险手续，就必须按合同或信用证要求填写货物运输险投保单(附录 6-3)交给保险公司，保险公司若接受了投保，就签发给投保人一份承保凭证即保险单。签订合同后，保险公司负有自动承保的责任。

当被保险货物遭受到保险凭证责任范围内的损失时，保险单是索赔和理赔的依据；在 CIF 合同中，保险单同时又是卖方向买方提供的出口结汇单据之一。保险单据有保险单、保险凭证和预约保单等，由于它只是保险人单方面签署的，所以只是保险人与被保险人之间订立保险合同的证明，而不是保险合同。

6.4.2 保险单的种类

以海上货物运输保险而言，海上保险单据根据其表现形式不同，常可分为以下几种。

1. 保险单，俗称大保单(Insurance Policy)

保险单俗称为“大保单”，一般由保险人根据投保人的投保申请而逐笔签发。它是一种正规的保险合同，承保在保单中所指定的经由指定船舶承运的货物在运输途中的风险，保单除载明被保险人(投保人)的名称、发票号码(唛头)、数量或重量、被保险货物(标的物)、保险金额、运输工具、保险的起讫地点、承保险别、检验理赔代理人、赔偿地点、出单日期等基本项目外，还在其背面列明了保险条款等。

2. 保险凭证，俗称小保单(Insurance Certificate)

它是保险人签发给被保险人，证明货物已经投保和保险合同已经生效的文件。它是一种简化了的保险单，保险凭证的正面依然载明了保险的基本项目，但背面未列保险条款，仅声明：“兹依照本公司正式运输险保险单内所载全部条款及本承保凭证所订立条款，承保下列货物保险，如保险单之条款与本凭证所订条款有抵触时，应以本凭证所订条款为准。”保险凭证具有与保险单同等的效力，但在信用证规定提交保险单时，一般不能以保险单的简化形式。

3. 预保单(Open Cover)

预约保险单是一种定期统保契约，也称预保合同或预保协议。它是保险人与被保险人事先约定在一定时期内对指定范围内的货物进行统一承保的协议，这种形式适用于经常有大批货物出运的投保人。

预约保险单应对保险公司承保的标的、期限、预计承保金额、每一危险单位的责任限额、承保的航运路线等作出明确规定，被保险人如有超出此规定的货物需要运输，必须另行申请设保。被保险人在拥有预约保险单后，每批货物一经装运，就要将该批货物的名称、数量、保险金额、船名、航线等内容以投保声明书的形式及时通知保险人。

4. 联合凭证(Combined Certificate)

联合凭证亦称“联合发票”，是一种发票和保险单相结合，较上述保险凭证更为简化的保险单据，但与正式保险单具有同等的效力。此凭证只有我国采用，也仅适用于对港、澳地区中资银行的信用证项下的出口业务且不能转让。

此外，还有暂保单，是一种非正式的保险单据，仅是表示即将订立保险合同的一种证明，一般由保险经纪人出具，它并不证实保险人与被保险人之间合同关系的确立，在实际业务中，保险经纪人出具的暂保单不被有关当事人接受，跟单信用证统一惯例 600 号明确规定，暂保单将不被接受，(而 UCP500 号的规定是由 BROKER 出具的暂保单不被接受)。

6.4.3 保险单的内容和制作要求

保险单记载和印定的内容包括正面和背面两部分，其中背面印就了我国海洋货物运输承保的险别(平安险、水渍险和一切险)的承保范围，正面内容不同的保险公司都有自己固有的保险单格式，其基本内容及缮制要点如下。

(1) 被保险人：以 CIF 条件对外成交时，一般为出口商代替买方办理货物运输保险，保险单的被保险人应该填写受益人名称，在办理结汇手续时出口商应对保险单进行背书转让。一般保险单据的背书有两种：空白背书和记名背书。空白背书的具体做法是在保险单据背面打上被保险人公司的名称或盖上公司图章，很多公司都刻有背书专用章，可同时用于提单和保单背书，再加上背书人签字，此外不再作任何批注。记名背书的具体做法除了在保险单据背面做成上述“空白背书”外，还应在被保险人的名称上面打印上“DELIVERY TO (THE ORDER OF)××BANK (Co.，)”，即[交由××银行(或公司)的(指示)]。记名背书里的被保险人一栏通常在出保单的同时一次直接打印完成。

记名背书在日常业务中较少使用。保险单据做成记名背书意味着保险单据的受让人在被保货物出险后享有向保险公司或其代理人索赔的权利。

(2) 发票号码：按实际号码填写。

(3) 标记(MARKS & NO.S)：按信用证规定，应与发票、提单相一致，如果唛头较复杂，有种简化方法，可以只打上“as per Invoice No.______”，但是如果信用证要求保险单显示唛头，则必须严格照办。

(4) 包装及数量：填单件运输包装的件数及商品数量，若为散装，则应先注明“IN BULK”，再填重量。

(5) 保险物资项目(DESCRIPTION)：填商品的名称，与发票一致，也可与提单一致使用统称。

(6) 保险金额(小写)：应为发票金额加上投保加成后的金额，并注明币制，币制应与信用证规定相符，或与发票相符。一般按出票价值的 110%填制，按照惯例，货币单位以下不管多少，均按进一位的办法计算，如“USD16 578.01”按“USD16 579.00”填制。《跟单信用证统一惯例 UCP600 号》第 28 条增加了“保险单据必须表明投保金额，信用证对投保金额为货物价值、发票金额或类似金额的某一比例的要求，将被视为最低投保额的要求；如果信用证对投保金额未作规定，投保金额至少为货物的 CIF 或 CIP 价格的 110%”这一规定。

(7) 总保险金额(大写)：即小写保险金额的英文翻译，后边也要加上“ONLY”字样。

(8) 装载运输工具(PER CONVEYANCE S.S)：要与运输单据一致。可填船名航次、航班号或车次，海运方式下也可填 AS PER B/L，出单时若船名未定，可填“AS ARRANGED”(按照约定)即可；如投保时已明确需要在中途转船，第一程船名后加第二程船名，并用“/”隔开，如第二程船名未加，则以“AN/OR STEAMERS”表示，其他运输工具照实填写运输方式，如火车运输填“By Train”，航空运输填“By Airplane”等。

(9) 开行日期及起讫地点：可填提单签发日，但通常办理投保在装运之前，因此开行日期可以填大约日期，根据 UCP600 号规定，大约日期可以理解开航前后各 5 天之内，有时为了省事可以直接填“AS PER B/L”。地点参照提单填写。

(10) 承保险别：按合同或信用证的规定，如：COVERING ALL RISKS AS PER OCEAN MARINE CARGO CLAUSES (1981.1.1)OF THE PICC。在实际业务中承保险别有两种，一是《中国人民保险公司海洋运输货物保险条款》，其承保的基本险包括平安险、水渍险和一切险，可以由被保险人选择其中一项而单独投保，附加险(无论是一般附加险还是特殊附加险)，则必须在投保某一项基本险（一切保险中包括一般附加险）后，再行投保，附加险不能单独投保；另一种险别是《伦敦保险协会货物保险条款》，承保的险别有 6 种，主要的是 ICC(A)、ICC(B)ICC(C)，协会附加险一般情况下可以单独投保。实际业务中具体险别根据合同和信用证要求选择，注意不要把两者承保险别弄混淆。

在填写时，一般只需填写险别的英文缩写，同时注明险别的来源，即颁布这些险别的保险公司，并标注险别生效的时间。

(11) 赔款偿付地点：应根据需要填写，如信用证未规定赔款偿付地点，一般为目的港(地)，如果来证不止一个目的港(地)，则应全部照填，并注明使用货币的币种。在实务中有时受益人为了保护自身的利益，将本国作为赔付地点，这也是可以接受的。

(12) 保险勘查代理人：填写保险单所载明最后目的地的保险公司代理人名称，由保险公司自定，但要提供其地址，以便发生损失时收货人通知其进行勘查和理赔。

(13) 签发日期：UCP600 增加了“保险单据必须表明承保的风险区间至少涵盖从信用证规定的货物接管地或发运地开始到卸货地或最终目的地为止。”这一条款，所以签发日期须早于运输单据，才能证明是在装运前办理的投保。

(14) 保险公司签章：经签章后保险单才能生效。对于有权签发保险单的人，UCP600号又有了新规定，“即保险单或预约保险项下的保险证明书或声明书，必须由保险公司或承保人或其代理人或代表出具并签署。”增加了代表可以签发保险单据。代理人或代表的签字必须表明其代表保险公司或承保人签字。

【单据实例 6.3】锦州和泰矿物有限公司向银行提交保险单如下：

PICC　中国人民保险公司　　分公司

The People's Insurance Company of China　　Branch

总公司设于北京　　一九四九年创立　　保单正本份数 **3**

Head Office Beijin　　Established in 1949　　No of Originals ___(THREE)

货物运输保险单

CARGO TRANSPORTATION INSURANCE POLICY

发票号(INVOICE NO.)　**HSF070120**　　保单号次

合同号(CONTRACT NO.)　**03HL21801**

提单号(B/L NO .)　**TF07S68**　　POLICY NO.　**:ATAE0042007B**

信用证号(L/C NO.)　**CDMS2007U/5539**

被保险人：

Insured: **JINZHOU　HOTIY　MINERAL CORPORATION**

人民保险公司(以下简称本公司)根据被保险人的要求，由被保险人向本公司缴付约定的保险费，按照本保险单承保险别和背面所列条款与下列条款承保下述货物运输保险，特立本保险单。

THIS POLICY OF INSURANCE WITNESSES THAT THE PEOPLE'S INSURANCE COMPANY OF CHINA(HEREINAFTER CALLED"THE COMPANY")AT THE REQUEST OF THE INSURED AND INCONSIDERATION OF THE AGREED PREMIUM PAID TO THE COMPANY

BY THE INSURED,UNDERTAKES TO INSURED THE UNDERMENTIONED GOODS IN TRANSPORTATION SUBJECT TO THE CONDITIONS

OF THIS POLICY AS PER THE CLAUSES PRINTED OVERLEAF AND OTHER SPECIAL CLAUSES ATTACHED HEREON.

ORIGINAL

标　记 MARKS & NOS.	包装及数量 QUANTITY	保险货物项目 DESCRIPTION OF GOODS	保险金额 AMOUNT INSURED
N/M	**40 BAGS**	**FERRO MOLYBDENUM** **L/C NO.：CDMS2007U/5539** **S/C NO.: 03HL21801**	**USD1416360。00**

总保险金额：**SAY U.S.DOLLARS ONE MILLION FOUR HUNDRED SIXTEEN THOUSAND THREE HUNDRED SIXTY ONLY.**

TOTALAMOUNT INSURED:

保费　　费率　　启运日期　　装载运输工具：

PREMIUM: **AS ARRANGED** RATE **AS ARRANGED** DATE OF COMMENCEMENT **JAN 21 2007**PER CONVEYANCE: **SKY FORTUNE V.152E**

自　　经　　至

FROM **XINGANG,PORT,CHINA** VIA ___ TO **KAOHSIUNG,PORT,TAIWAN**

承保险别：

CONDITIONS:**COVERING INSTITUTE CARGO CLAUSES(A), INSTITUTE WAR CLAUSES(CARGO) AND INSTITUTE STRIKES CLAUSES (CARGO).**

所保货物，如发生保险单项下可能引起索赔的损失或损坏，应立即通知本公司下述代理人查勘。如有索赔，应向本公司提交保单正本(保险单共＿两＿份正本)及有关文件。如一份正本已用于索赔，其余正本自动失效。

IN THE EVENT OF LOSS OR DAMAGE WHICH MAY RESULT IN A CLAIM UNDER THIS POLICY,IMMEDIATE NOTICE MUST BE GIVEN TO THE COMPANY'S AGENT AS MENTIONED HEREUNDER.CLAIMS,IF ANY,ONE OF THE ORIGINAL POICY WHICH HAS BEEN ISSUED IN **TWO** ORIGINAL TOGETHER WITH THE RELEVENT DOCUMENTS SHALL BE SURRENDERED TO THE COMPANY.IF ONE OF THE ORIGINAL POLICY HAS BEEN ACCOMPLISHED,THE OTHERS TO BE VIOD.

Contact Name(s):Mr Peter Hocapt. Stanley Chen　　Telephone(886)223313998(24Hrs)

保险公司英文章

中国人民保险公司　分公司

The People's Insurance Company of China　Branch

赔款偿付地点

CLAIM PAYABLE AT **KAOHSIUNG　IN USD**

出单日期

ISSUING DATE **JAN. 19 2007**

Authorized Signature

6.5 其他单据

6.5.1 包装单据

1. 包装单据含义

包装单据(Packing Documents)是对货物的包装条件、重量和体积进行记载或描述商品包装情况的单据，是商业发票的补充和说明，也是进口商清点数量或重量以及销售货物的依据。进口地海关验货、公证行检验、进口商核对货物时都必须以包装单据为依据。常用的包装单据有装箱单、包装明细单、重量单、重量证书、磅码单、尺码单、花色搭配单等。其中最常使用的是装箱单，装箱单表明装箱货物的名称、规格、数量、唛头、箱号、件数和重量，以及包装情况，如系定量装箱，每件都是统一的重量，则只需说明总件数多少即可，如果来证条款要求提供详细包装情况，则必须描述每件包装的细节，包括商品的货号、色好、尺寸搭配、毛净重及包装的尺码等项目。

2. 装箱单内容与缮制

装箱单无统一格式，一般由出口商自行设计，其基本内容及制单要求如下。

(1) 出口商名称，地址：要与相对应的发票一致。

(2) 发票号码(INVOICE NO.)、制单日期(DATE)：与商业发票相一致。

(3) 装运港和目的港：一般只简单地表明运输路线及运输方式，如 FROM ×× TO ×× BY SEA/AIR。

(4) 唛头(SHIPPING MARK)：必须与商业发票保持一致。

(5) 货物描述(DESCRIPTION OF GOODS)：装箱单货物描述可以使用统称，但不得与信用证的规定相抵触。而且装箱单上不得表明商品的单价和总价，因为进口商把那个品转售给第三者时只要交付包装单和货物，不愿泄漏其购买成本。

(6) 规格(SPECIFICATION)：列明不同产品的型号、大小、花色等尺寸搭配等。

(7) 外包装数量及内产品数量(NO. OF PACKAGES，QUANTITY)：要写明包装物的名称及数量。如果信用证规定要列明内包装情况，必须在单据中充分表示出来，例如：信用证规定：每件装一胶袋、每打装一盒、每 25 打装一纸箱，则需在装箱单上注明：“Packing each piece in a poly bag, one dozen in a cardboard box and then 25 dozens in a carton.”

(8) 每个外包装尺寸(SIZE)、毛重(GROSS WEIGHT) 及净重(NET WEIGHT)：按实际情况填写。外包装尺寸即每箱的长×宽×高，如：50cm×30cm×25cm。

(9) 总毛重(TOTAL GROSS WEIGHT)、总净重(TOTAL NET WEIGHT)及总体积(TOTAL MEASUREMENT)：即将单件包装进行合计。

(10) 出口商签章(SIGNATURE)：如合同或信用证有要求，则需进行签章。

【单据实例 6.4】 锦州和泰矿物有限公司制作的装箱单如下：

锦州和泰矿物有限公司

JIZHOU　HOTIY　MINERAL CORPORATION

HOTIY　BUILDING，37-2　VICTORY STREET，JINZHOU CITY ，LIAONING，CHINA

PCKING LIST

<table>
<tr><td colspan="2" rowspan="2">EXPORTER:
**JIZHOU　HOTIY　MINERAL CORPORATION
HOTIY　BUILDING，37-2　VICTORY STREET，
JINZHOU CITY ，LIAONING，CHINA**</td><td colspan="2">INVOICE NO.:
HSF070120</td><td colspan="2">DATE:
JAN.15, 2007</td></tr>
<tr><td colspan="2">S/C NO.:
03HL21801</td><td colspan="2">L/C NO.:
CDMS2007U/5539</td></tr>
<tr><td colspan="2">TO:
**SHUANGSHENT　INVESTMENT　AND TRADING CO.，LTD
PEACE　ROAD　MARSHALL ISLANDS MH 96890 ,KAOHSIUNG**</td><td colspan="4">**TRANSPORT DETIALS:
B/L NO:TF07S68
FROM:XINGANG PORT,CHINA
TO:KAOHSIUNG,TAIWAN
BY VESSVEL:SKY FORTUNE V.152E**</td></tr>
<tr><td>SHIPPING MARK</td><td colspan="2">DESCRIPTION OF GOODS</td><td>QUANTITY</td><td>GROSS</td><td>NET</td></tr>
<tr><td>**N/M**</td><td colspan="2">**FERRO MOLYBDENUM
MO : 58 .00PCT
SI : 0.42PCT
C : 0.024 PCT
S : 0.082 PCT
P: 0.040 PCT
CU :0.24 PCT
SIZE: 10～60MM(90 PCT MIN)
PACKING: In 1mt super bags with bottom discharge spout
Total: 40 bags only**</td><td>**MT
40MTS**</td><td>**KG
40056KGS**</td><td>**KG
40000KGS**</td></tr>
<tr><td></td><td colspan="5">***锦州和泰矿物有限公司(章)
JINZHOU HOTIY MINERAL CORPOARATION***</td></tr>
</table>

6.5.2　商检证书

1．商检证书(Inspection Certificate)的含义和作用

商检证书是各种商品检验证书、鉴定证书和其他证明书的统称，是由中国出入境检验检疫局以国家行政机构的身份，对进出口商品进行检验和鉴定后对外签发的、具有法律效力的证书，它是证明卖方所交货物与合同规定是否相符的依据，也是报关验放的有效凭证。我国办理进出口商检的官方机构是中国出入境检验检疫局(即 CIQ)，而出入境检验检疫公司(CCIC)则作为民间机构办理商品的出入境检验检疫。

我国对进出口商品的检验有法定检验和鉴定业务两类。若需要检验的商品，均需在出口报关前到商检机构申请商检。只有检验合格，才允许出口，如果检验证明中所列的项目或检验结果与信用证规定不符或与出口商提交的其他单据不符，有关银行可以拒绝议付货款。

商检证书有品质检验证书、重量或数量检验证书、兽医检验证、卫生证、熏蒸消毒证等。

检验证书具有多方面的作用，主要有下列几点。

(1) 作为证明卖方交货的品质、数量、包装以及卫生条件等是否符合合同规定的依据。在国际货物买卖中，双方签订的合同或开证行开出的信用证中通常都规定，卖方交货时必须提交规定的检验证书，以证明所交货物是否与合同规定一致。如证明所交货物与合同要求不一致，买方有权利采取适当救济措施。

(2) 检验证书是卖方向银行结算货款的依据。在信用证付款条件下，卖方向银行结算货款时，必须提交检验证书，以证明检验证书所列事项是否与信用证规定一致。如不一致，银行有权拒绝支付货款。

(3) 检验证书是处理索赔、理赔的依据。如卖方交货品质、数量、包装以及卫生条件与合同规定不符时，买卖双方可以凭此作为拒收、索赔或理赔的依据。

(4) 检验证书是海关验关放行的依据。凡属法定检验范围的商品，在办理进出口通关手续时，必须向海关提供检验机构签发的检验证书。否则，海关不予放行。

发货人一般在货物装运前至少 10 天，填制出境货物报检单(附录 6-4)向当地商检机构申请报验，商检机构检验后出具相关证书。

2. 商检证书的主要内容

(1) 收、发货人名称：发货人为出口公司的中英文名称(一般用英文)；依信用证规定，收货人一般为进口商。

(2) 货物描述(中英文)：一般包括重量、数量、规格等条款，按信用证规定，一般与发票保持一致。

(3) 报检数量/重量：按发票相同内容填制。散装货物可用“IN BULK”注明，再加数量。

(4) 检验结果：在信用证业务中，必须注意检验结果是否符合要求。如信用证中未对检验结果有明确规定，但信用证中具体规定了商品的质量、成分，则检验结果应与信用证规定相符。另外，不能接受含有对货物的规格、品质、包装等不利陈述的检验报告。

(5) 检验机构签字盖章：在信用证业务中，检验机构必须符合信用证的要求，国际上的商品检验机构种类繁多、名称各异，有的称作公证行、宣誓衡量人，也有的称之为实验室。在我国，主管全国出入境商品检验、鉴定和管理工作的机构是中华人民共和国国家出入境检验检疫局及其设在各地的分支机构。

阅读案例 6-3

检验证书是否一定要注明检验日期？

国内 A 公司向德国 B 公司出口化工原料，单据提交议付行审核后未发现不符点，于是议付行将单据寄给德国某开证行，开证行审单后，发现检验证书没有注明检验日期，遂提出拒付。

由于检验证书没有注明检验日期，进口商无法确定货物是在装运之前做出的检验还是在装运之后做出的检验，如果是在装运之后检验，许多商品的检验过程实际上是无法进行的。即使能够进行，其检验结果也很难合乎要求，因此，检验证书一定要注明检验日期。

【单据实例 6.5】 锦州和泰矿物有限公司向银行提交的检验证书如下：

CIQ

中华人民共和国出入境检验检疫

ENTRY-EXIT INSPECTION AND QUARANTITE

OF THE PEOPLE'S REPUBLIC OF CHINA

正 本 ORIGINAL

共 1 页 第 1 页 Page 1 of 1

编号 No.:**2107007010906**

CERTIFICATE OF QUALITY

发货人 **JINZHOU HOTIY MINERAL CORPORATION**

Consignor **HOTIY BUILDING , 37-2 VICTORY STREET, JINZHOU CITY,LIAONING,CHINA**

收货人

Consignee **SHUANGSHENT INVESTMENT AND TRADING CO., LTD**

PEACE ROAD MARSHALL ISLANDS MH 96890 ,KAOHSIUNG

品名

Description of Goods **FERRO MOLYBDENUM**

标记及号码

Mark & No.

N/M

报检数量/重量

Quantity/Weight Declared **- 40-MT/-40 BAGS**

包装种类及数量

Number and Type of Packages **-40- BAGS**

运输工具

Means of Conveyance **BY SEA**

UPON THE APPLICATION OF THE CONSIGNOR,OUR INSPECTORS INSPECTED THIS LOT OF COMMODITY,THE DETAILS WERE AS FOLLOWS:

COMDITION OF GOODS: PACKED IN 1MT SUPER BAGS WITH BOTTOM DISCHARGE SPOUT AND SEALED WELL AFTER SAMPLING LOT IN ORDER

SAMPLING:IN ACCORDANCE WITH THE STANDARD NO.ZB/T4010-94, 10 BAGS WERE OPENED AT THE FACTORY ,FROM WHICH ABOUT 80 KGS OF REPRESENTATIVES WERE DRAWN ON 18 JAN,2007 AND CRUSHED TO 10MM DOWN,OF WHICH 7KGS WERE MADE TH OUGH MIXING & DEDUCTING AND RECRUSHED TO 2.8MM DOWN TO PREPARE THE REQUIRED SAMPLE.。

INSPECTION:THE ABOVE MENTIONED SAMPLE WAS INSPECTED ACCORDING TO THE CONTRACT AND OTHER RELEVANT STANDARDS WITH THE RESULTS AS FOLLOWS:

MO : 58.00PCT	**SI : 0.42PCT**	**C: 0.024 PCT**
S : 0.082 PCT	**P: 0.040 PCT**	**CU:0.24 PCT**

SIZE 10--60MM(90 PCT MIN)CONCLSION:THE QUALITY OF THIS LOT OF COMMODITY MEETS THE CONTRACT NO.HSF070120 AND THE L/C NO.CDMS2007U/5539

（印章：中华人民共和国锦州出入境检验检疫局）

印章：签证地点 Place of Issue **JINZHOU,CHINA** 签证日期 Date of Issue **JAN .19,2007**

Official Stamp 授权签字人 Authorized Officer **XXX** 签名 Signature **XXX**

我们已尽所和最大能力实施上述检验，不能因我们签发本证书而免除卖方或其他方面根据合同和法律所承担的产品质量责任和其他责任。All inspection are carried out conscientiously to the best of our knowledge and ability.This certificate dose not in any respect absolve the seller and other related parties from his contractual and legal obligations especially when product quality is concerned.

B1001536

6.5.3 原产地证明书

原产地证明书(Certificate of Origin)是卖方应进口商的要求，自行签发或向特定的机构申请后由其签发的，证明出口商品的产地或制造地的一种证明文件。它是决定出口产品在进口国受何种关税待遇的重要证明文件，也是进口国对某些国家或某种商品采取控制进口额度和进口数量的依据。我国国家商品检验检疫局和贸促会分别代表官方和民间机构对外签发产地证。常见的原产地证明有一般原产地证明书和普惠制产地证表格 A。

1. 中国国际贸易促进委员会与商检局签发的一般原产地证明

一般原产地证明，简称产地证，是指中华人民共和国出口货物原产地证明书，它是证明中国出口货物符合《中华人民共和国货物原产地规则》，确实是中华人民共和国原产地的证明文件。

中国国际贸易促进委员会(CCPIT)与国家商检局都可签发一般原产地证明，其签发格式统一，编号统一，并统一由国家指定机构印制发放，有长城水印防伪花纹，出口商需要时，向商检局或贸促会购买。在每批货物报关出运前 3 天，根据信用证、合同规定缮制好，并按要求向上述机构申请签发。申请时，提交全套已制好的原产地证书及合同、商业发票和箱单的副本各一份，贸促会或商检局在证书(一正三副)正本上盖章，并留一份黄色副本备查。主要内容有：进出口双方当事人的名称和地址；货物的描述，按发票内容填制，可以用统称；注明产地，这是关键的一项内容，应注明中国，如在信用证要求货物："纯种国产(PURELY)"或"完全中国产(WHOLLY)"，则产地证一定表明货物完全是中国制造的；签发日期，参照发票日期填写，不得迟于提单日期；证明(CERTIFICATION) 由贸促会或商检局签发地点、日期、盖章和手签。

2. 商检局签发的普惠制产地证表格 A

普遍优惠制是发达国家对发展中国家向其出口的制成品或半成品货物时，普遍给予的一种关税优惠待遇的制度。凡享受普惠制待遇的商品，出口方一般应向给惠国提供原产地证书表格 A(澳大利西亚可使用发票加注有关声明文句代替，新西兰使用 FORM 59A)。

该证书纹面为绿色扭索型图案，由出口企业在货物出运前 5 天自行缮制好，连同该证书申请及商业发票一份送交各地商检局审核，商检机构接受申请后，审核无误即签发正本一份进行议付(副本由出口商自己签章)，除 6、8、10、11、12 栏不能更改外，其他各栏也只能更改一处，并要加盖商检局更正章，其内容及缮制如下。

1) 出口商名称、地址及所在国(EXPORTER'S BUSINESS NAME, ADDRESS, COUNTRY)

此栏是强制性的，必须填上出口商的全称和详细地址，包括街道及门牌号码等。

2) 收货人名称、地址、国家(CONSIGNEE'S NAME, ADDRESS, COUNTRY)

一般为给惠国的最终收货人(即信用证规定的提单统治人)、如收货人不明确，可填发票抬头人的名称和地址，不能填中间商名址。

3) 运输方式和路线(MEANS OF TRANSPORT AND ROUTE)

(1) 按信用证或合同规定，填起运地、目的地及采用的运输方式(如海运、空运等)；From

Dalian to Inchon by sea.

(2) 如转运，应注明转运地；By S.S from Dalian to Inchon via Busan.

(3) 如目的地为内陆地点，则允许与卸货地港名称不一致，提单卸货港为“Hamburg”，产地证允许显示内陆地点，如“Berlin”。

4) 供官方使用(FOR OFFICIAL USE)

由签证机构根据需要填写，一般情况下，此栏空白。

5) 商品项目编号(ITEM NUMBER)

有几种商品，就给之编几个号码，如 1、2、3 等。若只有一种商品，此栏填 1，后面省略不填。

6) 标记唛码(MARKS & NO.S OF PACKAGES)

应按实际填写，若无唛头，填“N/M”，不得留空，如唛头过多可利用第 7、8 栏。

7) 品名及包装种类和件数(DESCRIPION OF GOODS, NUMBER AND KIND OF PACKAGES)

一般应按商业发票填写，品名要具体，不得概括，但商品商标、牌名、货号可以不表示出来；包装种类和件数要用阿拉伯数字和英文同时表示，在下行要打上表示结束的符号****，以防添加。若货物为散装，则在品名后加注 IN BULK。

8) 原产地标准(ORIGIN CRITERION)

此栏是证书的核心，根据规定填写，要求如下。

(1) 完全自产于出口国的产品：输往给惠国时，填写“P”。对澳大利亚和新西兰出口时，可不必填写。

(2) 含有进口成分，经过出口国充分制作或加工的产品，输往下列国家时，其填写要求为：

加拿大：有进口成分，但进口成分价值未超过产品出厂价的 40%，填“F”。

日本、挪威、瑞士和欧盟：填“W”，其后填明出口产品 HS 编码的前四位税则号如：“W”8517。

白俄罗斯、保加利亚、捷克、匈牙利、哈萨克斯坦、波兰、俄罗斯联邦、乌克兰和斯洛伐克：对于在出口受惠国增值的产品，填“Y”，其后注明进口原料和部件的价值在出口产品离岸价格中所占的百分率，如“Y”45%(进口成分价值未超过离岸价的 50%)。

澳大利亚和新西兰：本栏不必填写，在第 12 栏作出适当申报即可。

9) 数量或重量(QUANTITY OR WEIGHT)

填写出口货物的量值及商品计量单位，若无则填重量，应标明毛重和净重。

10) 发票号码及日期(NUMBER AND DATE OF INVOICE)

按发票实际号码和日期填写，但要注意分行填报，一般第一行为发票号码，第二行为日期号码，顺序为月(一律用英文缩写表示)、日、年。此栏不得留空。

如：INVOICE NO.:FHT670129　　INVOICE DATE:DEC. 10, 2006

11) 出口商声明(DECLARATION BY THE EXPORTER)

已事先印好，由出口公司填写签发地点、日期并加盖公章和专人签字，公章应为中英文对照章，且签字与公章不得重合。

12) 证明(CERTIFICATION)

由商检局签发地点、日期、盖章和手签。

【单据实例 6.6】锦州和泰矿物有限公司向银行结算货款提交原产地证书如下：

1.Goods consigned from (Exporter's business name,address,Country)

JINZHOU HOTIY MINERAL CORPORATION
HOTIY BUILDING, 37-2 VICTORY STREET, JINZHOU CITY,LIAONING,CHINA

Reference No.
0013991
GENERALIZED SYSTEM OF PREFERENCES
CERTIFICATE OF ORIGIN
(Combined declaration and certificate)
FORM A
Issued in THE PEOPLE'S REPUBLIC OF CHINA
(country)
See Notes overleaf

2.Goods consigned to(Consignee's name,address,country)

SHUANGSHENT INVESTMENT AND TRADING CO.，LTD
PEACE ROAD MARSHALL ISLANDS MH 96890 ,KAOHSIUNG

3.Means of transport and route(as far as known)

FORM XINGANG PORT OF CHINA TO KAOHSIUNG ,TAIWAN BY SEA.

4.For official use

5.Item num- ber	6.Marks and numbers of packages	7.Number and kind of packages; description of goods	8.Origin criterion see Notes overleaf)	9.Gross weight or other quantity	10.Number and date of invoices
1	**N/M**	**40(FORTY-BAGS)OF FERRO MOLYBDENUM** *** **L/C NO.:CDMS2007U/5539**	**"P"**	**40.0566MT**	**HSF070120** **JAN.15, 2007**

11.Certification

It is hereby certified,on the basis of control carried out, that the declaration by the exporter is correct.

检验检疫机构
英文签章

JINZHOU JAN.18,2004 检验机构手签员签字

Place and date,signature and stamp of certifying authority

12.Declaration by the exporter

The undersigned hereby declares that the above details and statements are correct;that all the goods were produced in CHINA

(country)

and that they comply with the origin requirementss pecified for those goods in the Generalized System of Preferences for goods exported to

TAIWAN

(importing country)

锦州和泰矿物有限公司
原产地证专用签章

JINZHOU JAN. 18,2007 出口企业手签员签字

Place and date,signature of authorized signatory

6.5.4 船运公司证明

在我国对外贸易实践中，经常会遇到进口商在信用证中提出要求船公司证明(以下称"船证")的情形，尤以来自中东和非洲地区的客户为多。包括船舶本身的证明文件，如集装箱船只证明、船龄证明、船籍证明、船级证明；也包括运输和航行证明，如航程证明、

转船证明书、船长收据等，还包括航运组织和公约证明，如班轮公会证明、黑名单证明等，具体依信用证要求而提供，船证通常由出口商或船方用英文制作，具体内容应以信用证中要求为准，所有船证必须签署。如某信用证中要求：Certificate from the shipping agents issued at the port of shipment stating that cargo and/or interests are carried by a mechanically self propelled seaworthy vessel classified under Lloyd's register of shipping as 100A1 or equivalent provided such vessels are not over fifteen years of age or over fifteen years but not over twenty five years of age and have established and maintained a regular pattern of trading on an advertised schedule to load and unload at specific ports or equivalent. 船证由船代在装运港制作，明确货物系由英国劳合社或其他相应机构确认的 100A1 级、机械驱动、适航的船舶运输，船龄应 15 年以下，或能按预先公布的船期表在特定港口持续定期投入装卸货物的商业运营的，船龄也可在 15 年以上 25 年以下。证明内容以信用证内文字及船舶的实际情况加以叙述即可。

【单据实例 6.7】 天津福祥海运有限公司出具的船龄证明如下：

天津福祥海运有限公司

TIANJIN FUXIANG MARINE SHIPPING CO.,LTD.　　JAN.18,2007

NO. 352-67 MACHANG ROAD,HEXI DISTRICT ,TIANJIN,CHINA

CERTIFICATE OF VESSEL AGE

WE,TIANJIN FUXIANG MARINE SHIPPING CO.,LTD. HEREBY CERTIFY THAT THE GOODS (40MTS FERRO MOLYBDENUM)FROM JIZHOU HOTIY MINERAL CORPORATION,WITH S/C NO.: 03HL21801 L/C NO.: CDMS2007U/5539 HAVE BEEN SHIPPED ON BOARD VIA SKY FORTUNE V.152E WHICH WAS BUILT IN 1997, WITH B/L NO. TF07S68 ,CONTAINER NO. CLHU3080892;CLHU3234806,THE VESSEL IS 10YEARS OLD.

天津福祥海运有限公司(章)

TIANJIN FUXIANG MARINE SHIPPING CO.,LTD.

6.5.5　装运通知

在装运货物后，按照国际贸易的习惯作法，发货人应立即发送装运通知(Shipping Advice)给买方或其指定的人，从而方便买方办理保险和安排接货等事宜。在 CFR 价格术语下，装运通知尤其重要，卖方如未及时发送上述装船通知给买方而使其不能及时办理保险或接货，卖方就应负责赔偿买方由此而引起的一切损害及/或损失。

在信用证支付方式下，若信用证有要求，则此项单据就成为卖方交单议付的单证之一。

装运通知可采用电报、电传、传真及 E-mail 等各种形式发送。其内容一般有订单或合同号、信用证号、货物名称、数量、总值、唛头、装运口岸、装运日期、船名、开船日期及预计到达目的港时间等。在实际业务中，应根据信用证的要求和对客户的习惯作法，将上述项目适当地列明在电文中。

装运通知没有固定的格式，一般由发货人自行设计，主要内容如下。

(1) 抬头：可以是买方，或者是买方指定的人或保险公司。若抬头为买方指定的保险公司，则应同时注明预保险单合同号(COVER NOTE)。

(2) 日期：发送装运通知的日期，一般在货物装船后3天内。

(3) 提单号及船名：与提单一致。

(4) 预计开船日期和到达日期(ETD、ETA)：按船期表所列的日期。

(5) 装运港、目的港、装运期：按合同或信用证的规定，一般与提单一致。

(6) 商品描述部分：包括品名、唛头、数量、发票总值等。可以按商业发票的内容填写。

【单据实例6.8】 锦州和泰矿物有限公司出具的装船通知如下：

锦州和泰矿物有限公司

JIZHOU HOTIY MINERAL CORPORATION

HOTIY BUILDING，37-2 VICTORY STREET，JINZHOU CITY ，LIAONING，CHINA

SHIPPING ADVICE

MESSRS: SHUANGSHENT INVESTMENT AND TRADING CO.，LTD

DATE: JAN.19, 2007

Fax No.: 0039-08-77581 **INV. NO.**: HSF070120

L/C NO.: CDMS2007U/5539

WE HAVE SHIPPED THE GOODS UNDER S/C NO. 03HL21801, THE DETAILS OF THE SHIPMENT ARE AS FOLLOWS:

FROM XINGANG **TO** KAOHSIUNG **VIA** ________

MARKS	DESCRIPTION OF GOODS	QUANTITY	AMOUNT
	FERRO MOLYBDENUM MO : 58 .00PCT SI : 0.42PCT C : 0.024 PCT S : 0.082 PCT P: 0.040 PCT CU :0.24 PCT SIZE 10--60MM(90 PCT MIN)	40MTS	USD128760.00

VESSEL'S NAME: SKY FORTUNG V.152E

B/L NO.:TF07S68

锦州和泰矿物有限公司(章)

JINZHOU HOTIY MINERAL CORPOARATION

6.5.6 受益人证明

其他证明主要包括有关运输方面的证明及受益人证明/声明(Beneficiary's Certificate/ Statement)等。在信用证支付方式下，信用证有时会规定要求卖方提供这些单据，此时这类单据就成为卖方议付结汇的单证之一，卖方必须认真对待，否则买方就有可能因此而拒付货款。

受益人证明/声明多种多样，通常是证明货物的品质、唛头、包装标识、装运以及其他寄单事项的单据，由受益人根据信用证的要求来缮制；有关运输方面的证明则是卖方为满足买方对货物在运输方面的特殊要求而开立的证明文件，根据情况它可以由受益人出具，也可以由相关的运输公司来出具。

此类证明一般采用函电形式，格式由出口企业按照信用证规定或买方要求的内容自行设计，制单日期应与证明内容相吻合，而且最迟不得晚于交单日期，如提单日期为4月15

日，信用证规定：“BENEFICIARY’S CERTIFICATES CERTIFY THAT CABLE COPY OF SHIPPING ADVICE DISPATCHED TO THE APPLICANT IMMEDIATELY AFTER SHIPMENT”，则受益人证明的出单日期只能在 4 月 15—18 日之间，而不能是其他时间。若为寄单证明还应列明卖方所寄单据的种类和份数。此类单据的参考格式如下所示：

【单据实例 6.9】锦州和泰矿物有限公司出具的受益人交单证明如下：

锦州和泰矿物有限公司

JIZHOU HOTIY MINERAL CORPORATION

HOTIY BUILDING，37-2 VICTORY STREET，JINZHOU CITY，LIAONING，CHINA

BENEFICIARY’S CERTIFICATE

S/C NO.: 03HL21801　　L/C NO.: CDMS2007U/5539　　DATE:JAN.22,2007

THIS IS TO CERTIFY, THAT COMPLETE SETS OF COMMERCIAL INVOICE, PACKING LIST, NON-NEGOTIABLE COPY OF B/L,CERTIFICATE OF ANALYSIS AND CERTIFICATE OF ORIGIN HAVE BEEN FORWARDED TO THE APPLICANT VIA COURIER SERVICE WITHIN 3 CALENDAR DAYS AFTER SHIPMENT DATE.AND ONE SET OF NON-NEGOTIABLE SHIPPING DOCUMENTS HAS BEEN FAXED TO THE APPLIACANT AT FAX NO. 08-77581 WITHIN 3 DAYS AFTER SHIPMENT DATE.

锦州和泰矿物有限公司(章)

JINZHOU HOTIY MINERAL CORPOARATION

6.6　结汇单证中使用的汇票

汇票是一人向另一人签发的无条件书面支付命令，要求该受票人立即或在一定时间或一个固定时期支付一定金额给某人或其指定人或来人的书面凭证。它是出口商凭以向进口商要求付款的收款工具，是一种要式的有价证券。

作为可以支取信用证金额的凭证，汇票在本质上是一种票据，而不是单据。但它作为信用证交易单证的组成部分，只有掌握它的制作要求，才能顺利办理货款的结算。

汇票作为最常用的支付工具之一，在国际贸易货款结算中，通常是由卖方签发的，一般都签发一套，一式两份，两份具有同等的法律效力，在使用中通常注明“付一不付二”或者“付二不付一”字样。外贸业务中通常使用的汇票是商业汇票。

汇票的格式没有统一的标准，卖方可向银行购买，也可自行设计，但其主要内容都包括以下几点。

1) 出票依据/出票条款(DRAWN UNDER)

信用证项下包括开证行名称、信用证号码及开证日期，托收项下空白不填或填 FOR COLLECTION。

2) 年息(PAYABLE WITH INTEREST@…% PER ANNUAL)

空白不填。

3) 出票地点及出票日期

出票地点为卖方所在地，出票日期为交单议付期，一般出口方向银行交单时由银行填写。

4) 汇票编号(NO.)

为了事后方便查阅，填发票号码，也可填其他有利于识别的号码。

5) 汇票金额

汇票金额即汇票上的灰色(或绿线部分)区域，分为小写和大写两部分。小写部分填货币代号和阿拉伯数字，大写部分由小写金额翻译而成，大小写金额保持一致，如汇票小写金额为“USD25736.17”，那么大写金额为“SAY US DOLLARS TWENTY-FIVE THOUSAND SEVEN HANDRED AND THIRTY SIX CENTS SEVENTH ONLY”，汇票的大写最好要规范，在币种前加“SAY”，在后面加“ONLY”，美元以下的单位用“CENTS”表示。

需要注意的是，如果信用证没有特别规定，其金额应与发票金额一致，如果信用证规定汇票金额为发票金额的百分之几，例如96%，那么发票金额应为100%，汇票金额为96%，差额4%一般为应付的佣金；若采用部分托收、部分信用证方式结算，则两张汇票金额各按规定填写，两者之和等于发票金额。

6) 付款期限(AT SIGHT)

即期汇票：填---、…或 * * *；远期汇票根据规定填写，如“见票后30天付款”，则汇票必需打成“At 30 days sight”；定期付款，则应填上将来具体的付款到期日，如“At 27 oct.2006 fixed”，并将汇票上的“sight”划掉。

7) 受款人(PAY TO THE ORDER OF /PAYEE)

在我国出口业务中，一般以代受益人收取货款的银行名称，该银行为议付行或指定银行；无证托收的汇票一般以托收行(出口地银行)为受款人。

8) 付款人(DRAWEE/PAYER)

信用证项下为开证行或指定的付款行，付款人名称必须填写完整，托收项下为进口商的名称，还必须填写完整的地址。

9) 出票人(DRAWER)

出票人即签发汇票的人，应写明出口人名称，并由负责人签字，否则无效。

由于汇票是一种要式的有价证券，故其缮制要求内容不得有误，而且不得进行涂改，否则汇票无效。

阅读案例 6-4

汇票大小写金额不一致的处理

A银行向B银行开出不可撤消信用证，受益人交单后B银行通过快递将单据寄交A银行，A银行审单后发现下述不符点，遂对外拒付。汇票上小写金额为USD905 000.00，大写金额为HONG KONG DOLLARS NINE HUNDRED AND FIVE THOUSAND ONLY，金额不一致。

收到A银行的拒付电后，B银行认为所述不符点仅是打字手误，非实质性不符点。

分析：

根据日内瓦《统一汇票本票法公约》第二章第一节第 6 条规定：“汇票金额同时以文字及数字记载者，遇两者有差异时，文字记载之数额为付款数额。”

“汇票金额以文字或数字记载在一次以上，而先后有不符时，其较小数额为付款数额。”

《国际汇票和国际本票公约(草案)》第二章第二接第 7 条(1)款规定：“票据上以文字表明的金额与以数字表明的金额不符时，应以文字金额为准。”

本案例中，汇票票面金额同时以文字及数字记载，文字金额即大写金额为 HONG KONG DOLLARS NINE HUNDRED AND FIVE THOUSAND ONLY，数字金额 即小写金额为 USD905 000.00 两者不一致，根据上述规定，开证行只能按文字金额即大写金额照付。

所以实际票据操作业务中，须严格按照大小写金额一致的原则处理票据事务。

资料来源：高洁，国际结算案例评析，对外经济贸易大学出版社，2006

【单据实例 6.10】锦州和泰矿物有限公司出具的汇票如下：

凭
Drawn under **TAIWAN COOPERATIVE BANK,TAIWAN**

1

信用证号
L/C No. **CDMS2007U/5539**
日期 年 月 日
Date **DEC.18,2006**
按 息 付款
Payable with interest @______%per annum
号码 汇票金额 中国 辽宁 锦州 年 月 日
No. **HSF070120** Exchange for **USD1287600.00** Jinzhou,Liaoning,China. **JAN.25,2007**
见票 日后(本汇票之副本未付)付
At ************ sight of this FIRST of Exchange(Section of exchange being unpaid)
受款人
pay to the order of **BANK OF CHNA,JINZHOU BRANCH**
金额
the sum of **U.S.DOLLARS ONE MILLION TWO HUNDRED EIGHTY SEVEN THOUSAND SIX HUNDRED ONLY.**
此致
To: **TAIWAN COOPERATIVE BANK,TAIWAN**

锦州和泰矿物有限公司(章)
JINZHOU HOTIY MINERAL CORPOARATION

本章小结

随着以单据为中心的信用证及跟单托收方式的广泛应用，结算单据在国际贸易结算中的地位更加重要。

国际结算中的商业单据很多，这些单据按其作用不同可以分为两大类：第一大类是基本单据，即在交易中不可缺少的单据，如商业发票、运输单据、保险单。第二大类是附属单据，是指除基本单据外，进口商根据本国政府的有关规定或货物本身的不同特点而要求出口商提供的单据。

合格单据要求正确、完整、及时、简明、清晰。

商业发票是卖方向买方开立的，对所装运货物做全面、详细说明，并凭以向买方收取货款的价目总清单，是全套进出口单据的核心。除了商业发票外，常用的发票还有海关发票、形式发票、领事发票、厂商发票等等。

运输单据是外贸单证工作中最重要的单据之一，是出口商按规定要求装运货物后，承运人或其代理人签发的一种书面凭证。

根据运输方式的不同，承运人出具不同的运输单据，《跟单信用证统一惯例 600 号》中把运送单据也调整为 7 种：提单，涵盖至少两种不同运送方式的运送单据，不可转让的海运单，租船提单，航空运送单据，公路、铁路或内陆水路运送单据，快递收据、邮政收据或投邮证明书。其中以海运提单为主，海运提单是证明海洋运输合同和货物已由承运人或其代理人接管货装运，以及承运人或其代理人将负责把货物运抵目的港并保证据以交付货物的物权凭证。海运提单的内容包括正面的填制部分和背面条款。

保险单据是保险人根据被保险人的投保单的要求，按其条件接受承保后向被保险人开具的证明保险合同的单据。保险单的正面内容要由保险人根据每笔投保的具体情况填写，反面内容是印就的保险条款，说明保险人和被保险人的权利与义务。

除了商业发票、海运提单和保险单外，国际结算中常用的单据还有：装箱单、产地证、检验证书等。

关键术语

商业单据 Commercial Documents
金融单据 Financial Documents
商业发票 Commercial Invoice
海关发票 Customs Invoice
厂商发票 Manufacturers Invoice
领事发票 Consular Invoice
海运提单 Ocean Bill of Lading
已装船提单 Shipped on board B/L
备用提单 Received to Shipment B/L
清洁提单 Clean B/L
不清洁提单 Unclean or Foul B/L
转船提单 Transhipment B/L
直达提单 Direct B/L
联运提单 Through B//L
记名提单 Straight B/L
指示提单 Order B/L
不记名提单 Bearer B/L，or Open B/L，or Blank B/L
全式提单 Long Form B/L
简式提单 Short Form B/L
正本提单 Original B/L
副本提单 Non-Negotiable Copy，Copy B/L
空运单据 Air Transport Document
航空主(或总)运单 Master Air Way Bill-MAWB
航空分运单 House Air Way Bill-HAWB
公路、铁路或内陆水路运送单据 Road，Rail or Inland Waterway Transport Documents
承运货物收据 Cargo Receipt
不可转让的海运单 Non-Negotiable Sea Waybill
租船合同提单 Charter Party Bill of Lading
涵盖至少两种不同运送方式的运送单据 Transport Document Covering at Least Two Different Modes of Transport
快递收据、邮政收据 Courier Receipt, Post Receipt
保险单 Insurance Policy
保险凭证 Insurance Certificate
预保单 Open Cover
联合凭证 Combined Certificate
包装单据 Packing Documents
商检证书 Inspection Certificate
原产地证明书 Certificate of Origin
装运通知 Shipping Advice
受益人证明/声明 Beneficiary's Certificate/Statement
汇票 Draft/Bill of Exchange

综合练习

一、填空题

1. 根据用途的不同，贸易单据可分为：(　　　)、(　　　)、(　　　)、(　　　)等。

2. 商业发票是卖方向买方开立的，凭以向买方收款的发货清单，同时又是(　　　)、(　　　)、(　　　)、(　　　)。

3. 一批货物共 100 箱，由广州运至纽约。船公司签发了“清洁已装船提单”。货到目的港后收货人发现欠交 5 箱货，上述问题应由(　　　)负责。

4. 在各种货物运输单据中，(　　　)必定是物权凭证。

5. 管辖提单的国际公约有三个，它们是(　　　)、(　　　)、(　　　)。

6. 通常海运提单上有三个基本关系人：(　　　)、(　　　)、(　　　)。

7. 备运提单经承运人加注(　　　)和(　　　)之后，便可与已装船提单具有同样效力。

8. 按照“UCP600”的规定，在各种保险单据中(　　　)是不被接受的。

9. 一信用证规定应出运 2 500 台工业用缝纫机，总的开证金额为 USD305 000，每台单价为 USD120。则出口商最多可发货的数量和索汇金额应为(　　　)和(　　　)。

10. 一提单对所运货物批注如下：“ONE WOODEN CASE BE STRENGTHENED BY TWO IRON STRIPS”，这份提单是(　　　)。

二、判断题

1. 在国际贸易中，大多使用空白抬头、空白背书的提单，以利结算的进行。　(　　)

2. 清洁提单即要求提单本身纸张完好整洁，所填写内容无任何涂改或不洁之处。　(　　)

3. 信用证规定最迟装运期为 6 月 30 日、有效期为 7 月 21 日，受益人于 6 月 13 日装运货物并取得清洁提单，于 7 月 5 日向银行交单。由于实际装运日期和交单期都分别符合有关规定，因此，银行必须接受所交单据并付款。　(　　)

4. 海运提单上对货物的描述必须是货物的全称。　(　　)

5. 空白抬头、空白背书的提单是指既不填收货人、又不加背书的提单。　(　　)

6. 在国际货物海洋运输中，投保了一切险，则运输途中无论货物遭受什么损失，保险公司都应予以赔付，从而保障了买卖双方的利益不受损失。　(　　)

7. 被船公司加注而成为“不洁提单”者，无法转化为清洁提单。同样，船公司出具的收妥备运提单，也无法转化为已装船提单。　(　　)

8. 信用证若规定提交单据为保险单时，则银行不能接受以保险凭证代替保险单办理议付。　(　　)

9. 出口商在其提交的货物运输保险单据上，必须具体说明装载该批货物的船舶的准确开航日期，以便进口商及时做好接货准备。　(　　)

10. 凡是影印、自动或电脑处理、复写而制成的单据，银行均可接受其作为正本。　(　　)

三、选择题

1．在以CIF价格成交的交易中，若合同和信用证未有专门规定，则保险单据上“Insured”一栏应填写（　　）。

A．进口商　　B.出口商　　C．开证行　　D．通知行

2．信用证项下商业发票的抬头人一般是(　　)。

A．出口商　　B．开证申请人　　C．开证行　　D．议付行

3．信用证业务中，承兑汇票的付款人应是(　　)。

A．开证申请人　　B．通知行　　C．议付行　　D．付款行

4．制作单据的“完整性”原则不包括(　　)。

A．单据种类的完整性　　B．各项单据所填写内容的完整

C．各种单据份数的完整性　　D．所有单据都必须由其签发人签署

5．(　　)在商业单据中处于核心地位。

A．商业发票　　B．海运提单　　C．保险单据　　D．海关发票

6．海运提单上的抬头是指（　　)一栏填写的内容。

A．Shipper　　B．Consignee　　C．Notify Party　　D．Voyage No.

7．以下除了(　　)之外，必须要有签发者授权签字或盖章。

A．跟单汇票　　B．海运提单　　C．商业发票　　D．保险单据

8．通常开证行可接受的单据是(　　)。

A．租船提单　　B．清洁提单　　C．倒签提单　　D．备用提单

9．一提单对所运货物标注如下：“ONE WOODEN CASE BE STRENGTHENED BY TWO IRON STRIPS”这份提单是(　　)。

A．直达提单　　B．不清洁提单　　C．清洁提单　　D．记名提单

10．L/C规定的最迟装运日期为3月25日，要求货物出运后15天内交单，L/C有效期为4月5日，受益人取得的提单上“ON BOARD”日期为3月24日，则受益人最迟应于(　　)交单。

A．4月9日　　B．3月25日　　C．4月20日　　D．4月25日

四、简答题

1．简述单据含义与种类。

2．试述合格单据的基本要求。

3．简述提单的含义和作用，以及银行通常情况下接受什么样的提单。

4．海上保障的损失有哪些？

5．保险单可分为几种？

6．为什么保险单的日期要早于提单的日期？

7．什么情况下银行才认为运输单据上所包括的“clean on board”的条件已经满足？

【案例分析题】

1．日本某银行应当地客户的要求开立了一份不可撤销的自由议付信用证，出口地为上海，信用证规定单证相符合后，议付行可向日本银行的纽约分行索偿。上海银行议付了该

笔单据，并在信用证有效期内将单据交开证行，同时向其纽约分行索汇，五天后议付收回款项。第二天开证行来电提出单据有不符点，要求退款。议付行经落实，确定本行失误，该不符点成立，但又从受益人处得知开证人已通过其他途径(未用提单)将货取走，且受益人现持有该批货通关的证据。

试问：议付行是否可以凭受益人提交的通关证据回复开证行，拒绝退款?

2．我方凭即期不可撤销信用证出口马达一批，合同规定的装运期为 2001 年 8 月。签约后，对方及时开来信用证，我方则根据信用证的要求及时将货物装运出口。但在制作单据时，制单员将商业发票上的商品名称依信用证的规定缮制为“M ACH IN ERY AND M ILL WORKS，MOTORS”，而海运提单上仅填该商品的统称“M OTORS”。问：付款行可否以此为由拒付货款？为什么

3．2007 年底，江西华帮进出口有限公司以 CIF 条件向美国 COLUMBIA COMPANY

出口一批陶瓷，要求装运前电汇预付 20%合同款，余款用海运提单日后 60 天延期信用证支付。收到的 SWIFT 开信用证中单据规定：“商业发票一式两份；全套(full set)清洁已装船提单注明“运费预付”，做成空白指示抬头，空白背书；保险单一式两份，根据中国人民保险公司 2001 年 1 月 1 日海洋运输货物保险条款投保一切险和战争险。”江西华帮进出口有限公司按信用证规定如期装运，并在交单期内向议付行交单议付，议付行随即向开证行寄单索偿。开证行收到单据后，来电表示拒绝付款，其理由是单证存在下列不符点：①商业发票的金额超过信用证金额；②正本提单是一份组成，不符合全套要求。次日，开证行又补充了一个不符点：保险单的出单日期晚于装运日期。试分析开证行的拒付理由是否成立，并说明理由。

4．一份国外来证规定货物在 1、2 月份分两次装运(IN TWO SHIPMENTS)。出口公司在 1 月 31 日和 2 月 2 日分两次把货物装到同一航次的同一艘船上，取得两份提单(提单日期分别为 1 月 31 日和 2 月 2 日)，当单据送交银行时，银行因为不符合信用证规定，拒绝支付货款。问：银行这样做是否有道理？

【实际操作题】

1．根据下列内容填制汇票一份。

ISSUING BANK: DEUTSCHE BANK (ASIA) HONGKONG

L/C NO. AND DATE: 756/05/1495988, NOV. 20, 2004

AMOUNT: USD19,745.00

APPLICANT: MELCHERS (H.K) LTD., RM.1210, SHUNTAK CENTRE, 200 CONNAUGHT ROAD, CENTRAL, HONGKONG

BENEFICIARY: CHINA NATIONAL ARTS AND CRAFTS IMP. & EXP. CORP. GUANG DONG (HOLDINGS) BRANCH.

WE OPENED IRREVOCABLE DOCUMENTS CREDIT AVAILABLE BY NEGOTIATION AGAINST PRESENTATION OF THE DOCUMENTS DETAILED HEREIN AND OF BENEFICIARY'S DRAFTS IN DUPLICATE AT SIGHT DRAWN ON OUR BANK.

INV. NO.: ITBE001121

DATE OF NEGOTIATION: DEC. 20, 2004

2. 根据下列国外来证及有关信息制作所要求的单据。

AWC-06-522 号合同项下商品的有关信息如下：该批商品用纸箱包装，每箱装 10 盒，每箱净重为 75kg，毛重为 80kg，纸箱尺寸为 113cm×56cm×30cm，商品编码为 6802.2110，货物由“海华”轮运送出海。

FROM: HONGKONG AND SHANGHAI BANKING CORP., HONGKONG

TO: BANK OF CHINA, XIAMEN BRANCH, XIAMEN CHINA

TEST: 12345 DD. 010705 BETWEEN YOUR HEAD OFFICE AND US. PLEASE CONTACT YOUR NO. FOR VERIFICATION.

WE HEREBY ISSUED AN IRREVOCABLE LETTER OF CREDIT

NO. HKH123123 FOR USD8,440.00, DATED 060705.

APPLICANT: PROSPERITY INDUSTRIAL CO. LTD.

342-3 FLYING BUILDING KINGDOM STREET HONGKONG

BENEFICIARY: XIAMEN TAIXIANG IMP. AND EXP. CO. LTD.

NO. 88 YILA ROAD 13/F XIANG YE BLOOK RONG HUA BUILDING, XIAMEN, CHINA

THIS L/C IS AVAILABLE WITH BENEFICIARY'S DRAFT AT 30 DAYS AFTER SIGHT DRAWN ON US ACCOMPANIED BY THE FOLLOWING DOCUMENTS:

1. SIGNED COMMERCIAL INVOICE IN TRIPLICATE.
2. PACKING LIST IN TRIPLICATE INDICATING ALL PACKAGE MUST BE PACKED IN CARTON/ NEW IRON DRUM SUITABLE FOR LONG DISTANCE OCEAN TRANSPORTATION.
3. CERTIFICATE OF CHINESE ORIGIN IN DUPLICATE.
4. FULL SET OF CLEAN ON BOARD OCEAN MARINE BILL OF LADING MADE OUT TO ORDER AND BLANK ENDORSED MARKED “FREIGHT PREPAID” AND NOTIFY APPLICANT.
5. INSURANCE POLICY OR CERTIFICATE IN DUPLICATE ENDORSED IN BLANK FOR THE VALUE OF 110 PERCENT OF THE INVOICE COVERING FPA/WA/ALL RISKS AND WAR RISK AS PER CIC DATED 1/1/81.

SHIPMENT FROM: XIAMEN, CHINA .SHIPMENT TO: HONGKONG

LATEST SHIPMENT 31 AUGUST 2006

PARTIAL SHIPMENT IS ALLOWED, TRANSSHIPMENT IS NOT ALLOWED.

COVERING SHIPMENT OF:

COMMODITY AND SPECIFICATIONS	QUANTITY	UNIT PRICE	AMOUNT
		CIF	HONGKONG.
1625/3D GLASS MARBLE	2000BOXES	USD2.39/BOX	USD4,780.00
1641/3D GLASS MARBLE	1000BOXES	USD1.81/BOX	USD1,810.00
2506D GLASS MARBLE	1000BOXES	USD1.85/BOX	USD1,850.00

SHIPPING MARK: P.7.

HONGKONG

NO. 1-400

ADDITIONAL CONDITIONS:

5 PERCENT MORE OR LESS BOTH IN QUANTITY AND AMOUNT IS ALLOWED.

ALL BANKING CHARGES OUTSIDE ISSUING BANK ARE FOR ACCOUNT OF BENEFICIARY.

DOCUMENTS TO BE PRESENTED WITHIN 15 DAYS AFTER THE DATE OF ISSUANCE OF THE SHIPPING DOCUMENT BUT WITHIN THE VALIDITY OF THE CREDIT.

INSTRUCTIONS:

NEGOTIATING BANK IS TO SEND DOCUMENTS TO US IN ONE LOT BY DHL.

UPON RECEIPT OF THE DOCUMENTS IN ORDER WE WILL COVER YOU AS PER YOUR INSTRUCTIONS.

L/C EXPIRATION: 15 SEP. 2006.

THIS L/C IS SUBJECT TO UNIFORM CUSTOMS AND PRACTICE FOR DOCUMENTARY CREDITS (1993 REVISION) INTERNATIONAL CHAMBER OF COMMERCE PUBLICATION NO. 500.

PLEASE ADVISE THIS L/C TO THE BENEFICIARY WITHOUT ADDING YOUR CONFIRMATION. THIS TELEX IS THE OPERATIVE INSTRUMENT AND NO MAIL CONFIRMATION WILL BE FOLLOWED.

附 录

【附录 6-1】 加拿大海关发发票的格式。

Revenue Canada　　　　CANADA CUSTOMS INVOIE

<table>
<tr><td colspan="3">1. Vendor(Name and Address)</td><td colspan="4">2.Date of Direct Shipment to Canada
3.Other References(Include Purchaser's Order No.)</td></tr>
<tr><td colspan="3" rowspan="3">4.consignee(Name and Address)</td><td colspan="4">5.Purchaser's Name and Address(If other than Consignee)</td></tr>
<tr><td colspan="4">6.Country of Transshipment</td></tr>
<tr><td colspan="2">7.Country of Origin of Goods</td><td colspan="2">IF SHIPMENT INCLUDES GOODS OF DIFFERENT ORIGINSENTER ORIGINS AGAINST ITEMS IN 12</td></tr>
<tr><td colspan="3" rowspan="2">8.Transportation:Gave Mode and Place of Direct Shipment to Canada</td><td colspan="4">9.Conditions of Sale and Terms of Payment</td></tr>
<tr><td colspan="4">10.Currency of Settlement</td></tr>
<tr><td rowspan="2">11.No. of Pkgs</td><td colspan="2" rowspan="2">12.Specification of Commodities(Kind of Packages, Marks and Numbers, General Description and Characteristics, i.e. Grade, Quality)</td><td rowspan="2">13.Quantity(State Unit)</td><td colspan="3">Selling Price</td></tr>
<tr><td>14.Unit Price</td><td colspan="2">15.Total</td></tr>
<tr><td colspan="3" rowspan="2">18.If any fields 1 to 17 are included on an attached commercial invoice, check this box ☐

Commercial Invoice No. ________________________</td><td colspan="2">16.Total weight</td><td colspan="2" rowspan="2">17.Invoice Total</td></tr>
<tr><td>Net</td><td>Gross</td></tr>
<tr><td colspan="3">19.Exporter's Name and Address(If other than Vendor)</td><td colspan="4">20.Originator(Name and Address)</td></tr>
<tr><td colspan="3">21.Departmental Ruling(if applicable)</td><td colspan="4">22.If fields 23 to 25 are not applicable, check this box ☐</td></tr>
<tr><td colspan="2">23.If included in field 17 indicate amount:
(i) Transportation charges, expenses and insurance from the place of direct shipment to Canada
$________________
(ii) Costs for construction, erection and assembly incurred after importation into Canada
$________________
(iii) Export packing
$________________</td><td colspan="3">24.If not included in field 17 indicate amount:
(i)Transportation charges, expenses and insurance to the place of direct shipment to Canada
$________________
(ii) Amount for commissions other than buying commissions
$________________
(iii) Export packing
$________________</td><td colspan="2">25. Check(if applicable):
(i) Royalty payments or subsequent proceeds are paid or payable by the purchaser ☐
(ii) The purchaser has supplied goods or services for use in the production of these goods ☐</td></tr>
</table>

【附录 6-2】航空运单样本

Shipper's name and address	NOT NEGOTIABLE Air Waybill Issued by
Consignee's name and address Issuing Carrier's Agent Name and City Agents IATA Code / Account No.	It is agreed that the goods described herein are accepted in apparent good order and condition (except as noted) for carriage SUBJECT TO THE CONDITIONS OF CONTRACT ON THE REVERSE HEREOF, ALL GOODS MAY BE CARRIED BY ANY OTHER MEANS. INCLUDING ROAD OR ANY OTHER CARRIER UNLESS SPECIFIC CONTRARY INSTRUCTIONS ARE GIVEN HEREON BY THE SHIPPER. THE SHIPPER'S ATTENTION IS DRAWN TO THE NOTICE CONCERNING CARIER'S LIMITATION OF LIABILITY.Shipper may increase such limitation of liability by declaring a higher value of carriage and paying a supplemental charge if required.
Airport of Departure(Add. of First Carrier) and Requested Routing	Accounting Information

to	By	to	by	to	by	Currency	Declared Value for Carriage	Declared Value for Customs

Airport of Destination	Flight/Date	Amount of Insurance	INSURANCE-If carrier offers insurance and such insurance is requested in accordance with the conditions thereof indicate amount to be insured in figures in box marked"Amount of Insurance"

Handling Information

No. of Pieces	Gross Weight	Rate Class	Chargeable Weight	Rate/Charge	Total	Nature and Quantity of Goods

Prepaid Weight charge Collect Valuation Charge Tax	Other Charges
Total Other Charges Due Agent Total Other Charges Due Carrier	Shipper certifies that the particulars on the face hereof are correct and that insofar as any part of the consignment contains dangerous goods, such part is properly described by name and is in proper condition for carriage by air according to the applicable Dangerous Goods Regulations. Signature of Shipper or his agent

Total Prepaid	Total Collect	Executed on at Signature of issuing Carrier or as Agent	
Currency Conversion Rates	CC Charges in des. Currency		
For Carrier's Use Only at Destination	Charges at Destination	Total Collect Charges	AIR WAYBILL NUMBER

【附录 6-3】货物投保单

中国平安保险股份有限公司

PING AN INSURANCE COMPANY OF CHINA，LTD.

进出口货物运输险投保单

APPLICATION FOR IMP/EXP TRANPORTATION INSURANCE

被保险人 Insured:

本投保单由投保人如实填写并签章后作为向本公司投保货物运输保险的依据，本投保单为该货物运输保险单的组成部分。

The Applicant is required to fill in the following items in good faith and as detailed as possible,and affix signature to this application, which shall be treated as proof of application to the Company for cargo transportation insurance and constitute an integral part of the insurance policy.

兹拟向中国平安财产保险股份有限公司投保下列货物运输保险： Herein apply to the Company for Transportation Insurance of following cargo: 请将保险货物项目、标记、数量及包装注明此上。 Please state items, marks, quantity and packing of cargo insured here above.	请将投保的险别及条件注明如下： Please state risks insured against and conditions: (　) PICC (C.I.C.) Clause　(　) S.R.C.C. (　) ICC Clause　(　) W/W (　) All Risks　(　) TPND (　) W.A.　(　) FREC (　) F.P.A.　(　) IOP (　) ICC Clause A　(　) RFWD (　) ICC Clause B　(　) Risk of Breakage (　)ICC Clause C　(　) Risks during (　) Air TPT All Risks　(　) transshipment (　) Air TPT Risks (　) O/L TPT All Risks (　) O/L TPT Risks (　) War Risks

装载运输工具(船名/车号)： per conveyance S.S.	船龄： Age of Vessel	集装箱运输： Container Load	是□ 否□ Yes No	整船运输： Full Vessel Charter 是□ 否□ Yes No
发票或提单号 Invoice No. or B/L No.			开航日期： Slg. On or abt.	年 月 日 Year Month Day
自： From:	国 Country	港/地 Port	经： Via:	港/地 port　至：To:　国 Country　港/地 Port
发票金额 Invoice Value:			保险金额 Amount Insured:	
费率 Rate:			保险费 Premium:	
备注 Remarks:				

投保人兹声明上述所填内容属实，同意以本投保单作为订立保险合同的依据；对贵公司就货物运输保险条款及附加险条款(包括责任免除和投保人及被保险人义务部分)的内容及说明已经了解。

I declare that above is true to the best of my knowledge and belief, and hereby agree that the application be incorporated into the policy. I have read and understand the Company's cargo transportation insurance and extensions(including the Exclusions and the applicant's or insured's Obligations).

投保人签章：　　联系地址：
Name/Seal of Proposer　　Address of Proposer

送单地址：　同上□　或　电话：　日期：　年　月　日
Delivery Address:　Ditto　or　Tel:　Date:　year　month

【附录6-4】出境货物报检单

中华人民共和国出入境检验检疫

出境货物报检单

报检单位(加盖公章)： *编号----------------

报检单位登记号： 联系人： 电话： 报检日期： 年 月 日

发货人	(中文)	
	(外文)	
收货人	(中文)	
	(外文)	

货物名称(中/外文)	H.S.编码	产地	数/重量	货物总值	包装种类及件数

运输工具名称号码		贸易方式		货物存放地点	
合同号		信用证号		用途	
发货日期		输往国家(地区)		许可证/审批号	
启运地		到达口岸		生产单位注册号	
集装箱规格、数量及号码					

合同、信用证订立的检验检疫条款或特殊要求	标记及号码	随附单据(划“√”或补填)	
		□合同 □信用证 □发票 □换证凭单 □装箱单	□厂检单 □包装性能结果单 □许可/审批文件 □ □

需要证单名称(划“√”或补填)		*检验检疫费
□品质证书 □重量证书 □数量证书 □兽医卫生证书 □健康证书 □卫生证书	□动物卫生证书 □植物检疫证书 □熏蒸/消毒证书 □出境货物换证凭单 □通关单	总金额 (人民币元) 计费人 收费人

报检人郑重声明： 1. 本人被授权报验。 2. 上列填写内容正确属实，货物无伪造或冒用他人的厂名、标志、认证标志，并承担货物质量责任。 签名： --------------	领取证单 日期 签名

第7章

跟单信用证项下的单据审核

教学目标

通过本章的学习，理解单据、信用证本身审核的基本原则和方法，熟悉汇票、发票、运输单据、保险单据、产地证书、重量单和其他附属单据的审核要点，掌握指定银行及开证行对单据不符的惯常处理方法。

教学要求

知识要点	能力要求	相关知识
单证审核的原则	理解合理谨慎审单原则、单据表面相符原则、审单单据化原则、独立审单原则、合理时间审单原则的要求，并按照这些原则处理单据	(1) 合理谨慎审单 (2) 单单一致、单证一致 (3) 理解银行审单单据化原则 (4) 银行是独立的审单主体 (5) 5个银行工作日内审单
单证审核的方法	(1) 掌握单证审核的方法 (2) 能够审核各种单证	(1) 信用证主要内容的审核 (2) 审单的顺序及其方法
单据审核与处理要点	(1) 了解单据常见审核要点 (2) 了解银行对不符点的处理	(1) 对发票、汇票等单据的审核 (2) 议付行和开证行对不符点的处理

导入案例

审单标准的争议

我国某分行(以下称为开证行)某年4月5日开立了一份不可撤销信用证，并通过国外通知行N银行通知受益人B公司。信用证适用UCP600，使用方式为以开证行为付款人的提单日后60天付款的远期汇票。

货物装船后，议付行N银行于7月19日议付了金额为513 447.40美元的单据，并寄开证行要求偿付。开证行于7月31日收到单据，当日向开证申请人A公司提示，请其承兑赎单。

此时开证申请人了解到进口货物市场价格暴跌，如果收货，损失将非常严重，于是向开证行妄称担心国外来货有质量问题，并就单据提出了四个不特点，要求拒绝承兑。开证行经重新审单后，于8月7日以申请人提出的四点拒付理由中的三条不符点为由，向议付行发出了拒绝承兑的通知。具体的不符点是：①装箱单、L未标明重量单位KILOS(发票上注明重量为44 595.2Kil0S，而装箱单上只标明重量为44 595.2)；②提单上重量与其他单据不一致(其他单据上重量数为44 595.2，而提单重量为44 595)；③提单上三个集装箱的各自重量合并地标在一个集装箱上(提单上出现三个集装箱号，但只有第一个集装箱号后面标有总重量44 595KILOS，而另两个集装箱号后标注重量为0)。

议付行于8月8日回电反驳，称单据间的细微差异在其看来均不构成不符点，并对开证行以此拒付感到惊讶。开证行8月16日回电，以单据表面不符为由坚持不符点，要受益人直接与申请人联系，解决问题。议付行此后多次发电交涉，要求开证行接受单据，并于9月初联系开证行总行寻求解决。在申请人拒收货且在议付行拒不承认单据不符的情况下，开证行于9月21日主动向议付行退回单据。

议付行已经了解到开证行拒绝承兑的真正原因在于该货物市场价格下跌，以不符点为由拒付，实属挑剔。货物自滞留码头以来已导致大量费用，而议付行已无追索权地议付买单。迫不得已，议付行只得以320 292.60美元处理了货物，并就开证行的拒付理由向国际商会提请咨询。国际商会于是致函议付行，答复称，根据UCP600的规定："当要求提供运输单据、保险单据和商业发票以外的单据时，信用证应规定该单据的出单人及它们的措辞或资料内容。如果信用证中没有这样的规定，只要提交的单据上内容与任何其他单据的内容无矛盾，则银行将接受这类单据"。既然信用证未规定装箱单的明确内容，则仅缺少重量单位与发票等其他单据并无矛盾，仍可视为单单一致；另外两点提单上的批注，国际商会也认为均不构成不符点，但未说明理由和依据。

开证行仍然坚持自己的观点，但考虑到各方面因素，对议付行作出了适当的让步，与议付行商定，对此笔交易的损失双方各承担一半。为此，开证行联系开证申请人，请其负担此赔款。但遗憾的是，开证申请人拒不承担任何损失。最后开证行被迫垫付了10多万美元，至今无法收回。

问题：(1) 根据信用证审核单据，应该采用什么样的标准？

(2) 从本案例得到什么样的启示？

资料来源：高洁. 国际结算案例评析. 对外经济贸易大学出版社，2006. 第157页.

7.1 单证审核的原则

"信用证是银行有条件的付款承诺"，这个条件就是单证相符。在信用证结算方式中，银行付款的唯一依据是符合信用证条款的单据。只要是单据符合信用证的要求，开证行就必须接受单据，履行其付款的义务；只有在单证相符的情况下，受益人或议付行才有权向开证行要求付款。可见，无论是开证行还是议付行，单据都是决定性的因素，因此对单据的审核至关重要。

7.1.1　合理谨慎审单原则

在审单工作中，判定单证是否相符的唯一依据是“信用证条款”，其他因素，如买方承诺、合同规定、往来函电和货物实际情况等，只能作为参考，不能作为单证相符的根据，因为信用证是一项自足性文件。《跟单信用证统一惯例》UCP600 在第 14 条 a 款中有明确规定：“按照指定行事的被指定银行、保兑行(如有)以及开证行必须对提示的单据进行审核，并仅以单据为基础，以决定单据在表面上看来是否构成相符提示。” 根据这条规定，要求银行在审单过程中合理谨慎地审核信用证下单据是否表面上符合信用证条款的要求。所谓“合理谨慎地审单”，可以理解为一个具有本专业知识的普通审单人员在审单时，人们能够期望他应做到的注意和谨慎，这一审单尺度为同行业人们普遍认可，做到“公平”、“诚信”，符合行业习惯，这是银行审单的一个基本原则之一。

当然，由于银行审单人员不是承运人或保险人或贸易商，不能拥有各方面的专业知识，所以，必须客观地看待“合理谨慎地审单”的原则。同时，银行在为客户办理信用证业务时，也要合理谨慎从事，否则将给自己、给客户带来不必要的麻烦。例如，普惠制产地证是给惠国赋予受惠国出口货物减免的一种优惠凭证，其“收货人”一栏，应填写最终买主。如信用证未作明确规定，银行审单人员就应根据提单的收货人、通知人及货至目的地对最终买主作出合理的选择。总而言之，审单人员应根据自己所掌握的国际贸易结算知识，对各种单据的完整性和准确性，作出合乎情理的判断。

7.1.2　遵循单据表面相符原则

在信用证结算方式中，银行付款的唯一依据是符合信用证条款的单据，银行付款前必须以“单证一致、单单一致”、“表面相符”为原则严格审核单据，必须严格审核出口商提交的单据，看整套单据与信用证条款是否表面相符，单据与单据彼此之间是否保持表面一致。

阅读案例 7-1

开证行支付款项是否正确?

不可撤销的即期付款备用信用证规定由开证行即期付款，并在开证行柜台到期。该备用信用证要求以下单据。

(1) 以开证行为付款人的即期汇票。

(2) 未付款的商业发票副本。

(3) 受益人所授权的代表人签发的证实所附的发票已过期 30 天，并要求申请人付款的声明。

备用信用证到期前 5 天，申请人通知开证行：申请人不欠受益人任何未付发票。因此开证行不必支付备用信用证项下的款项。

备用信用证到期前一天，受益人向开证行提交了备用信用证所要求的单据。开证行审单后，向受益人支付了备用信用证项下的款项，并借记申请人账户。虽然申请人已占有货物，但他反对银行借记其账户，申请人陈述：申请人先前已通知开证行其不欠受益人未付发票，因此开证行不应该支付备用信用证项下任何款项。因此，申请人要求开证行立即再贷记其账户。但开证行拒绝再贷记申请人账户。

分析：根据UCP600第14条a分条规定，跟单信用证(包括备用信用证)是单据业务，银行的责任是根据信用证和《跟单信用证统一惯例》来履行义务，不能根据申请人的声辩。受益人提交与备用信用证表面完全相符的单据后即可获得开证行的付款保证，有关银行无义务检查单据的真伪。

资料来源：徐进亮. 国际结算惯例与案例. 对外经济贸易大学出版社，2007. 第166页.

《跟单信用证统一惯例》UCP600第14条a款指出受益人提交的单据名称及其内容等表面上必须与信用证规定完全一致，单据在表面上符合信用证条款应从以下几个方面加以解释。

1. 单证必须符合国际惯例的规定

由于规范信用证业务的跟单信用证统一惯例对信用证的许多问题，包括单据的问题均有规定，因而银行审单时判断单据是否在表面上与信用证条款相符的另一依据是，单据还必须与跟单信用证统一惯例的规定相符。例如，若信用证没有规定单据的最晚期限，则晚于运输单据签发日后21天才提交的单据属于单证不符。

2. 单证必须与信用证条款相符

单证一致就是按信用证规定于限期以内提交所需的单据。提交的单据必须在表面上完全符合信用证的要求，即，信用证的条款必须在单据上体现；信用证的要求必须从单据上得到已经照办的证实。例如信用证规定货物应使用木箱包装(goods packed in wooden cases)，而包装单却表明货物装于木条箱(goods packed in wooden cartons)，这属于单证不符。

3. 单据之间表面相符《跟单信用证统一惯例》

强调单据要与信用证条款、使用的惯例条款以及国际银行标准实务相符合。各种单据的主要内容，如货物名称、数量、金额、包装、唛头等，必须在表面上相同或一致，不得相互矛盾。特别是发票、提单、保险单等单据之间关于货物的主要内容必须保持一致。

4. 单据必须与既成事实相符

受益人所制作的单据必须与已完成的事实相符，而不能完全照搬信用证的文句，否则就是表面上不符信用证规定。例如，信用证规定“shipment from A(港口)or B(港口)”，而提单“装货港”(port of loading)一栏也照填了“A or B”，则属于表面上不符合信用证规定。又如，信用证规定“goods must be packed in cartons which effect to be indicated in the invoice”，而发票仍然填写“goods must be packed in the cartons”，则也属于与信用证规定在表面上不符。

审核单据所要达到的一致，有严格一致和实质一致两种。严格一致是指在单据和信用证条款之间，一个字与一个字，一个字母与一个字母都要相符，即使是拼写错误，或是一般不符点亦构成单证不一致。单据就像是信用证条款的“镜子影像”，其结果将会造成大量的不符问题和激增的诉讼案件。实质一致就是允许单据有差异，只要差异不损害申请人，或不违反法庭自身对于“合理、公平、善意”的概念即可。换言之，单据有了实质性的不符点，即构成单证不一致。故要求达到单证实质一致是比较适用的。

可是一般不符点和实质不符点很难划分清楚。不同的银行，不同的案情，对于单据不符点有着不同的看法。不同法官和不同地点的法院审查单据诉讼案件，也会得出完全不同的判决。

阅读案例 7-2

一个单词的单数、复数写法不同是否构成不符点？

信用证规定：COUNTRY OF ORIGIN：E.E.C. COUNTRIES

商业发票规定：COUNTRY OF ORIGIN：E.E.C.

发票要求 E.E.C.是一个国家(Country)，而信用证要求 E.EC.Countries 是欧洲经济共同体，指许多国家(European Economic Community Countries)。这样开证行把单据上的一个国家(Country)和信用证的许多国家(Countries)之间的一个字的单数与复数写法不同就认为是不符点，拒绝偿付给议付行。

国际商会认为货物原产地不可能是 E.E.C.的许多国家，而是其中的一个国家，故商业发票的表示把 E.E.C.当成一个国家还是对的，该表示是符合信用证规定的。

国际商会还认为开证行若欲将 E.E.C.的一个特定会员国作为产地国家，则它应规定一个特定国家名称作为货物产地，但是本信用证没有这样的规定，因此，信用证规定是不完整的，也是不明确的，违背国际商会 UCP500 第 5 条“信用证本身必须完整和明确”的规定。

国际商会的结论是：开证行声明不符点是不正确的，也是不能成立的。

资料来源：肖玉珍. 实用国际结算. 中南大学出版社，2003. 第 205 页.

7.1.3 银行审单单据化原则

在日常信用证操作实践中，经常会碰到一些“非单据条件”。例如，在“additional conditions”有如下条款：“Factorys Inspection To Be Final”；“The Goods Should Be Made in China”；等等。根据国际商会《UCP600》第 14 条 h 款的规定，如果信用证含有某些条件但并未叙明需提交与之相符的单据，银行将认为未列明此条件，而对此不予理会。为纠正一些银行在 UCP500 执行过程中的错误做法和错误解释，国际商会于 1994 年 9 月 1 日发表了《阐明见解书》(POSITION PAPER)，其中第 3 号对“非单据条件”作出了正确解释，指出若跟单信用证出现一个条件明确地连接着该证规定的单据，此项条件不能视为非单据条件。由此我们可以看出，对于未列明条件的单据可以不予理会，反之则一定要出具。例如，跟单信用证的一个条件说到货物产地德国，没有要求产地证，仅就“德国产地”本身而言，可视之为“非单据条件”，按照跟单信用证统一惯例的规定，可对此不予理会。但是，若同一信用证规定了产地证，那就不是“非单据条件”了，因为产地证必须表明“德国产地”。

《跟单信用证统一惯例》明确禁止开证行超出单据本身的范围去决定是否相符。这一规定在实践中具有重要意义。“仅以单据为依据”的重要含义在于银行审核单证是否相符时，不得以单证以外的理由或因素为依据，也不得与其他任何人，尤其是开证申请人商量或征求其意见，而应自行作出判断和决定。例如：“Beneficiary to intimate one set of non-negotiable documents directly to applicant immediately on shipment and beneficiary’s certificate to this effect must accompany the documents.”(“受益人须在装船后，立即将一套非议付单据直接送达申请人，单据中随附表明此结果的受益人证明”。)此类单据必须出具，不能视为“非单据条件”。

当然，银行在审单时以单据是否符合信用证作为唯一的依据，非单据化条款无从证实。

所以，为维护进口方的利益，应把所有限制出口商作弊的条件单据化。例如，为了防止出口商以坏货、假货充好货，指定商检机构出具检验证书，如 SGS(瑞士通用鉴定公司)检验证书或 LYOD(劳合社)检验证明。除此之外，还规定其他具体的检验证明，如规定船公司出具未倒签提单的证明或要求船公司出具证明书证明其并未凭出口商的保函签发清洁提单等。这些条款有利于有效防止假提单、短装、冒装货物等欺诈行为。

阅读案例 7-3

一起“非单据化条件”引起的拒付案

我国某议付行 N 银行议付某对销公司(下称受益人)单据一套，开证行为的本 I 银行，信用证号为 Y910—17256IMK，业务编号 BP5308617/94，金额 USD325 440.00，即期付款。经审核，单证、单单一致，议付行正点出单，当日以 OCS 快邮寄单开证行索汇。

9 月 27 日，开证行来电称：还未收到受益人已付超过规定船龄保险费的证明，收到这个证明后，开证行将付款。在此之前，开证行将保留学据听候处理。

经核实信用证条款，该证“其他条款”第一项规定：“Overage premium for vessel more than 15 years old for account of beneficiary”，同时，从受益人处了解到，受益人与申请人 A 公司之间有其他贸易纠纷尚未解决。申请人拒绝付款，开证行即以上述条件为由拒付。议付行当日回电开证行，指出，根据如信用证含有某些条件而未列明需要提交与之相符的单据，银行将认为未列明此条件，且对此不予理会。而该信用证中“其他条件”第一项正属此类条款，只是声明船龄超过 15 年的保险费由受益人承担，并未要求提交证明满足此条款的有关单据。因此，议付行对此类条款可以不理会。同时指出，在信用证业务中，银行处理的是单据，开证行必须对表面与信用证条款相符的单据付款。任何贸易纠纷应由受益人和开证申请人直接解决，要求开证行立即付款，并声明保留追索迟付利息的权利。

10 月 3 日，开证行回电，仍称未收到受益人支付超龄保险费的证明，对议付行的交涉并未作出积极的反应，只是声明迟付利息应由受益人承担，因为有其他不符点：Short Shipment(短装)。10 月 6 日，议付行直接回电给其信用证部经理，除重申上次交涉电中的观点外，又指出，由于信用证规定货物数量和金额有 10%的增减幅度，而实际装货数量在 10%增减幅度内，并不存在短装。另外，根据规定，开证行拒付时应一次性提出所有凭以拒付的不符点，不能分次提出不符点。因此，开证行的拒付理由并不能成立，请开证行对相符单据立即付款，否则一切损失将由开证行承担。

10 月 13 日，由于开证行迟迟不回复，也没有付款，议付行不得不电话联系开证行驻北京办事处，向其陈述事情原委，申明议付行观点，请其协助催促开证行履行付款责任。10 月 17 日，开证行北京代表处回电话给议付行，称此案确系贸易纠纷所致，答应尽力说服开证行早日付款。

10 月 19 日，议付行再次致电开证行总经理，指出：“作为开证行，对你信用证项下相符单据的无理拒付，令我行深感不解。这种逃避付款责任的行为毫无疑问会损害贵行的良好信誉。请贵行立即支付货款及迟付利息。”

10 月 24 日，开证行付款。受益人放弃追索利息的权利。

资料来源：高洁. 国际结算案例评析. 对外经济贸易大学出版社，2006. 第 153 页.

7.1.4　银行独立审单原则

信用证一旦开出，被受益人接受，开证申请人和开证行之间就有了独立的法律合同关系，在受益人和开证行之间也是一个独立的法律合同关系，他们都独立于买卖合同。《跟单信用证统一惯例》规定开证行应以单据为依据，确定单据是否表面与信用证条款相符。如果单据表面与信用证条款不符，银行可拒受单据(refuse the documents)。这一规定的重要意义之一是确立了银行(指开证行或保兑行或代表其行事的指定银行)在审单中不可替代和独立的主体责任(non-delegable and independent duty)；其次，银行应对单证是否相符自行作出判断和决定，而不是与其他任何人，尤其是开证申请人协商决定或共同决定，更不能只让其他人单独决定。

银行独立审单原则的规定是基于两方面的原因。首先，立法、惯例及司法判例都确认开证行对买卖合同的履行不承担任何责任，因为开证行并非买卖合同的签约人，它无法控制买卖合同的内容，也无法选择和决定谁将作为信用证的受益人；其次，如果开证行在付款前，除了了解信用证条款和审核单据外，还有义务了解和处理主合同实际履行状况或争议的话，那么银行将“寸步难行”，信用证结算方式也就因此丧失了其商业价值。因此，根据《跟单信用证统一惯例》的规定，开证行的银行工作人员审查单据以决定银行是否付款，不必也不应该到现场调查并确定基础合同是否已经履行。

专栏 7-1

信用证审单标准解读 UCP600 第 14 条

Article 14 Standard for Examination of Document

a. A nominated bank acting on its nomination, a confirming bank, if any, and the issuing bank must examine a presentation to determine, on the basis of the documents alone, whether or not the documents appear on their face to constitute a complying presentation.

a. 按照指定行事的被指定银行、保兑行(如有)以及开证行必须对提示的单据进行审核，并仅以单据为基础，以决定单据在表面上看来是否构成相符提示。

本条款通过此项规定至少包含了以下含义。一是有义务同时也有权利进行单据审核的主体是哪些当事方。按照此条规定，则是被指定银行、保兑行以及开证行。就被指定银行而言，其享有审核单据的义务在于，被指定银行必须依据单证是否相符来决定其履行兑付的义务。在此条上，我们必须再行强调，依据UCP600 的规定，仅仅接受指定而非承担兑付义务的银行非是本条意义下的被指定银行。只有严格接受开证行的指定并承担兑付义务的被指定银行才有权利，也才有义务就单据进行审核。保兑行和开证行的义务是同等的，保兑行和开证行都是第一性的付款银行，其是否承担付款义务取决于所接受的单据是否符合开证行所开立的信用证的明确约定。

此条款的第二项含义，是确立了审核单据的原则和标准。即上述银行仅仅能依据单据表面来决定单据是否符合信用证的要求。这是单据独立性的核心体现，国际贸易的多样性决定着单据的复杂多样，相关当事方特别是相应的银行仅仅能依据所接受的单据表面来判定是否和信用证规定相符。这同时也是信用证独立性原则的体现，信用证交易被视为和实际交易之外的独立交易，信用证交易的实现与否与实际交易之间是两个不同的法律关系，开证行等依据单据来履行付款义务，而贸易合同当事方则依据其他来承担义务享有权利。

7.1.5 合理时间审单原则

国际商会规定银行审单应有一个时间限制，《UCP600》第14条规定：“A nominated bank acting on its nomination, a confirming bank, if any, and the issuing bank shall each have a maximum of five banking days following the day of presentation to determine if a presentation is complying. This period is not curtailed or otherwise affected by the occurrence on or after the date of presentation of any expiry date or last day for presentation.”(按照指定行事的被指定银行、保兑行(如有)以及开证行，自其收到提示单据的翌日起算，应各自拥有最多不超过5个银行工作日的时间以决定提示是否相符。该期限不因单据提示日适逢信用证有效期或最迟提示期或在其之后而被缩减或受到其他影响。)

跟单信用证统一惯例的上述规定表明，5个银行工作日是审单的最长时间限制，开证行、保兑行(若有)或代其行事的指定银行均享有自收到单据的次日起5个银行工作日的合理时间审核单据，以决定接受或拒受单据并通知寄送单据的一方。因此，若超过该时间限制，银行只能接受单据。该规定的目的在于，若超过5个银行工作日仍未作出是否接受单据，开证行或保兑行将失去拒受单据的权利，即使单据存在不符点，开证行或保兑行只能接受单据。因此，5个工作日对银行而言，既是一种权利，也是一种义务。

另外，5个工作日不是所有银行累计的时间限制，而是每个银行的各自时间限制。

(1) 对开证行而言，其相对于保兑行、指定银行或受益人有权自其收到单据次日起，在不超过5个工作日的时间内审核单据，以决定是否偿付保兑行、指定银行或向受益人付款。

(2) 对保兑行而言，其相对于受益人或指定银行有权自其收到单据次日起，在不超过5个工作日的时间内审核单据，以决定是否向受益人付款或偿付指定银行。

(3) 对指定银行而言，其相对于受益人有权自收到单据次日起，在不超过5个工作日时间内审核单据，以决定是否向受益人议付或垫付款项。

若指定银行分别两次寄送两套单据给开证行(或保兑行)，开证行(或保兑行)需审核两套单据，则5个工作日自收到后到的一套单据次日起算。若先收到的一套单据存在不符点，银行也需要等后收到的第二套单据审核完毕，且不存在不符点，银行在5个工作日内发出拒受单据的通知。

关于银行审单据时间还应注意以下几点。

(1) 若某一银行收到受益人的单据，只负责转递或寄单给开证行或保兑行，则该银行不是开证行或保兑行的指定银行，因而它不享有5个工作日的时间，必须立即将单据寄出，以使单据在信用证有效期内到达开证行或保兑行。

(2) 在寄单指示中，关于审单次数和方式的规定，不是非单据条件，若寄单行未按寄单指示规定的做法寄单，则视为不符点，开证行或保兑行可以拒受单据。

(3) 开证行或保兑行拒受单据，发出拒受通知时，若信用证尚未到期，则允许受益人修改有关单据。当开证行或保兑行收到修改后的单据，仍然允许有5个工作日的审单时间；在修改后的单据中发现新的不符点，银行仍然有权再次拒受。

■ 专栏 7-2

ISBP 简介

作为 UCP 的配套，ISBP(International Standard Banking Practice for the Exami-nation of Documents under Documentary Credit——《关于审核跟单信用证项下单据的国际标准银行实务》)通则已被广泛认为是对银行审核信用证中的深远改革，受到了所有受益人的欢迎。

1. ISBP 在实践中的特殊作用

ISBP 的出现规范了各银行在审单中的各种不同做法，它旨在减少审单中的不符点及减少单据拒付的现象。而且，ISBP 简化了信用证的操作流程，明确了 UCP600 中不明确、不清晰的地方，从一定程度上减少了开证行可能存在的风险。正因为 ISBP 的出现，原来开证行和受益人中出现的纷争或者银行业内部出现的分歧也正慢慢减少。

2. ISBP 与 UCP600 之间的关系

ISBP 作为 UCP600 的补充说明，既不是要取代 UCP600，也不是要对 UCP600 进行修订。按照 ICC 的说法，ISBP 只是用于解决因不符单据所引发的争端。因此，它可视为是为开立信用证而做出的独立文件。总之，但凡信用证中规定以 UCP600 为开立信用证的准绳，则 ISBP 也自动成为裁判不符单据的依据。

3. 可采用 ISBP 作为审单的依据

ISBP 总共有 200 条规定，除了在新内容上有具体的规定，ISBP 也对容易造成歧义、争端的不符点做出了详细的解释并规范了审核单据的相符一致条款，对 UCP600 中规定的信用证条款容易产生歧义的地方进行了详细的说明，如：在 ISBP 第 24 条提出银行不检查单据中的数学计算细节，而只负责将总量与信用证及/或其他要求的单据相核对。

4. ISBP 的标准化规定限制了开证行对相符原则的误导使用

众所周知，开证行在信用证操作中除了遵照信用证的条款外，也结合 UCP600 的规定。综上所述，作为 UCP600 的补充，ISBP 也能限定开证行的审单行为。如果开证行能完全根据 ISBP 规定来审核信用证，那么可以相信日后整个信用证的操作将更顺畅，因不符单据而带来的争执也将越来越少。

7.2　单证审核的要求和方法

7.2.1　信用证本身的审核

审证就是审核信用证，目的是要解决每一笔信用证是否可以接受和是否需要修改的问题。一笔信用证能否接受，基本上决定于 4 个条件：①政治上是否符合我国对外政策；②完全及时收汇是否有保障；③协定国家来证是否符合协定规定；④贸易条款和对单据的要求及其他要求是否符合贸易合同规定以及能否办得到。银贸双方虽应各自全面审证，但由于银行未掌握成交合同，因此，银行主要负责审查第①、②、③条；受益人负责审查第④条。但如果银行在审证时发现有关贸易、单证规定等方面的问题，以及特殊要求而受益人难以办到的条款，即所谓“软条款”，银行应以醒目的方式提请受益人注意，或填制“审证联系单”，随信用证正本通知受益人嘱其联系开证申请人进行修改。

1. 审证的主要内容

(1) 政策性条款的审查。来证地区、开证行国籍和信用证内容必须符合我国外交政策。来证内容如有歧视性内容或不符合我国外交政策的条款，视情况向开证行交涉。

(2) 开证行资信的审查。开证行必须是我方代理行，审查其资信是否与来证金额相称。如果资信不相称，可要求其他大银行加具保兑，或要求开证行加列电索条款，或由付款行确认偿付，或要求分批出运，分批收汇。

(3) 生效条款的审查。如果为有条件生效的信用证，应加批“此证未生效，待生效通知到达，方能办理出运”，以此提请受益人注意。

(4) 来证货币、金额的审查。来证货币必须是我国有外汇汇率挂牌的可兑换货币，应用同一货币计价和索汇，金额大小写应一致。

(5) 交单期及有效地点的审查。未规定交单期限，应以装运日后21天为限，并不迟于信用证有效期，未规定有效地点，则视为在我国境内到期。

阅读案例 7-4

受益人的最迟交单期的确定

某个信用证中有如下规定：

开证日期：2006年4月1日

信用证到期日：2006年5月31日

最迟装运日期：2006年5月1日

试问：受益人的最迟交单期是2006年5月31日吗?

分析：根据UCP600第14条c分条的规定，即使信用证未到期，交单迟于装运日后21天也是不能接受的。因此，如运输单据载明的装运日为2006年5月1日，则受益人最迟交单日应为2006年5月22日。

资料来源：徐进亮. 国际结算惯例与案例. 对外经济贸易大学出版社，2007. 第168页.

(6) 来证支付条款的审查。 来证须规定凭符合信用证条款的单据付款，而非“货到付款”、“验货付款”等。

(7) 单据的审查。所需单据及要求内容是否为政策许可，是否能提供或做到，单据之间相关内容是否有矛盾。

(8) 保险条款的审查。如由出口方办理保险，来证所列保险险别和条款均应为我保险公司承保所能接受的。

(9) 货运条款的审查。货物能否按规定的运输方式、运输公司、路线及时间装运，是否允许分运、转运条款。

(10) 整体条款的审查。来证所规定的条款必须明确完整。如果来证措词含糊不清，条文残缺不全，条款之间互相矛盾和来证条款对受益人不利，通知行应提请受益人注意，并由受益人联系，要求修改或澄清。

(11) 变字电文的审查。对因线路问题或其他原因造成的电开证电文残缺不全、严重变字等问题，应及时要求开证行重复，同时在信用证上加以批注，提请受益人注意。

(12) 保证及偿付条款的审查。来证条款需明确，偿付路线应合理。

(13) 来证“特别条款”审查。通知行及受益人对来证中各种各样的特别条款需要特别注意，因为特别条款中可能隐藏着各种“陷阱”，可能给银行和出口商带来风险。例如“货到目的港经商检后付款”；“本证暂不生效，待进口许可证签发后通知生效”；“受益人提交开证人出具的检验证书”；“开证人签发货物收据，其签字必须与开证行的记录相符”等。这类条款可以改变信用证的性质，对受益人很不利。

阅读案例 7-5

涂改信用证金额、日期诈骗案

江苏某市一合资企业(以下称开证申请人)向某银行(以下称开证行)先后申请开立四份信用证，总金额仅为 2 500 美元，受益人均为澳大利亚的一家公司，进口的商品为零配件。开证行审查其合同、购汇及核销手续均符合《关于结汇、售汇及付汇管理的暂行规定》。申请人还向开证行提供了全额的人民币作为开证保证金。但开证行认为每笔开证金额不大，建议申请人与出口商洽淡将改为托收或电汇方式处理，但申请人告知澳方受益人坚持要用信用证结算方式。为此，开证行只得应其要求陆续开出了三份信用证，最后一份信用证金额仅为 150 美元，开证日期为 11 月 10 日。数天后澳洲悉尼西太平洋银行电查开证行称:“你行 95LC51410 号 1.5 亿美元的备用信用证密押不符，请查告。”开证行经查从未开立如此巨额的信用证，为此即电告通知行，并以传真方式将所谓的 1.5 亿美元信用证传递开证行。经查对该传真文件，开证行发现其于 11 月 10 日开出的金额为 150 美元的信用证内容，除开证行、开证编号及电传号未改变以外，其余内容均已被作案人篡改，不可撤销信用证改为备用信用证，信用证金额 USD l50.00 改为 USD l50million，有效期由 1995 年 12 月 31 日改为 2000 年 11 月，受益人改为另一家澳大利亚商人，申请人则改为深圳的一家企业。经查，该备用信用证被该受益人用来作为向印度尼西亚某公司借款 1.5 亿美元的担保。开证行确认这是一起国内外犯罪分子勾结精心策划的国际金融诈骗案。

资料来源：高洁. 国际结算案例评析. 对外经济贸易大学出版社，2006. 第 57 页.

2. 审证时对所发现问题的交涉和催询

在审证工作中如发现有些问题需要对外交涉修改，应参照国际上的习惯作法，根据具体情况，由银行或由信用证受益人及时对外交涉。

1) 交涉

凡属开证行的资信能力与来证金额不相称需要经其他大银行保兑或偿付行确认偿付或加列电索条款，以及开证行所承担的付款责任不明确，或由银行重点审查的其他问题，由通知行负责对外交涉，在交涉未妥前请出口公司暂勿办理货物出运。

凡属来证条款含糊不清，残缺不全，条款间相互矛盾，缮打或变字等错误，由通知行联系开证行要求澄清。

凡属贸易条款，单证的要求以及其他有关特殊问题如与合同不符或无法实现，由受益人负责与客户交涉修改。

2) 催询

凡经通知行交涉开证行办理的事宜，如修改或澄清有关问题等均应由通知行专册登记考查，及时催询，已洽妥者要及时通知受益人。

凡由受益人出面交涉修改的问题，通知行应及时向公司了解情况，促进问题的尽快解决。

7.2.2 单证审核的方法

1. 审单顺序

将审单记录放在桌面右边，把单据放在桌面中间，单据的顺序是：①汇票；②商业发票；③提单要有固定的开头次序和固定的末尾次序，中间次序任意，然后把信用证放在桌面左边。

2. 审单方法

为了提高单证工作的质量，除了要求审单人员在工作时思想必须高度集中之外，也要讲究工作方法以求得事半功倍的效果，大体有以下几种审单方法。

1) 纵横审单法

以信用证与出口单据的发票自上而下，进行逐字逐句核对，再将其他单据与信用证的有关条款核对，这叫“纵向审单”。完成纵向审单后，再以发票为中心与其他单据进行核对，特别注意共有项目是否相一致，这就是“横向审核”。

采取纵横审单法时，要对以下几个方面的问题作出具体处理。

(1) 关于出单日期，应注意以下几点。

① 各类单据的出单日期应不迟于银行议付日期。

② 各种发票、装箱单和重量单出单日期一般应早于提单和保险单据出单日期。

③ 保险单据出单日期必须早于或者同于提单日，若迟于提单日，则保单需注明保险生效日早于或者同于提单日。

④ 各种商检证出单日期应略早于提单日。

⑤ 提单日不得迟于信用证的最迟装运日。

⑥ 汇票出票日期一般应迟于发票日期。

(2) 货物描述、包装品质和数量。货物描述可根据商业发票的内容核对，但其他单据中，对货物的描述可使用统称，各种单据中所列货物的包装方式、包装容器、运输方法均与商业发票核对，且须注意包装容器名称必须绝对一致，如发票未列明，应与装箱单所列内容一致。

(3) 价格条件与金额。根据商业发票所载价格条件核对运费是否付讫和是否需要保险单据，汇票和保险单据涉及的金额和货币名称均按商业发票所载来核对。

(4) 运费金额。一般在商业发票、提单或运费收据、海关发票中载明，应互相一致。

(5) 装运内容。起运港、目的港、转运港、船名、开航日期等装运内容应以提单记载为准，其他列有这类内容的单据均应与提单核对。

(6) 背批。有的信用证在下方印有：议付行必须在信用证背面背批汇票金额(The Amount of Each Draft Must Be Endorsed on The Reverse of The credit by The Negotiating Bank)。背批应注明：议付日期、BP 号码、金额、审单员签章。如系自由议付信用证，最后写上议付银行名称。

2) 先数字/后文字审单法

在单据数量比较集中时，可以先将各种单据的所有数字，如单价、数量、毛净重、尺码、包装件数等，进行全面的复核，然后再采用纵横审单法对其他内容进行审核。

3) 先简后繁法

在审单业务中，往往可能一次送来众多单据，在先后顺序的安排上可以先做“简单/容易的单据”，后做“较复杂的单据”。实务中，先审阅“容易”、页数少的单据，对于那些数量浩大、内容繁复的单据就可以静下心来，有条不紊地做，这样不容易出差错。审单，往往要赶时间。

虽然《UCP600》规定，银行的审单时间为“五个银行工作日”，但是多数银行要求职员在“一个工作日”内完成审单任务。如果先做复杂的单据，前面拖的时间过长，后面还有大量未做的单据，心情烦躁，很可能引起失误。

4) 先读后审法

指在处理前，先将信用证从头到尾通读一遍，然后再按信用证条款依次审核。即“读全文，阅修改，抓要点，做记号；通读后，再审单，证在左，单在右；单证符，顺利过；若不符，写下来；单据间，须相符；如不符，切记牢；审单毕，洽客户”。

(1) 首先对信用证全文通读，边读边记，并随手在特别要关注的地方做个记号，以便审单时引起重视。

(2) 同时，查看有无信用证的修改，而且这些修改中是否有受益人“不接受”的批注。

(3) 如果信用证有修改，而且受益人都接受，那么将修改内容在信用证的原条款上做好相应记录，确保信用证条款是有效完整的。

(4) 接下来就是按单据的主次关系审核。首先，将一些重要单据，例如，发票、提单先行审核，然后以它们为参照物，审核其他单据。同时，要注意将信用证有关这类单据的规定贯穿于此，做到“单证一致、单单相符”。如发现有任何不符点，应立即记录在案。如信用证规定，所有单据要显示“合同、信用证号码”，那么，全部单据就此条款进行检查一遍，以免遗漏。

(5) 审核完毕后，将所发现的不符点一并与前道业务环节沟通，落实解决办法。

7.3　单据审核的处理要点

在信用证业务的全过程中，出口地指定银行需要审核单据，进口地开证行需要审核单据，如有保兑行，它若不是指定银行，也要审核单据，而如何审单是一个很复杂很细致的工作，本节将对信用证业务中涉及的主要单据的审核方法进行系统的介绍。

7.3.1　单据审核的要点

1. 寄单面函的审核要点

寄单面函(Documentary Schedule/Covering Letter)是指定银行寄送给开证行凭以索偿的通知单，开证行收到面函后应该审核以下内容。

(1) 寄单面函确是交与本银行的。

(2) 面函上有当前的日期。

(3) 面函及所附单据属于相关的信用证号码项下。

(4) 列举的单据均包含在内。

(5) 单据中的金额与面函中提及的金额是一致的。

(6) 交单的银行(如有的话)是作为信用证项下的付款行、承兑行、议付行。

(7) 付款指示是明确易懂的。

(8) 是否提及有任何不符点，是否凭担保函或有保留的付款、承兑或议付。

2. 汇票审核要点

汇票作为支取信用证金额的凭证，附在汇票下面的是全套单据，故也称为跟单汇票，它不是单据，而单据却是汇票的附件。因此，银行需要审核汇票，就像审核其他单据一样，必须符合信用证的规定。银行在审核汇票时，可以从以下几个方面入手。

(1) 信用证规定应记载“draw clause”时，其开证行名称、信用证号及开证日期等均应与信用证规定相符。

(2) 出票人或签字应与信用证的受益人完全相符。在可转让信用证中，出票人可能不是原证受益人。汇票应由出票单位的有权签字人员签字，还需注明其职位。按国际惯例，一般不能用图章签字。

(3) 付款人应符合信用证规定，即不能以申请人作为付款人。即期付款信用证要求汇票时，即汇票付款人是指定付款行。承兑信用证的汇票付款人是指定承兑行，议付信用证要求汇票时，则汇票付款人是议付行以外的一家银行，通常是开证行，议付信用证中规定“以我行为付款人”(draft drawn on us)，即是开证行为付款人。

(4) 汇款金额应与商业发票所载金额相同，信用证规定为发票金额的百分之几的(如draft for 90% invoice value)除外。汇票金额应不超过信用证金额或信用证项下允许的金额。

(5) 汇票的出票日期不得迟于信用证的有效日期，也不得早于提单等其他单据的出单日期。一般汇票的出票日期即为汇票的签发日期，但有些汇票的出票日期不是签发日期。此时，应以票面上的出票日期为准。汇票的付款日期应与信用证要求相一致。

(6) 如果汇票要背书，它应能被正确地背书，一般不能作限制性背书。

(7) 除非信用证授权，否则不应开立“无追索权”的汇票。

(8) 信用证如规定须有出票条款时，则汇票应加以记载。出票条款通常包括开证银行名称、信用证号码、开证日期以及一些特殊字样，如“irrevocable”、“without recourse”等，对于这些要求，出票条款均应和信用证保持一致。

3. 发票审核要点

商业发票是全套单据的中心，其他单据如运输单据、保险单据、包装单等都是支持商业发票的货物而开立的。因此，银行在审核商业发票时应格外小心谨慎。

(1) 发票应由信用证指名的受益人开立，如果表示地址，应与信用证要求的地址相同。因此，发票签发人与汇票出票人为同一人。

(2) 除非信用证另有规定，发票必须做成以开证申请人的名称为抬头人。

(3) 发票不要加注“临时的”(provisional)、“形式的”(proforma)或类似用语，除非信用证特别准许。

(4) 关于商品的描述，如名称、品质、单价、数量、重量及包装必须与信用证完全一致。如“葡萄干”，信用证中命名用“Dried Grapes”，我们单据中均应使用“Dried Grapes”，以求“单证一致”。

(5) 发票金额不论什么情况不，都不得超过信用证，并与汇票金额相符。如来证金额去掉了尾数，发票没有；或来证金额扣除了百分之几的佣金或利息，而发票没有，则都被认为单证不符。此外，如发票金额超过信用证规定金额的波动幅度，也被视为单证不符。信用证的金额、单价及商品的数量单位前面如加有“about approximately, circa”(约、近似、大约)，或类似词语时，发票金额、单价、数量可有不超过 10%的增减幅度或伸缩性。银行对单价乘数量得出的总金额，不负核算的责任。但银行对于一些价格条件(如 CIF 价格条件)中的价格、运费、保险费分列的部分应核对，看其运保费和价格之和是否超过信用证的规定。

如果信用证和合同中规定的单价含有“佣金”(Commission)，发票上应照样填写，不应以“折扣”(Discount)字样代替。如果信用证和合同规定“现金折扣”(Cash Discount)字样，在发票上也应全名打印，不能只写“折扣”或“贸易折扣”(Trade Discount)等字样。

(6) 发票份数必须与信用证要求的一致，并确保提交符合信用证要求的发票张数及正本和副本。

(7) 如果信用证要求发票被签字、公证人证实、合法化、证明等，应确保正确照办。即如果信用证要求签字的发票，则证明需要单独签字；如果信用证不要求签字的发票，则证明该发票不需签字和注明日期。信用证要求手签时，必须由单位主要负责人手签。如信用证不要求提供签署发票，可不签署。

(8) 如果信用证没有具体规定，则发票上应不能有对货物是“用过的”、“旧的”、“重新改造的”、“修整的”之类的批注。

4. 运输单据审核要点

实际上，国际结算大都是通过信用证或托收项下的运输单据的转移来实现的。因为这些单据具体地反映了与货物有关的当事人，如发货人、承运人和收货人之间的权利、义务关系，因此对运输单据的审核就构成了单据审核的另一重要内容。

(1) 确保运输单据种类与信用证规定的相符。除信用证另有规定外，必须为全套(Full Set)的正本运输单据。

(2) 收货人名称应符合信用证要求。不同的运输单据有不同的做法。海运提单多数是可转让的物权凭证，收货人的做法根据信用证的规定，可以做成记名提单和指示提单等不同形式。如抬头做“order of shipper”或“to order”时，做空白背书。航空运单和邮包收据等因不具备物权凭证的性质，必须打出收货人的详细名称和地址。

(3) 要求托运人提供被通知人的名称和详细地址，以便货到目的港时进行联系办理交货手续。

(4) 运输单据对货物的描述应符合信用证所规定的货物描述，货名、唛头、数量、重量、船名、路线等应与信用证相符。如果有关于货物的描述的话，要与在其他单据上面的表示相同。

(5) 运输单据上的价格条款或有关运费的记载应与信用证和发票一致。如 CIF 或 CFR，应注明“Freight Prepaid or Paid”，注明“Freight payable or to be paid”者不能接受。不论信用证有无明确规定，在运输单据中应明确表示“运费预付”或运费到付，它必须与发票的价格相符。如显示具体运费，必须与其他单据上出现的运费一致。

(6) 确保运输单据上没有能够使其“瑕疵”或“不清洁”的条款。如提单上注明“包装破损”或类似的批注就属于“不清洁提单”，对于不清洁提单银行可以拒收或拒绝付款。

5. 保险单据审核要点

国际贸易中的货物运输一般都要远涉重洋，这就有遭受自然灾害或发生责任事故、造成货损的可能。所以买卖双方总把保险作为价格条件的一个因素，在合同中规定由谁来投保。保险的作用在于货物所有人在支付一定的保险费后，如遇被保货物受损，在合乎保险条款规定的范围内应向保险公司取得经济补偿。这对于确保开证行的利益也是至关重要的，所以银行仍然要严格审核保险单据。

(1) 保险单据的种类应符合信用证的规定。如果信用证要求的是保险单，保险凭证或预保单项下的保险证明或保险声明就不能接受；如果信用证要求保险凭证或信用证明确要求预保单项下保险证明或保险声明，保险单可作为替代；如果信用证没有明确种类，笼统地要求保险单据，则只要与信用证其他条件及跟单信用证统一惯例各项规定相符的单据都可受理。

(2) 确保提交开立的全套保险单据。保险单据如出具一份以上正本，则全部正本应交银行。也就是说，不管信用证规定或未规定“全套”保险单据，只要保险单上注明了正本的份数，受益人就应向银行如数提交正本保单；如果信用证并无规定全套，保单上亦无注明全套份数，按跟单信用证统一惯例受益人可只交一张正本，其余为副本。

(3) 保险单据发出日期或保险责任生效日期最迟应在已装船或已发运之日。

(4) 保险单据上所记载的唛头、号码、船名、航程、装运港、卸货港、起运日期等，必须与运输单据所记载的一致。

(5) 如果被保险人的名称不是保兑行、开证行或买方，应带有适当的背书。

(6) 如果信用证规定了最低保险金额，应按其规定投保；如果信用证没有规定，则按《跟单信用证统一惯例》UCP600 第 28 条第 F 分条规定，其最低投保金额应是货物的 CIF 价或 CIP 价之金额加 10%，如果银行对货物的 CIF 价或 CIP 价不能从单据表面认定时，银行将按信用证要求付款、承兑或议付金额的 110%，或发票毛值(尚未扣除折扣或佣金时的总金额)的 110%，两者之中取金额较大者作为最低投保金额。保险金额的大写与小写应该一致，除非信用证另有规定，否则保险单据的货币必须与信用证的货币相同。

(7) 保险单据上注明的赔款偿付地点，应按信用证规定填写，如信用证未规定，应以货物运抵目的地或其邻地为赔付地点。如信用证要求赔付给某一指定公司，应在赔付地点之后加注。

(8) 代理人即保险公司在目的地的代理人，应有全称和详细地址。

(9) 保险公司的签章不得遗漏。

6. 产地证书审核要点

产地证书是证明商品原产地的文件，简称产地证。对于产地证的审核要点可简单归纳为以下几点。

(1) 产地证就由信用证指定的机构签署。如果信用证规定由主管当局(Competent

Authority)出具产地证明，应申请商检局或贸促会或国际商会发出正式的产地证明书。当然，如果信用证没有规定，则由受益人出具的单据也是可以接受的。

(2) 按照信用证要求，确保它已被签字、公证人证实、合法化、签证等。确保产地证上面的进口商名称、唛头、货名、件数等资料与信用证条款相符，并与发票和其他单据一致。

(3) 确保产地证上记载的产地国家应符合信用证的要求。如果信用证规定产地国家，产地证应予注明；如果信用证规定产地为中国某地(如天津)，则产地证应填写“天津，中国”，而不应只写“中国”。

(4) 除非信用证规定，否则应提供独立的产地证明，不要与其他单据联合使用。在信用证只要求证明商品的产地时，则可以在商业发票上加注：“兹证明装运货物原产地是中国”(We hereby certify that the goods shipped are of Chinese Origin)，这就是产地证明与商业发票的联合格式。但是，当信用证要求提供产地证明书时，就不能在商业发票上加注证明货物产地的联合格式而要出具单独的产地证，并应签字，加注日期和正当地注明其名称。

(5) 产地证和签发日不得迟于提单日期，但是可以迟于发票日期。

7. 检验证明书的审核要点

进出口商品检验证书是商检机构对进出口商品进行检验鉴定后出具的证明文件，是国际贸易中不可缺少的重要凭证。因此，检验证明书也构成银行审核的重要单据之一。

(1) 检验证明书应由信用证规定的检验机构检验、出具。常见的商品检验证的签发机构为政府设立的商品检验机构或国际性的民间公证机构，如我国的商品检验检疫局、瑞士通用鉴定公司(S.G.S.)等。

(2) 检验证明书的出证日期应略早于提单日期，表示是在货物装船之前检验的结果。由于检验单位对于各种商品都规定了检验的有效期限，如果出证日期太早，交单时就要超过有效期限，则将遭到收货人的异议甚至要求重新检验。有的信用证明确规定：“This certificate should indicate that inspection had been carried out just before loading.”就有略早于货物装运的含义。但是，检验日期不得迟于提单日期，因为迟于提单日期意味着货物装运后检验，这与事实矛盾。

(3) 检验证明书的内容必须与发票或其他单据的记载保持一致，并符合信用证的规定，检验结果只要符合信用证的要求就算合格。

(4) 检验证明书应有检验机构及人员签字盖章及注明日期。

(5) 除非信用证准许，确保它没有包含关于货物、规格、品质包装等不利的声明。

8. 包装单、重量单的审核要点

包装单、重量单是用来补充商业发票表面内容的不足，便于国外买方在货物到达目的港时，供海关检查和核对货物的单据。因此，包装单和重量单也构成银行审核的重要单据之一。

(1) 单据名称和份数应与信用证要求的一致。

(2) 包装单、重量单应是独立的单据，不要与其他单据联合使用，除非信用证准许。

(3) 确保该单据上记载的货物、规格、数量及唛头等资料与其他单据所记载的一致。

(4) 数量、重量及尺码的小计与合计须加以核对，并须与信用证、提单及发票所记载的内容相符。

(5) 应由制单人签字。

阅读案例 7-6

不符点是否成立?

A 公司是一家棉花出口公司，使用 A 公司原始信纸的同一文件格式缮制装箱单、重量单及经认证的重量单。B 银行为议付行。A 公司在货物装船后凭全套单据向 B 银行申请议付时，B 银行声称有以下不符点。

(1) 即使重量单实际上是正本的，也必须加盖正本章。

(2) 尽管信用证没有要求经过签字的单据，装箱单和重量单还是应该在单据指定位置签字。理由是：既然单据上留有签字的位置，这份单据就应该签字。而 A 公司仅在要求提交经过证实的重量单时才在这一位置上签字。

资料来源：徐进亮. 国际结算惯例与案例. 对外经济贸易大学出版社，2007. 第 179 页.

7.3.2 银行对于单据不符的处理方法

根据国际商会的统计，约 50%以上的单据在第一次提交时都在不同程度上存在着不符点。单证不符是逾期收汇或收汇不着的最重要原因。因此，银贸双方应密切配合，减少不符点出单的比重，以减少风险损失。当指定银行收到受益人提交的存在瑕疵的单据后，必须及时处理，以免给受益人造成损失。

1. 出口地银行对于单据不符的处理方法

对单据中非实质性及有争议的不符点，如受益人信誉较好，银行可作保留付款或议付(Negotiations/Payments under reserve)，即银行凭受益人出具的赔偿担保书汇款或议付，并向开证行索汇。若单据经另一银行提示，则由受益人的往来银行出具担保。如果单据遭申请人拒付，银行向受益人或其往来银行行使追索权追回垫付款项及有关利息费用。

1) 保留议付/付款或凭保函议付

(1) 外部保留，又称“表提”不符点。即出口地的银行将不符点通知受益人，在寄单面函逐一列出告知通知行/提示行，说明“担保议付”，并向信用证指定的偿付行索汇。提示行在给开证行的寄单面函中往往注明有保留文名。要求如开证行接受不符点单据，应通知议付行解除担保。如“We have negotiated the documents under reserve against beneficiaries indemnity Documents sent to you four a approval due to the following discrepancies. Please advise us when we may lift the reserve/release the indemnity.”

(2) 内部保留。对于不严重或细微的不符点，银行可只将不符点通知受益人，通常议付行向开证行索汇。

2) 电提不符点

对金额较大的单据，或信用证本身规定有偿付行，就可以直接向偿付行索汇，这时就可以先向开证行发一份 TELEX 或 SWIFT，提出不符点，请开证行确认接受不符点，授权向偿付行索汇。开证行接到电报会征求申请人意见，再回复受益人的银行，如同意接受不符点，就可以授权受益人的银行议付或付款，并向偿付行索汇；如果不同意接受不符点，受益人的银行就只能把单据寄给开证行，由开证行验单处理。常用的电文如："Documents Presented Under Your L/C No. XXX, Bill's Amount USD XXXX, Our Ref No. XXX. All Terms Complied with Except, ① No Unique P/L. ② Shipment Date 051122 Late Shipment…Please cable us whether we may negotiate documents."

3) 托收寄单或征求意见寄单

若单据中含有严重不符点，受益人征得进口商同意，且进口商资信较好的情况下，寄单行可将单据寄开证行作托收处理，并在寄单面函上列明所有不符点。这种托收寄单方式可减少业务手续和业务费用，但受益人完全失去开证行的付款保证，单据是否被接受，取决于申请人的意愿。

寄单行亦可单寄开证行证求其意见(At request of the beneficiary, we send you herewith the documents for your approval)，在远期交易的情形下，如开证行通知单据已被接受，应负到期付款的责任。

4) 退单

若单据严重不符，出口地银行不愿作托收处理，受理单据的银行可将单据退回，不过这种情况极为少见。

简而言之，对于不符点单据，出口地银行有以下几种处理方法。

(1) 将所有单据退还给受益人更改，以便在信用证有效期内和最迟交单期内再交单。

(2) 仅仅退还不符单据，做法同上，同时代表受益人安全保管其余单据。

(3) 在受益人授权下将信用证项下不符单据以等待批准方式寄送给开证行，要求它审查和批准接受单据或拒绝接受单据。

(4) 如果受益人准许，通知开证行，要求凭不符单据授权付款、承兑或议付。

(5) 由出口地银行出具赔偿担保信，凭以议付、付款或承兑，如果开证行拒绝接受不符单据和拒绝偿付时，任何议付、付款、承兑金额连同利息和有关费用将由担保人偿还。

(6) 根据实际经验，并征得受益人同意，办理"保留权利"的付款、承兑或议付，即如果开证行凭着不符单据而拒绝偿付时，银行保留对受益人的追索权。

(7) 寄单托收。采用寄单托收方式，意味着放弃应用《跟单信用证统一惯例》规则，完全使用《URC522》。

2. 开证行对于单据不符的处理方法

当单据被寄给开证行，开证行认为有不符点时，可采取的处理方法有以下几种。

(1) 征求申请人意见。开证行接到寄单行的"电提"通知或"表提"单据，应马上联系开证申请人，如申请人同意放弃不符点，必须马上通知寄单行，请其作出单据处理指示或答应暂行代管单据，履行开证行在信用证项上应当承担的义务，待收到付款授权后再通知寄单据行。措词如："We have relayed discrepancies to accountees and will revert on receipt of their authority to pay, meanwhile documents held by us to your order." 如寄单行表提后请开证行作保留付款，开证行应视寄单行资信决定是否接受，如作保留付款，开证行应在付款通知中说明系作保留付款及保留期；若申请人拒不受单据，保留期内开证行可行使追索权，若申请人接受单据，应通知寄单行取消保留。

(2) 申请人如果认为受益人提交假单据，要求开证行拒付，银行因不负责辨认单据真伪，不能凭申请人要求而拒付。但若申请人有证据确定受益人存在欺诈行为，则应依法提起诉讼，要求法院向开证行发出禁止付款命令或制止命令。

(3) 索偿行要求开证行退单据并要求修改不符点，如果信用证有效期和最迟交单期尚未到期，开证行应照办或允许受益人到开证行改单，待单据“合格”后，再照常付款。

(4) 当开证申请人不愿接受不符点单据时，开证行可主张拒付。开证行有权按照《跟单信用证统一惯例》的有关规定，拒受单据。

(5) 开证行必须在最迟不超过收到单据后5个工作日内，以电讯方式或其他快递方式(不得以航邮书信通知)毫不迟延地向寄单行或寄单人发出拒付通知，通知开证行(非买方或申请人)拒付的事实。在大多数情况下，拒付都是出自买方。因为开证行虽是第一性付款，但它最终要求买方付款赎单，在单据不符时，将遭买方拒付。

(6) 拒付通知必须在第一次电文中说出所有的全部不符点，第一次没有提出不符点即表示弃权，不允许第二次提出新增加的不符点。实务中，如果申请人开始就坚持拒付，开证行可将单据退还交单人，但如果不符点被寄单行一一驳回不能成立，或在信用证有效期和最迟交单期内向受益人补单重新交付“合格”单据，开证行就无权拒付。因此开证行通常采用单据代为保管，听候寄单行处理的方式，有利于买卖双方洽商折中办法，让买方最后接受不符单据。

(7) 拒付通知中要说明单据情况。开证行提出拒付意味着买方不付货款，货物所有权仍归卖方，代表物权的单据就要听候寄单行(代表卖方)处理，或者退回寄单行。因此，开证行在拒付通知中应说明是代为保存全部单据听候处理或已将全部单据退给寄单人。寄单行在接到开证行拒付通知后，可根据不同情况作如下处理：①如认为拒付理由成立，应马上通知受益人采取措施，处理单据和保护货物；②如认为开证行或保兑行的拒付理由不符合《跟单信用证统一惯例》或信用证条款和条件时，有权与拒付银行交涉、协商解决；③在双方意见不能统一时，也可以将争议提交国际商会仲裁解决。

本章小结

作为国际结算的主要手段，跟单信用证是指凭跟单汇票或凭单据付款的信用证。在跟单信用证业务中，有关各当事人处理的是单据，而不是货物。因此，理解和掌握单据审核的要点，就成为国际贸易结算中的重要内容之一。

从国际贸易的实践来看，单据具有极其重要的作用。在不同的国际结算方式下，所需要的单据种类及份数各不相同，银行在审核单证时均应遵循相应的原则。单据的审核原则要遵循合理谨慎审单原则、单据表面相符原则、银行独立审单原则和合理时间审单原则，银行应该对各种单据的完整性和准确性，作出合乎情理的判断。

本章在介绍银行相关审单原则的基础上，对单证审核的方法和单据常见审核要点加以阐述，让大家从国际结算的角度掌握基本的审单要领，了解国际结算单据制作的重要性和基本要求，掌握各种单据的制作要领，熟悉国际结算主要单据的制作环节，准确制作各种结算方式下的全套单据。

关键术语

审单	Examine the Documents
单据审核标准	Standard for Examination of Documents
相符交单	A Complying Presentation
拒受单据	Refuse the Documents

综 合 练 习

一、填空题

1．开证行、保兑行(若有)或代其行事的指定银行均享有自收到单据的次日起(　　　)个银行工作日的合理时间审核单据，以决定接受或拒受单据并通知寄送单据的一方。

2．单证审核的原则有(　　　)、(　　　)、(　　　)、(　　　)和合理审单原则。

3．出口地银行对于单据不符的处理方法有(　　　)、(　　　)、(　　　)和退单等。

4．(　　　)是指定银行寄送给开证行凭以索偿的通知单。

5．为了提高单证工作的质量，除了要求审单人员在工作时思想必须高度集中之外，也要讲究工作方法以求得事半功倍的效果，大体有以下几种审单方法：(　　　)、(　　　)、(　　　)、(　　　)

二、判断题

1．汇票的出票日期不得迟于信用证的有效日期，也不得早于提单等其他单据的出单日期。　(　　)

2．银行对单价乘数量得出的总金额，不负核算的责任。对于一些价格条件(如 CIF 价格条件)中的价格、运费、保险费分列的部分也不负责核对。　(　　)

3．检验证明书的出证日期应略早于提单日期，表示是在货物装船之前检验的结果。　(　　)

4．拒付通知必须在第一次电文中说出所有的全部不符点，第一次没有提出不符点即表示弃权，不允许第二次提出新增加的不符点。　(　　)

5．开证行拒付通知必须在第一次电文中说出所有的全部不符点，第一次没有提出不符点即表示弃权，不允许第二次提出新增加的不符点。　(　　)

三、选择题

1．审单工作中，银行将审查(　　)。

A．单据的完整性　　B．单据的真伪性
C．单据的法律效力　　D．单据表面是否与信用证条款相符

2．开证行在审单时发现不符点，以下那一项不是开证行必须做的(　　)。

A．说明全部不符点
B．拒付时必须以单据为依据
C．应用书信方式通知寄单行
D．必须在 7 个工作日内拒付

3．根据《跟单信用证统一惯例》的规定，单据在表面上符合信用证条款应从以下几个方面加以解释：(　　)。

A．单证必须符合国际惯例的规定
B．单证必须与信用证条款相符
C．单据之间表面相符《跟单信用证统一惯例》
D．单据必须与既成事实相符

4．在审核商业发票时应注意的要点有(　　)。

A．发票的开票人应是信用证中规定的受益人(可转让信用证除外)，与汇票的出票人应为同一人

B．发票的抬头人应是信用证申请人

C．发票的开票日期不应迟于汇票的出票日期，亦不应迟于信用证的议付有效期

D．商品名称、数量、规格、单价、包装、价格条款、合同号码等及货物描述必须与信用证的规定相符，单价乘以数量必须与发票总金额相符

5．提单是物权凭证，持单人可凭以提货，也是出口人凭以议付货款的最基本单据，审核时应注意要点(　　)。

A．提单应具备全套可转让提单并注明承运人的具体名称，经承运人或作为承运人的具名代理、船长或作为船长的具名代理签署

B．提单上的文字如有更改时，应有提单签署人的签字或有签发提单的公司的签章

C．提单的日期不得迟于信用证上规定的最晚装运日期

D．提单向指定银行提示的日期原则上不得晚于提单签发日后 21 天，信用证另有规定的从信用证规定，但无论如何不得晚于信用证的有效期

6．按照我国现行的做法，开证行收到国外寄来的全套单证以后，应根据信用证条款全面地逐项地审核的事项是(　　)。

A．单据与信用证之间是否相符　　B．单据是否符合货物的实际情况

C．单据是否符合审证人的经验　　D．单据与单据之间是否相符

四、简答题

1．简述汇票审核的基本要点。

2．审单的要求是什么？

3．简述发票的审核要点。

4．试述单据的基本审核原则。

5．指定银行及开证行如何处理不符的单据？

6．开证行在单证不符情况下，主张拒付货款时，应该做好哪些方面的工作？

【案例分析题】

1．银行开立一不可撤销的即期付款信用证，通过 A 行通知受益人，I 行要求 A 行对信用证加具保兑。A 行把信用证通知给受益人，并加具了保兑。除其他单据外，信用证还要求一份装箱单。受益人发货后将单据提交给 A 行要求付款。A 行审单后确定单据不符，理由如下：装箱单没有采用载有受益人信头的纸张开立，并且受益人没有在上面签字。

试问：

(1) 装箱单必须用载有受益人信头的纸张吗?

(2) 装箱单必须签字吗?

2．某出口公司接到一张信用证，该信用证规定，最晚交单日为 7 月 29 日，该公司备好全套单据打算 7 月 29 日上午向议付行交单议付。但由于 7 月 28 日该地区发生大地震，议付行 7 月 29 日无法营业。问：出口方能否要求议付行在下一个银行工作日议付?

3．根据以下案例所提供的资料，试分析：

(1) 如何正确理解议付行在信用证法律关系中的权利义务?

(2) 何谓信用证的出口押汇？共与议付信用证有什么样的区别？

上海 A 公司与新加坡 B 公司签订了一份 738 450 美元的售货合同，A 公司为出口商。事后，B 公司根据合同向印度银行新加坡分行申请开立不可撤销跟单信用证，有效期为 2006 年 5 月 21 日至同年 8 月 17 日，受益人为 A 公司，议付银行为中国任一银行，汇票类别为即期，受款人为香港 C 银行，付款人为开证行，出票人为 A 公司。2006 年 5 月 29 日，A 公司就上述信用证向 C 银行申请打包贷款，该行同意后于次日向 A 公司发放贷款 30 万美元。期间，根据开证人申请，开证行曾先后 3 次向 C 银行发出 3 份电传，对该信用证部分条款进行了修改，其中第 3 次内容为“收到申请人指示后，应将装运日程和船舶名称以修改方式通知受益人，上述修正副本应随单据一并发出”。

2006 年 8 月 30 日，C 银行收到 1 以 B 公司名义发来的电传(该电传下称“第 4 份通知”)，告知 A 公司船名和货物装运日期。C 银行将该电传转交给 A 公司。上述船名和装运日期与船公司接受 A 公司托运货物后签发的提单中所载内容相同。同年 9 月 3 日，A 公司向 C 银行提供了包括第 4 份通知在内的信用证项下的出口单据要求议付。C 行于同年 9 月 5 日向 A 公司发出议付通知，告知该公司在信用证项下的金额 738 450 美元中，扣除手续费、邮费、短款费、修改通知费、提前付款利息及所欠打包贷款本金、利息后，尚余净额 4 914 344 101 美元，并于次日将该议付款划入 A 公司账户内。之后，C 行将信用证单据寄往开证行要求偿付，开证行于同年 9 月 18 日、10 月 11 日致函 C 行，称单据与信用证第 3 次修改的指示不符，并称其从未发过第 4 份船名和船期的修改通知，开证人 B 公司也未发过这份电传，单证存在不符点，拒绝偿付该信用证款项，并将所有单据退回 C 行。于是，C 行于同年 10 月 25 日致函 A 公司告知其单据已遭拒付，并要求其归还议付的信用证款项。

因 A 公司未归还议付款，C 行就先后 3 次从 A 公司账户内扣划 59 650 美元用于归还上述议付款，尚欠 678 800 美元，后因催讨未果，向法院诉讼要求 A 公司清偿所欠议付款本金及利息。而 A 公司则辩称 C 行在信用证议付时，扣除手续费及打包贷款本息后，原信用证项下的美元已经结清；单证不符是由 C 行造成的，其应承担遭开证行拒付的责任。

本案在审理中产生了两种处理意见。第一种意见认为 A 公司提出 C 行审单不慎造成开证行拒付的理由与信用证惯例中对银行审单的“合理、公平、善意”原则不符，若此理由成立，则加重了银行在金融中介业务中的责任，也加重了其承担商品交易的风险。本案中，C 行收到的第 4 份通知虽未经开证行加押确认，但事实上 A 公司出口货物的船舶及船期与该电传内容一致，从 C 行作为议付行的角度看，接受上述船期和船名的通知，执行修改内容，并无不当。考虑到 C 行审核信用证修改时有一定的过错，应承担议付款部分利息损失。第二种意见认为，C 行是本案所涉跟单信用证的通知行和议付行。

根据《跟单信用证统一惯例》第 7 条 A 款规定及解释，信用证通知行应合理谨慎地审核它所通知信用证的表面真实性，即应核对信用证的签署和密押，以确定该证的真实性。而 C 行在收到以开证申请人的名义发来的装运电传通知后，未履行合理谨慎地审核义务即未经开证行加押确认就通知受益人 A 公司，因此该行具有通知不当的过错。故开证行以信用证和单据不符拒付信用证款项，过错责任应有 C 行自行负担。作者同意第二种意见。

【实际操作题】

请根据信用证，指出发票和装箱单的不符点。

(1) 信用证

ISSUING BANK	*	52	INDUSTRIAL BANK OF JAPAN,TOKYO,JAPAN
SEQUENCE OF TOTAL	*	27	1 / 1
FORM OF DOC. CREDIT	*	40 A	IRREVOCABLE
DOC. CREDIT NUMBER	*	20	LC82H0006/06
DATE OF ISSUE		31 C	APRIL 20,2006
DATE/PLACE EXP.	*	31 D	DATE:AUG.10,2006 PLACE CHINA
APPLICANT	*	50	TOKYO SHOKAI,LTD. 3,NIHONBASHI,HONCHO 3 CHOME CHUO-KU, TOKYO，JAPAN
BENEFICIARY	*	59	SHANGHAI FREEMAN TRADING CO.,LTD. SHANGHAI,CHINA
ADVISING BANK	*	56 C	THE BANK OF CHINA SHANGHAI BRANCH
AMOUNT	*	32 B	Code USD Amount 15,000.00
AVAILABLE WITH/BY	*	41 D	ANY BANK IN CHINA BY NEGOTIATION
DRAFTS AT ...		42 C	SIGHT IN DUPLICATE INDICATING THIS L/C NUMBER
DRAWEE		42 A	INDUSTRIAL BANK OF JAPAN,TOKYO,JAPAN
PARTIAL SHIPMTS		43 P	ALLOWED
TRANSSHIPMENT		43 T	ALLOWED
LOADING IN CHARGE		44 A	SHANGHAI ,CHINA
FOR TRANSPORT TO------		44 B	OSAKA ，JAPAN
LATEST DATE OF SHIP		44 C	JULY 20,2006
GOODS DESCRIPT.		45 A	 TERMS OF DELIERY CIF OSAKA MEN'S 2 PCS SET ART.NO.3124A 300DOZ-60CTNS USD50.00/DOZ
DOCS REQUIRED		46 A	 DOCUMENTS REQUIRED: +COMMERCIAL INVOICE IN ONE ORIGINAL PLUS 3 COPIES INDICATING THIS L/C NUMBER AND CONTRACT NO.PT204 +PACKING LIST IN ONE ORIGINAL PLUS 3 COPIES,ALL OF WHICH MUST BE MANUALLY SIGNED +FULL SET OF CLEAN ON BOARD OCEAN BILLS OF LADING MADE OUT TO ORDER AND BLANK ENDORSED MARKED FREIGHT PREPAID NOTIFYING APPLICANT +ORIGINAL INSURANCE POLICY OF CERTIFICATE IN ONE ORIGINALPLUS ONE COPY. +ONE SET OF EXTRA PHOTOCOPY OF ORIGINAL B/L

		AND ORIGINAL INVOICE + BENEFICIARY'S CERTIFICATE CERTIFYING THAT ONE SET OF NEGOT- ABLE DOCUMENTS (INCLUDING 1/3 ORIGINAL BILL OF LADING,INVOICE AND PACKING LIST AND G.S.P. CERTIFICATE OF ORIGIN FORM A) HAS BEEN SENT TO APPLICANT BY EMS WITHIN ONE DAY AFTER SHIPMENT.
DD. CONDITIONS	47 A	ADDITIONAL CONDITION: +THE NAMBER AND DATE OF THE CREDIT AND THE NAME OF OUR BANK MUST BE QUOTED ON ALL DOCUMBERS REQUIRED +A DISCREPANCY FEE OF USD50.00 WILL BE IMPOSED ON EACH SET OFDOCUMENTS PRESENTED FOR NEGOTIATION UNDER THIS L/C WITH DISCREPANCY. THE FEE WILL BE DEDUCTED FROM THE BILL AMOUNT. PAYMENT UNDER THE GOODS WERE APPROVED BY SAUDI GOVERNMENT LAB.

(2) 相关资料

发票号码	发票日期	货号	毛重	净重
SHE 06/2435	MAY.5, 2006	3124A	34KGS/CTN	30KGS/CTN
唛头	船名	提单日期	提单号码	体积
N/M	JENNY V.06	JUNE.15,2006	SCO39-7422	67x45x25

COMMERCIAL INVOICE

Invoice No. SHE 06/2435

Date: MAY.5, 2006

To: TOKYO SHKAI,LTD.，TOKYO，JAPAN

From DALIAN， CHINA　　To OSAKA，JAPAN

Drawn Under INDUSTRIAL BANK OF JAPAN,TOKYO　　L/C No. LC82H0006/07

Marks & Numbers	Quantity & Descriptions	Amount
N/M	TERMS OF DELIERY MEN'S 2 PCS SET	CIF OSAKA

	ART.NO.31247A 300DOZ-60CTNS USD50.00/DOZ	USD15,00.00

PACKING LIST

Invoice No. SHE 06/2438

Date: MAY.5, 2006

MEN'S 2 PCS SET

Marks & Nos.	Carton No.	Design No.	Size cm.	Pieces	Gross wt. Kgs.	Net wt. Kgs.
N/M	1-60	3124A	67x45x25	@60/3600	@34/2040	@30/1800
TOTAL:	60		4.523CBM	3 600	2 040	1 800

SHANGHAI FREEMAN TRADING CORPORATION

XXX

第8章

国际结算的其他方式——银行保函和备用信用证

教学目标

通过本章的学习，掌握保函的含义和作用、保函当事人、见索即付保函的基本特征、备用信用证的概念、见索即付保函的业务处理、保函业务的风险与防范；熟悉保函的基本内容、各种类型保函的概念和应用、备用信用证和保函及跟单信用证的比较；了解《见索即付保函统一规则》的产生和结构、备用信用证的产生和发展，ISP98 的基本内容。

教学要求

知识要点	能力要求	相关知识
基本知识	(1) 理解保函的概念、性质与作用 (2) 理解备用信用证的概念	(1) 保函的概念、性质与作用 (2) 备用信用证的概念 (3) 保函的种类 (4) 备用信用证的内容
业务流程	(1) 能够列举并明确各当事人的权利与义务 (2) 能够读懂银行保函样例和学会初步处理保函业务 (3) 能够根据具体业务审核银行保函	(1) 银行保函当事人的权利与义务 (2) 银行保函的业务处理
分类	能够比较分析银行保函、备用信用证及跟单信用证的不同	银行保函、备用信用证及跟单信用证的比较
风险与防范	能够运用所掌握的风险与防范知识分析各种案例	保函业务的风险与防范
URDG、ISP98	了解 URDG、ISP98 的基本内容	(1)《见索即付保函》介绍 (2)《1998 国际备用证惯例》简介

导入案例

(1) P 与 B 签订了一份销售货物给 B 的合同，并按照合同规定，要求 G 银行开出了一分以 B 为受益人的保函，以防止 P 不能在合同规定的装运期内发运与销售合同相符的货物。该保函仅表明其开立与所属销售合同相关，并保证凭首次书面要求向 B 支付最高不超过 5 000 法郎的款项。P 向 B 发了货，而 B 却声称 P 所发货与合同不符。P 对此提出异议。但 B 凭保函提出要求。请问 G 银行是否应赔付?

(案例选自：徐进亮编著，《最新国际商务案例与案例》，广西科学技术出版社。)

(2) 2000 年 6 月 26 日，某省 I 银行通过电传接收到由其总行转发的，据称是美国 M 银行开来的，金额为 500 万美元，期限自 2000 年 6 月 21 日至 2001 年 6 月 21 日，申请人(借款人)为某省 F 市 H 公司，受益人(贷款银行)为某省 I 银行辖属的 F 市分行的一份备用信用证，该证格式规范、条款清晰，主要用于 H 公司向 F 银行申请外汇担保项下的人民币贷款。

但由于该证没有密押，I 银行无法确认该备用信用证的表面真实性，因此于当天下午以 MT799 格式，通过 SWIFT 系统向美国 M 银行发出查询书，要求其通过 SWIFT 系统对该证进行确认。

6 月 27 日，I 银行又通过电传接收到据称从美国 M 银行发来的，金额为 500 万美元的加押电传，经 I 银行核实，密押相符，但电传报文内容不完整、措辞含糊，且未直接回答某省 I 银行提出的查询内容。

为了对受益人(贷款银行)负责，I 银行又于当天中午第二次通过 SWIFT 系统以 MT799 格式要求美国 M 银行再一次确认该备用信用证的真伪并要求一定通过 SWIFT 格式回复。

经过两天的等待，6 月 30 日早上 I 银行收到美国 M 银行通过 SWIFT 系统以 MT799 格式的回复。该回复声称该证不是美国 M 银行所开，系伪造的备用信用证，而且美国 M 银行所引用的备用信用证参考号和受益人有误。

为了对申请人(借款人)负责，I 银行又于当天继续通过 SWIFT 以 MT799 格式向美国 M 银行发出第三次查询，以进一步明确该备用信用证的真伪以及美国 M 银行的回复中参考号和受益人引用是否有误。

经过近一个星期的等待，未见美国 M 银行的答复，I 银行又于 7 月 7 日通过 SWIFT 以 MT799 格式第四次发出查询，要求美国 M 银行尽快答复。

7 月 10 日，I 银行收到美国 M 银行通过 SWIFT 以 MT799 格式发来的查询回复，明确答复该备用信用证系伪造的。至此，I 银行成功堵截了一起伪造备用信用证，并及时制止了一起拟以伪造的备用信用证申请人民币贷款的金融诈骗活动。

资料来源：对外经贸实务，2001 年第 6 期.

银行保函和备用信用证是继信用证之后迅速发展起来的新型的信用结算方式。随着国际经济交往的全球化、交易种类的增多，交易金额的增大，信用证作为一种仅适用于货物贸易的结算方式已经不能满足国际经贸对结算的需求。保函和备用信用证因其使用灵活便利，被引入国际结算领域，广泛应用于国际借贷、项目融资、工程承包、招(投)标、租赁、劳务输出、技术合作、赊购赊销等领域。

本章将就银行保函和备用信用证的基本理论、相关国际惯例及应用进行详细介绍，并通过案例分析学习银行保函和备用信用证的风险及防范措施。

8.1 银行保函

8.1.1 银行保函概述

1. 银行保函的概念

1) 定义

保函(Letter of Guarantee, L/G)又称保证书，是外汇担保的一种常见形式。国外教科书给保函的定义是“Guarantee is a agreement/contract by which one person assumes the responsibility of assuring payment or fulfilment of another's debt or obligation”，即“一个人承担对另一个人债务或义务的保证契约。”保函从概念上看可以由个人开立，也可由各类金融机构和企业法人开立。

银行保函(Bank Letter of Guarantee，L/G)，又称银行保证书，是商业银行根据申请人的要求向受益人开出的担保申请人正常履行合同义务的书面证明。它是银行有条件承担一定经济责任的契约文件。当申请人未能履行其所承诺的义务时，银行负有向受益人赔偿经济损失的责任。

银行因其雄厚的资金优势，由它出具的保函的身价远高于其他金融机构和企业法人，目前在国际结算实务中银行保函是最常用的。本章中所提及保函均指银行保函。

2) 保函的法律性质

保函的法律性质是指保函与基础交易合同之间的关系。通常，保函就法律性质不同，可分为从属性保函和独立性保函两种。

从属性保函(Accessory L/G)又称为有条件的保函(Conditional L/G)，是指那些其效力依附于基础交易合同的保函。这种保函是其基础交易合同的附属性契约或附属性合同，担保行依据保函所承担的付款责任的成立与否，只能以基础合约的条款及背景交易的实际执行情况来加以确定。从属性银行保函中的银行信用是备用性的，即如果保函申请人没有履行某项合同中所规定的责任和义务，则银行作为担保人向保函受益人进行经济赔偿；如果保函申请人正常履行了合同，则银行不需做任何赔偿且可从中赚取担保费。银行承担的是第二性的、附属性的偿付责任。这类保函本身的法律效力是依附于基础合约关系的。合同与保函的关系是一种主从关系，传统的保函大都属于这一类型。

独立保函(Independent Guarantee)，是一种与基础交易的执行情况相脱离，虽然根据基础交易的需要开立，但一旦开立后其本身的效力并不依附于基础交易合约，其付款责任仅以其自身的条款为准的担保。在这种保函项下，保函与基础合同之间不具有主从关系，而是呈现出一种相互独立、各自独具法律效力的平行法律关系。只要保函规定的偿付条件(一般规定为提交某种单据或声明)已经具备，担保银行便应偿付受益人的索偿。至于申请人是否确未履行合同项下的责任义务，是否已被合法地解除了该项责任义务，担保银行概不负责。

目前，国际银行界的保函大多数属于独立保函，而不是传统的从属性保函。

专栏 8-1

保函的基本作用

(1) 作为合同价款和费用的支付保证。用来保证合同项下的付款责任方按期向另一方支付一定的合同价款；保证合同价款与所交易的货物、劳务、技术等的交换；保证借贷资金及利息的清偿。保函用银行信用弥补商业信用的不足，使受益人能得到来自银行的信用凭证，以消除对申请人是否履行某种合同义务的能力和决心的疑惑和担忧，从而促使交易顺利进行。体现这一职能的如买卖合同及劳务承包合同项下的付款保函，延期付款保函，补偿贸易合同项下的补偿贸易保函，租赁合同项下租金保付保函，借贷合同项下贷款归还保函，以及其他诸如费用、佣金、关税等的保付保函，票据保付保函等。这是保函的一个重要职能，也是保函之所以能成为国际结算方式之一的一个基本原因。

(2) 作为合同违约时对受害方补偿的工具或对违约方惩罚的手段。体现这一职能的有履约保函、投标保函、预付款保函、预留金保函、保释金保函等。

保函的以上两大基本作用，使得保函的使用范围远远大于一般的商业信用证，在某些场合保函比信用证更加灵活方便，而在信用证不能企及的诸如服务贸易、资金借贷等领域，保函更是如鱼得水。正因为如此，保函的使用频率之高，几乎遍及任何一种交易和商务活动。

2. 银行保函的当事人

保函的基本当事人包括申请人、受益人和担保行。

1) 申请人(Applicant)

申请人又称委托人(Principal)，是向银行提出申请，要求银行出具保函的一方当事人。

他是与受益人签订货物买卖、劳务合作、资金借贷、租赁、加工或其他商务合同的当事人。

2) 受益人(Beneficiary)

受益人是接受保函，并有权按保函规定出具索款通知或连同其他单据，向担保行索取款项的人。他是与申请人签订商务合同的人，职责是履行其在合同中的责任和义务，并在保函规定的索赔条件具备时，凭保函索赔。

3) 担保人(Guarantor)

担保人又叫保证人，是接受了申请人委托向受益人出具保函的银行。

银行保函除了上述 3 个主要当事人外，根据不同的业务情况，还可能涉及其他几个当事人。

4) 通知行(Advising Bank)

通知行也称转递行(Transmitting bank)，即受担保人委托，将保函通知和转递给受益人的银行。通常通知行为受益人所在地的银行。

5) 转开行(Reissuing Bank)

转开行是应担保人的请求，凭反担保函中担保人的反担保指示，向受益人开出保函的银行。转开行通常是受益人所在地的银行。

6) 保兑行(Confirming Bank)

保兑行是根据担保人的要求在保函上加具保兑的银行，或称第二担保人。通常是受益人所在地的一家大银行。对保函加具担保通常是基于受益人的要求，一般只有在担保人的信誉、资力较差或属外汇紧缺国家的银行时，受益人才要求在担保人的保函上由一家国际公认的大银行加具保兑。

7) 反担保人(Counter-Guarantor)

反担保人也称指示人(Instructing Party)，是为申请人向担保人开出书面反担保的人。反担保人通常是申请人的上级主管单位或其他银行、金融机构等。

保函各当事人之间的关系如图 8.1 所示。

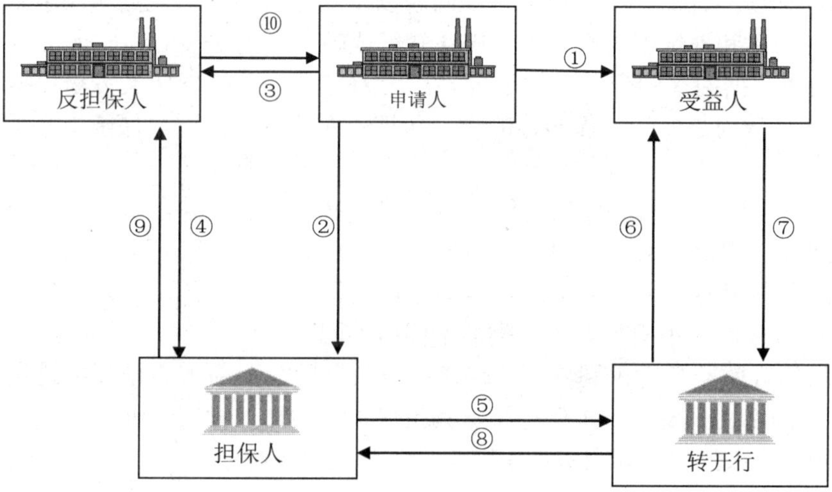

图 8.1　保函各当事人之间的关系

在图 8.1 中：

① 申请人与受益人签订交易合同。

② 申请人向担保人提出开立保函的申请。

③ 申请人应担保人要求寻找反担保人，以提供银行可以接受的反担保。

④ 反担保人向担保人出具不可撤销的反担保。

⑤ 担保人出具保函并寄给转开行，请求转开以受益人为抬头的保函。

⑥ 转开行转开保函给受益人。

⑦ 受益人在发现申请人违约时，向转开行索偿。

⑧ 转开行赔付后，向担保人索偿。

⑨ 担保人赔付后，向反担保人索偿。

⑩ 反担保人赔付后，向申请人索偿，由申请人赔付。

3. 银行保函的基本内容

保函的内容即保函的文字条款，体现着保函项下担保人的责任和义务以及责任范围的大小。在日常业务中，由于保函的应用范围很广，种类繁多，每一类保函会有许许多多阐述各异的文字规定和条款安排，而且由于各国不同的习惯做法和不同的法律规定，不同的国家可以有不同的保函格式，不同的客户可以拟订不同的格式条文，即使在同一个国家不同的银行之间、不同商业合约的当事人之间对保函文本的要求也不尽相同，因此在实践中保函的格式内容不尽相同，往往根据交易的具体要求、具体规定，区别不同的情况、不同的国家、不同的客户来拟定。

保函的内容格式各不相同，但是开立保函的原则是一致的：根据交易合同的规定来开立，内容必须完整、严谨、公正和明确，且避免过多的细节。

通常，银行保函的基本内容主要有以下几个方面。

(1) 保函的编号和开立日期。保函编号的作用是为了便于银行内部业务管理，保函的开立日期在许多情况下即为保函的生效日期。

(2) 保函当事人(受益人、申请人、担保行、通知行或转开行)的完整名称和详细地址。其中担保行的地址涉及保函的法律适用性问题以及受益人的交单地点和保函本身的到期地点。受益人的名称和地址不得有误，否则通知行或转开行无法及时通知或转开。

(3) 保函所依据的基础交易合同的内容。因为交易双方的责任义务是根据交易合同来确定的，而交易合同是保函担保的标的物，即担保人的责任范围。保函中必须说明交易合同的基本内容、合同编号、开立日期，签约双方、有无修改等。

(4) 保函的性质。保函的性质即保函与基础交易合同的关系，从属性保函和独立保函的法律性质不同，担保行所承担的责任和对受益人的赔付条件是不同的，在保函中应明确。

(5) 保函金额和所使用的货币。保函金额是银行的担保限额，必须明确，大小写应保持一致。担保金额的大小根据保函种类的不同而不同。

(6) 保函的有效期和终止到期日。保函的有效期限是受益人索偿要求送达担保行的最后期限。保函的终止到期日是担保行解除其担保责任的最后期限。

(7) 保函当事人的责任和义务、索赔文件、仲裁等各种条款。

(8) 索款方法。受益人向担保行提出索偿的方式和路线。

(9) 其他。如保函金额随申请人履约进度递减的规定等。

专栏 8-2

《见索即付保函统一规则》介绍

1. 《见索即付保函统一规则》的产生

保函种类繁多，性质各异，适用范围广泛、方式灵活。但各国关于保函的立法各有不同，保函纠纷时有发生，在一定程度上阻碍了保函业务的顺利开展。有鉴于此，国际商会、联合国等国际组织长期以来一直致力于协调和统一各国在保函领域的实践。1978 年国际商会推出了《合约保函统一规则》(URCG)，即国际商会第 325 号出版物。为了统一保函格式，与 325 号统一规则配合，1982 年国际商会又制定了《开立合约保函示范格式》，供实际业务参考和使用。除了在国际上创建统一的保函规则以外，URCG 的目标还在于鼓励保函领域内更多公正的实践，特别是减少受益人滥用保函的几率。因而，根据《合约保函统一规则》，保函项下受益人要求权利的一个条件是必须出具法院判决书或仲裁判决书或保函项下申请人对索款要求及其金额写出的同意书，从而排除了不提供任何违约证据就应付款的见索即付保函。这就使得保函实践中申请人处于较强的讨价还价地位，因此 URCG 至今仍未被广泛接受。

URCG 的有限成功导致了《见索即付保函统一规则》的产生。《见索即付保函统一规则》(The Uniform

Rules for Demand Guarantees ICC Publication No.458. 1992 Edition)，简称《URDG458》，由曾经非常成功地制定了《跟单信用证统一惯例》的国际商会银行技术与实务委员会与国际商业惯例委员会共同组建的联合工作组起草制定，并以国际商会第 458 号出版物于 1992 年 4 月出版发行。

2. 《见索即付保函统一规则》的适用范畴和结构

《见索即付保函统一规则》阐述了该规则的目的及适用范围，各当事人的合理愿望及国际商会对鼓励采用好的、有关各方均感公平的见索即付保函惯例所给予的关注。当出现违约时，在要求快速补偿的受益人和要求防范不适当要求的委托人之间保持一种公正的平衡。该规则为担保人与受益人之间、指示人与担保人之间，在某些方面还为委托人与担保人或指示人之间的交易提供了一个合同框架。URDG 适用于规则第 2 条 a 款所界定的见索，即付保函和第 2 条 c 款界定的反担保函。而只有通过将适用条款写入保函的方式，URDG 才对所开保函有效。

3. 见索即付保函的基本特征

见索即付保函是担保人凭在保函有效期内提交的符合保函条件的书面要求书及保函规定的任何其他单据支付某一规定的或某一最大限额的付款承诺。见索即付保函的基本功能是向受益人提供针对基础合同另一方的快速金钱补偿。为达此目的，见索即付保函具有了以下的基本特征，而这些基本特征从本质上来讲与跟单信用证有许多相似之处。第一，独立于基础交易，第二，具有单据化特征，第三，担保人对单据的审核责任仅限于表面相符。

阅读案例 8-1

P 与 B 签订了一份建筑合同，应 P 要求，G 银行开出以 B 为受益人的保函。保函规定：如果 P 未能履行上述合同项下的契约责任，我行保证赔付你方之损失，最高金额不超过 1000 万马克。(In the event of P defaulting in performance of this obligations under the above mentioned contract (the construction contract) we will pay you the amount of your loss up to a maximum of DM 10 million.)后 B 在保函有效期内向 G 银行提交书面文件，称 P 违约并要求 G 银行按照保函规定赔付。请问 G 银行是否应赔付?

根据此案例中所述保函规定，可以判定这是一份从属性保函，担保人的责任取决于保函申请人的违约与否，且赔付仅限于受益人实际遭受的损失，所以该保函不适用于 URDG，银行也不会赔付。

资料来源：徐进亮编著.《最新国际商务案例与案例》. 广西科学技术出版社，2008.

8.1.2 银行保函种类

1. 按保函结构划分

1) 直接保函

直接保函即 URDG 定义的三方结构保函。根据 URDG 定义，见索即付保函最少有 3 个当事人：申请人、受益人、担保人。这种三方结构保函被称为直接保函，因为这种保函由申请人的银行直接开出，而不是由受益人国家的当地银行转开。

直接保函包括 3 个不同的合同：申请人与受益人之间订立的基础合同(Underlying Contract)；申请人与担保人之间订立的赔偿担保合同(Counter Indemnity Contract)或偿付合同(Reimbursement Contract)；担保人和受益人之间的保函(Guarantee)。

2) 间接保函

间接保函即URDG定义的四方结构保函。保函中包含4个当事人：申请人、受益人、指示人和担保人。间接保函通常在以下情况下应用：保函的受益人要求保函由其本国银行出具，而申请人与这家银行并无往来关系，只能请他们的银行安排一家受益人所在地银行来出具保函。由于申请人的往来银行不能开立直接保函，只好作为指示人(Instructing Party)，指示受益人所在地银行凭其反担保函向受益人出具保函。

间接保函包括4个不同的合同：申请人与受益人之间订立的基础合同(Underlying Contract)；申请人与指示人之间订立的赔偿担保合同(Counter Indemnity Contract)或偿付合同(Reimbursement Contract)；指示人与担保人之间订立的反担保函(Counter Guarantee)；担保人和受益人之间的保函(Guarantee)。

2. 按功能和作用划分

1) 融资类保函

融资类保函主要指担保人为被担保人在融资性交易项下的责任或义务提供的担保，主要包括以下几种。

(1) 借款保函(Loan Guarantee)。借款保函是担保人根据借款人申请向贷款人出具的还款保证，保证借款人到期不还款或者无力还款，担保人履行本息还款义务。借款保函根据担保期限的长短不同，可分为中长期(借款期限一年以上)借款担保和短期(借款期限一年以下)融资担保。对担保人来说，借款担保是风险较大的一种担保。

阅读案例8-2

1997年，某市与一外商达成合作经营食品开发项目协议，根据协议，该市由政府出面以市人民银行名义为外商提供300万美元境外银行借款的保函，期限5年，并在该市公证处进行公证。该外商借款后，没有把全部贷款用于合资项目而是挪作他用，导致合资项目资金不足，无法产生预期经济效益来偿还贷款本息。国外贷款银行在向外商追索未果的情况下，要求我担保银行偿还本金及利息。

案例中，境外企业以与国内合资项目为名，谎称自有资金不足，要求国内银行为其担保向国外贷款银行出具借款保函，从而骗取资金。而资金到账后并未投入合资项目，而是被挪作他用，从中赚取利差收益，导致合资项目无法产生收益。借款到期时，国外贷款银行不能收回本息，向我担保行索偿，使我担保行承受较大损失且无法追索。

资料来源：案例改写自俞月琴主编.《国际贸易结算风险识别与防范》. 山西人民出版社.

(2) 透支保函(Overdraft Guarantee)。透支保函是借款保函的外延，是为以账户透支形式来达到融资目的的资金借贷方式提供的担保。通常是对外承包公司或其他驻外机构在国外施工或开展业务，向当地银行申请开立透支账户时，由他们的担保人向当地银行出具保证，保证申请人将按透支合同的规定按时补足所透支的金额，如发生不能偿付的情况，由担保人代申请人补足透支之款项并支付相应的利息和有关银行费用。透支是发达国家商业银行普遍开展的一种放款业务。透支担保的金额通常为主合同(透支申请人与银行的透支合同)所规定的透支限额，透支担保的有效期一般规定为透支账户开立之日起至透支合同中规定的关闭透支账户之日再加15天。

(3) 延期付款保函(Deferred Payment Guarantee)。延期付款保函是指担保人根据进口商请求向出口商出具的对延期支付或远期支付的货款以及相应的利息所做出的一种付款保证。保证在出口商发货后，进口商将按照合同规定的延付进度表中的到期时间支付本金及利息，否则担保人将代为付款。延期付款保函多用于大型机电产品、成套设备、船舶和飞机等进口贸易中，是对向买方提供出口信贷的卖方的正当权益的一种保护，使其不致因买方违约或经营状况及财力的变化而受到损害。在某些交易中，如分批发货等情况下，延期付款担保比另一种结算方式——延期付款信用证更为灵活方便。这是因为在信用证项下，汇票金额必须与每批发货金额相等，从而使付款成为多次多期，使远期货款结算变得过于烦琐。而在延期付款担保项下，货运单据可以由卖方直接寄交给买方而不必向担保人提交，即便经由担保人转交，担保人也不必审单，因此卖方可以不受根据每批发货金额分别制作汇票的限制，而可以在卖方发货完成后或在发货的某个阶段一次出具代表全部延付金额的汇票交由买方或担保人予以承兑。这样，买方可以不管发货的实际进度以及每批发货的数量和金额，而根据自身的资金状况做出整个合同的延付安排，当然这种整体安排须在交易合同和延期付款担保中体现出来，以得到出口商的合作。延期付款保函金额或为交易合同金额，或为合同金额减去预付款部分。

(4) 融资租赁保函(Leasing Guarantee)。租赁是指出租人根据租赁合同，将租赁财产出租给承租人使用，承租人以支付租金为代价得以在租赁期间使用租赁财产的一种交易方式。租赁保函是银行应承租人的申请，向出租人开具的书面担保，保证承租人一定按租赁合同规定交付租金，否则担保人代为交付。保函金额为承租人应付租金加上相应利息，保函有效期通常按租赁合同规定之全部租金付清日再加 15 天。租赁保函的担保人的责任将随每笔租金的支付而等额递减。

(5) 票据担保保函。票据担保是指银行应进口商要求在国际结算票据上加签保证。这类担保最普遍的是“福费廷”(Forfaiting)，译为“中长期出口票据贴现融资”。它是把出口信贷与票据贴现业务相结合而派生的一种特殊的融资方式，适用于延期付款的机械、电子或成套设备等资本性商品的进口贸易项目。

2) 投标保函(Tender Guarantee)

招投标是国际工程建设、资本性商品交易中常用的贸易方式。投标保函是银行根据投标人(保函申请人)的要求向招标方(保函受益人)开立的一种书面保证文件，以保证投标人在投标有限期内不撤回投标或修改原报价；中标后保证与招标方签订合同，在招标方规定的日期内提交履约保函。否则，担保行按保函的金额向招标方赔偿。通常投标保函的担保金额为合同金额的 1%～5%。

3) 履约保函(Performance Guarantee)

履约保函是银行应申请人的请求，向受益人开立的保证申请人履行某项合同项下义务的书面保证文件。在所有类型的银行保函中，履约保函的应用最为频繁，不仅用于一般的进出口贸易，而且还用于国际租赁、技术贸易、加工贸易、补偿贸易、招投标业务等。与跟单信用证保证卖方通过提交信用证中规定的相符单据来表明其严格履约而获得付款相反，履约保函确保的是在出口商或投保人未能、未及时、未完全或未适当履行基础合同项下的义务时，进口商或招标人能够获得偿付。履约保函金额一般为合同金额的 5%～10%。

在实务中，很多销售合同同时规定一份以卖方为受益人的信用证和一份以买方为受益人的履约保函。

4) 付款保函(Payment Guarantee)

付款保函是担保人应进口商要求，向出口商出具的保函。保证当进口商收到与贸易合同规定相符的进口商品、技术、专利或劳务时，进口商一定履行付款义务。否则，将由担保人代为支付或承担赔偿责任。付款保函与信用证一样，是以银行信用介入商业交易，作为商业信用结算方式的一种补充和额外保证，从而增强交易双方的信任。付款保函通常用于那些信用证不便处理的、交易比较复杂的、各项条件不便以单据体现的进口业务，如技术引进等。在信用证项下，银行根据受益人提供的符合信用证所要求的单据而付款，而在付款保函项下，银行根据受益人提供的索赔通知书、违约证明等给予付款。付款保函金额或为交易合同金额，或为合同金额减去预付款部分。付款保函在实务中还常常与汇款、托收等国际结算方式联用。

5) 维修质量保函(Maintenance\Warranty Guarantee)

质量或维修保函是担保人应卖方或投标人(承包商)的要求，就主合同标的物的质量向买方或招标人(业主)出具的保证，保证卖方所提供的货物品质或投标人所承建的工程质量符合合同要求，如果在质量保证期或维修期内，买方或业主发现质量不合要求，而卖方或承包商又无法更换、维修或补偿损失，则由担保人赔偿。保函金额一般为合同总额的 5%～10%。但有时由于当事人双方对货物或工程质量检测的手段、方式等不同，可能会导致双方完全不同的检验结果，进而引起纠纷和争议，从而使担保人处于左右为难的境地。因此，为了避免受益人无理索偿，担保人应在担保合同中明确规定，受益人索赔时必须同时提交有关的证明文件，如买卖双方接受的第三方检验机构出具的质量证明及双方认可的仲裁机构出具的仲裁书等。

6) 还款保函(Repayment Guarantee)

还款保函是指担保人为收款方向付款方出具的担保。主要应用在大宗货物贸易和国际工程承包项目中。在大宗货物贸易中如果卖方要求买方预付定金，买方这时可能要求卖方提供一份担保，担保人承诺在卖方日后未按合同履约或未能全部履约，卖方或担保人将退还全部定金或部分定金及相应利息。而在国际承包工程中，一般在中标签约后，业主需给承包人一定比例的预付款(一般为合同金额的 10%～20%)，作为合同启动资金。反过来，业主在预付款时会要求承包商提供一份银行保函，确保承包商在收到预付款后履约，否则能足额要回这部分预付款。

此外还有留置金保函、关税保函、反担保函等形式的保函。

8.1.3 银行保函的业务处理

1. 直接保函、间接保函的一般业务处理

前面介绍了直接保函和间接保函的概念。这里主要介绍直接保函、间接保函在实务中如何进行业务处理。

1) 直接保函的一般业务处理

实务中，直接保函的传递方式有两种：直交与转交。直交即担保行将保函正本直接寄

交或带交给受益人；转交即担保行转请受益人所在地另一家银行(转递行)将保函通知受益人。根据 URDG 规定，直接保函的当事人最多只有四个，即申请人、担保行、受益人和通知行。直开保函业务流程如图 8.2 所示。

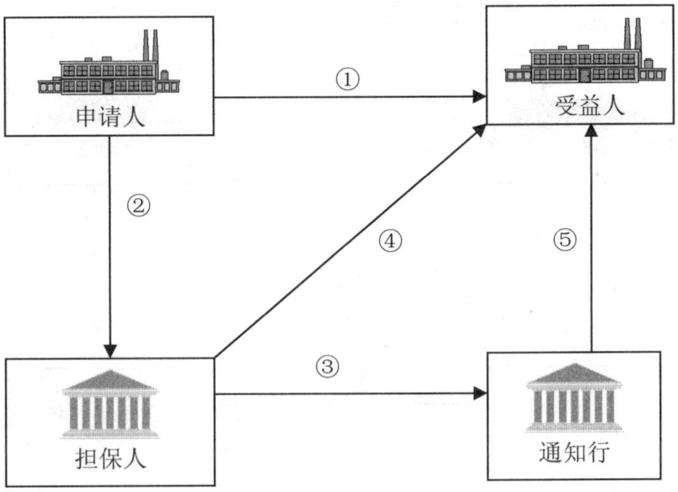

图 8.2　直接保函业务流程

在图 8.2 中：

① 申请人与受益人签订基础合同。

② 申请人向当地银行提出开立保函的申请。

③ 担保行将保函通知通知行。

④ 担保行将保函直接寄交受益人。

⑤ 通知行转递保函给受益人。

一些第三世界国家(以亚非地区为主)对于外国银行直开的保函有特殊规定：必须经受益人本国银行对保函实施加保(confirm)、加签(counter-sign)或背书(endorse)后方能接受。但在实务中各个国家和地区的做法并不相同。某些应邀 confirm，counter-sign 或 endorse 的受益人本地银行实施这些行为只是为了对保函的签字和密押进行核验，以证明保函的真实性，但并不承担其他责任，也不受理受益人所提出的任何索偿要求，因而它们实际上相当于转递行。但在另一些国家如南也门、阿尔及利亚等则情形不同。在这些国家里，confirm，counter-sign 或 endorse 通常被理解为对保函的加保行为，即由应邀实施这些行为的银行在保函上加具保兑，日后受益人可凭保函向其索赔。

2) 间接保函的一般业务处理

间接担保之所以发生，是因为一些国家的受益人往往只期望得到本国银行开立的保函，因为由本国银行作为担保行，在履行担保业务时不会产生禁止外汇汇出的风险，同时由于保函的双方当事人都是本国人，不会产生国际法上的法律冲突、管辖权等复杂问题，方便受益人索赔。有些国家也规定保函只能由受益人所在地银行开立，这样不仅可以更好地保护本国受益人的权益，也可以增加本国银行的担保收入，如巴基斯坦、泰国、伊拉克、尼泊尔等国一般都有此类规定，我国对投标保函、履约保函、关税保函等也有类似的规定。

间接保函业务项下，申请人必须请求本国银行(指示行)开立一份以国外受益人所在地银行(转开行，一般是指示行的代理行)为受益人的反担保函，由指示行委托该转开行按规定的格式(由指示行提供)开立一份以原始保函的申请人为申请人，以原始保函的受益人为受益人的保函，即转开保函。转开保函如图8.3所示。

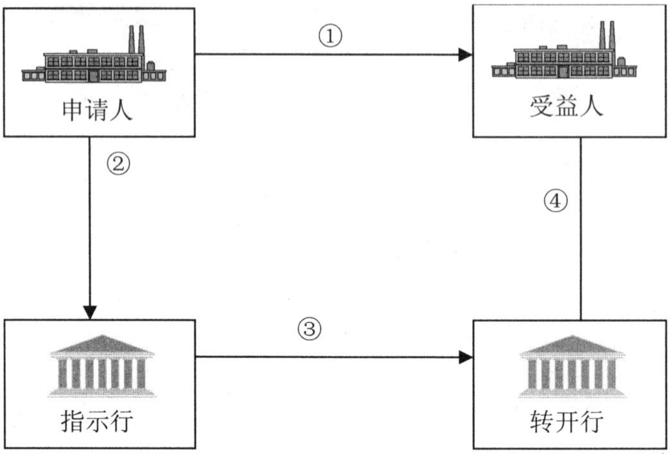

图8.3　转开保函业务流程

在图8.3中：

① 申请人与受益人签订基础合同。

② 申请人和当地银行签订赔偿担保合同，申请开立保函。

③ 担保行将保函通知通知行，或指示行开立反担保函给转开行，以此委托转开行转开保函。

④ 转开行向本地受益人开立保函。

转开保函对于受益人来说是有利的。转开保函是对原保函的“转开”，所以在转开保函业务中有两个银行保函：原保函和反担保函。指示行具有双重身份，即原保函中的担保行，和反担保函中的反担保行。而对受益人来说，他所得到的保函的担保人是当地银行。这样，如果发出索赔情况，受益人只需根据转开保函向当地转开行提出索赔，然后由转开行向指示行进行索偿。受益人向当地银行索赔，要比向国外银行索偿方便可靠。

对于申请人来说，转开保函不仅要负担转开保函的手续费，而且风险也增大了。如果采用直开保函方式，担保人向受益人付了款，而申请人认为受益人是滥用权力无理索赔，担保人不应该付款时，申请人就有权主张保证人对此负责，法院会根据担保人是否尽到谨慎勤勉的标准来判断担保人的责任。所以，担保人在审视受益人的索赔时，是会尽到谨慎勤勉的责任的。但如果采用转开保函方式，原保函的担保人成了反担保人，反担保人以担保人(转开行)未尽谨慎勤勉义务为由抵制付款的可能性要小些，而申请人若想援用法律手段阻止向受益人付款，将会受到更多的限制。

2. 保函的修改与撤销

1) 保函的修改

导致修改保函的原因有很多，譬如交易货物或工程项目所需机器设备价格变动，可能会引起保函金额的增减；交易或工程项目的延期，可能会需要对保函有效期进行延长或缩短；金融市场、国际关系的剧变，可能会使得保函条款有变动等。

保函可在有效期内修改，但是保函的修改必须经有关当事人一致同意后方可进行，任何一方单独对保函条款进行修改都视为无效。所以保函的修改一般是在申请人与受益人对修改内容取得一致意见后，由申请人向担保行提出修改的书面申请。担保行根据申请人的修改要求、内容和风险程度，经审查认为修改申请可以接受，方可向受益人发出修改函或修改电，修改函仍须经有权签字人签字，修改电应加密押或简电加寄证实书。

保函项下修改，除非修改书中另有规定，自发出之日起即不可撤销，并同时开始生效。如果修改未被接受，该修改即告失效，保函仍以原条款为准。

2) 保函的撤销

根据 URDG 规定，保函可以以到期、付款、撤销或依法告以终结，保函的撤销有两种方式：将保函正本退给担保人或提交受益人解除担保人责任的书面声明。在实务中保函到期后应立即办理撤销手续。否则，担保行仍然承担着被索偿的风险，申请人仍然负担着担保费用。所以不仅是担保行，申请人也应重视保函的撤销问题。如果保函中列有归还保函条款，则在保函到期后，可向受益人发出函电，要求退回保函正本。如果保函中没有归还保函条款，或者没有明确的到期日，而是制定了一些类似申请人付完最后一笔合同款之日即失效或业主出具验收证明一年后即失效等条款，则可按照这些规定来推算出到期日，在该到期日，应及时向受益人发出撤销保函、要求退回保函正本的通知。如果是以电文形式开出的保函，应联系受益人，委托当地银行或其转开银行，用加密押电文证实并通知担保行办理撤销手续。

3. 保函项下的索赔与理赔

1) 索偿的有效性

URDG 论述了有关索赔要求这一重要问题，在保留见索即付保函单据化特征和处理迅速特点的同时，还包括了一项防止不正当要求的规定(第 20 条)。

索赔要求必须于保函到期日或在此之前或失效事件发生前提交。索款要求须与保函条款相符，并符合第 20 条的单据要求。

第 20 条 a 款的作用在于：即使保函只要求提交书面要求，也必须随附有受益人关于委托人违约的声明，并说明委托人违约的内容。声明可包含在要求书内，也可单独出具，但应表明是该要求项下的违约声明，以示两者间的联系。

各当事人可自由排除或改动第 20 条(如放弃对说明委托人违约内容的要求)，但任何排除或改动必须在保函条款中定明，不能以保函条款中未提及违约声明或冠之以简单要求保函或见索即付保函来推断出上述的排除或改动。

第 20 条 a 款谨慎地平衡了受益人与委托人的利益。该条并未要求由第三方出具违约声明书，受益人自己出具即可，这样似乎对不正当要求没有足够的防范，但它反映了这样一种观点，即明知委托人没有违约也不打算要求的受益人更不会轻易人为地制造虚假违约声明。

第 20 条 b 款要求反担保项下的要求须随附一书面声明，声明担保人已收到符合保函条款及本规则的索款要求。为了使反担保函项下要求有效，随附声明须说明：①担保人已收到索款要求；②索款要求与保函条款相符；③索款要求与本规则相符(即要求提交第20条所规定的受益人的违约声明，保函条款声明排除第20条者除外)。

声明中对于这些内容的任何遗漏均将导致反担保函项下索赔的无效，但反担保函条款已明确排除第20条b款者不在此限。然而，指示人与该声明的准确性无关，只要提交了声明，或将声明包含在要求书内即可。

这样的规定，既对不正当要求提供了某种程度的防范，同时又保障了见索即付保函迅速与简洁的特点。

在结算实务中，担保行只负责审核受益人的索偿是否有效，而不考虑申请人是否有意见，或受益人的索赔理由是否真实。只要受益人在保函的有效期内提交了与保函规定的表面上相符的单据或证明文件，则索赔有效。担保行应按保函规定的担保金额进行支付或赔偿受益人的损失，既不能根据交易合同的有关条款来进行抗辩，也不能以申请人已履约来进行抗辩，这种付款是无条件的。

2) 赔付后保函的失效

当受益人提交了与保函规定相符的证明文件，索赔即成立，担保行应及时进行赔付。但只有在保函到期或受益人书面声明解除担保银行的责任，或受益人退回保函正本后，担保行的责任才能得以最终解脱。所以银行在对外赔付时，应注意以下两点。

(1) 部分赔付。受益人在保函项下的索赔可能仅为保函金额的一部分，这在分批交货等情况下较常见。担保行赔付后，应要求受益人或由受益人通过其往来银行进行确认，在受益人收到赔付款项后，保函项下担保行的责任相应递减或保函自动失效。

(2) 全额赔付。在这种情况下，担保人对外赔付后，应要求受益人或由受益人通过其往来银行确认。受益人在收到赔款后，有义务将保函正本退还给担保行，此时担保行在保函项下的责任才自动解除，保函自动失效。担保银行收到失效的保函后办理注销手续，并凭反担保函向申请人或反担保人索偿。

8.1.4 银行保函业务的风险与防范

1. 银行保函业务的风险

银行保函是担保银行的或有负债，对开立银行来说是高收益高风险的业务。商业银行经营保函业务，可以增加非利息收入，提高银行的盈利水平，增加银行的资金流量，扩大银行客户资源，促进金融产品销售，密切银企关系，促进银行业务规模扩大，提高市场占有率，具有良好的综合效益，但同时银行也要承担一定的风险。

1) 申请人违约的风险

保函是以相应的基础合同为背景而签发的，它担保的是申请人对基础合同的履约行为，所以，申请人对于基础合同的履行情况很大程度上决定着保函的风险。申请人违约的情况下，申请人缺少资金、破产、倒闭等均不能构成担保银行逃避责任的理由。在商业银行信用证业务中开证行即使不收足开证保证金，但手中持有单据，是物权凭证，如果得不到开证申请人的偿付可以持有货物处理权作为有效补偿。而银行保函的开立行却无法借助货物作为申请人的偿付保护。此外，申请人发生违约情况通常会极力阻挠担保银行的对外承付，编造各种理由否认自己的违约行为，这就容易使担保银行卷入商务贸易纠纷中不能自拔，影响声誉。

2) 受益人不合理的索赔风险

签发保函的担保银行可能会遭受受益人不合理索赔的风险。根据保函的独立性，保函不受基础合同关系的影响，担保银行的责任是保证在收到受益人递交的符合保函条款规定的索赔书及有关的单据后，向受益人支付一定的赔付金额。而在实际业务中，受益人往往只接受见索即付保函，尤其是融资性保函索偿条款一般是无条件的，在受益人不公正追索的情况下，银行只能按条款偿付，否则将在国际上陷于极被动的境地。

阅读案例 8-3

安徽省某建筑公司与澳大利亚签署一工程承包合同。国内某银行接受了申请人的申请并为其开立了履约保函，保函条款规定："只有在中方承包公司违约的情况下，受益人方可提出索赔"，付款条件为无条件的见索即付。然而在合同的实际履行中，因业主资信不好，资金筹措困难，多次拖延付款，且施工材料不及时到位，致使我承包公司流动资金周转困难，长期停工待料，工程无法按期完成。最后，尽管工程以高标准、高质量完成，被澳政府视为样板工程，但却遭业主以中方拖延了交工时间而违约，向担保行提出索赔。因保函条款规定"见索即付"，我担保银行不得不予以偿付，使国内建筑公司承担了损失。

资料来源：选自俞月琴主编.《国际贸易结算风险识别与防范》. 山西人民出版社.

3) 反担保人的信用风险

银行在出具保函前，一般都要求申请人提供足额的反担保，主要方式有保证金、抵押、质押或由第三方出具反担保函等。这样，银行向外赔付后，若申请人无力偿还，反担保人必须对银行进行补偿。若反担保人经营状况不佳导致资金偿还能力低下，或反担保人不守信用推脱责任，就使担保银行面临信用风险。在采取抵押(或质押)作为反担保措施时，如果抵押品(或质押品)价值下降，或抵押(或质押)的手续不全，未按规定办理登记，或出现重复抵押，都有可能造成银行按保函规定向受益人赔付后无法得到补偿而遭受损失的风险。

4) 代理行风险

代理行风险主要表现在转开信用证业务项下，作为转开行，受国外代理行的委托转开保函，较之受国内客户委托开立保函的风险要大。原因在于国内客户在申请开立保函时往往必须提供现金、额度或其他形式的抵押物品，而国外代理行仅凭其信用承诺，而且银行同国内客户同处一地，而与反担保行相距甚远。因此反担保行的资信好坏十分重要。

5) 操作风险

保函业务作为银行的中间业务和表外业务，由于缺乏严格的会计核算程序、完善的会计凭证进行制约，也不受资金的约束，所以其操作风险相对较大。作为经营保函业务的担保银行，随时存在由于内部管理不严，风险防范机制不健全和业务操作程序不规范而引起的风险，譬如银行内部人员未经授权或超越权限开立银行保函，不认真审查保函相关情况和内容就开立银行保函等，这都将导致银行内部操作风险，威胁银行的安全。

6) 其他风险

有关国家的政局稳定程度降低，经济政策连续性遭到破坏，对外开放程度下降，外汇管制加强，国家法律法规变化等，也会对保函申请人、受益人和反担保人带来一定的影响，从而构成担保银行的国家风险、政策风险和法律风险；同时，担保银行如果不熟悉本国对外担保的有关法律、法规和政策，盲目出具担保，也会给自己带来不必要的风险；此外，涉外保函业务还具有因汇率变动而导致损失的汇率风险。

2. 银行保函业务风险的防范

保函业务存在着高风险，因此在受理保函业务时应持慎重态度，对保函业务进行有效的风险防范。

(1) 对申请人进行全面的资信调查与审查。银行在出具保函之前，要对保函申请人进行全面的调查与审查，看其是否为独立的法人，是否具备签约的条件，有无偿还能力，资金来源是否可靠，能否提供有效的反担保措施，提供的有关合约内容和条款是否符合国家政策法规，申请出具保函的项目是否符合有关规定。要着重了解申请人的财务状况、人员素质、管理水平、行业经验及经营业绩等，在此基础上，综合评价申请人的资信状况及履约能力，决定是否出具保函。同时，要对相关的基础合同进行审查，因为基础合同是否严谨合理，直接影响到申请人能否履约，从而关系到担保银行在保函项下承担的责任与风险。担保银行要对合同中不利或不合理之处提出建议，堵住漏洞，防患于未然。

(2) 要求申请人提供可靠的反担保措施。为防范风险，银行出具保函时要求申请人必须提供反担保措施。若由第三者出具反担保函，银行要进行严格审查，反担保人必须是有偿还能力的经济实体，具有法人地位，经济实力强，经营状况好，其累计反担保金额不得超过自有资本；反担保函要明确规定反担保人的责任和义务，其中的付款条件和责任不应低于银行对外担保的条件和责任，反担保函的效力不因反担保人的机构或人事变化而受到影响；若采用物权抵押，要求抵押物必须是归抵押人所有或所有人授权其经营管理并同意抵押的财产，要避免同一财产重复抵押；抵押物要通过资产评估机构进行估价，国家债券、银行存单等可按票面金额作价，而变现能力较差的其他财产应根据其磨损程度、市场价格及其变动趋势、抵押期限长短等情况来进行作价，抵押物作价以后再合理地确定担保金额。

(3) 实行按风险定价并收取保证金。按照收益与风险相对称、高风险高收益的原则，出具保函的银行可按照保函业务中被担保客户的信用等级与风险大小收取佣金，对于信用等级相对较低、风险较大的客户收取较高的佣金，以弥补风险损失。此外，出具保函的银行还可以要求申请人交存充足的保证金，保证金比例的高低，也可依据被担保客户的信用等级与风险大小，区别不同的保函种类、期限长短以及不同项目情况，分别规定高低不同比例的保证金，它既可防范保函业务经营风险，又可使银行获得一定的信贷资金来源。

(4) 对保函条款进行全面的审查。银行开立的保函在形式上和内容上都必须符合规范，措辞必须严谨，防止受益人利用保函中模棱两可的表述，进行不公正索赔，使自己处于不利境地。对于索赔条件，银行应当注意将事实条件转化成单据化条件，将无条件的见索即付转换成有条件的凭单付款。银行应根据保函性质对保函的内容和条款进行重点审核。此外，如果客户要求银行开立可转让保函，银行在一般情况下不宜受理，因为可转让保函的索赔随意性较大，担保行承担着很大的风险。

阅读案例 8-4

国内某商业银行应江西省某外贸公司的申请，为泰国某买主开立一份投标保函，保函效期规定：“只要受益人提出展期要求，我方银行将无条件地办理保函的续延手续，否则将赔付保函项下的全部款项”。但是由于国际市场行情动荡，买方故意拖延定标时间。于是在议标期到期前，招标方再三要求投标人展延标书报价及投标保函的效期。因保函中出现“敞口”，担保人又作出了“或延期或赔付”的确定承诺，致使保函条款与标书规定不符，为了避免买方无理索赔，我方投标公司不得不办理保函及报价的延伸，长达两年多。其结果，我方公司无法再按原报价成交，若按原报价成交其亏损额将远远超出保函项下的赔付金额，只好认赔。

资料来源：案例选自俞月琴主编.《国际贸易结算风险识别与防范》. 山西人民出版社.

(5) 对受益人进行全面的资信调查与审查。签发保函的担保银行可能会遭受受益人不合理索赔的风险，因此对受益人进行全面的资信调查与审查是十分必要的。由于保函受益人地处国外，对其资信的调查和所在国情况的了解，除依靠平时积累资料、搜集信息外，还可通过本行的海外联行、代理行或国际知名的咨询与评级机构或商会等民间组织来进行，争取获得多方协助，以防不法商人进行不合理索赔，骗取赔偿金。

(6) 对保函担保项目进行认真调查与评估。为防范风险，银行必须对保函担保项目进行认真调查与评估。保函担保的建设项目的投资方向必须符合国家产业政策，且经济效益良好，有广阔的发展前景。银行要具体调查了解项目的立项批准情况、资金到位情况等，确保项目合法、效益良好、资金及时到位、及时开工，能按时建成投产，使申请人能够按时收回资金。

8.2 备用信用证

8.2.1 备用信用证概述

1. 备用信用证的概念

备用信用证(Standby Letter of Credit)或称担保信用证(Guarantee L/C)是美国银行开发的一种金融工具，最早产生于 19 世纪中叶。由于世界各国银行一般均可开立保函，而当时美国法律明令禁止其国内商业银行开立保函，只允许担保公司承做担保业务。为与外国银行竞争，美国银行于二次大战后开始广泛开立实际上属于保函性质的支付承诺——备用信用证。

美国联邦储备银行委员会对备用信用证曾做过这样的定义：任何信用证或类似的协议，不论其如何命名或怎样叙述，只要开证行对受益人承担如下义务即为备用信用证。

(1) 偿还开证申请人的借款或预收款。

(2) 支付由开证申请人承担的任何债务。

(3) 赔偿因开证申请人在履行合同中的违约所造成的任何损失。

备用信用证和跟单信用证一样，只要受益人提交了与信用证规定相符的单据，即可取得开证行的偿付。这里所指的单据是指信用证规定的任何单据，一般跟单信用证中规定的单据是发票、提单等商业单据，而备用信用证规定的单据是指汇票、开证申请人未履约的声明或证明文件等。如果到时开证申请人履约无误，则备用信用证就成为“备而不用”的结算方式，故称为“备用信用证”。

1999 年 1 月 1 日开始实施的《国际备用证惯例》(International Standby Practices，ISP98)规定，将根据本惯例开立或受本惯例约束的承诺命名为备用证(standby)。ISP98 的适用对象是一种担保书，不论开证人将其所做出的这项承诺叫什么名字或用什么词句来描述，只要这项承诺的内容具备所说的要素，就是本惯例定义的备用证。因此，备用证可能是如 UCP 所定义的银行备用信用证；也可能是非银行机构开出的备用信用证，如保险公司为担保履约而开立的备用信用证；还可能是不以备用信用证命名的某种担保书，只要在其正文中明确表示根据 ISP98 开立或受 ISP98 的约束。

在实际业务中，美国银行通常只给信誉良好的客户开具备用信用证，因为开具备用信用证可视为向客户发放中短期贷款。如果客户到期未能履约，开证人或者贷款给客户用于偿还债务，或者根据受益人的索偿，在备用信用证项下代客户履行付款责任。由于美国银行在开具备用信用证时很谨慎，开出的备用信用证多半是备而不用的，加之备用信用证本身具有的内在灵活性及用途多样性，所以很受欢迎。虽然后来美国有关的法律限制已被撤销，但随着国际贸易与金融的发展，备用信用证逐步为世界大多数国家认可和采纳。从 1983 年的 UCP400 起，备用信用证被正式纳入跟单信用证统一惯例，成为国际结算与融资中的一种重要工具。1998 年，全球备用信用证与商业信用证业务量之比为 7∶1，前者大大超过后者。在备用信用证广泛使用并且是发源地的美国，非美国国内银行开立的备用信用证余额已经超过美国银行所开立的备用信用证余额。如今，备用信用证已成为一种成熟的、国际性的金融产品，有着极大的发展潜力。

2. 备用信用证的格式和内容

备用信用证的内容和跟单信用证相似，通常具备以下基本要素。

(1) 备用证的完整编号。

(2) 各方当事人的名称，包括开证行、申请人、受益人、受证行。

(3) 基础合同(进出口双方的贸易合同)签订的日期、编号及主要内容。

(4) 备用证担保的范围(责任)、币种、金额。

(5) 索偿时所需要提供的文件或单证及提示方式。

(6) 备用证的效期，包括生效日期、失效日期。

8.2.2 《国际备用证惯例》(ISP98)简介

1. 《国际备用证惯例》产生的背景

由于备用信用证在国际结算领域被越来越地广泛使用，在全球范围内规范备用信用证业务的呼声越来越高。长期以来，备用信用证并没有一个统一的独立的规则，而是依附于国际商会《跟单信用证统一惯例》。1983 年国际商会制订的《跟单信用证统一惯例》(即 UCP400)首次明确规定，该惯例适用于备用信用证， UCP500 和预期在 2007 年 7 月实行的 UCP600 第一条均明确规定，该惯例适用于所有在正文中标明按本惯例办理的跟单信用证(包括本惯例适用范围内的备用信用证)。

尽管 UCP 做出了很大的贡献，但由于 UCP 并非专门为备用信用证而制定的，所以 UCP 对备用信用证不能完全适用。也正是因为如此，UCP 规定中有“本惯例适用范围内的备用信用证”的灵活措辞，规定“只在可以适用范围内”予以适用。这样就使很多问题无从解决。即使最不复杂的备用信用证(只要求提示一张汇票)，都有 UCP 中未涉及的问题；而较复杂一些的备用证(诸如涉及期限较长、自动展期、凭指示转让等)，则需要有更加专门的实务规则。另一方面，由于备用信用证的作用和性质与银行保函一样，而国际商会已单独为银行保函制定了《合约保函统一规则》(ICC325)和《见索即付保函统一规则》(ICC458)，所以尽管 UCP 规定该惯例适用于所有银行信用证，但仍然不断有金融机构询问国际商会：备用信用证究竟应被当作信用证而适用《跟单信用证统一惯例》，还是应被当作银行保函而适用于保函统一规则？这些都说明在全球范围内规范备用信用证业务的必要性。为备用信用证专门制订一套独立的国际统一惯例已成为一种迫切需要。

2. ISP98 的制订

1998 年 4 月 6 日，国际商会银行技术委员会与国际银行法律和惯例学会联合印发了第 590 号出版物(ICC590)，即《国际备用证惯例》(International Standby Practices，ISP98)，并于 1999 年 1 月 1 日起正式在国际上启用。

ISP98 是国际银行法律与惯例学会(the Institute of International Banking Law and Practice, Inc.)的 ISP 工作组和国际金融服务协会(the International Financial Services Association，简称为 IFSA)的特别工作组，在国际商会银行委员会(the ICC Banking Commission)的支持下，经过五年的努力，并与数百位银行界、法律界专家相互合作所得到的成果。这是国际商会首次以独立的规则制定备用信用证惯例，它填补了备用信用证在国际规范方面的空白。

按照 ISP98 的规定，只有在明确注明依据 ISP98 开立时，备用信用证方受 ISP98 的管辖。一份信用证可同时注明依据 ISP98 和 UCP 开立，此时 ISP98 优先于 UCP，即只有在 ISP98 未涉及或另有明确规定的情况下，才可依据 UCP 原则解释和处理有关条款。

ISP98 共有 10 条规则，89 款，分别为：

(1) 总则；
(2) 责任；
(3) 交单；
(4) 审单；
(5) 通知拒付、放弃拒付及单据处理；
(6) 转让、让渡及依法转让；
(7) 取消；
(8) 偿付责任；
(9) 时间规定；
(10) 联合参与等。

8.2.3　备用信用证与跟单信用证和银行保函的比较

备用信用证、跟单信用证和银行保函都是国际贸易中的常用的结算工具，在贸易结算和融资担保中扮演重要的角色。三者无论是在理论上还是实践中，既有相同之处，又存在明显差异。

1. 备用证信用证与跟单信用证的比较

1) 备用信用证与跟单信用证的相同点

第一，备用信用证与跟单信用证都具有独立性。两者都是不依附于交易合同而独立存在的保证付款凭证，即使它们包含有关交易合同的任何援引，也不受交易合同条款的约束，其当事人只受本证自身条款的约束。

第二，备用信用证和跟单信用证在业务处理上都是以单据为凭而不是以合同或货物为凭。开证人作为中介，没有义务证实和担保单据的真实性和有效性，也不关心受益人与申请人之间的争端和纠纷。

第三，备用信用证和跟单信用证都有符合惯例的基本格式和内容。

第四，备用信用证和跟单信用证对于可撤销与否的判断准则是一样的。

ISP98 第 1.06 条明确规定，本惯例所指的备用证是不可撤销的，并且无需如此写明。但是，并不排除在各方均能接受的情况下允许使用可撤销备用证。因为 ISP98 第 1.01 条 c 款规定：“适用于本规则的承诺，可以明确地变更或排除其条款的适用”，根据这一规定，一个备用证既可以声明是依据本惯例开立，同时又可以声明第 1.06 条关于备用证不可撤销的规定不适用，这样，该备用证就成了适用于 ISP98 且可以撤销的备用证。而 UCP600 则规定：信用证是不可撤销的，即使信用证中对此未作指示也是如此(A credit is irrevocable even if there is no indication to that effect.)。因此，除非备用证另有规定，或者经过各方当事人的同意，备用证开证人的义务不能修改和撤销。

2) 备用证与跟单信用证的不同点

第一，依 ISP98 开立的备用证与跟单信用证遵循的惯例不同。即便是依照 UCP600 开立的备用信用证，对跟单信用证统一惯例条款的适用性也不同。

第二，两者所要求的单据不同。 备用信用证一般仅以受益人所出具的关于开证申请人不履行合同的书面声明或证明文件为付款依据；而跟单信用证一般是以严格符合信用证要求的货运单据作为付款的依据。

第三，跟单信用证是第一性付款责任的银行保付凭证，而备用信用证则为第二性的付款承诺文件。跟单信用证是受益人履行交货义务后银行付款，而备用信用证则是在申请人未能履约时由开证人赔款。可见，尽管备用信用证的开证人形式上承担着见索即付的第一性付款责任，但其开立意图实质上是第二性。

第四，两者的作用和用途不同。备用证有多种多样的用途，广泛适用于各种形式的融资或履约交易，如用于借款、投标、履约及赊购、赊销等业务，或用于赔偿金的支付，还可用于为发行商业票据作保等。跟单信用证一般只用于进出口货物贸易中，所以备用证的适用范围更广更宽。在欧洲，跟单信用证已处于被淘汰的地步，而在世界范围内，备用证的业务量却日益增加。

第五，两者的操作过程和业务处理有所不同。备用证往往是备而不用的凭证，一般只在债务人违约时才使用；而跟单信用证是相应的进出口交易中必用的结算工具。在其他一些具体的业务处理上，ISP98 中有许多细节的规定，也是与 UCP 不同的。

2. 备用信用证与银行保函的比较

1) 备用证与银行保函的相同点

第一，两者的性质和作用相同，都是为了担保申请人的履约能力和资信，给受益人提供银行信用以弥补商业信用的不足。银行根据申请人的请求，以自己的信誉对受益人做出的付款担保。一旦债务人未按合同履约，受益人可凭所规定的单据等得到开证人的赔付。

第二，两者对单据的处理原则相同。都只对单据表面真实性负责，而对单据的伪造、遗失、延误概不负责。且只处理单据不处理货物，不受申请人与受益人之间的商务合同的制约。

第三，两者由于都没有货物保证基础，因此一般都不可以作为融资的抵押品，也不由第三家银行办理议付。

2) 备用证与银行保函的不同点

第一，两者适用的惯例和规则不同。备用证适用于 ISP98，而保函则适用于各国有关的担保法律以及国际商会针对保函制定的ICC325 和ICC458，除非保函明确声明依据ISP98开立。

第二，付款依据不同。备用证一般要求受益人在索赔时提交即期汇票及申请人未能履约的书面声明。而保函则并不要求受益人提交汇票，通常担保行仅凭受益人提交的书面索偿及证明申请人违约的声明付款。

第三，可撤销性质不同。备用证一般是不可撤销的，但也不排除特别声明可撤销的情况。但保函都是不可撤销的，因为可撤销的保函是不能起到担保作用的。

第四，银行付款责任不同。备用信用证的开证行承担第一性付款责任，但为次债务人；而保函的担保银行既可承担第一性付款责任，也可承担第二性付款责任。

本章小结

银行保函和备用信用证因其使用的灵活、便利，在国际结算实务中被广泛采纳和使用，成为该领域中发展非常迅速的一种新型结算方式。本章介绍了银行保函的基本概念、法律性质及作用，银行保函的种类及应用，银行保函的业务处理，保函业务的风险及防范；备用信用证的概念及内容；简要介绍了有关银行保函和备用信用证的国际惯例：《见索即付保函统一惯例》和《1998 国际备用证惯例》；区别了备用信用证、银行保函和跟单信用证的异同，在实务中应视不同业务情况及不同结算方式的特点进行选择。

关键术语

银行保函　Bank Letter of Guarantee
从属性保函　Accessory L/G
独立保函　Independent L/G
申请人　Principal
受益人　Beneficiary
担保人　Guarantor
通知行　Advising bank
转开行　Reissuing bank
反担保人　Counter guarantor
备用信用证　Standby Letter of Credit
付款保函　Payment Guarantee
延期付款保函　Deferred Payment Guarantee
融资租赁保函　Leasing Guarantee
投标保函　Tender Guarantee
履约保函　Performance Guarantee
留置金保函　Retention Guarantee
借款保函　Loan Guarantee
透支保函　Overdraft Guarantee

综 合 练 习

一、填空题

1．卖方或承包方(申请人)委托银行向买方或业主(受益人)出具的，在不能履约时保证退还与预付款等额的款项，或相当于合约尚未履行部分相应比例的预付金款项的保函，称为(　　　)。

2．在(　　　)中，担保人的偿付责任从属于或依附于申请人在交易合同项下的义务。申请人是否违约要根据基础合同的规定以及实际履行情况来作出判断的，这往往使银行因卷入买卖双方的贸易纠纷而进退两难

3．保函的撤销有两种方式，即(　　　)和(　　　)。

4．按保函结构划分，保函分为(　　　)和(　　　)。

5．备用信用证一般以(　　　)为付款依据。

二、判断题

1. 所有银行保函均应是不可撤销的。(　　)

2. 在银行保函中加列单据化条款，有利于担保银行处理好保函业务，免于陷入商务纠纷。(　　)

3. 银行在为申请人开立银行保函时，通常都应要求申请人提供反担保。(　　)

4. 银行保函在担保期满后，应由担保银行收回。(　　)

5. 见索即付保函的保证人承担第一性的、直接的付款责任，而有条件保函的保证人则只承担有条件的、第二性付款责任。(　　)

6. 银行保函业务中的反担保，是银行为了避免风险，要求申请人自身对担保的再担保。(　　)

7. 无论是预付货款还是货到付款，都可以使用银行保函来防止进、出口方中的任何一方不严格履约。(　　)

8. 信用证与银行保函的主要区别是：信用证业务中开证银行承担第一性付款责任，而银行保函业务中担保银行承担第二性付款责任。(　　)

9. 备用信用证与银行见索即付保函的性质相同，根据 URDG458 的规定，银行见索即付保函是不可转让的，因此，备用信用证也是不能转让的。(　　)

10. 在备用信用证中，开证行向受益人承诺，支付由于申请人在履行合同责任上的违约，因此，备用信用证业务是以申请人的行为作为办理的依据。(　　)

三、选择题

1．在(　　)下，担保人承担的付款责任是以合同条款的实际执行情况来判定是否对受益人的索赔给予支付。

A．独立性保函　　B．从属性保函　　C．透支保函　　D．预付性保函

2．接受保函，并有权按保函条款向担保人索赔的当事人是(　　)。

A．申请人　　B．担保人　　C．受益人　　D．通知行

3．独立性保函中，担保银行的责任是(　　)。

A．第一性的　　B．第二性的　　C．第一或第二性的

4．集中规范备用信用证业务的国际惯例是(　　)。

A．URC522　　B．UCP600　　C．ISP98　　D．URDG458

5．规范银行见索即付保函业务的主要国际惯例是(　　)。

A．URC522　　B．UCP600　　C．ISP98　　D．URDG458

四、简答题

1．银行保函的定义和作用是什么？

2．担保行在保函中承担怎样的责任？

3．见索即付保函的基本特征是什么？

4．独立性保函和从属性保函在实务中如何应用？

5．区别备用信用证和跟单信用证的异同。

6．区别备用信用证和银行保函的异同。

7．实务中常用的银行保函有哪些类型？

【案例分析题】

1．应 P 的要求，G 银行给 B 开立了保函，规定见索即付，该保函是担保 P 向 B 承建的建筑工程。随后 B 提交了书面索偿书，随附关于 P 违约的书面声明，指出 P 未能按合同规定如期完工，根据 URDG 第 21 条的规定，G 银行将该声明转递给 P，P 否认声明的准确性。要求 G 银行对抗 B 的索偿。请问根据 URDG，G 银行应如何处理？为什么？

2．P 签订了向 B 出售设备的合同，合同要求 P 通过 B 国的银行开立保函。应 P 的要求，IP 银行要求 B 国的 G 银行凭 IP 银行的反担保函开立以 B 为受益人的保函，反担保函规定金额不超过 10 万英镑，凭 G 银行的首次书面索赔付款。保函开出后 G 银行在反担保函效期内向 IP 银行提交了金额为 4 万英镑的要求书，G 银行的要求书中附有关于其已收到 B 的索偿要求，而且要求符合保函条款及 URDG 第 20 条要求的声明。IP 银行该如何处理？为什么？

【实际操作题】

出口商 A 公司与美国进口商 B 公司以承兑交单方式订立了金额为 600 万美元的进出口合同。A 公司出运货物后向中国银行提出叙做融资性非买断型出口保理业务。中国银行为其联系了美国最大的进口保理商 CIT 公司，该公司为 B 公司核定了 1 000 万美元的进口保理额度，并通知中国银行。请协助出口商 A 公司填写《出口保理业务申请书》完成该项保理业务，画出该业务的流程图。

附　　录

【附录 8-1】 投标保函式样

To: Instrimpex International Tendering Company

Re Our irrevocable Bid Security Ref.No.:__________For ______________Dated____________

Under bid No.____________Package No. Package 1 for supply of________________________

Whereas____(hereinafter called "the Bidder) has submitted its bid dated_______for ICB No.__________for the supply of____________Package No.________(hereinafter called "the bid").

Know all people by these presents that WE, Bank of China, Gansu Branch, having our registered office at_ (hereinafter "the Guarantor"), are bound unto________________________________(hereinafter "the Purchaser") in the sum of ________________________________, For which payment well and truly to be made to the aforementioned Purchaser, the Guarantor binds itself, its successors, or assigns,by these presents.

The conditions of this obligation are the following:

1) If the Bidder withdraws its Bid during the period of bid validity specified by the Bidder in the Bid Submission Sheet, except as provided in ITB Sub-Clause 20.2;

2) If the Bidder, having been notified of the acceptance of its Bid by the Purchaser, during the period of bid validity, fails or refuses to :

A. Execute the Contract;

B. Furnish the Performance Security, in accordance with the ITB Clause 44;

C. Accept the correction of its Bid by the Purchaser, pursuant to ITB Clause 31.

We undertake to pay the Purchaser up to the above amount upon receipt of , its first written demand without the Purchaser having to substantiate its demand, provided that in its demand the Purchaser states that the amount claimed by it is due to it, owing to the occurrence of one or more of the above conditions, specifying the occurred conditions.

This security shall remain in force up to and including Twenty-Eight (28) days after the period of bid validity, and any demand in respect thereof should be received by the Guarantor no later than the above date.

YOURS SINCERELY,

Name of Issuing Bank: Bank of China,Gansu Branch

Add:

Tel:

Fax:

Telex:

SWIFT:

Signed by:

____

Official seal:

第9章

国际贸易融资

教学目标

通过本章学习，了解国际贸易融资的概念、掌握跟单托收项下主要的贸易融资方式、信用证项下主要的贸易融资方式，理解国际保理业务的含义、主要服务内容及办理程序，熟悉包买票据业务的含义、特点、办理程序以及相关风险的防范。

教学要求

知识要点	能力要求	相关知识
跟单托收项下的贸易融资	(1) 能够掌握跟单托收项下主要的贸易融资方式和跟单托收出口押汇的基本做法 (2) 在实际业务中能够采用担保方式提货	(1) 出口押汇的含义、特点与基本做法 (2) 信托收据的含义 (3) 担保提货的含义与基本做法
信用证项下的贸易融资	(1) 在国际贸易中能够办理信用证打包放款和信用证出口押汇业务 (2) 能够根据图示阐述卖方和买方远期信用证融资程序 (3) 能够掌握开证授信额度的含义与分类	(1) 出口信用证下的贸易融资种类、含义和有关的融资程序 (2) 进口信用证项下融资的种类、含义与融资程序
国际保理业务	(1) 能够了解国际保理业务的含义、种类和主要服务内容，学会办理保理业务 (2) 能够根据图示阐述双保理机制的业务程序	(1) 国际保理业务的含义、主要服务内容 (2) 国际保理业务的业务种类 (3) 双保理机制的业务程序
包买票据业务	(1) 能够根据图示阐述包买票据业务的办理程序，在实际业务中能够办理包买票据业务 (2) 能够运用所掌握的风险与防范知识分析各种案例	(1) 包买票据业务的含义与特点 (2) 包买票据业务的办理程序 (3) 包买票据业务的风险与防范

导入案例

进入加速发展阶段，企业的发展却受到诸多因素制约，其中尤以融资约束为最，广大中小企业的资金融通问题更是突出。

广东一家注册资本仅100万元的民营企业，获得了一笔大宗海外贸易订单，如该笔业务合作顺利，他们就极有可能和对方签订长期业务合同，成为代理商。但现实是，该公司自有资金无法满足这笔业务巨大的资金需要，且公司手头缺乏作为贷款抵押的资产。如资金不到位，这笔业务就要泡汤。关键时刻，银行的“自偿性贸易融资”业务为他们解决了难题。原来银行在综合分析了这笔贸易交易各方的实力和信誉后，派专人跟进对该笔贸易的真实性和业务安全性进行了确认，综合运用物权担保、应收账款担保和账户封闭等风险控制手段，给予了这家公司单笔贸易融资4000万元，促成了该项业务。像这样小本也做大生意的事情现在已并不少见，怕的不是小本而是不能融到资。

通过上述案例，我们可以认识到：随着国际贸易融资业务的不断发展，除传统的银行贷款外，企业还可以借助国际贸易融资这一路径在一定程度上摆脱融资难的困境。

资料来源：TOM经营管理网.

所谓国际贸易融资就是指围绕国际贸易结算的各个环节发生的资金和信用融通活动，其关键就是银行依托对物流、资金流的控制，或对有实力关联方的责任和信誉捆绑，在有效控制授信资金风险的前提下对进出口商进行的授信。国际贸易融资的对象不仅包括大中型优质生产企业，也包括一般的中小企业和贸易企业。

国际贸易融资是国际结算中的重要内容，无论在理论或实务方面都占有非常重要的地位。特别是近些年来，随着国际贸易竞争的加剧，国际贸易融资的重要性也日益凸显。本章将就国际贸易融资问题从理论和实务两方面进行介绍，重点介绍跟单托收项下的贸易融资方式、信用证项下的贸易融资方式、国际保理业务以及包买票据业务的相关知识。

9.1 跟单托收项下的贸易融资

9.1.1 跟单出口托收押汇

1. 出口押汇的含义与特点

1) 出口押汇的含义

出口押汇(Outward Bills)是跟单托收和信用证方式下，出口商向银行融资的主要方式，因此出口押汇主要包括跟单托收项下的出口押汇和信用证项下的出口押汇。

所谓出口押汇就是指出口商将代表物权的提单及其他单据抵押给办理该项业务的商业银行，并从该银行得到扣除押汇利息及手续费用后的有追索权的垫款的方式。

但是从办理该项业务的商业银行角度看，所谓出口押汇就是指银行有追索权地向出口商购买跟单汇票或全套物权单据的行为。

2) 出口押汇的特点

(1) 出口押汇是以融资为直接目的双赢型银行业务。通过办理出口押汇，相当于出口商通过向银行融入资金尽快收回了货款，银行则可通过融出资金而增加收入。

(2) 出口押汇以购买或抵押全套物权单据为基础。银行叙做出口押汇，相当于买入出口商开立的以进口商为付款人的跟单汇票以及所附的商业单据。虽然 URC522 规定银行对托收单据无审单义务，但银行在做出口托收押汇时有必要根据贸易合同审查单据与合同、单据与单据之间的一致性，以避免进口商拒付。

(3) 出口押汇是有追索权的资金融通方式。押汇银行的垫款一般应向付款人收回，一旦出现付款人拒付，则押汇银行有权向出口商追索已垫付款项。

(4) 押汇金额并非全部货款。押汇金额为出口收款额扣减有关费用，即收款额预先倒扣利息和费用后的净额。

阅读案例 9-1

押汇银行在办理出口押汇业务时保留了追索权

2005 年 12 月 10 日，某市 A 公司与美国 B 公司签订了一份出口地毯的合同，合同总价值为 USD31 346.86，装运港为中国郑州，目的地为美国纽约，收货人为 B 公司，付款条件为 D/P30 天。1998 年 12 月 20 日，A 公司按照合同要求备齐货物，从郑州港空运至美国纽约。在取得空运提单和 FORM A 产地证之后，A 公司会同已缮制好的汇票、发票、单据一起交到该市 C 银行。因 A 公司当时资金紧张，随即以此单向 C 银行申请办理押汇。C 银行考虑虽然托收风险大，但 A 公司资信状况良好，与本行有良好的合作关系，无不良记录，就为 A 公司办理了出口押汇，押汇金额为 USD31 346.86，押汇期限为 50 天，到期日为 2006 年 2 月 9 日，押汇利率为 7.437 5%。同日，C 银行将此笔款项转到 A 公司账户，随后 A 公司便支用了该笔款项。2006 年 1 月 12 日，C 银行收到国外提示行电传，声称客户已经承兑，并取走了该套单据，到期日为 2006 年 2 月 8 日。但是，在到期日之后，却迟迟未见该笔款项划转过来。经 A 公司与 C 银行协商，由 A 公司与买方联系，但买方声称已将该笔款项转到银行。2006 年 3 月 25 日，C 银行发电至提示行查询，提示行未有任何答复。此时，A 公司再与 B 公司联系，B 公司一直没有回电，到 2006 年 9 月突然来电声称自己破产，已无偿还能力。至此，该笔托收已无收回的可能。C 银行随即向 A 公司追讨，但 A 公司一直寻找借口，拖欠不还。C 银行见 A 公司无归还的诚意，就将 A 公司告上法庭，要求 A 公司履行义务，清偿所欠的银行债务。

在法庭上，A 公司认为自己不具有清偿该笔贷款的义务。理由是自己已将全套单据在 C 银行办理了质押，自己已经将全套单据卖给了银行，既然银行买了全套单据，那么银行应该对这套单据负责，自己虽然可以协助银行追讨欠款，但并无代为付款的义务。那么 A 公司的说法是否正确呢？A 公司是否负有归还此笔贷款的义务呢？

针对此项案情，法院经过调查取证，认为 A 公司办理的是出口押汇业务，C 银行对 A 公司享有追索权，A 公司负有偿还此笔贷款的义务，最后裁定 A 公司败诉。C 银行虽然胜诉，但也应从中吸取教训：在没有任何资产保障措施的情况下，仅凭出口商的信用和非物权凭证的空运单就叙做出口押汇是十分危险的。

资料来源：中国出口精英网.

2. 跟单托收出口押汇的含义与基本做法

1) 跟单托收出口押汇的含义

跟单托收出口押汇是指采用托收结算方式的出口商在提交单据时要求托收银行以出口商的汇票和货运单据作抵押，预先支付部分或全部货款，待收回汇票款项后再将款项归还给托收行的一种资金融通方式。

2) 跟单出口托收押汇的基本做法

出口商按合同规定装运货物后，缮制全套符合合同规定的单据，开立以进口商为付款人的汇票，而后携带相关单据和票据到托收行，请求托收行叙做出口托收押汇；经审查，托收行买入跟单汇票，按照汇票金额扣除自付款日(托收行买入跟单汇票日期)到预计收到票款日期的利息和手续费，将约定的款项交给出口商。

需要特别说明的是，对押汇银行而言，叙做出口押汇风险较大。因此，银行一般不太愿意做托收出口押汇，或对托收出口押汇的要求很严格，还要收取较高的押汇利息和手续费用。

3. 银行受理出口托收押汇业务的审查条件

(1) 出口商的资信状况、履约能力和清偿能力。跟单托收是基于商业信用的一种结算方式，出口商的资信状况和履约能力直接关系着货款能否按期正常收回，如出口商在商品质量、发货期限等方面存在违约行为，则托收款项很可能遭到拒付或迟付；而银行审核出口商清偿能力的目的主要在于保证在单据遭到拒付的情况下，能够从出口商那里追回垫款。为控制出口托收押汇风险，银行还应核定相应的融资授信额度，仅在信用额度内叙做托收押汇。

(2) 进口商的资信状况与代收行的选择。出口托收押汇的实质是由进口商凭商业信用归还押汇，故了解进口商的资信状况也同样重要。此外，押汇行还应选择一家资信良好、合作较佳的银行作为代收行，从而保证国际惯例的遵守和各种代收指示的执行，顺利收取款项以减少风险。

(3) 选择何种交单方式。承兑交单方式下，代收行凭进口商对汇票的承兑即可放单，但对到期是否付款不承担任何责任，收汇风险较大，所以承兑交单方式下核定的托收押汇限额应相应较严；与承兑交单方式相比，付款交单方式收汇风险相对较小，因此付款交单方式下核定的托收押汇限额可控制稍松。

(4) 是否投保货物运输保险。银行应检查托收单据中有无保险单据，保险金额是否等于或大于110%的发票金额。如没有保险单据，原则上应要求出口商安排相应的货物运输保险。一旦货物在运输途中或在目的地仓库发生灭失或损坏时，可通过向保险公司索赔来保障自身的权益。

9.1.2 跟单托收凭信托收据借单提货

1. 信托收据(Trust Receipt)的含义

信托收据是进口商以信托的方式向银行借出全套商业单据时出具的一种保证书。信托收据具有借据及保证书的双重性质，不仅适用于跟单托收项下的贸易融资，也适用于信用证项下的贸易融资。

与信托收据有关的当事人包括以下两项。

(1) 信托人(Truster)——银行，在进口商付款赎回信托收据之前，代表委托人掌握货权。

(2) 被信托人或受托人(Trustee)——进口商，代表信托人办理提货、报关、存仓、保险等手续，如果货物出售，则应将货款如数存入银行，并在汇票到期时向银行偿付票款，收回汇票，赎回信托收据。

2. 跟单托收中信托收据 D/P·T/R 的使用

D/P·T/R 是指在远期付款交单托收业务中，当货物、单据到达目的地，而付款期限未到时，进口商为尽早提货可通过出具信托收据向代收行借出单据，其实质是进口商向银行进行融资。在使用信托收据过程中，作为信托人，银行有权随时取消信托，收回货物或货款；作为受托人，进口商应以银行的名义保护货物，如办理仓储、投保货险等，出售货物所得款项应如数交给银行或以银行名义单独保管，货物亦不能抵押给他人。这种方式是以代收行提供信用为前提，使进口方得到了资金融通。在实际业务中，受托人(进口商)有可能违反信托规定，不愿或无力退还货物或货款。一旦发生这种情况，如果该项融资经出口商的同意或授权，则风险由出口商自负；如未经出口商同意，而是由充当信托人的银行单方面提供这项融资业务，则风险由银行承担，届时银行必须支付货款，视同进口商已经支付。因此，在办理信托收据业务时，银行应严格审查进口商的资信等级，避免承担借出单据不获付款的风险。为了控制风险，代收行一般仅在付款人(进口商)信誉较好时才愿借出单据。

9.1.3　跟单托收凭银行保函提货

1. 担保提货(Shipping Guarantee，S/G)的含义

担保提货是指在进口贸易结算中，在货物运抵目的港(地)后，包括提单在内的单据尚未寄到的情况下，进口商在征得运输公司(承运人)的同意后，凭银行保证书提货的方式。担保提货是进口商向银行融资的一种方式，不仅适用于跟单托收项下的贸易融资，也适用于信用证项下的贸易融资。

2. 担保提货的基本做法

货到目的港(地)延期提货会使进口商增加额外开支，或者承受进口商品行情下跌、市价回落的风险，因此进口商可以向开证行或代收行签具“申请担保提货书”、进口商自己的担保信(又称联合保证书)，以及轮船公司发出的货到通知书、商业发票、进出口合同副本，以求通过银行的担保及时通关提货；在接到担保提货的申请后，银行应在审查申请书及有关文件资料，并按实际货价收取全额保证金后，开具担保提货保证书，以便进口商及时报关。为防止进口商凭借担保骗取货物，银行应对进口商进行审查，确信其为该批货物的收货人，并且可以要求进口商提供担保或是交纳保证金或抵押品，以降低自身风险。

3. “申请担保提货书”的主要内容

进口商向银行申请担保提货时，应向银行提交“申请担保提货书”，其主要内容包括货物名称、唛头、船名、发货人、装运地点及日期、合同号、金额、保证条款、进口商签字盖章等。其中，进口商向银行的保证条款是必不可少的内容，具体如下。

(1) 不以任何理由拒付或延付货款。

(2) 单据到达后立即履行承兑付款义务以取得单据，以单据向运输公司换回提货担保书并退还给银行。

(3) 承担银行因出具提货担保书而遭受的任何损失。

9.2 信用证项下的贸易融资

在信用证结算中，无论是出口方银行，还是进口方银行，都能利用结算环节向客户提供贸易融资。信用证项下的融资是商业银行一项影响较大、利润丰厚、风险较小、周转期短的融资业务。

9.2.1 出口信用证项下的贸易融资

1. 信用证打包放款(Packing Credit)

1) 信用证打包放款的含义和特点

信用证打包放款简称打包放款，是指出口商在提供货运单据之前，以供货合同或从国外银行收到的、以自己为受益人的信用证正本，向当地银行做抵押，从而取得生产或采购出口货物所需的周转资金的融资行为。这种融资方式最初是指出口商接到信用证后，因货物包装出现资金困难，而凭信用证向当地银行融资，银行为协助客户缓解资金困难，使货物早日装运，在一定的保证下给予出口商资金融通的便利，故称之为打包放款，因其具有周转快、使用效率高、申请手续简便等优点，目前已不仅局限于货物包装方面的融资了。打包放款包括根据预支信用证提供的打包放款和以其他信用证为抵押发放的贷款，具有以下特点。

(1) 打包放款的发放时间是出口商接受信用证之后，发货和交单之前。

(2) 打包放款的目的是向出口商提供备货、发货的周转资金。

(3) 打包放款的金额是信用证的部分金额，通常为总货款的70%～80%，不超过90%，融资具体金额由打包放款银行根据出口商资信、清偿能力、抵押品以及在本行的业务来确定。

(4) 打包放款的期限不超过打包放款银行向开证行寄单收款之日。银行提供打包放款的实质是以抵押正本信用证为前提，承担了议付义务，议付行收到出口商交来的单据后应立即寄开证行，收到开证行支付的货款后即可扣除贷款本息，然后将余额付给出口商。因此，打包放款的期限一般是自信用证抵押之日至收到开证行支付货款之日。

阅读案例 9-2

用信用证打包放款解决的“两难”问题

出口商A向英国B公司出口一批金额为1 000万美元的家具，就如何结算存在分歧。出口商A因需要资金购置原材料，要求英国B公司预付货款然后才交货，特别是有鉴于本公司与英国B公司以往无贸易往来，相互间不了解，出口商A更担心货到付款，对方不履约，钱货两空；而英国B公司则担心预付货款后，出口商A不履行合同规定交货，则要求在出口商A交货之后才付货款，但这样做显然不能满足出口商 A 的资金需求。

为解决上述难题，一家出口地银行建议出口商 A 采用信用证方式进行结算，同时为出口商 A 在收到信用证时向本行申请了打包放款，及时融通了资金。

资料来源：徐莉芳《国际结算与信贷》上海立信出版社 2004.

2) 信用证打包放款协议

打包放款协议是出口方银行与出口商签订以确定打包放款中双方责任和义务的契约，其主要内容如下。

(1) 融资金额及支付方式。通常银行应根据客户的资信状况和清偿能力为其核定相应的打包放款额度，供其循环使用。

(2) 融资用途。出口商通过打包放款所得款项仅限于抵押信用证项下的出口商品的备货和出运，不得挪用。

(3) 融资期限。融资期限由银行根据出口商品的生产周期和交货时间而定，最长不超过一年。

(4) 融资利率。可由双方参照银行同期贷款利率协商确定。

(5) 贷款货币。一般以人民币为主，特殊情况下，如需支付外汇运费，也可融通发放少量外汇打包放款。

(6) 融资的偿还。一般由贷款银行直接从信用证项下货款中扣还，必要时可从出口商在银行开立的账户中扣还。

(7) 保证条款。出口商应作如下类似保证。

① 协议项下的全部出口商品必须向银行认可的保险公司投保，如有意外，保险赔偿金应优先用于支付贷款本息。

② 银行有权检查、监督出口商对打包放款所得款项的使用。

③ 出口商在协议条款等变更前应先征得银行同意。

(8) 违约责任。出口商如不按协议规定使用贷款及不按期归还贷款本息，银行有权从出口商在任何银行中的账户中扣收，并在原定利率基础上加收罚息。

3) 打包放款的风险和银行应注意的问题

(1) 打包放款的风险与责任划分。虽然银行是以正本信用证为抵押前提向出口商办理打包放款业务，但银行不能仅凭国外信用证就借款给出口商，因为信用证本身只是一个有条件的银行信用保证，如果由于某种原因，出口商未能满足信用证的全部条件和要求，或出口商根本就未能履约，那么开证行的付款承诺也就相应难以得到实现。在这种情况下，信用证就只是一张废纸，单纯依靠信用证为抵押而叙做的打包放款，也就演化成了一种无抵押信用放款。此外，还应谨防“一证多贷”问题，即出口商用信用证正本在放款行做打包，又用副本到他行贷款并担保交单，甚至到他行做托收，导致放款行得不到单据而无法从开证行获得相应款项。因此，银行必须十分谨慎地办理该项业务。

如果打包放款是根据预支信用证进行的，则融资风险应由开证行承担。如果受益人不能按期提交与信用证规定相符的单据，以便融资银行从开证行处收款，融资银行可要求开证行偿还贷款本息；如果打包放款是根据以其他类型信用证进行的，则融资风险应由融资银行承担，与开证行无关。

(2) 银行办理打包放款业务时应注意的问题具体如下。

① 要求出口商应具备相应的打包放款条件。为保证借出款项的安全性，放款银行往往会要求出口商具备一系列的打包放款条件。例如：需持有效的正本信用证，有时还要求信用证是由资信良好的海外银行开出的；出口商品不违反本国禁令；信用证条款清楚合理，无“陷阱条款”，出口商保证能履行；出口商与银行签订融资合同，明确双方的责任，或要求出口商出具总质权书，以其所采购或存储的商品作抵押；有些还规定该信用证项下的出口单据必须交放款银行议付。

② 银行应加强对打包放款的审查。银行对打包放款的审查分为确定总额度时的审查和对信用证的审查两项内容。前者是指银行在签订打包放款协议之前对出口商确定信用额度时的审查，主要是审查出口商的资信状况，给受益人核定一个打包放款信用额度，该额度可循环使用，对于没有确定信用额度的客户，可凭担保逐笔发放贷款。后者指对某一打包放款业务中信用证条款是否清楚合理、开证行资信状况、有无对出口商不利的“陷阱条款”和出口商难以履行的规定和出口商品市场前景进行的审查。

③ 银行应与出口商保持密切联系。为保证安全、及时地收回贷放资金，在贷款期间，放款银行应与客户保持密切联系，随时了解业务的进展和有关合同的执行情况，督促客户及时发货交单，用所得款项归还银行借款。如出口商在信用证过期后仍未能提交单据，则银行应根据贷款协议的有关规定，要求客户立即归还全部贷款本息。

2. 信用证出口押汇(Negotiation under Documentary Credit)

1) 信用证出口押汇的含义与特点

信用证出口押汇是指当出口商凭进口地银行开来的信用证将货物发运后，按照信用证要求缮制单据并提交其往来银行要求议付，即以出口单据为抵押，要求往来银行提供的在途资金融通。信用证出口押汇是以出口贸易为背景，以代表物权单据作为质押的自偿性贷款，具有期限短、操作简便、安全系数较高等优点。信用证出口押汇的特点主要表现在以下几方面。

(1) 押汇银行享有来自开证行的确定的付款承诺。对不可撤销的信用证而言，在其规定的单据全部提交指定的银行或开证行，并符合“单证相符、单单相符”的条件下，便构成开证行确定的付款承诺。银行叙做押汇业务，便成了善意持票人，从而拥有了优于前手的权利，有效地降低了押汇银行的收汇风险。

(2) 押汇银行保留了追索权。票款一旦遭开证行的拒付，银行可以马上行使追索权，向出票人追回押汇本息。

(3) 押汇银行控制了物权。如遇开证行拒绝付汇，押汇银行可以扣留代表物权的单据，必要时可转卖给新的买主以收回部分或全部货款。

2) 信用证出口押汇的基本做法

出口商要求银行议付其出口单据时，应首先填写申请书连同信用证正本和全套单据提交银行。银行核对申请书印鉴并验收单据后开始审查单据，除根据信用证条款和规定审查单据以确定是否严格相符外，通常还应对开证行所在国家的政治及经济状况、开证行的资信状况、信用证条款是否符合国际惯例、对物权的控制、出口商的资信状况等方面进行审查。收到押汇申请的银行完成审核单据及上述审查后，如单证严格相符，就可以立即议付单据，叙做出口押汇，从货款中扣除押汇利息后付给出口商；如单证不符，则议付银行可以用电报或电传方式征询开证行的意见，如开证行同意接受不符点，议付行可视同单证相符立即叙做押汇。除电提外，押汇银行还可考虑凭受益人出具的担保书(letter of indemnity)，对存在不符点的单据进行担保议付，但银行通常只对资信良好或能提供一定抵押品的受益人提供担保议付。

3) 托收项下的出口押汇与信用证项下的出口押汇的区别

托收项下出口押汇与信用证项下的出口押汇的根本区别在于后者有开证行的付款保证，属银行信用；而前者没有银行信用保证，付款与否完全取决于付款人(即进口商)，属商业信用。因此，银行更情愿做信用证项下的出口押汇。正是由于托收出口押汇的风险大，安全收汇系数小，押汇银行针对托收出口押汇除了押汇期限要求适当延长外，押汇利率一般稍高于信用证出口押汇，押汇额度一般也稍低于信用证出口押汇，实际收汇时间超过押汇期限时，押汇银行还有权向出口商追收差额押汇利息。

3. 卖方远期信用证融资

卖方远期信用证又称为真远期信用证，它是付款期限与贸易合同规定一致的远期信用证。采用卖方远期信用证融资主要是指出口地银行通过远期汇票的承兑与贴现向出口商提供资金融通便利。由于付款周期较长，合同金额较大，远期信用证融通方式孕育着较大风险。因此，有关当事人都必须对交易及融资对方的资信作详细地了解，并采取相应措施，以降低和防范风险。

1) 银行承兑(Banker's Acceptance)的含义

银行承兑是指银行在具有贸易背景的远期汇票上签署“承兑”字样，使持票人能够凭此在公开市场转让及贴现其票据的行为。银行承兑汇票时，无须垫付本行资金，而只是将银行信用借出，增强被承兑汇票的流通性或可接受性，使持票人能够在二级市场上取得短期融资的便利。银行对远期汇票予以承兑后便成为汇票的主义务人，到期应承担付款责任。

2) 票据贴现(Discounting)的含义

票据贴现是指票据持有人在票据到期前为获取现款而向银行贴付一定利息所作的票据转让。票据贴现业务的基本条件是：出口商向贴现银行提交已经国外进口商、开证行或其他汇票付款人承兑的汇票。票据贴现能使出口商立即取得现款，因此它也是国际贸易融资的一种方式。

在办理贴现业务时，银行通常要与出口商签订质权书，确定双方的责任和义务。银行根据贴现费率扣减贴现利息和手续费后买下票据，票据到期时收回票款，偿还垫款，余下部分即为贴现收益。如果到期银行不能从票据付款人处收回票款，则银行有权对贴现人进行追索。此外，银行还应对贴现票据的付款人和承兑人的资信情况进行审查，只有在确认符合条件后才予以贴现。

与银行承兑汇票不同，银行通过票据贴现是银行直接放款给出口商，即动用自身资产向出口商提供资金融通便利。

3) 卖方远期信用证融资程序

出口商发运货物后，即可通过银行将全套单据交开证行，经该行承兑汇票并退还寄单行(通知行)后，寄单行就可以以贴现方式购买全套汇票并向出口商融资。寄单行因此成为承兑汇票的正当持票人，它既可保存汇票，于远期汇票到期日向开证行(承兑人)索偿，也可将汇票转让，进行再贴现。卖方远期信用证的结算和融资过程如图 9.1 所示。

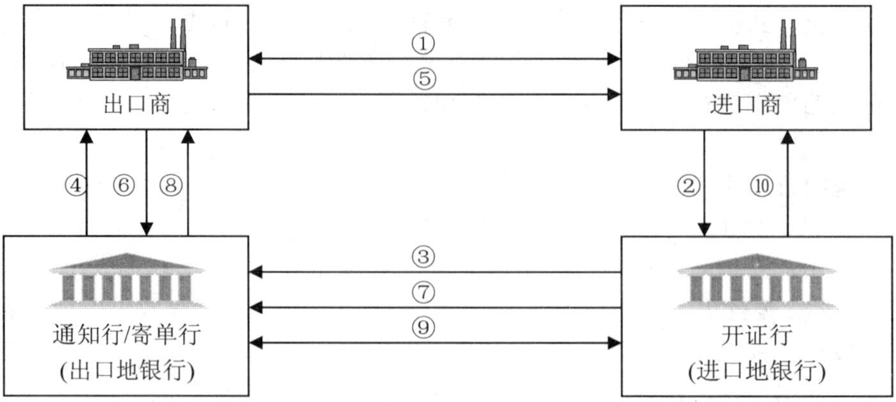

图 9.1　卖方远期信用证融资流程图

在图 9.1 中：

① 进出口双方签订贸易合同，确定以卖方远期信用证方式进行结算。

② 进口商向开证行申请开立卖方远期信用证。

③ 经审查合格并同意进口商的开证申请后，开证行开出卖方远期信用证，并将信用证内容发送给出口商商所在地的联行或代理行。

④ 出口地银行通知或转递信用证。

⑤ 出口商备货出运。

⑥ 出口商向寄单行交单。

⑦ 寄单行向开证行寄单，开证行承兑汇票并将承兑汇票寄回寄单行。

⑧ 寄单行贴现承兑汇票，出口商得到资金融通。

⑨ 寄单行于远期汇票到期日提示承兑汇票，开证行(承兑人)付款。

⑩ 进口商付款赎单。

阅读案例 9-3

谨防不法商人利用远期信用证变相套取银行资金

2005 年 6 月 4 日，国内 A 公司向国内某中资银行(甲银行)申请开立期限为 150 天的远期信用证，金额为 950 000 美元，用于进口澳大利亚牛皮，受益人是澳国 B 公司。甲银行未收开证保证金。开证后甲银行收到澳国新亚银行寄来的该信用证项下单据，同时带有未提交提单等不符点，甲银行将不符点提示给 A 公司，该公司同意接受全部不符点。付款到期日，A 公司未能将相应金额人民币存入甲银行账户，甲银行只好为该公司垫款并代其购汇以便向持有汇票的境外银行付款。此后，B 公司以部分退货为名向 A 公司汇入 850 000 美元。A 公司用上述外汇归还甲银行部分垫款，余额部分一直未偿还。

事后调查得知，该案中 A 公司与 B 公司之间关系密切(有同一主要股东)，两公司之间根本没有真实的贸易交易(B 公司从未向 A 公司移交提单或其他商品物权单据)。甲银行所收到的新亚银行寄来的信用证项下单据如保险单、装箱单、发票等均为 B 公司伪造。经过事先合谋，A 公司表示接受该套单据，于是不明真相的甲银行对汇票予以承兑；而一经承兑，信用证受益人即 B 公司就将该汇票提交境外银行要求贴现，由于甲银行的国际信誉良好，境外银行愿意予以贴现，该笔款项被 B 公司使用完毕后，以退货款名义入境并经由 A 公司归还甲银行。

上述案例的实质就是假借贸易支付的名义向银行申请开立远期信用证，然后利用该信用证进行非贸易融资。

资料来源：北大法律信息网

9.2.2 进口信用证项下的贸易融资

1. 开证授信额度(Limits for Issuing Letter of Credit)

1) 开证授信额度的含义与分类

(1) 开证授信额度的含义。跟单信用证的主要作用是通过银行中介，来调解和消除买卖双方之间互不信任的心理。由于开证银行代进口商承担了有条件的付款责任，所以出口商只要满足了信用证的规定和要求，提交了符合信用证规定的全套单据，便可保证收回货款。因此，开证行均把开立信用证视为一种授信业务。通常情况下，银行在进口商(即开证申请人)申请开立信用证时，会要求其提交开证申请书并提供保证金或抵押金，存入银行专门账户，以便单据到后对外付款，或要求进口商提供反担保及抵押品，保证合格单据到后付款赎单，以降低自身风险。但对资信良好的长期往来客户，为简化手续，提供优惠服务，增强吸引力和竞争力，银行通常可根据客户的授信记录及信用水准、财务状况、管理水平、发展前景，确定一个限额，即开证授信额度，只要进口商申请开立信用证的金额不超过这一限额，银行就可以免收保证金、抵押品或不要求办理反担保，从而减轻进口商的资金压力。

(2) 开证授信额度的分类。根据客户资信和业务性质不同，授信额度可分为循环使用授信额度(General L/C Limit)和一次性使用授信额度(One time L/C Limit)。前者是指银行订立额度后，客户可以无限次地在额度内委托银行对外开出信用证，额度可循环使用，银行根据客户的资信变化和业务需求变动随时对额度作必要的调整，此类授信额度多用于在银行开立账户并与银行长期保持良好业务关系的进口商；后者是指银行为客户的一个或几个贸易合同核定的一次性开证授信额度，不得循环使用，主要针对银行对其资信有一定了解，但业务往来不多的进口商客户，通过一次性开证授信额度能够弥补循环授信额度不能满足大宗交易需要这一不足，也可避免因循环授信额度的大量占用对进口商正常经营可能带来的影响。

2) 开证授信额度的基本操作程序

(1) 进口商提出申请。需申请开证授信额度的进口商应按银行规定格式填写授信额度申请书，表明申请授信额度的总额、种类、期限等。

(2) 银行审查并确定授信额度。银行根据进口商填写的申请书，审查其资信情况、经营情况、内部管理情况、财务状况以及以往的有关业务记录，确定对该进口商的授信额度。

(3) 签订授信额度协议书。银行与进口商签订开证授信额度协议书，以确定双方的权利义务。

(4) 建立业务档案。协议签订后，进口商即可使用开证授信额度；银行则应对该进口商建立业务档案，并根据协议规定的总额度，对进口商的开证金额实行余额控制。

(5) 调整授信额度。在进口商使用授信额度一段时间后，如果总额度不能满足其实际需要，进口商还可向银行提出增加授信额度的申请，批准与否由银行决定；反之，如果银行认为进口商资信水平有所下降，也可以减少甚至取消该进口商的授信额度。

2. 进口押汇

1) 进口押汇(Inward Bills)的含义

在正常情况下，作为信用证开证申请人的进口商在得到开证行单到付款的通知后，应立即将款项交开证行赎单，在付款以前是得不到单据从而不能提货的。但是，如果进口商的资信较好，并且信用证项下单据所代表的货物市场销售行情较好，能在短期内收回货款，则开证行可以根据有关协议代进口商先对外支付货款，并将单据提供给进口商以便其提货、销货，待押汇期满后，进口商将押汇本息一并归还银行，开证行的上述做法就是进口押汇。

2) 进口押汇的基本操作程序

(1) 进口商申请与银行审查。如需办理进口押汇，进口商应首先向银行提出书面申请，银行要对进口押汇申请进行严格审查，并根据进口商的资信等情况确定押汇金额。

(2) 开证行与进口商之间签订进口押汇协议。进口押汇协议是开证行与进口商之间签订的确定双方权利义务的书面契约，其基本内容包括：①押汇金额及进口商的付款义务；②押汇期限及利率；③进口商的保证条款，进口商应保证在押汇到期日前归还银行押汇本息；否则，银行有权对其收取罚息，或处理押汇项下的货物；④物权及其转移条款，押汇项下进口货物的物权在进口商未能还清银行押汇本息之前应属于银行；⑤违约条款，如遇进口商违约，银行有权对其提出法律诉讼，或冻结其在银行的其他账户，或停止进口商在银行办理的一切融资业务等。

(3) 开证行对外付款。开证行在收到出口方银行寄来的单据以后，应严格审单，如果“单证相符、单单相符”，即可对外付款。

(4) 进口商凭信托收据向开证行借单。在进口押汇业务中，进口商在未付款之前可凭信托收据(T/R)向银行借取物权单据。开证行在借出单据后，即失去了对物权的控制，所以也只有在申请人信誉足够好的情况下，才会同意借单。

(5) 进口商凭单据提货及销售货物。进口商在向银行借出物权单据后，即可凭单据向承运人提货，并可销售货物或对货物作其他处理。

(6) 进口商归还押汇本息以换回信托收据。在约定的还款期日之前，进口商应向银行偿还押汇本息，并于还清本息后收回信托收据，解除还款责任。押汇银行从垫款之日起开始收取押汇利息，利率一般高于市场利率，按回收期长短而分为几个档次，时间愈长，利率越高，也可根据不同客户的不同情况而定。

3. 买方远期信用证融资

1) 买方远期信用证(Buyer’s Usance L/C)的含义

相对于卖方远期信用证而言，买方远期信用证又称假远期信用证，是信用证项下远期汇票付款按即期付款办理的信用证。买方远期信用证是出口方银行(议付行)通过开证行向开证申请人(进口商)提供短期融资的一种方式。

2) 买方远期信用证融资的程序

买方远期信用证结算和融资过程如图 9.2 所示。

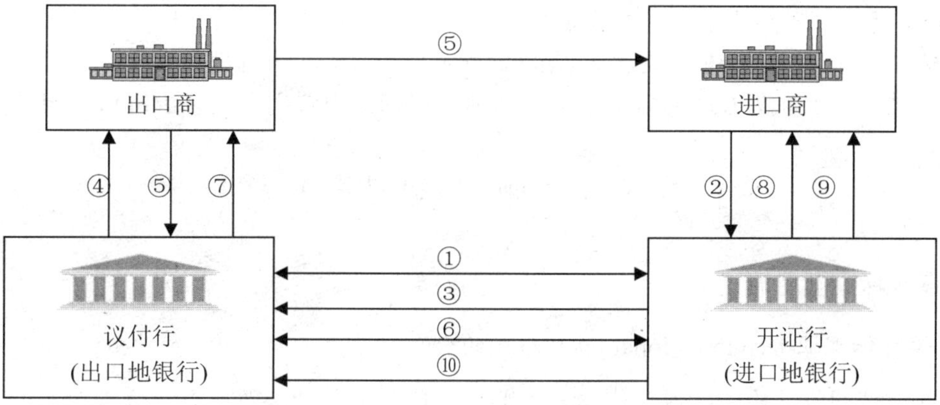

图 9.2　买方远期信用证融资流程图

在图 9.2 中：

① 进出口双方所在地银行签订由出口地银行以买方远期信用证形式向进口商提供资金融通便利的协议。根据协议，出口地银行开立专门账产。

② 进口商向当地银行申请开立远期付款、银行承兑信用证。

③ 经审查合格并同意进口商的开证申请后开证行对外开证，并将信用证内容发送给出口商所在地的联行或代理行。进口地银行(开证行)开立信用证时应注明：本信用证项下汇票付款日为见票后若干天(以便开证行承兑)；本信用证项下远期汇票付款按即期付款办理(出口地银行应即期付款给受益人或出口商)；本信用证限制在某一特定银行(提供融资的出口银行)议付。

④ 出口地银行(通知行)通知或转递信用证。

⑤ 出口商备货出运后，向寄单行交单，并申请议付。

⑥ 出口地银行向开证行寄单，开证行承兑汇票并授权该银行由专户即期支付货款给出口商。

⑦ 出口地银行按汇票面额向出口商支付票款。

⑧ 开证行凭信托收据向进口商放单。

⑨ 进口商于远期汇票到期日向开证行还款，包括本金以及从出口地银行支款日(议付日)起至汇票到期日期间的利息。

⑩ 进口地银行向出口地银行偿还垫款。

3) 卖方远期信用证融资与买方远期信用证融资的比较

相同点为两种融资都是通过远期信用证项下远期汇票的承兑与贴现来实现的。

不同点具体如下。

(1) 开立前提有所不同。以信用证方式进行贸易结算是进出口双方合同约定的条件之一，卖方远期信用证是出口方同意远期收汇，进口商承诺远期付款，买方远期信用证是出口商要求即期收回货款，而进口商则承诺远期付款。

(2) 贸易合同规定的付款期限有所不同。一般而言，贸易合同是信用证开立的基础，卖方远期信用证符合这一条件，信用证与合同的付款期限相同，都是远期付款；买方远期信用证却不符合这一条件，信用证是远期付款，合同却是即期付款。出口商通常不愿接受与合同付款条款不一致的信用证，之所以接受买方远期信用证，主要是为了给进口商从银行融资提供便利。

(3) 贴息支付者有所不同。卖方远期信用证从银行贴现到银行实际付款这段时间产生的贴现费用和贴现利息一般由远期汇票的受益人来支付。买方远期信用证是开证行提供给进口方的融资，因此买方远期信用证中的远期汇票的贴现费用和利息由进口方担负。

9.3 国际保理业务

9.3.1 国际保理业务概述

1. 国际保理业务(International Factoring)的含义

国际保理业务又称国际保付代理、承购出口应收账款业务等，它是商业银行或其附属机构通过收购消费品出口债权而向出口商提供的一项综合性金融业务，其核心内容是以收购出口债权的方式向出口商提供出口融资和风险担保，其特色在于，将一揽子服务综合起来由一个窗口提供，并可根据客户需求提供灵活的服务项目组合。

提供保理业务的机构即保理公司或保理商(Factor)，保理商通常是国际上一些资信良好、实力雄厚的跨国银行或其全资附属公司。

2. 国际保理业务的主要服务内容

1) 坏账/风险担保

保理商通过无追索权地收购出口商所拥有的出口债权而进行风险担保。保理商可在收购出口债权时预先向出口商付款，也可在收到货款后再付款，一旦出现进口商在付款到期日拒付货款的情况，则出口保理商会在付款到期后 90 天无条件地向出口商支付所收购的价款。

保理商收购的出口债权可以是出口商品全部价款，也可以是部分。如果保理商认为收购全部债权风险太大，它可只在所核准的信用额度内收购，对已核准应收账款提供 100%的坏账担保(Full Protection against Bad Debts)，对超过核准信用额度的价款金额则不承担责任。

对于由贸易纠纷引起的呆账和坏账，保理商不承担信用风险。这样做的目的是敦促出口商交付合格的货物，严格履行合同义务，不可借保理商的风险担保而交付不合格货物。保理商为保证自己不受不法出口商的欺骗，通常要求出口商提供货物检验和运输等方面的保证。因此在通常情况下，只要出口商将对每个客户的销售量控制在保理商核定的信用额度内，就能有效地消除因买方信用造成的坏账风险。

2) 贸易融资(Trade Financing)

根据提供融资与否，保理业务可分为到期保付代理(Maturity Factoring)和融资保付代理(Financed Factoring)。

到期保理业务是一种比较原始的保理业务。在到期保付代理业务中，出口商将出口单据卖给保理机构，该机构承诺并同意于到期日将应收账款即单据的票面金额的收购价款无追索权地付给出口商。至于能否按期收回债款，与出口商无关。

标准的保理业务是融资保理(Trade Financing)，也称为预支保理业务(Advance Factoring)。出口商在发货或提供服务后，将代表应收账款的销售发票交给保理商，就可以立即获得不超过 80%发票净额的有追索权预付款融资，余下 20%的收购价款于货款收妥后再进行清算，这样就基本上解决了在途和信用销售的资金占用问题。

贸易融资可通过有追索权收购提供，也可通过无追索权收购提供。有追索权收购的主要功能是提供融资，欧洲大陆国家的保理商主要采用该收购方式；无追索权收购时，只要保理商预先垫付资金，就意味着同时提供了风险担保和贸易融资的双重服务，欧洲大陆以外的其他国家或地区多以该收购方式为主。

能够提供风险担保以及有追索权或无追索权的短期贸易融资，而且手续方便，简单易行是保理业务最大的优点。它既不像抵押放款那样需要办理抵押品的移交和过户手续，也不像信用放款那样需要办理复杂的审批手续，而且出口商可以将保理融资作为正常的销售收入对待，而不必像银行贷款那样显示在资产负债表的负债方，由此可以改善代表公司清偿能力的资产负债比例，有助于提高出口商的资信等级和清偿能力。

3) 核定进口商信用额度(Credit Control)

对出口商而言，在国际贸易中随时掌握客户的资信状况，并根据资信变化情况核定进口商信用额度和采取必要的防范措施，是极为重要的。但除非出口商有四通八达、渠道畅通的信息网来收集信息，否则很难做到这一点。保理商除在收购出口债权时为自己核准进口商的信用额度外，还可专门为出口商提供该项服务。保理商可以利用保理商联合会广泛的代理网络和官方及民间的商情咨询机构，也可以利用其母银行广泛的分支机构和代理网络，通过多种渠道和手段获取有关进口商资信变化的最新动态资料，以及对进口商资信有直接影响的进口商所在国外汇管制、外贸体系、金融政策、国家政局等方面的变化，帮助出口商核定并随时调整出适合客户的信用销售额度，制定相应的营销策略，快速应对进口商被迫清盘、破产倒闭等突发事件，从而将坏账风险降到最低限度。

阅读案例 9-4

保理商未批准信用额度就应三思而后行

浙江某进出口公司准备于 2006 年 6 月初出口一批女式全棉针衣到韩国，由于对进口商知之甚少，5 月 20 日，江苏公司申请保理业务，发货前韩国 INDUSTRIAL BANK OF KOREA 答复中行浙江分行此债务人资信不佳，不能批准信用额度，也劝告出口商不要与之交易。但因听信韩商花言巧语，且货已备好，浙江公司在 6 月初发货 20 万美元，付款方式 T/T 收货后 15 天。 结果债务人到期不付货款，反而提出货物质量有问题，但货物却已被提走，当时正在出售。该案例说明：在保理商未批准信用额度的情况下，意味着进口商信用风险较大，此时不应采用信用方式出口。即使出口，也应采取其他债权保障措施，如保险、担保、抵押等。

资料来源：中国进出口融资网

4) 销售分户账管理(Maintenance of the Sales Ledger)

通过分析销售分户账所反映的财务信息，企业相关人员可以确切地知道每一个客户所欠公司的货款、有争议款项的存在及其根源，立即发现问题并着手解决，并据此分析和判断客户的资信和公司流动资金的现状。但是实现完善的账务管理却是一项细致、烦琐的工作，并非每一个企业都力所能及。作为大商业银行的附属机构，保理商具备其母公司在账务管理方面的各种有利条件，拥有完善的账务管理制度、先进的管理技术和丰富的管理经验，因此完全有能力向客户提供优质高效的账务管理服务。

保理商收到出口商交来的销售发票后，在电脑中设立有关分户账，并输入必要的信息和参考数据，专用电脑可自动进行诸如记账、催收、清算、计息、收费、统计报表打印等工作，并可根据客户的要求，随时或定期提供按产品、客户、国家和地区等分别统计的各种数字和资料。而出口商将售后账务管理交给保理商代管后，既可有效节约相应的财务费用，又可集中精力于具体的生产经营和销售活动。

5) 债款催收(Collection from Debtors)

赊销或提供买方信用已成为国际贸易市场竞争的手段之一，但随之而来的跨国债款催收就并非易事了。由于缺乏债款催收所需的技术和知识，许多出口商只得望洋兴叹，一旦通过正常途径无法收取债款，出口商就不得不在对法律条文不太熟悉的情况下请律师打官司，开始旷日持久的诉讼程序，支付高昂的律师费用，给企业带来难以承受的额外负担。相形之下，保理商拥有专门的收债技术和丰富的收债经验，并可运用其母公司作为资本雄厚的大银行的威慑力量，敦促进口商遵守信用按时付款，特别是在通行的双保理机制中，出口地的保理商与进口地的保理商往往签订相互合作的协定，这就使得跨国度收债转变为境内收债，降低了债款催收的难度，增大了债务按期偿还的可能性，此外，保理商一般都设有专门的部门处理法律事务，并可随时提供一流的律师服务，对处理债款催收完全得心应手。

专栏 9-1

有关保理业务的国际规则

《国际保理业务公约》和《国际保理业务惯例规则》是目前办理国际保理业务的主要依据。

1. 《国际保理业务公约》

20 世纪 70 年代以前，有关国际保理业务尚缺乏全球统一的法律制度和权威国际规则，各国保理当事人均以本国法律来解释和运用保理业务，由此而产生的争议纠纷和法律阻碍在所难免。为调和这一矛盾，保障各国当事人的合法权益，并促进国际保理业务在国际贸易和国际结算中的有效运用，国际统一私法协会于 1974 年决定将普通债权转让及保理合同列入工作计划并成立了专门的研究小组。考虑到各国法律体系的巨大差异，研究小组认为，应首先致力于国际保理业务的规则制定与颁布，并通过各国政府对国际保理业务规则予以承认和采用，进一步影响国内保理业务；其次必须尽快制定标准的保理合同供当事人采用。在上述思想的指导下，研究小组起草了《国际保理业务公约》(以下简称《公约》)，又几经讨论修改，最终于 1988 年 5 月将公约草本提交在加拿大渥太华召开的由 55 国代表参加的外交会议审议，会议在对公约草本作了进一步修改后予以通过。我国也派代表参加了审议，并签署了最后文件。目前，绝大多数开办保理业务的国家是公约的签字国，这些国家的国际保理业务也大多接受《公约》的管辖。《公约》已成为国际保理业务开展中具有广泛代表性和权威性的法律文件。

2. 《国际保理业务惯例规则》

随着国际保理业务的发展，各国保理商，包括承办保理业务的专门保理公司、财务公司和商业银行联合成立了国际保理商联合会(FCI)，并经该联合会公布了世界各国保理商所接受的统一惯例——《国际保理业务惯例规则》(以下简称《规则》)。《规则》(1990 年修订本)共 11 部分 28 条，分别为“总则”、“信用风险的承担”、“付款责任”、“出口保理商和进口保理商的代理”、“保证及其他责任”、“转让的合法性”、“补偿”、“预付款”、“账务、报告和酬金”、“违反规则”、“规则修改”。

9.3.2　国际保理业务的种类及其运作

在国际保理业务的发展过程中，产生了多种不同的保理方式、不同的分类标准，由此可将保理业务方式分成不同的种类。例如，按保理商承购应收账款的付款时间划分，保理业务可分为在一个固定的到期日付款的保理和随收随付的保理；按保理商承购应收账款的类别划分，保理业务可分为承购所有应收账款的保理和只承购特定应收账款的保理等。从实际需要的角度考虑，本书仅根据涉及的当事人及其权利和义务的不同对保理业务进行分类并予以阐释。按这一分类标准，可将国际保理方式分为以下 5 种类型。

1. 双保理机制(Tow Factor System)

1) 双保理机制的当事人及其相互关系

在双保理机制中，参加国际保理业务的有关当事人主要有：进口商、出口商、进口保理商和出口保理商。四个当事人之间均是单线联系。

出口保理商接受出口商申请向其提供包括预付款融资在内的全部保理业务，出口商仅与出口保理商一方打交道。

进口保理商不直接接受出口商的委托，而是受出口保理商委托，直接向债务人(进口商)收款，并在核准的信用限额内提供坏账担保。进口保理商在提供服务时，应被认为是按照签订的代理协议代表出口保理商行事，并不对出口商承担任何责任，与出口商没有直接契约关系。

2) 双保理机制的业务程序

在国际保理业务的运作机制中，双保理机制是最重要，也是运用最为广泛的一种。以 O/A 为基础的双保理业务流程如图 9.3 所示。

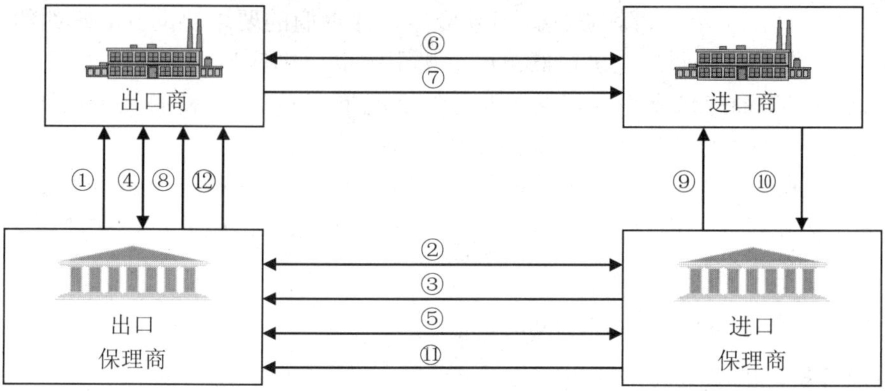

图 9.3　双保理业务流程图

在图 9.3 中：

① 出口商在签订贸易合同之前向出口保理商提出业务申请，并询价。出口商提出申请的同时，一般还应随申请书提供一份进口商的清单，列明每个进口商的名称、地址及出口商所掌握的客户资信和经营情况，作为进口保理商为进口商核定信用额度的参考向出口保理商提出业务申请。

② 出口保理商根据进口商的分布情况选择进口保理商，将进口商的名称、地址、资信状况、经营情况以及有关信用额度的申请告知进口保理商，并请其报价。

③ 进口保理商核定进口商的信用额度，在此基础之上，确定自己的条件和报价，并将批准和报价情况通知出口保理商。

④ 出口保理商在进口保理商批准的信用额度及报价基础上决定自己的条件和报价，并将结果通知出口商，出口商在接受条件与报价后，还可根据自身需要选择合适的"保理业务组合"，与出口保理商签订保理协议。

⑤ 进口保理商与出口保理商签订保理协议。通过协议，出口保理商将债权转让给进口保理商，由后者负责向进口商收款并承担相应责任。

⑥ 出口商与进口商以 O/A 方式签订贸易合同。

⑦ 出口商发货后，出口商应在汇票或发票及装运单据正本上加注经保理商认可的过户通知文句，通知进口商(也可不通知)有关债权已直接出售或转让给了进口保理商，有关应收账款应于到期日直接付给进口保理商。

⑧ 出口商向出口保理商提供上述票据的副本两套，一套交出口保理商，一套由出口保理商转交进口保理商，作为出售和转让债权的依据。出口保理商向出口商提供包括预付款融资在内的全部保理业务。

⑨ 出口保理商在做出相关账务处理后，将一套票据副本转寄进口保理商；进口保理商作相关账务处理，并直接向债务人(进口商)收款。

⑩ 进口商向进口保理商付款。

⑪ 进口保理商将收到的全部发票金额立即划转给出口保理商。

⑫ 出口保理商扣除垫付款项后，向出口商支付余款。

以上是进口商正常付款的业务流程，若进口商到期未能履约付款，则又会出现以下情况。

(1) 如果应收账款逾期的原因是贸易纠纷或是债务人提出反索，或是由于出口商的违约行为，进口保理商不承担付款责任，但须应出口保理商的要求协助其处理纠纷。

(2) 如果应收账款逾期是由进口商信用危机引起的，则应按以下方式处理。

① 在进口保理商提供无追索权保理业务的情况下，进口保理商必须于账款逾期一定期限内(一般为到期日后 90 天)支付已核准的应收账款。

② 在进口保理商提供有追索权保理业务的情况下，进口保理商不负责为进口商核定信用额度和提供坏账担保，而仅提供包括融资在内的其他服务，因此进口保理商可向出口保理商及出口商行使追索权。

2. 单保理机制(Single Factor System)

1) 单保理机制的当事人及其相互关系

在单保理机制中，参加业务的主要当事人亦包括出口商、进口商、出口保理商和进口保理商四方。单保理机制中有关当事人的相互关系与双保理机制下大致相同。单保理机制是在双保理机制上派生出来的一种新机制，由于并未取消进口保理商的服务，而只是免除了进口保理商的部分责任，因而单保理机制也被更形象地称为一个半保理机制(One—and—a-half Factor System)。因此，完全可以在理解了双保理运行机制的基础上，进一步学习单保理运行机制。

2) 单保理机制与双保理机制的区别

(1) 进口保理商的责任不同。单保理机制项下，进口保理商仍须负责提供坏账担保、催收账款，并协助出口商和出口保理商处理因贸易纠纷而导致的诉讼，但在双保理机制项下的收款和划款责任则被免去。

(2) 债权的转让不同。在出口商发货、向出口保理商转让债权后，出口保理商并不对进口保理商进行债权的再转让，而是由出口保理商直接向进口商收款。

3. 直接进口保理机制(Direct Import Factoring System)

直接进口保理机制只涉及三方当事人，即出口商、进口商和进口保理商。在直接进口保理机制中，由出口商和进口保理商直接签订保理协议，出口商发货后，将发票直接寄给进口保理商，由进口保理商负责收取债款和提供坏账担保。与双保理机制和单保理机制相比，直接进口保理免去了出口保理商这一环节，具有操作简捷、效率高、收费较低等优点。但其缺点也是显而易见的：首先，由于没有出口保理商对出口商的经营和资信情况进行监督，进口保理商的业务风险加大；其次，进口保理商将直接面对出口商所在国的语言、法律、政策及有关商业习惯等方面与自身存在的差异。因此，直接进口保理机制适应于出口商与进口保理商之间没有语言障碍，有类似法律、政策及有关商业习惯等背景，能保证正常的业务联系和通信往来，进、出口商双方存在经常性业务往来关系，且资信状况良好的国际贸易。

4. 直接出口保理机制(Direct Export Factoring System)

直接出口保理机制最初源于国内保理业务，后逐渐发展并用于国际结算。双保理机制出现以后，该机制受到了很大的冲击，目前仅有少部分保理商保留了这种做法。

直接出口保理机制涉及三方当事人，即出口商、进口商和出口保理商。出口商在发货后，将发票寄给出口保理商，由出口保理商负责向债务人收取债款并提供坏账担保。直接出口保理机制可有效消除双保理机制付款速度慢、重复劳动、重复收费等弊端；又克服了直接进口保理机制中出口商与保理商之间存在的语言、法律、贸易习惯等方面的障碍。但直接出口保理存在的缺陷却不容小视，这也是为什么在双保理机制产生后，直接出口保理机制逐渐为其所代替的根本原因。直接出口保理机制特点如下。

1) 债权转让的难度加大

出口保理商必须持非常谨慎的态度对待债权的转让，以保证转让符合本国及债务人所在国法律，使债权不至与法律相冲突或受第三者权益阻碍。在进口商分属于不同的国家和地区的情况下，出口保理商还必须对各国的政策、法律和商业惯例进行逐一研究并做出判断，这是一项复杂烦琐的工作，而即使是完成了上述工作，也无法做到完全规避债权转让风险。

2) 进口商信用风险加大

出口保理商无法有效了解和监控进口商的资信情况和经营状况，一旦进口商发生信用危机，出口保理商就必须跨国催债，其收款能力显然弱于进口保理商。为降低信用风险，出口保理商往往采用以自己的名义收购信用保险单的方法，对因进口商偿债能力不足而造成的呆账、坏账进行保险。虽然这样做能够在一定程度上减少了信用风险，却增加了保理商的工作量和保理成本。

3) 存在汇率暴动而导致的收汇风险

对于实行外汇管制的国家，外汇管制条例往往会成为出口保理商及时收回债款的障碍。由于出口保理商收购债权是即期付款，进口商偿清债务却需要在一定时间之后，因此出口保理商不得不承担在此期间内因汇率波动可能产生的收汇风险。

4) 处理贸易纠纷不易

由于没有进口商所在国保理机构的协助，出口保理商在跨国处理贸易纠纷以及由此而产生的法律诉讼等问题上处于更加不利的地位。

5. 背对背保理机制(Back-to-Back Factoring System)

在背对背保理机制中涉及五方当事人，即出口商、出口保理商、进口保理商、经销商和进口商。背对背保理机制中出口商、出口保理商、进口保理商之间的相互关系与双保理机制下相同。各当事人依次发生联系，如图 9.4 所示。

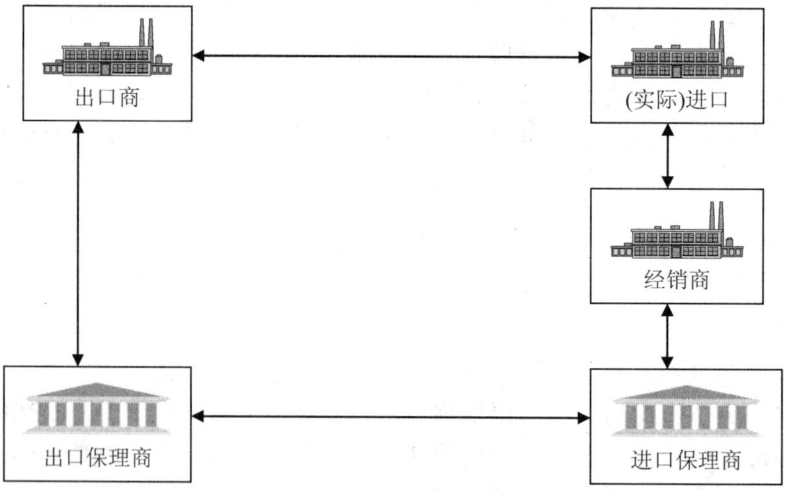

图 9.4　背对背保理机制中各当事人的关系

理解背对背保理机制的关键是理解经销商在其中扮演的角色。经销商是出口商设在进口国的附属或代理机构，或其他类型的中间商，主要负责进口货物并在进口国将货物销售给实际的进口商。经销商一方面要筹集资金组织进口，一方面又要进行进口国国内销售，资金压力较大。在银行信用贷款满足不了资金需求的情况下，经销商往往会与进口保理商签订保理协议，以其销售债权为抵押，获取一定比例的融资以维持正常运转。在这种机制下，出口商在整个业务中并不直接与债务人发生业务往来，而是由经销商充当中介，故称这种保理机制为背对背保理机制。

专栏 9-2

国际保理业务协议的基本内容

国际保理业务协议仅指出口商与出口保理商(以下简称保理商)之间签订的保理协议，其主要内容如下。

1. 收购应收账款条款

出口商承诺将协议生效时已存在和协议有效期内发生的、通过向国外客户提供服务或出售商品而产生的所有合格应收账款出售给保理商，并使其不受留置权和抵押权的影响。

2. 核准应收账款和未核准应收账款条款

协议应确定核准应收账款的办法。一般而言，出口商可随时要求保理商核准因出售商品或提供服务而产生的应收账款或为自己的往来客户核定信用销售额度。保理商以书面形式通知核准的应收账款和信用销售额度内的应收账款均为已核准应收账款，如有特殊情况的，应在协议中另外写明。

3. 应收账款收购的价款计算方式、支付时间和方式条款

协议应写明保理商收购应收账款的价格及相关规定。一般而言，应收账款的收购价格应为发票金额扣除下列款项后的净额：①出口商按合同规定给予进口商的回扣、佣金和折让；②根据贴现率计算的贴现金额；③保理商的管理费用。需要强调的是，对于收购价格，保理商有权按照协议规定行使冲账权和抵消权，即将因贸易纠纷而产生的或因进口商信用危机而使未核准应收账款部分产生的呆账和坏账从收购价款中扣减或冲销。

4. 权益转让条款

出口商将应收账款的债权转让给保理商后，必须亲自或委托保理商将转让以书面形式通知进口商，要求进口商向相关保理商付款，并在协议中写明。出口商所拥有的其他相关权益也被认为随债权转移而转移，以避免不必要的纠纷。但根据《国际保理业务公约》，出口商向保理商转让债权时，不必通知债务人，所以本条款可视具体情况予以删除。

5. 出口商的履约保证条款

出口商必须在协议中做出如下保证。

(1) 出售的应收账款的债权为合法债权。

(2) 出口商已全部履行了合同项下的责任和义务。

(3) 按照合同规定向进口商提供了合格商品和服务。

(4) 对方(进口商)不会因异议而导致纠纷。

(5) 进口商并非出口商的附属机构、控股公司或集团成员等。

6. 对出口商某些行为的限制性条款

协议应对出口商的某些行为加以限制，例如：

(1) 出口商不得将已进行抵押的应收账款转让给保理商。

(2) 债权转让后，出口商不得以任何方式将其抵押给第三者。

(3) 签订协议后，未经保理商批准，出口商及其附属机构不得再与任何第三者签订类似协议。

(4) 未经保理商书面认可同意，保理协议不得转让。

(5) 若出口商违反上述条款，保理商有权终止协议。

7. 期限条款

保理协议自签字之日起生效，有效期一般为1年，到期若不续签转期，则协议自动失效。但对于到期后有效期内尚未结清的业务，可继续执行协议，直至全部结清为止。

8. 协议终止条款

在协议有效期内，若出口商出现清盘破产或违约等情况，保理商有权立即终止协议，并可保留或行使对应收账款的追索权。

9.4 包买票据业务

9.4.1 包买票据业务概述

1. 包买票据业务(Forfaiting)的含义

包买票据业务根据其音译又被业界称为“福费廷”业务，指出口地的商业银行或作为银行附属机构的专门包买商(Forfaiter)对出口商持有并经银行担保的债权凭证进行无追索权购买(贴现)的业务活动。包买票据业务是一种独具特色的金融服务业务和重要的中长期贸易融资方式，它主要适用于资本货物的出口。

Forfaiting 源于法语 Aforfait，意即放弃权利，在此是买断或无追索权购买之意，这正反映出了包买票据业务的精髓。因此，通过包买票据业务，一方面出口商将放弃因提供商品或劳务而产生的对进口商的债权，获得了由包买商支付的对价，提前收回了货款，包买商则成为新的债权人；另一方面意味着包买商买入票据时，放弃了对出口商追索的权利，并因此承担了到期索偿的全部责任和风险，而免去了出口商远期收款的风险。

包买票据中最常见的债权凭证是汇票和本票，它们代表着出口收款权。汇票由出口商出具，由作为汇票付款人的进口商以承兑方式确认其债务责任；本票由进口商出具，出口商为本票收款人。在通常情况下，汇票或本票应由进口商邀请当地知名银行担保。

2. 包买票据业务的主要当事人

在一笔包买票据业务中，主要涉及如下四方当事人。

(1) 出口商，即提供商品或劳务并将应收票据出售给包买商的当事人。

(2) 进口商，即包买票据业务中的债务人，承担到期支付款项的主要责任。

(3) 包买商，即出口地提供包买票据融资的商业银行或金融机构。如果业务金额巨大，单个包买商出于财力和信用额度的限制，或出于分散风险的考虑，可以联合数个包买商构成包买辛迪加(Forfaiting Syndicate)，共同承做包买票据业务。如果存在包买票据二级市场，则会出现二级包买商(Secondary Forfaiter)。

(4) 担保行，即为进口商的按期付款提供担保的当事人，通常为进口商所在地银行。

由于包买票据业务具有不可追索的特点，所以包买商的风险很大，为降低风险，除非进口商是资信毫无问题的一流债务人，否则包买商将要求包买票据债务具有背书形式的担保或包买商能接受的不可撤销的、无条件的银行担保，以应对可能出现的进口商恶意拒付或确实无清偿能力的情形。

为了消除业务风险，包买商还可以邀请当地一家或几家实力雄厚的银行对自己打算叙做的或已经叙做的包买票据业务提供风险担保，即通常所说的“风险参与”，接受邀请提供风险担保的银行叫做风险参与银行(Participating Bank)。需要强调的是，风险参与银行所提供的担保是独立于进口地担保行提供的担保之外的完整的法律文件，对由任何信用风险(如买方信用风险和国家信用风险)造成的票据迟付或拒付负有不可撤销的和无条件的赔付责任。风险参与的实质相当于投保了出口信用保险，包买商因此享有了本地风险参与银行和进口地担保银行的双重担保，但两类银行的担保责任是不同的：担保行承担第一性付款责任，而风险参与银行承担的是第二性付款责任，只有在担保行违约的前提下才履行其付款责任。

9.4.2　包买票据业务的特点及其与其他融资方式的比较

1. 包买票据业务的主要特点

1) 主要提供中长期贸易融资

包买票据业务是一种非常重要的中长期融资业务，融资期限至少在半年以上，以 5～6 年的居多，最长可达 10 年。在实践中，包买商还根据市场条件及其对特定交易的风险水平估计决定融资期限。

2) 债权凭证的购买无追索权

即使包买商到期不能从进口商或担保银行收回票款，也不能要求出口商退还所付款项，收不到票款的损失由包买商自己承担。

3) 融资金额一般较大

包买商购买的票据金额一般应在 100 万美元以上，金额越大越好。如果金额过小，不仅会增加客户的融资成本，而且会抵消包买票据业务的长处，使之失去竞争力和吸引力。所以，大银行通常只愿意做 500 万美元以上的交易，但当金额超过 5000 万美元时，则肯定要由包买辛迪加(syndicate)来联合融资。

4) 债权凭证须经担保

除非进口商是信誉卓著的政府机构或跨国公司，否则债权凭证必须由能使包买商接受的银行或其他机构无条件地、不可撤销地进行保付或提供独立担保。担保人通常是包买商熟悉的某家国际上活跃的银行，绝大多数情况下，该银行位于进口商所在地，能掌握进口商资信情况的第一手资料，能够对进口商的资信状况和清偿能力进行独立的风险评估。

5) 按规定的时间间隔出具债权凭证

包买商与出口商叙做包买票据业务的同时，理应同意向进口商提供期限为 6 个月至 5 年或更长时期的信贷融资，并同意进口商以分期付款方式支付款项。包买票据业务融资中，通常采用一系列半年期的票据，进口商以分期付款方式支付货款，每半年还款一次，而在出票时也应以此为基础，按融资期限分成金额相等的若干张票据，每半年有一张到期。

6) 主要以美元、欧元以及英镑作为计价货币

理论上，凡是以货币市场上可自由交易或兑换的货币计价的商品交易均可叙做包买票据业务，如美元、日元、欧元、英镑等。但在实践中，大部分包买票据业务的交易都是以美元、欧元以及英镑作为计价货币，因为这几种货币是欧洲金融市场上最通用的货币，且交易量大，有利于包买商匹配资金，消除利率风险和汇率风险。

7) 业务项下的商品交易主要是资本性商品交易

包买票据业务起源于第二次世界大战后东西方之间的谷物贸易，后来却逐渐转向资本性商品交易，除了资本性商品贸易量增长的因素外，融资期限也是主要原因。普通商品交易的融资期限一般在 6 个月以下，而像机械、电子或成套设备等资本性商品交易，交易金额大，进口商延期付款的期限越来越长，更适合叙做包买票据业务。但只要包买商有能力、技术上又可行，任何类型的、融资期限从几个月到几年的商品交易、服务贸易也都可以利用包买票据业务实现资金融通。

8) 绝大多数包买票据业务的债务以各种汇票或本票形式出现

绝大多数包买票据业务票据采用由收款人开具的以债务人为付款人并由债务人承兑的汇票形式，或者采用由债务人开具的以收款人为受益人的本票形式。汇票和本票之所以成为最主要的包买票据业务债权凭证形式，一方面是由于这两种结算工具不仅操作简单，而且具有流通性，便于背书转让；另一方面是由于世界各国有着较为统一的票据公约，公约的存在为开展业务提供了一个清楚的业务守则，避免了不必要的争议和纠纷，保障了业务的正常进行。

2. 包买票据业务与其他融资方式的比较

包买票据业务是一种新型结算融资方式，将它与其他融资方式进行比较分析，可以进一步认识该业务所具有的特点。

1) 与商业贷款的比较

在国际资本市场上，利率波动较为频繁，相互间的影响作用也在不断加大，往往一种货币的利率变化会引起国际金融市场上其他货币利率的连锁反应，因此银行对中长期融资一般仅提供浮动利率的商业贷款，根据贷款人的资信情况、贷款金额、贷款期限以及担保或抵押情况决定利率水平。即使提供固定利率贷款，银行也会加大利差(margin)，以避免或减少利率上浮给银行造成利率倒挂的损失。而无论何种类型的商业贷款，银行都会要求贷款人提供担保、抵押品，或对贷款人的资产施行固定(Fixed Charge)或浮动(Floating Charge)抵押。与之相比，包买票据业务可以提供固定利率的中期贸易融资，能够满足客户控制利率风险、确定融资成本的需要，而且仅需出口商提供进口商银行担保就能够提供 100%的坏账担保。

2) 与卖方信贷的比较

卖方信贷是出口信贷的一种重要形式，是一国政府为鼓励本国资本性货物出口而提供的一种带利息补贴(Interest Make—up)性质的融资服务，是以出口信贷保险为基础的，保险与银行贷款相融合的一种资金融通方式，其主要形式是：出口商所在地银行对本国出口商提供的优惠贷款。这种贷款的利息低于国际市场的浮动利率，利率的差额部分由政府补贴给指定的商业银行，实际上政府给出口商以利息补贴。

卖方信贷是出口企业获得中长期融资的重要途径，其贷款条件也相对较为严格，例如：在信贷资金流向方面上，我国政府目前重点保证和支持的是成套设备、船舶、飞机等高技术含量、高附加值机电产品及对外卫星发射等技术项目；而且，在卖方信贷中，一般会要求出口商投保，对延期付款金额还要求出口商必须有担保或是提供财产抵押。保险公司一般只承保应收账款 90%左右的出口信用险，且直到应收账款变为呆账后 6 个月才予以赔付，若通过法律程序索偿，赔付期可能会更长，而出口商欠银行的贷款却必须到期归还，不得延续。所以在卖方信贷融资中，出口商会承担一定的收汇风险。较之卖方信贷，包买票据业务方式的好处是没有严格的项目条件限制，出口商不用承担收汇风险，手续也更为简便。

3) 与国际保理业务的比较

无论是办理国际保理业务，还是办理包买票据业务，出口商都可以在贸易合同规定的收款期之前获得部分或全部货款，而且所获融资均是无追索权的。但它们又各具特点，有着贸易领域和融资期限方面的互补性，风险承担方式也有所不同。

(1) 国际保理业务主要适用于以生活消费品、零部件或劳务为标的物的一般性交易，每笔交易的金额相对较小，且一般是经常性持续进行的；包买票据业务主要针对资本性货物的进出口贸易，金额较大并且都是一次性交易。

(2) 保理业务的融资期限取决于赊销期限，一般为发货后 1～6 个月，个别可长达 9 个月，属于短期贸易融资；而包买票据业务的融资期限至少在 6 个月以上，一般长达数年，属于中长期贸易融资。

(3) 因融资金额较小、融资期限较短，保理商承担的业务风险相对于保理商也较小，因此保理商主要以设定信用额度的办法来控制风险，不需另外提供担保；而包买商必须要有第三者提供担保。

(4) 保理业务中，一般出口商最多只能得到发票金额 80%～90%的融资，这部分金额可以免除利率和汇率风险，但尚有部分余额需在赊账到期日才能获得支付，所以出口商尚需承担有关汇价和迟付方面的残留风险。而在包买票据业务中，由于出口商是以无追索权的形式将远期票据出售给包买商的，所以出口商不但可按票面金额获得融资，在远期票据出售以后就不需再承担任何风险了。

9.4.3　包买票据业务的办理程序

阅读案例 9-5

一笔典型的包买票据业务

A 公司与某俄罗斯进口商签订了一笔出口瓷器的合同，并于 2005 年 5 月 9 日收到国外开证行开来的金额为 699 000 美元的提单签发后 120 天付款的远期信用证。由于俄罗斯是贸易高风险地区，A 公司对该进口公司的付款能力表示担忧，希望所在国银行能对此笔货款的顺利回收提供保证，遂与银行签订了《包买票据协议》。银行及时跟踪并了解了相关的业务情况，对客户给出了包买票据的具体报价：

期限：6 个月　　　　金额：699 000 美元　　　　年利率：5.48%

A 公司认为可以接受，随即与该行签订了《包买票据业务申请书》。A 公司交单后，该行按正常程序审单、寄单，在得到俄罗斯开证行承兑电后，该行于 2005 年 5 月 28 日对该信用证项下远期汇票予以买断：

期限：6个月(2005年5月28日 –2005年11月28日)

金额：699 000美元

年率：5.48%

到期应付利息：19 152.60美元

银行买断票据后，将扣除本行利息后的余款679 847.40美元划入A公司在该行的结算账户中。通过该笔包买票据业务，对A公司而言，能够提前收汇、提前核销退税，出口收汇风险也随之降低；对办理业务的银行而言，不但增加了699 000美元出口结算量，还取得了中间业务收入13 054人民币和包买票据利息收入12 768.4美元。

1. 包买票据业务的办理程序

1) 出口商询价

一般说来，出口商在与进口商贸易洽谈时就应做好融资的准备。为了争取订单，出口商往往主动或被动同意向进口商提供远期信用融资，并将延付利率计入产品成本。为了确保能按时得到融资，并且不承担利率损失，出口商应在与进口商进行贸易洽谈的早期阶段，就主动和包买商联系，得到包买商的正式答复及报价后核算包买票据业务融资成本。如果出口商在签订买卖合同之后才去找包买商做包买票据业务，有可能发现承诺进口商延期付款的延付利率低于包买商报的贴现率，出口商势必会因此而蒙受损失。

2) 包买商报价

包买商接到出口商的询价后，应从以下几个方面来考虑是否承做这笔业务：分析进口商所在国的政治风险、商业风险和外汇汇出风险是否在能承受的范围内；核定对该国的信用额度，是否有足够的额度来承做这笔交易；考核担保人的资信状况、偿付能力；审核商品交易本身是否属于正常的国际贸易，合同金额、期限是否能接受；检查有无对买卖双方资信状况产生不利影响的记载和报告；能否以有利可图的价格在二级市场上转卖票据。如果愿意承做，包买商就应根据国际包买票据市场情况做出报价，报价内容就是包买票据业务的成本和费用。

3) 签订包买合同

当包买商的报价被出口商接受后，双方即可正式签订包买合同。其主要内容包括项目概况、债权凭证、贴现金额、货币和期限、贴现率与费用、当事人责任与义务等。订立包买合同意味着包买商承担了将来按某种价格向出口商购买某种票据的责任和义务。

4) 签订贸易合同

出口商将已确定的融资费用计入成本，向进口商报价，只要报价被对方接受，即可正式签订贸易合同。

5) 出口商发货、寄单和出具汇票

贸易合同签订后，出口商即可发运货物，备齐单据，并将单据寄交进口方银行。如果合同规定债权凭证为汇票，那么出口商还应签发汇票并寄给进口商。如果合同规定债权凭证为本票，则出口商不必签发汇票而由进口商签发本票。

6) 进口商申请银行担保

进口商收到出口商寄来的汇票后应予以承兑并申请银行担保。如果合同规定债权凭证为本票，则进口商开立本票后申请银行担保。

7) 进口商借单提货

接到出口银行寄送的单据后，进口方银行可在一定条件下，如通过于 T/R 将单据借给进口商，进口商即可凭单提货。

8) 包买商购进债权凭证

出口商收到经银行担保的债权凭证后，即可按包买协议规定出售给包买商，一次性提前收回货款。包买商购进债权凭证后应持有票据，按不同到期日依次向进口商或担保银行索偿，或在二级市场上售出。

9) 到期票据的清算

在票据即将到期前，包买商应把即将到期的票据直接寄给担保人或保付人。担保人或保付人则于到期日按包买商的指示汇付票款。一旦发生担保人迟付的情况，包买商可酌情收取罚息；一旦发生担保人拒付的情况，包买商应尽快做成拒绝证书，所以这种将通过法律程序追讨债款的暗示会起到足够的威慑作用，促使担保人尽快履行付款责任。需要强调的是，当发生迟付或拒付情况时，只能认定担保人对到期提示的某一期票据出现了违约，而不能以此推断并宣称担保人对其他所有未到期票据发生了违约，尽管它们属于同一笔交易并由同一担保人担保。因此，包买商不能要求担保人对未到期票据提前付款。这一做法与商业贷款有明显的区别。商业贷款合同中常列有这样的一个条款：如果债权人有理由推断贷款人将无力履行其还款责任和义务时，债权人有权要求实施加速还款，即宣布该贷款人所欠债务全部立即到期，并要求贷款人立即还款。

包买票据业务的具体办理程序如图 9.5 所示。

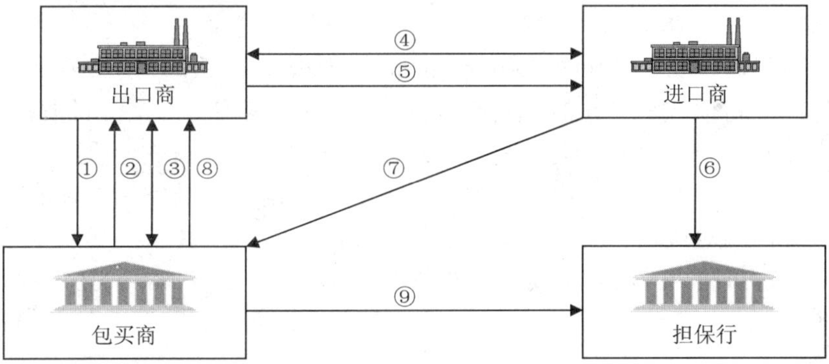

图 9.5 包买票据业务流程图

在图 9.5 中：

① 出口商向包买商询价。

② 包买商向出口商报价。

③ 出口商与包买商签订包买合同。

④ 出口商与进口商签订贸易合同。

⑤ 出口商发货、寄单和出具汇票。

⑥ 进口商申请银行担保、借单提货。

⑦ 进口商向包买商寄交担保债权凭证。

⑧ 包买商向出口商无追索权贴现付款。

⑨ 到期票据的清算。

2. 包买票据业务的成本与费用

包买商在与出口商签订包买协议之前，要计算因办理这项业务而产生的额外成本。包买票据业务涉及的成本与费用主要包括贴现率与贴息、选期费、承担费、担保费和宽限期贴息等。

1) 贴现率与贴息

贴息是根据融资总额和贴现率(Discount Rate)计算出来的融资成本。贴现率一般是固定的，其高低由进口国的综合风险系数、融资期限长短、融资货币的筹资成本等决定。具体而言，贴现率通常是按包买合同签订日或交割日的 LIBOR(伦敦银行同业拆放利率)计算，并加计利差得出的，利差是包买商根据融资成本、所承担的风险和所希望得到的利润来确定的。

2) 选期费

选期费即包买商收取的选择期(Option Period)补偿费用。当出口商向包买商申请包买票据业务交易时，包买商如果同意叙做，就会给出一个报价，而出口商还需将这个已确定的融资费用计入成本再向进口商提出报价，直至进口商接受报价确认成交，在这段时间里出口商并不能确定是否接受包买商的发盘，这是一个选择期(从签订包买合同至签订贸易合同)，对此，包买商要收取所谓的选择费(Option Fee)，作为对承担利率和汇价风险的补偿。选择期的长短根据交易商品的类别、金额大小不一，正常情况下，通常为 5 天。如果选择期不超过 48 小时，包买商一般不收费；如果超过 48 小时，则需要收取一定的补偿费用，即选期费。

3) 承担费

承担费是包买商收取的承担期(Commitment Period)补偿费用。承担期是指从包买双方达成交易到实际交付债权凭证进行贴现这段时期(从签订包买合同至交付债权凭证)。承诺期不是事先固定的，一般为 6 个月左右。在这段时期内，包买商在这段时间内必须恪守其承诺，即到某一约定日期按一个固定贴现率对一定的票据进行融资，同时出口商应提交约定的单据。包买商因对该项交易承担了融资责任而相应限制了其承担其他交易的能力以及承担了利率和汇价风险，所以要收取一定的费用，即承担费(Commitment Fee)。承担费率一般为年率 0.5%～2.0%。

4) 担保费

担保费是进口方银行因出具保函或对票据加保而向进口商收取的风险费和手续费。

5) 宽限期贴息

宽限期又叫多收期(Grace Days)，指从票据到期日至实际收款日的估计延期天数。由于各国法律规定的不同和各个银行工作效率的差异以及其他因素，可能造成票款的迟付，增加收款人成本，包买商为弥补可能发生的损失，通常要在报价时加算几日(一般为 3～7 天)的贴息，即宽限期贴息。

除担保费外，以上费用表面上都是由出口商承担的，但由于出口商向包买商询价在先，出口商将已确定的融资费用计入成本，才向进口商报价，只有报价被进口商接受，买卖双方才正式签订贸易合同，所以出口商早已将这些费用通过加价转嫁给了进口商，因此实际上是进口商承担了主要成本和费用。

9.4.4　包买票据业务的利弊分析

包买票据业务是一种快捷方便、简便灵活的出口贸易融资方式，但它对各当事人的影响有所不同。

1. 对出口商的影响

总体上看，包买票据业务对出口商比较有利。

(1) 在商务谈判中，由于借助包买票据业务方式为进口商提供了延期付款的信贷条件，从而增强了商品的出口竞争力。

(2) 变远期票据为即期收汇，变延期付款为现金交易，避免资金被长期占用，有利于改善资金流动状况，提高资金使用效率。

(3) 不再承担应收账款回收工作与费用。

(4) 以无追索权方式买断远期票据，将与票据支付有关的政治、商业、利率和汇率风险转嫁给了包买商，又将转嫁风险所付的代价通过商品价格或延付利息转嫁给了进口商。

(5) 融资方式操作简单快捷，可用全部或部分票面金额来获得融资，无须受到预付定金比例的限制，效率较高。

(6) 在出口商的资产负债表中，可以减少国外的负债金额，提高企业资信，改善流动资金状况，有利于其有价证券的发行。

(7) 包买票据业务的保密程度好，有利于保护出口商的商业机密。

虽然包买票据业务对出口商提供了很多便利，但其不利之处也是显而易见的：包买票据业务属于批发性融资工具，最适合于 100 万美元以上的大中型出口合同，对金额小的项目而言，其优越性倒不十分明显，反而会因为融资成本的增加而导致出口成本的提高，并最终影响到出口产品价格，影响到产品的出口竞争力。

2. 对进口商的影响

进口商从中获得的主要益处是：不但可以获得贸易项下延期付款的便利，而且可以取得出口商提供的 100%合同价款的贸易融资，并且融资简单、灵活，还款计划和利率可视进口商和进口国家的规定而定，也可以按现金流量需要而定。

但是，出口商往往将延付利息和所有费用负担均计入产品成本，并在此基础之上向进口商报价，所以包买票据业务项下的商品较一般交易商品的价格要高。而且进口商要寻找一流的银行来对出口商开出的远期汇票或自己开出的本票进行担保，这时进口商必须向担保银行支付一定的保费和抵押品。

3. 对包买商的影响

对包买商而言，有利之处是业务的流程较为简单，可以使其获取较高的收益，并可将债权凭证在二级市场上出售，收回融出资金；不利之处是包买商在融资中承担了所有的汇价、利率、信用和国家信用的风险，并且没有追索权。

4. 对担保行的影响

对担保行而言，有利之处是通过对票据加保或出具保函能够获得相当可观的保费收入，并且融资文件简单、省时省力；不利之处是承担了一定的业务风险，一旦如果进口商破产或无力支付，其对外的付款可能无法收回。

9.4.5 包买票据业务的风险与防范

在包买票据业务中，有关当事人存在着不同方面、不同程度的风险，有必要对这些发现加以识别，并有的放矢地加以防范。

1. 出口商面临的风险与防范

出口商面临的风险主要是指出口商向包买商出售债权凭证之前这段时间内存在的各种风险，主要涉及以下几方面。

1) 利率风险

利率风险是指在签订包买合同与签订贸易合同之间这一时间段内，交易计价货币的利率存在下调的可能性，利率下调势必会增大出口商的融资成本，而出口商对进口商的报价又早已确定而无法更改，由此将对出口商的实际收益造成负面影响。所以，出口商在签订贸易合同前应及时与包买商联系洽谈，取得其报价和包买承诺，即可将融资成本计入商品价格，从而有效消除利率风险。

2) 履约风险

履约风险是指在承担期内，由于种种主、客观因素，可能会发生贸易合同无法继续履行，出口商无法向包买商提供有效票据的情况，即由于贸易合同不能履行而导致的包买合同不能履行，由此将给包买商造成损失。一旦出现上述风险，出口商有责任对包买商因此而产生的费用和遭受的损失予以补偿，但在实务中，出于与客户维护长远关系的考虑，包买商往往会以宽容的态度对待此事，通常仅是象征性收费或不收费。

3) 币别风险、汇价风险

币别风险是指出口商在承担期内收到进口商交来票据的币别不是原来合同中规定的货币，出口商将面临因此产生的汇价风险，即计价货币贬值的风险。币别风险或汇价风险可以通过在贸易合同中增加特殊条款来消除，如商品价格随有关货币的汇率变化而变化，必要时还可通过购买有关货币的远期外汇买卖合同来消除风险。

2. 进口商面临的风险与防范

进口商面临的主要是汇价风险，即如果交易计价货币是外币，进口商就面临着本币贬值或外币升值而多支付本币的风险。这种风险通常可以通过远期外汇买卖合同加以消除，但如果进口商所在国的法定货币是不可自由兑换货币，这种汇价风险就无法消除。

3. 包买商的业务风险与防范

在提供选择期至票款到期收回的整个期间，包买商一直承担着各种风险，主要包括以下几方面。

1) 利率风险

这里的利率风险主要是指在选择期和承担期中，由于利率上升而导致包买商融资成本上升的风险。控制和消除利率风险的主要手段是应尽量做到资金完全匹配。

2) 担保行的信用风险

担保行的信用风险是指担保行在票据到期日履行付款责任时由于某些原因而出现迟付的情况。应对此类风险的办法是对担保行核定相应的信用额度。值得注意的是，包买商通常仅是银行的一个部门，不能独立考虑其信用额度问题，而应将整个银行对该担保行所发生的业务作通盘考虑。

3) 国家风险

国家风险通常指担保行所在国的国家风险。控制和防范国家风险的主要办法是核定信用额度及投保国家信用险，此外还可邀请有关银行进行风险担保。

4) 单据和票据缺陷风险

票据和担保在有效性方面存在的任何缺陷都可能会给包买商带来风险，因此包买商应严格审查有关单据、票据，并做好记载。此外，包买商还应加强对单据的保管，因为单据保管不善，如发生丢失、火烧、水渍等也会影响包买商的权益。

5) 托收与清偿风险

托收与清偿风险指由于人为的疏忽和失误，致使票据未能于到期日前及时寄出收款而造成的迟收货款风险。应对该风险的措施是严格加强内部管理，由专人负责保管单据及寄单。此外，包买商应要求出口商在交易中以欧元、美元、德国马克和瑞士法郎为计价货币，因为这几种货币在欧洲市场上被广泛使用，对包买商来说可以避免使用其他货币可能产生的再融资的困难。

4. 担保行面临的风险与防范措施

担保行的主要风险是进口商的违约风险，即因进口商违约、破产等原因使担保行的对外垫款得不到偿还，利益受到损害。应对此类风险的有效办法是核定信用额度，要求进口商提供抵押品或反担保函；如果进口商与担保行不在同一国家，担保行还要承担国家信用风险。对该风险的防范办法是核定该国信用额度。

本章小结

国际贸易融资是指围绕国际贸易结算的各个环节发生的资金和信用融通活动。国际贸易融资的业务品种十分繁多，随着国际贸易和金融业的发展还在不断涌现新的业务品种。跟单托收结算中，国际贸易融资开始出现，托收出口押汇、凭信托收据借单提货、凭银行保函提货就是该方式项下三种融资方式。信用证结算中，贸易融资更为便利，其中：出口融资包括信用证打包放款、信用证出口押汇、卖方远期信用证融资；进口融资包括开证授信额度、进口押汇、买方远期信用证融资。国际保理业务是 20 世纪 60、70 年代在国际上得到迅速发展的一种综合型国际结算与融资方式，因其解决了 O/A、D/A 方式下的出口商收款风险和贸易融资问题而深受贸易商人的青睐，各类保理商也因此拓展了业务空间。与国际保理业务相近的包买票据业务也是 20 世纪 60 年代以后在国际上得到迅速发展的一种主要的国际结算与融资方式，具有很多其他融资方式难以比拟的优势。

关键术语

出口押汇 Outward Bills
议付 Negotiation
银行承兑 Banker's Acceptance
进口押汇 Inward Bills
保理商 Factor
债款催收 Collection from Debtors
未核准应收账款 Unapproved Receivables
寄售 Consignment
单保理机制 Single Factor System
包买票据 Forfaiting
贴现率 Discount Rate
承担期 Commitment Period
打包放款 Packing Credit
信托收据 Trust Receipt
票据贴现 Discounting
国际保理业务 International Factoring
坏账担保 Protection against Bad Debts
已核准应收账款 Approved Receivables
销售分户账管理 maintenance of the sales ledger
双保理机制 Tow Factor System
国际保理商联合会 Factors Chain International, FCI
包买商 Forfaiter
选择期 Option Period
宽限期 Grace Days
《国际保理业务惯例规则》 Code of International Factoring Customs
《国际保理业务公约》 The Unidroit Convention on International Factoring

综 合 练 习

一、填空题

1. 出口押汇主要包括(　　)出口押汇和(　　)的出口押汇。

2. 信托收据是进口商以信托的方式向银行借出全套商业单据时出具的一种保证书。信托收据具有(　　)及(　　)的双重性质。

3. 卖方远期信用证又称为(　　)信用证，它是付款期限与贸易合同规定一致的远期信用证。采用卖方远期信用证融资主要是指出口地银行通过远期汇票的承兑与贴现向(　　)提供资金融通便利。

4. 开证授信额度根据客户资信和业务性质不同，授信额度可分为(　　)和(　　)。

5. 保理融资期限(　　)，主要适用于满足(　　)的融资需求。

6. 保理信用额度反映的是针对出口商的供货，进口方(　　)。这一额度可以是(　　)额度，也可以是(　　)额度。

7. 在双保理模式下，出口保理商提供(　　)及(　　)服务，进口保理商提供(　　)、(　　)、(　　)等服务。

8. 单保理模式具体又可以分为(　　)和(　　)模式。

二、判断题

1. 国际保理业务与汇款、托收、信用证等一样，只是一种国际结算的方式。 (　　)

2. 出口保理商对于向出口商办理的融资，如遇到进口商的拒付时，可有追索权。(　　)

3. 出口保理商对出口商超过进口商的信用额度的交易不承担必然付款的责任。 (　　)

4. 由于国际保理业务的费用较高，对于出口商应有选择，只将风险较大的业务的对外收汇交给出口保理商办理，以降低自己的成本。 (　　)

5. 出口保理商对由其叙做保理业务的出口商承担了对外收汇的全方位服务。 (　　)

6. 在授信额度内，出口保理商对出口商的付款是终局性的。 (　　)

7. 保理业务既适用于一般商品贸易，也适用于机械设备贸易。 (　　)

8. 保理业务中，出口商将与贸易相关的单据有追索权地出卖给承购的保理商。(　　)

9. 商业银行办理一般的票据贴现，只是较为简单的融资；而保理业务中，保理商还要负责催收账款和代做会计处理等手续。 (　　)

三、选择题

1. 福费廷业务中，除(　　)以外都是担保被包买票据的可行办法。
   A. 使用银行保函　　B. 使用备用信用证
   C. 担保行在票据上作保付签字　　D. 由政府出面担保

2. 福费廷商包买票据时买断的风险不包括(　　)
   A. 欺诈风险　　B. 市场风险
   C. 商业风险　　D. 汇率风险

3. 以下对福费廷业务特点描述正确的是(　　)
   A. 涉及金额大、浮动利率融资　　B. 涉及金额小、浮动利率融资
   C. 涉及金额大、固定利率融资　　D. 涉及金额小、固定利率融资

4. 以下(　　)不是保理融资的特点
   A. 融资比例较高　　B. 绝对没有追索权融资
   C. 融资条件低、手续简便　　D. 融资额度灵活

5. 保理根据融资与否分为(　　)。
   A. 到期保理与融资保理　　B. 公开保理与隐蔽保理
   C. 有追索权保理与无追索权保理　　D. 单保理与双保理

6. 保理商凭债权转让向供应商融通资金后，如果买方拒绝付款或无力付款，保理商有权向供应商要求偿还全部资金，此种付款形式称为(　　)。
   A. 有追索权的保理　　B. 无追索权单保理
   C. 托收　　D. 无追索权双保理

四、简答题

1. 什么是出口押汇？出口托收押汇与出口信用证押汇的区别是什么？
2. 试述信托收据在跟单托收与信用证业务中的运用。
3. 什么是打包放款？出口商申请打包放款时，应满足哪些主要条件？
4. 国际保理业务的服务内容有哪些？
5. 试析包买票据业务对各有关当事人的利弊。
6. 保理业务与包买票据业务有何异同点？

【案例分析题】

1．国内某贸易有限公司向国外某客商出口一批货物，贸易合同规定以D/P支付方式付款。合同订立后，我方及时装运出口，整理好一整套结汇单据，并开出以买方为付款人的60天远期汇票委托银行托收货款。单据寄抵代收行后，付款人办理承兑手续时，货物已到达目的港，且市场行情看好，但付款期限未到，为及时提货销售，进口商经代收行同意，向代收行出具信托收据借取货运单据提前提货。不巧，在销售过程中，因保管不善导致货物被火焚毁，付款人也因其他债务关系倒闭，无力付款。请问：在这种情况下，责任应由谁承担?为什么?

2．国内A公司为出口备货，用多份累计金额为300多万美元的信用证向国内某银行分行(以下称为放款银行)申请打包放款290万美元，期限6个月，以出口收汇作为还款来源。该行信贷部门接到借款人的申请后，将有关的出口信用证交至国际结算部门，由其审核信用证的相关条款。在国际结算部门认定条款基本正常，不存在问题后，信贷部门即向该公司发放了此笔打包放款。贷款发放后，A公司根据信用证要求按期装运了货物，国际结算部门也分批议付了出口单据，货款陆续收妥。但收到货款后，该行会计部门并没有及时地扣还贷款，而是将全部款项办理了结汇手续，收入了A公司账户。6个月后贷款到期，信贷部门向借款人索收贷出款项时，却发现A公司已濒临倒闭，账户上分文皆无。该行只得通过法律程序向法院起诉。但A公司早已资不抵债，无力偿还。银行虽最终获胜诉，却仍无法追回贷款本息。请问：在这笔信用证打包放款业务中，放款银行主要存在哪些问题？为防止类似问题的发生，应做好哪些工作？

3．2003年初，国内某出口商A公司委托当地出口保理商叙做一笔出口保理业务。在获得进口保理商批准的10万美元信用额度后，出口保理商即与出口商签订了《出口保理业务协议》及《保理融资扣款授权书》。同年4月和5月，出口商先后向出口保理商提交了两张发票，金额总计10万美元。出口保理商随即将这两张发票先后转让给了进口保理商，并根据出口商的申请，向其提供了8万美元的出口保理融资。8月5日，出口保理商收到进口保理商发来的争议通知，告知出口保理商，该年初出口商以托收方式发给进口商的货物因质量问题被进口商海关扣留，致使进口商不能提取该批托收项下已付货款的货物，进口商B公司因此拒付该出口商保理项下的两笔应收账款。出口保理商立即将有关争议情况通知了出口商，出口商承认托收项下货物确有问题，并正在与进口商交涉。出于资金安全考虑，出口保理商根据与出口商签署的《保理融资扣款授权书》及《出口保理业务协议》的有关条款规定，于8月11日将保理融资款项及其利息费用从出口商账上冲回，出口商对此未提出任何异议。然而，进口商于次年倒闭，买卖双方始终未能协商解决保理项下引起的贸易纠纷。2005年3月5日，出口商以“出口保理商冲回保理融资侵犯了出口商的合法权益”为由向法院起诉，要求出口保理商赔偿人民币100多万元，后又认为起诉理由不当而主动撤诉，并另以“保理业务项下贸易合同未出现任何质量争议，出口保理商却以质量争议为由扣划保理融资款项是严重侵犯出口商权益”起诉出口保理商。请问：反索是否构成贸易纠纷？从这个案例中可以得出哪些经验？(注：本案例改写自：高洁.国际结算案例评析.北京：对外经济贸易大学出版社，2006.298页.)

【实际操作题】

A collection is in the terms of D/P at 30 days after sight. Upon presentation of drafts and documents to the buyers, Perl & Treiber GMBH Co., 6831 Plankstadt, Germany, side that payment of the draft will be deferred pending their sale and delivery of 30 cases porcelain(pre s.s. Victoria) for DEM60,678.00 to a new purchaser. They request that the collecting bank, DCH Bank Ltd., Germany, will deliver documents to them against a trust receipt issued by themselves.After obtaining collecting bank' agreement the buyers issue a trust receipt dated 8 Oct.,200X to be guaranteed by XYZ Company,39 Prince Road, Germany. Please fill in the receipt as follows to meet the above requirements.

TRUST RECEIPT

TO:________________

Received from the Said Bank (a full set of shipping documents evidencing) the merchandise having an invoice value of____________say________________________as follows:

MARKS AND NUMBERS	QUANTITY	DESCRIPTION OF MERCHANDISE	STEAMER

and in consideration of such delivery in trust, the undersigned here by undertakes to land, pay customs duty and/or other charges or expenses, store, hold and sell and deliver to purchasers the merchandise specified here in, and to receive the proceeds as Trustee for the said Bank, and the undersigned promises and agrees not to sell the said merchandise or any part there of on credit, but only for cash and for a total amount not less than the invoice value specified above unless otherwise authorized by the said Bank in writing.

The undersigned also undertakes to…………………………………………………………......

The undersigned further acknowledges assents and agrees that in the event the whole or any part of the merchandise specified here in is sold or delivered to a purchaser or purchasers any proceeds derived or to be derived from such sale or delivery shall be considered the property of the said Bank and the undersigned here by grants to the said Bank full authority to collect such proceeds directly from the purchaser or purchasers without reference to the undersigned.

The guarantor, as another undersigned, guarantees to the Said Bank the faith and proper fulfillment of the terms and conditions of this Trust Receipt.

Guaranteed by: ______________________________　　　Signed by: ______________________________

附　　录

【附录9-1】出口商品打包放款申请书式样

出口商品打包放款申请书

XX银行XX市分行制订

年　　月　　日

<table>
<tr><td>银行通知号</td><td></td><td colspan="2">企业性质</td><td colspan="2"></td></tr>
<tr><td>L/C编号</td><td colspan="3"></td><td rowspan="4">本项贷款用途</td><td rowspan="4"></td></tr>
<tr><td>L/C效期</td><td colspan="3"></td></tr>
<tr><td>L/C金额
(万元外币)</td><td></td><td>L/C支付条件</td><td></td></tr>
<tr><td>申请贷款金额
(万元人民币)</td><td></td><td>申请贷款期限</td><td></td></tr>
<tr><td colspan="6">我单位以上述信用证正本为抵押，申请叙做打包放款、保证该信用证交你行议付。请予审核批准。
此致
申请单位签章：
年　　月　　日</td></tr>
<tr><td rowspan="2">银行审批意见</td><td colspan="2">外汇结算部门审查意见：

年　　月　　日</td><td colspan="3">工、商信贷部门调查意见：

年　　月　　日</td></tr>
<tr><td colspan="5">行长审批意见：

年　　月　　日</td></tr>
</table>

注：本申请一式四份，一份退申请单位，一份送外汇结算部门，另两份给工、商信贷部门。

【附录9-2】出口押汇申请书式样

出口押汇申请书

致：XX银行XX分行：

兹附来________号信用证项下单据一套(发票号码________，金额________)，请你行根据“叙做出口押汇暂行办法”的规定，办理押汇。我公司按已签订的“出口押汇总质权书”条文承担义务。

银行意见：　　　　　　　　　　　　公司财务章：

年　月　日

【附录 9-3】出口押汇总质权书式样

出口押汇总质权书

General Letter of Hypothecation

致：_______银行________分行：

凡属我单位信用证项下出口单据，由我单位提出书面申请，经你行同意叙做出口押汇者，我单位同意按本质权书条文办理。

1. 你行叙做出口押汇，保留追索权，如因开证行所在地出现动荡、爆发战争，或发生金融危机，开证行倒闭、邮寄中遗失单据或延误，电讯失误，以及人力不可抗拒等原因招致国外拒付、迟付或少付，由此造成的损失及迟付利息，你行有权自我单位账户中，或其他出口收汇中主动扣还。

2. 我单位担保提交全套相符单据，嗣后如果开证行提出单据不符而予拒付造成损失时，由我单位负责，你行可按上述第 1 条办理。

3. 对开证行无理挑剔、迟付或拒付，你行应协助我单位据理交涉；如交涉无效造成损失，仍由我单位负责，你行可按上述第 1 条办理。

4. 全套单据及货权均转让你行，你行有权根据情况自行处理单据和货物，并可向我单位补收不足之差额。

5. 如属你行错误寄单、错误索偿造成不获付款、延迟收汇，应由你行承担责任。

6. 你行叙做押汇，可按规定的利率和时间向我单位计收外币/人民币利息。

7. 正常议付之单据如果实际收汇超过匡算天数一般不再补收利息。

___________公司签章

年　　月　　日

第10章

非贸易结算

教学目标

通过本章的学习，对非贸易结算内容有一定的了解。掌握信用卡、外币兑换、旅行支票、侨汇的基本概念和主要内容。

教学要求

知识要点	能力要求	相关知识
非贸易结算的内容	(1) 掌握非贸易结算的含义 (2) 掌握非贸易外汇收支项目	(1) 非贸易结算的概念 (2) 非贸易外汇收支项目内容
信用卡	(1) 掌握信用卡的基本含义 (2) 区分信用卡的分类 (3) 掌握信用卡的运作	(1) 信用卡的概念和特点 (2) 国际上常用信用卡 (3) 信用卡的申请、发行、清算
其他非贸易结算	(1) 掌握外币兑换基本内容 (2) 学会办理和使用旅行支票 (3) 掌握侨汇的基本内容	(1) 外币兑入和兑出 (2) 旅行支票的概念和特点 (3) 侨汇的原则和操作

导入案例

2000 年 12 月 25 日，A 市甲公司财务人员到 C 银行 A 分行营业部要求兑付 9 张每张价值 1 000 美元的由美国丙公司发行的旅行支票。该银行业务人员审核后发现，这些旅行支票与该公司的票样相比，支票的印刷粗糙，估计是彩色复印机所制；票面金额、跌标等没有凹凸感；复签底线也非由小字母组成，而是一条直线，估计是复印机无法分辨原票样的细微字母；票面在紫光灯光下泛白色，没有水印。经仔细查询审核，该行确认这些旅行支票为伪造票据，予以没收。经查，这些伪造的旅行支票是丁公司出具给甲公司抵债用的，甲公司准备兑付后还贷款。本案例是利用伪造旅行支票进行诈骗的，从该案的发生可以看出，境外不法分子常常利用内地银行外汇票据业务经验少的弱点，进行诈骗。

旅行支票常用在对外旅行上，旅游业收支是我们非贸易结算的一部分。非贸易结算是国际结算业务的重要组成部分。随着我国对外经济交往的增加，特别是加入世界贸易组织以后，服务业的对外全面开放，无形贸易日渐增多，非贸易结算在我国国际结算业务中越来越重要，增长速度也快于贸易结算。本章主要介绍非贸易结算中的信用卡、旅行支票、外汇兑换和侨汇等主要内容。

10.1　非贸易结算的内容

10.1.1　非贸易结算的含义

在国际引发债权债务关系的经济活动主要有有形贸易(如商品进出口)和无形贸易(如运输、金融、无形资产买卖、劳务输出入等)。为清偿由无形贸易引起的国际债权债务关系而发生的清算业务称为非贸易结算。

10.1.2　非贸易结算的范围

非贸易结算主要包括无形贸易结算、金融交易类结算、国际资金单方面转移结算等。根据我国多年业务惯例，非贸易结算分为以下具体收支项目。

1. 海外私人汇款

海外私人汇入款包括华侨、港澳同胞、中国血统外籍人、外国人汇入、携带或邮寄(包括电汇、信汇和票汇)入境的外币票据，用以给中国公民或外国侨民的赡家汇款。

海外私人汇出款包括我国公民和外国侨民的赡家费、海外留学费用、国际旅游支付的款项等。

2. 铁路运输收支

铁路运输收入是指我国铁路运输(客运、货运)的国际营业收入，铁路运输支出是指我国列车在境外的开支。

3. 海运收支

海运收入是指我国自有船只包括远洋轮船公司办理对外运输业务所收入的客货运费、

出售物料等的收入，以及交通部救助打捞局的救助打捞和拖船收入等。海运支出包括我国自有和租赁船只(不包括外运公司租轮)的租金、修理费，在外国港口的使用费和在港澳地区所支出的外汇费用，以及购买食物、燃料等支出的外汇。

4. 航空运输收支

航空运输收入是指我国航空运输的国际营业收入，包括运杂费、外国飞机在我国机场的使用费、手续费等。航空运输支出包括我国航空公司的各项外汇支出，如支付给国外机场的使用费、服务费，以及对旅客和托运人的赔款等。

5. 邮电服务收支

邮电服务收支是指我国邮电部门和外国邮电部门之间结算彼此邮电费用的应收应付费用，包括国际和国内邮政、电信业务的外汇收支、国际通信卫星组织的红利收入等。

6. 保险服务收支

保险服务收入是指我国保险公司经营国际业务的外汇收入，包括保费、分保费和佣金等，以及驻外分支机构上缴的利润和经费等。保险服务支出指我国保险公司进行国际业务的外汇支出，包括分保费、佣金和保险赔款等。

7. 银行业务收支

银行业务收入是指我国银行经营外汇业务的收入，包括手续费、邮电费、利息以及海外和港澳地区分支机构上缴的利润和经费等。银行业务支出指我国银行经营外汇业务的各项支出，包括我国银行委托国外业务应支付的手续费、邮电费以及向外借款应付的利息等。

8. 图书、影片、邮票收支

图书、影片、邮票收支是指中国图书进出口公司、影片公司、影视公司和集邮公司进出口图书、影片和邮票的外汇收支。

9. 外轮代理与服务收支

外轮代理与服务收入是指外国轮船在我国港口所支付的一切外汇费用收入，包括外轮停泊、分水、港监、装卸和海事处理，我国外轮供应公司对远洋货轮、外国轮船及其海员供应物资和提供服务的外汇收入，以及国外海员在我国港口银行兑换的外币外钞收入。

10. 外币兑换收支

外币兑换收入是指我国边境和内地银行收兑入境旅客(外宾、华侨、港澳同胞、在华外国人、中国血统外国人)的外币现钞、旅行支票、旅行信用证和汇票等的汇兑收入。

11. 兑换国内居民外汇

兑换国内居民外汇包括归侨、侨眷、港澳同胞家属委托银行在海外收取遗产、出售房地产、股票、收取红利、调回国内存款、利息等外汇收支。

12. 旅游业收支

旅游业收支是指我国各类旅行社和其他旅游经营部门服务业务的外汇收支。

13. 私人用汇支出

私人用汇支出是指批给我国居民及外国侨民的旅杂费、退职金、退休金、赡家费、移民出境汇款，外商、侨商企业红利及资产汇出，华侨投资及各国驻我国使领馆在我国收入签证费、认证费的汇出和其他一切私人外汇支出。

14. 其他外汇收支

其他外汇收支主要包括机关、企业、事业团体经费外汇支出，驻外企业汇回款项收入，外资企业汇入经费收入，外国使馆团体费用收入等。

10.2 信 用 卡

10.2.1 信用卡的含义和特点

1. 信用卡含义

信用卡(Card)是发卡银行或机构对持卡人签发的，证明持卡人信誉良好，可在指定的商店、旅馆等服务性机构购物、消费或到指定代付银行取现的凭证。

信用卡的大小与名片相似，卡面有信用卡和持卡人姓名、卡片号码、发行日期、有效日期、每笔付款限额、发卡人等内容，背面有持卡人的预留签字、磁条和银行(发卡人)的简单声明等。

信用卡起源于美国，美国的一些饭店和百货公司早在 1915 年就开始发行信用卡。20 世纪 60 年代以后，随着电子和通讯技术的不断发展和完善，信用卡得到了广泛的使用，成为一种广泛采用的支付方式，被人们称之为“电子货币”。它有购物消费、信用借贷、转账结算、汇兑、储蓄等功能，并以减少现金流通，方便购物和取款快捷、安全等特点，成为风靡世界的比票据使用更为优越的现代化结算工具。我国自中国银行 1981 年将信用卡这一新型的结算方式引进国内流通领域后，其他银行也纷纷仿效，发行自己的信用卡，从而使信用卡业务在我国获得了较大的发展。

2. 信用卡业务特点

1) 信用卡拓宽和发展了银行业务

信用卡业务之所以能迅速发展并得到广泛普及，是因为它的发展对各当事人均有益处。

(1) 为银行争取存款并获取了利润。银行通过发行信用卡，可以争取到持卡客户及受卡单位的存款，并可按垫付款金额收取一定比例的佣金或手续费。如果信用卡持有者不能按期偿还透支款项，银行还可对此收取利息，有些银行还要向持卡人收取会费。

(2) 方便持卡人取款并促进了消费。持卡人通过携带信用卡，免去了携带大量现金的不便和风险，使之去商场购物和出外旅游变得极为方便和安全。而且还可以利用信用卡以透支的方式获得银行贷款，不仅可以避免一般消费信贷每次申请审批的手续，而且还有按期还款免收利息的优惠。

(3) 促进了商业或服务公司扩大业务。发卡银行、持卡人和特约商户、代办行通过信用卡紧密地连接在一起，构成了循环往复的连续债权债务关系。在银行信用的保证之下，商业公司或服务业公司能毫无顾虑地向持卡人提供商品或各种服务形式，并能及时从银行收回货款。

2) 信用卡具有支付和信贷两种功能

持卡人可以凭信用卡购买商品和享受服务，就如同使用现金和支票，并且一旦透支，所透支的款项可以由银行预先垫付，因此银行与信用卡持卡者之间又具有借贷款关系。

3) 信用卡不同于透支放款其他消费者信贷

透支放款必须是在银行开户，并且只有经常往来、资信较好的客户才能取得；而信用卡的持卡者并不一定被要求在银行开户。一般消费者信贷只涉及银行与客户两个关系人，信用卡除银行与客户外，还涉及接受信用卡的商户，共有三个关系人。

正因为信用卡具有上述特点，所以才能成为风靡全球、快速发展的一种支付凭证。

10.2.2 信用卡的种类和信用卡机构

1. 信用卡的种类

(1) 根据发卡机构的不同，信用卡可分为银行卡和非银行卡。万事达卡、维萨卡以及我国中国银行的长城卡、工商银行的牡丹卡等属银行卡。运通卡、大莱卡、JCB 卡等属非银行卡。

(2) 根据清偿方式的不同，信用卡可分为贷记卡和借记卡。贷记卡的持卡人无需事先在发卡机构存款就可享有一定的信贷额度的使用权，即“先消费，后存款”。境外发行的信用卡一般属贷记卡。借记卡的持卡人则必须在发卡机构存有一定的款项，用卡时需以存款余额为依据，一般不允许透支，即“先存款，后消费”。

(3) 根据发卡对象的不同，信用卡可分为公司卡(商务卡)和个人卡。公司卡和个人卡又可分为主卡和副卡。

(4) 根据持卡人的信用、财产等资信情况分为普通卡和金卡。

2. 世界主要的信用卡机构

目前国际上流行的信用卡主要有：维萨卡、万事达卡、运通卡、大莱卡和 JCB 卡等。它们分别由世界五大信用卡集团发行。

1) 维萨卡国际组织

维萨卡国际组织是世界上最大的信用卡和旅行支票组织，其前身是美洲银行信用卡公司。1959 年美洲银行开始在美国加利福尼亚发行美洲银行卡，1977 年正式以“VISA”为该组织的标志，称为维萨国际组织，1982 年末开始发行维萨信用卡。维萨卡国际组织总部设在美国的洛杉矶市，总处理中心在洛杉矶的卫星城——圣曼托。

2) 万事达卡国际组织

万事达卡国际组织是一个包罗世界各地财经机构的全球信用卡会员协会，它最早是由美国加利福尼亚州的一些银行为信用卡的联营而组成的银行卡协会，1969 年该协会买下了 Master Charge 的专利，统一设计了该协会年会员银行发行信用卡的名称及款式，这一措施大大地促进了该协会信用卡的发行量和流通范围。随着业务量的增加，该协会就将 Master Charge 改成 Master Card，经过几十年的发展，万事达卡国际组织已成为仅次于维萨卡国际组织的世界第二大信用卡国际组织。万事达卡国际组织的管理总部设在纽约，总处理中心设在圣路易市。

3) 美国运通公司

美国运通公司始建于 1850 年，其初始业务主要是以旅游为中心的相关业务，1946 年介入信用卡领域，1958 年开始发行运通卡。经过多年的发展，目前它已成为全球最大的一家独立经营信用卡的公司，规模仅次于维萨卡和万事达卡，在全球居第三位。美国运通公司总部设在美国纽约，总处理中心在盐湖城。

4) 大莱信用卡公司

大莱信用卡公司的前身是于 1950 年在纽约创立的大莱俱乐部。1981 年美国花旗银行收购了大莱信用卡总公司的大部分股权，大莱公司成为花旗银行的附属公司。1983 年香港花旗银行亦收购了香港大莱信用卡公司。大莱信用卡公司总部设在美国芝加哥。

5) JCB 信用卡公司

JCB 公司是目前日本最大的信用卡公司。1961 年 1 月，日本信用卡株式会社(JCB)作为日本第一家专门的信用卡公司宣告成立。目前，JCB 集团内约有 70 家信用卡发行公司、银行、证券公司和保险公司。JCB 信用卡业务已扩展到世界 139 个国家和地区。

10.2.3 信用卡的运作

信用卡的基本流程是指包括发卡、建立特约用户、交易与授权、清算、信用控制、客户服务和业务管理的全过程。这一过程主要是围绕发卡行、持卡人和特约客户三个基本当事人之间的债权债务的发生与清偿关系进行的。另外，代办行是发卡行与特约客户的中间环节，在信用卡业务运行过程中起到非常重要的枢纽作用。

1. 申请信用卡的条件

(1) 公司卡申请条件。国内机关、团体、部队、企事业单位、三资企业等具有法人资格的单位，在华常驻机构均可申请中国境内各金融机构发行的信用卡。

在申请时必须具备以下条件。

① 填写“信用卡申请表”，要求填写真实、字迹清晰、内容完整，公司卡要加盖单位行政公章、财务图章及营业执照印本并需由法人代表签字。

② 公司卡提供单位指定的持卡人身份证或护照和居留证的原件及影件本。

③ 申请单位须与发卡银行在同一地点。

(2) 个人卡的申请条件。年满 20 周岁，有固定职业、稳定收入、信誉良好的国内公民或在中国境内有居留权并持有国籍所在国正式护照和中国公安部签发的 1 年以上居住证，在国内有固定职业和稳定收入的港澳台同胞及外国人均可申请个人信用卡。

2. 信用卡的担保与保证金

(1) 信用卡的担保。申请信用卡均需要担保，担保的个人应为所在城市常住户口的当地国家机关、企事业单位的正式职工，并且与持卡人无配偶或直系亲属关系。担保人必须承诺担保条款。持卡人与担保人不得相互担保，不能连环担保，也不允许一人担保多人。在清户前不得自行退出担保人地位。

(2) 信用卡保证金。申请公司信用卡，经审核需要交存保证金的，应按注册资金、固定资产、企业性质，交纳一定数额的保证金。视申请人的资信状况，保证金比照相应档次的储蓄存款利率计付利息。申请个人信用卡，必须实行保证金制度，保证金缴纳多少，须视申请人的经济实力、收入多少、所在工作单位的性质而定。直到持卡人退卡，才能退还保证金。

3. 信用卡的审核制度

(1) 初审。初审工作由信用卡部门的资信调查人员负责。其审核内容是：所填申请表内容是否完整清晰，持卡人提供的证件是否齐全；以公函、电话和上门调查等方式，对资料证件进行查证和落实。根据审查情况，初审人员在申请表上签署意见，交复审人员审核。

(2) 复审。复审工作一般由发卡行信用卡部门的负责人负责。金卡由部处级领导复审。复审的主要内容是：对申请人和担保人的全部资料及初审人员签署的意见进行复核，并对合格的申请表及时审批。经复审后的信用卡申请表交发卡部门输机、存档，并据此编制打卡清单发卡。

全部初、复审工作时间一般不得超过7个工作日。对符合条件的，应及时受理；对不符合条件的，应及时通知申请人并说明理由。

4. 打卡与发卡

发卡行经两级审核批准后，应缮制表外科目并出传票交管卡人领取空白卡，按申请人姓名及汉语拼音、性别、有效期打卡。发卡时首先应确认领卡人，检验其身份证件，并要求领卡人当面在信用卡背面签字栏签字。旧卡换新卡时，持卡人应交回过期卡，有发卡行剪掉卡的1/4或打洞后收回，然后发给新卡。过期卡应通过表外科目核算，同时妥善保管，定期销毁。

5. 国际外汇卡的发行

国际信用卡，又称外汇信用卡。中国银行于1988年6月在全国率先发行长城万事达国际卡。外汇卡发行对象为国外在华常驻机构，外商投资企业及经常有外汇任务的单位，以及年满20周岁的国外常驻人员，因公出国及有稳定合法外汇收入的本地居民。其申请手续如下：填写国际外汇卡申请表，提供申请人和担保人的身份证复印件，公司卡需提供营业执照和其他证明文件复印件，提供其半年内的往来银行对账单或其关于个人资产的证明文件，提供其合法外汇来源的证明文件。

发卡银行收到国际外汇卡申请人的申请表和全部证明资料后，在发卡之前，必须履行两级审核手续，初审和复审的程序与人民币信用卡相同。外汇卡的清算、授权、挂失、管理程序与人民币信用卡大致相同。只有持卡人在我国境内取现、在特约商户消费时，应支付受卡单位4%回扣。手续费由代办行和发卡行分成。

6. 建立特约商户

为了扩展信用卡业务，方便持卡人，发卡行与愿意受理信用卡业务的商场、饭店、宾馆、机场等通过协商签字协议，由发卡行对该商户的有关财务人员进行培训，讲解各项操作程序，清算办法，以及如何受理持卡人的交易。在具备一定条件的情况下，发卡银行可为特约商户安装“终端机”或“电子清算机”，实现授权终端和清算一体化，避免了透支风险，同时提高了清算的效率。发卡行与商户一旦签订协议，发卡行应向商户提供压印机、签购单和商户标志、铜牌。

7. 交易与授权

持卡人以信用卡作为支付手段，在商户那里进行消费或在发卡行指定的机构取现、转账，标志着信用卡交易的开始，同时也是发卡行授权活动的开始。授权的实质是发卡行对特约商户、代办行每一笔交易的批准过程，也是发卡银行对持卡人交易活动进行控制的重要环节，授权中心提供 24 小时授权服务，负责辖内各发卡行的代授权服务。

8. 信用卡的清算

信用卡的清算业务是以银行为中心处理持卡人、特约商户及银行之间相互支付的过程。基本上分为直接清算和间接清算两种形式。

(1) 直接清算。直接清算的程序如图 10.1 所示。

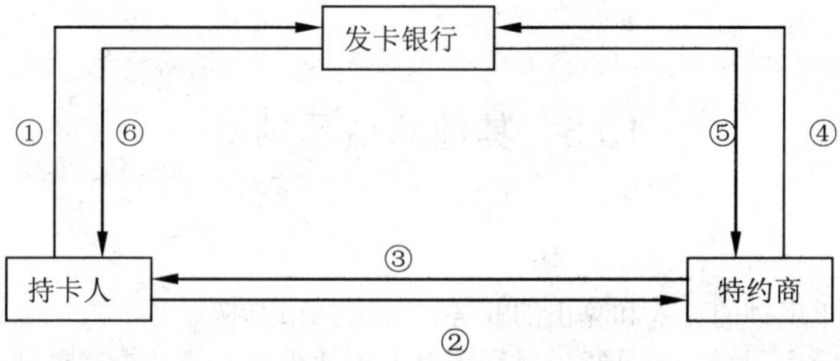

图 10.1　直接清算程序

在图 10.1 中：

① 持卡人向发卡银行存款。

② 持卡人持卡消费。

③ 特约商户向发卡行交单。

④ 特约商户为持卡人提供消费。

⑤ 发卡行付款给特约商户。

⑥ 发卡行向持卡人发对账单。

(2) 间接清算。间接清算的程序如图 10.2 所示。

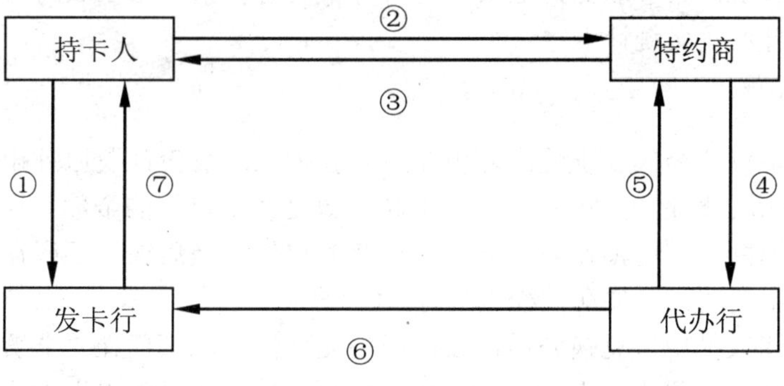

图 10.2　间接清算程序

在图 10.2 中：

① 持卡人存款。

② 持卡人凭卡消费。
③ 特约商户向持卡人提供消费。
④ 特约商户向代办行提交签购单。
⑤ 发卡行向特约商户付款。
⑥ 代办行向发卡行提示，划拨收回所列金额(减去回扣或手续费)。
⑦ 发卡行向持卡人发对账单。

9. 信用控制

信用控制是指发卡银行对持卡人的交易活动资信变化情况和特约商户是否遵守协议及规定等实施监督，并及时采取措施，以防范各种风险的发生，确保发卡银行资金安全，维护银行、商户、持卡人的合法权益。信用控制是信用卡业务的重要保障，发卡银行必须指定专人做好这项工作。

10.3 其他非贸易结算

10.3.1 外币兑换

银行办理外币现钞的兑入和兑出的业务，称为外币兑换业务。国家确定某种外币能否收兑，主要考虑两个因素：一是货币发行国对本国货币出入境是否有限制；二是这种货币在国际金融市场上能否自由兑换。

我国现行外汇管理条例规定，任何中外机构和个人均不得持外币在我国境内流通使用和买卖，也不能私自携带或邮寄出境，外币必须在银行或金融机构办理兑换。国家批准个人或单位供给外汇的，应按外汇牌价在指定外汇银行购买。

1. 兑入外币

凡属国家外汇管理局“外钞收兑牌价表”上所列的各种外币，银行经查验顾客的护照或身份证后办理收兑。银行将按当天外钞买入价折算成人民币，收点外钞和支付人民币并填写“外币兑换水单”，兑换水单一式四联：第一联为兑入外币水单，由兑入行加盖业务公章交给持兑人收执；第二联为外汇买卖科目外币贷方传票；第三联为外汇买卖科目借方传票；第四联为外汇买卖统计卡。

2. 兑出外币

银行对境外单位或个人要求兑出外币，应查验护照或身份证及原外币兑换水单，在有效期内(从兑入外币之日起 6 个月内)，按不超过原兑换水单上的金额兑换。收回的原兑换水单，加盖“已退回”戳记，作为外汇买卖传票的附件。最后银行还应在顾客的海关申报单的外币登记栏中写明，以便海关检查放行。

对于批准出国人员申请兑换外币，银行应根据外汇管理部门在“非贸易外汇申请书”上批准的金额办理。办理兑出手续时，银行应缮制“外币兑换水单”一式四联，根据当天外钞买出价兑付。第一联为兑出外币水单，由兑出行盖章后交申请人收执；第二联为外汇买卖科目人民币贷方传票；第三联为外汇买卖科目借方传票；第四联为外汇买卖统计卡。

10.3.2　旅行支票

外币旅行支票是指境内商业银行代售的、由境外银行或专门金融机构印制、以发行机构作为最终付款人、以可自由兑换货币作为计价结算货币、有固定面额的票据。它是一种银行汇款凭证，具有兑取方便、携带安全等优点，深受旅行者欢迎。

1. 旅行支票上的关系人

旅行支票一般是由发行机构签发，由其自己付款，并经旅行支票购买者重签的一种特殊支付凭证，是票据的一种形式。因此，旅行支票上有 3 个基本关系人：出票人、售票人、购票人。

(1) 出票人。旅行支票正面印有发行机构的名称和地址。由于旅行支票通常是发行机构负责付款的，所以出票人就是付款人。出票人即旅行支票发行机构负责人的签名，在印刷时一并印妥，而不像其他有些票据那样临时加签。

(2) 售票人。如出票人自己售出旅行支票，则出票人、付款人、售票人三者合而为一。如发行机构以外的代理行售出旅行支票，售出者就是代售行，代售行只是代发行机构推销其旅行支票，付款责任仍由发行机构承担。

(3) 购票人。客户向旅行支票发行机构或代收机构付足金额和一定的手续费，购得旅行支票后，成为购票人。购票人在旅行支票上签了名，即成为持票人。旅行支票上为购票人(持票人)留有两个签名空位，购票人购票时是第一次签名，称为初签，第二次以持票人身份签名，称为复签。

2. 旅行支票的特点

旅行支票金额固定，一般有多种固定面额，便于携带使用，其特点可以概括为以下几点。

(1) 使用方便。旅行支票可像钞票一样零星使用，可在不指定的地点或银行付款，汇款人和收款人同是旅行者一人。

(2) 使用期限长。旅行支票一般不规定流通期限，可长期使用。

(3) 携带安全。携带旅行支票比携带现金安全。持票人一旦丢失旅行支票，可及时挂失，并经旅行支票发行机构确认后即可得到补偿。

(4) 防止假冒。客户购买旅行支票时，在支票上留有初签，使用时需有相同字迹的复签，可以有效地防止假冒。

3. 旅行支票兑付程序

旅行支票分可转让和不可转让两种。对不可转让支票，只能由原购票人在兑付时当面复签，确认复签真实后，可予兑付。对可转让支票，原购票人在转让时是对受让人当面复签，并填上受让人姓名，然后受让人到银行在支票背面背书领取票款。

(1) 识别旅行支票的真伪。接收旅行支票时，我们首先要识别旅行支票的真伪，遇到有疑问时，应征得客户同意后通过银行办理托收。发现假票，立即扣留。

(2) 当面复签。接收旅行支票时，可以请客户出示护照并在旅行支票上当面复签，核对无误后才可兑付，如签字走样，可请其在支票背面再签一次。核对签字时，应注意以下几点：原签名是否被擦掉或用较粗的签名覆盖；复签时是否有姓名拼写错误；对空白和转让的旅行支票一般不予兑付，只能办理托收。

(3) 审查币别和金额。银行应认真审查旅行支票的币别和金额。

(4) 缮制兑换传票。兑换传票抬头栏上的姓名要按护照上的全名写清楚，并注明护照号码。

(5) 支取票款。票款的支取分以下 5 种情况。

① 外币取现。客户要求提取与所持旅行支票币别相同的外币现金时，扣除票面金额的0.75%，剩余金额为所付外币现金；客户要求提取与所持旅行支票币别不同的外币现金时，在扣除票面金额的 0.75%后按当时外汇买入现汇价与卖出外汇现钞价的比率折算，计实金额为所付外币现金。

② 客户所持旅行支票币别与要求转存的账户币别相同时，在扣除旅行支票票面金额的0.75%后，剩余金额即为转入客户开立在转入行的外币账户。

③ 客户所持旅行支票币别与要求转存的账户币别不同时，在扣除旅行支票票面金额的0.75%后，按当日外汇买入现汇价与外汇卖出现汇价的比率折算，计实金额存入其外币账户。

④ 汇出国外汇款。如遇到客户汇出国外汇款是旅行支票原币别时，在扣除旅行支票票面金额的 0.75%后，按当日外汇买入现汇价与外汇卖出现汇价的比率折算，方可办理汇款业务，汇款中的手续费、邮电费、电报费等计实收费。

⑤ 人民币取现。在扣除旅行支票票面金额的 0.75%后，可按当日外汇买入现汇价折算成人民币。

(6) 索偿。兑付后的旅行支票应在票面加盖兑付行名的特别划线章，并在背面作成兑付行的背书，迅速寄给国外发行银行索偿票款，归还兑付行垫款。

4. 我国目前关于旅行外汇支票的规定

根据国家外汇管理局发布并于 2004 年 4 月 1 日实施的《关于外币旅行支票代售管理等有关问题的通知》(以下简称《通知》)，外币旅行支票的代售对象是境内机构、驻华机构，以及境内的居民个人或非居民个人。银行代售的外币旅行支票原则上应限于境外旅游、、探亲会亲、境外就医、留学等非贸易项下的对外支付，不得用于贸易项下或资本项下的对外支付。

《通知》规定：境内机构、驻华机构中购外币旅行支票，不得以外币现钞或人民币现钞购买，应以长期项目外汇账户、外汇资本金账户以及其他明确可用于经常项目支出的外汇账户内资金购买，或用人民币账户内资金购汇后购买；境内居民个人购买外币旅行支票，可用存款账户内资金或外币现钞购买，也可用人民币账户内资金或人民币现钞购汇购买；非居民个人在境内的合法人民币收入可按有关规定兑换成外汇后购买。

阅读案例 10-1

杨某诉 A 商业银行旅行支票纠纷案

1996 年 10 月 29 日，台商杨某到持面额为一千美元的美国运通公司国际旅行支票 69 张计六万九千美元到中国大陆 A 商业银行办理旅行支票兑付业务，A 商业银行收到杨某的国际旅行支票后，要求杨某对全部旅行支票当面进行了复签。A商业银行经与初签核对无误后，当场兑付九千美元。因审查该国际旅行支票及证件需要一定时间，A商业银行对另外六万美元办理了托收手续。杨某事后将国际旅行支票托收回单存放于案外人文某处。同年11月15日，文某又将杨某在其处保管的且已由杨某初签、复签一致的一万美元旅行支票在A商业银行办理了第二笔托收业务，并取得托收回单。1996年11月21日和12月5日，文某持托收回单和本人身份证件先后将六万美元和一万美元旅行支票兑付美元现钞取走。后杨某以“A商业银行违法兑付国际旅行支票，将其钱款支付给他人”为由诉至法院，请求A商业银行赔偿七万美元及利息损失。一、二审法院均判决A商业银行败诉，要求A商业银行给付杨某七万美元及利息。

法院认为，本案属于票据纠纷，A商业银行在该国际旅行支票的兑换过程中违反票面记载事项，并错误将其解付给非支票持有人，给支票合法持有人杨某造成经济损失，其行为存有过错，应负赔偿责任。

资料来源：天天加油网站

10.3.3 侨汇

侨汇即华侨汇款的简称，指侨胞、外籍华人和港澳同胞汇入国内的款项。侨汇按其用途可分为赡家侨汇、建筑侨汇和捐赠侨汇。侨汇是华侨与祖国联系的纽带，既是侨眷的重要经济来源，又是我国一项重要的外汇收入，在经济建设及地方工商以及公益事业建设中都发挥着重要作用。侨汇是我国非贸易外汇的主要来源之一。

由于侨汇的特殊性和积极作用，侨汇工作具有较强的政策性和业务原则要求我们详细加以阐述。

1. 侨汇的解付

(1) 侨汇的种类与解付。侨汇的主要方式有信汇、电汇、票汇和约期汇款等。

① 信汇。信汇指港澳或国外联行通过信函方式航寄信汇通知书方式汇入的侨汇。大部分港澳和国外联行在办理侨汇业务时采用每日按国内通汇行、分币别在营业终了时缮制“经收侨汇总清单”，并附信汇委托书、正副收条、汇款证明书和信汇通知书等，直接寄通汇行。通汇行收到汇出行寄来的侨汇总清单后，经仔细审核汇出行签章无误，总清单所列笔数、金额与附件相符后，按所附的信汇委托书逐笔缮制汇款通知书，通知收款人取款。通汇行解付信汇后，应在收款入签章的正副收条上加盖有行名和日期的付讫戳记。

② 电汇。电汇指港澳或国外联行以电报方式汇入的侨汇。电汇汇入的途径有两种：一是国外或港澳银行直接发至解付行的电汇；二是国内联行转委的电汇，其电报顶端注有“侨转”字样。解付行接到电汇后，经核押无误，即缮制汇款通知书通知收款人前来取款。如汇款报单电抄未到，解付行先以“港澳及国外联行往来未达户”科目列账，转入“汇入汇款”科目并抽出电抄，加盖付讫戳记，以防重复解付。

③ 票汇。票汇指海外华侨、港澳台同胞向港澳或国外联行购买汇票，自带或邮寄给他们国内的亲属，凭以向国内指定的解付行兑付的汇款。解付行经核对汇票上的出票人签字与汇票通知书的签字与签字样本相符后，办理解付。汇票上若有收款人姓名，应由收款人背书，并认真核对收款人提供的身份证件后，方可解付。解付汇票的侨汇证明书电解付行填写，解付汇票时如汇出行的总清单尚未收到，可通过“港澳及国外联行往来未达户”科目处理。

④ 约期汇款。约期汇款指华侨和港澳台同胞与汇出行约定，在一定时期(如每月 1 次

或每两月 1 次)汇给国内侨眷一定金额的汇款。由汇出行通知解付行按约定日期通知收款人取款。

(2) 侨汇收条的处理。信汇、电汇全套汇款收条一般都有正、副收条，汇款证明书和汇款通知书一式四联。

正收条在解讫侨汇后，及时寄还汇出行，等候汇款人领取以清手续。正收条有收款人签章、现金付讫章和解付日期章，华侨一向重视正收条，我国香港地区、新加坡联行汇入侨汇，尤应立即寄还正收条，一般应于第二天寄出。

副收条是解付侨汇后银行留存的主要凭证。副收条上同样应有收款人签章、现金付讫章和解付日期章，并对收款人的身份证件号码作详细记录。如果个别汇款需盖公章应盖在副收条上，以备日后查考。

汇款证明书是解付侨汇时，交给收款人持有的一联，凭以查对收款金额。汇款通知书有收款人的详细地址，以便通知收款人取款，它是解付侨汇的依据。

2. 侨汇的转汇及解付处理

(1) 侨汇的转汇。侨汇的转汇是指当汇入行收到侨汇后，收款人在外地需要办理转汇，可委托收款人所在地银行办理解付。侨汇的转汇均应以外币进行，解付后也应以外币划账。转汇行在转汇时应将汇款详细内容及时、准确地转到解付行，内容包括侨转(编号)、地址、收款人姓名、汇款人姓名、货币金额、附言、密押、转汇行行号等。

(2) 解付时的处理手续。解付行收到转汇行寄来的侨汇转汇委托书及附件，应先核对印鉴、密押，再根据转汇委托书与附件核对，按照规定手续办理解付。

解汇行应每日将已解讫的侨汇转汇核销转汇行“转汇委托书”并汇总划付转汇行。解讫的正收条和通知书上应加盖解付行付讫日期，随附报单寄转汇行。副收条由解付行留作传票附件或另外保管。

(3) 转汇行收到解付行报单处理手续。转汇行收到解付行报单及所附的解讫侨汇正收条及通知书，经核对无误后，逐笔核销信汇委托书办理转账。

3. 侨汇的查询和退汇

汇入行委托银行或其他金融机构代解侨汇，如在一定期限内未收到回条，应向解付行发出查询催解通知，直到解讫为止，其具体情况如下。

(1) 因收款人姓名有误、地址不详等原因，解付行无法解付侨汇时，应及时向汇出行查询。若非直接通汇行，应通过转汇行向国外汇出行进行查询。

(2) 因电报密押不符，或报单签单有误时，应该向汇出行或转汇行查询，查复后解付。

(3) 侨汇总清单及其附件发生差错时的处理方法。方法主要分以下三点。

① 总清单与附件不符的处理。总清单与附件(指“信汇委托书”等)笔数、金额不符，但总清单及附件上签章无误，应立即以信函或电报向国外汇出行查询。为避免侨汇积压，银行仍可按正常手续解付，对所附各笔侨汇的委托书应逐笔拉列清单，并连同总清单及有关附件交专人保管。解讫后以“暂付款项”过渡，待汇出行查复后再按应有手续转入“汇入汇款”并转销“暂付款项”科目。

② 解付行委托有误的处理。侨汇总清单以本解付行为抬头行，但其中误有委托其他解付行的侨汇，误附的各笔侨汇应按转汇方式处理。

③ 总清单及附件误寄的处理。总清单及附件均应寄送其他通汇行而误寄本行的，应迅速转寄有关行。

(4) 侨汇一经汇入，一般不应退回，但下列情况的可以退汇。

① 汇款人退汇。对于已经汇入的侨汇，如汇出行应汇款人的要求办理退汇时，汇出行应来函、来电或以“迟汇通知书”通知汇入行办理退汇，汇入行接到通知后，查明该笔汇款确未解付，即可办理退汇。

② 收款人拒收汇款要求退汇。汇入行应查清拒收原因，分清情况，与汇出行联系，征得汇款人同意，方可由解付行办理退汇。

③ 国内持票人退汇。国内持票人申请退汇，须经外汇管理部门审核批准，发给“邮寄外币票据出国证明书”后，才能向邮局办理汇票邮寄国外手续，以便由汇款人持汇票向汇出行办理退汇。

④ 收款人姓名地址不详，经多方调查仍无法解付者，或收款人死亡又无合法继承人代收款时，经与国外汇出行联系，收到其退汇通知书者，可以办理退汇。

本章小结

国际上由于政治、文化以及其他经济活动所引起的货币收支行为，称为非贸易结算。我国目前非贸易结算的内容主要包括私人汇款、国际运输收支、邮电费收支、银行经营服务收支、保险费收支、图书电影邮票收支、外轮代理和服务收入、旅游外汇收支、机关企业团体等的经费收支等。

侨汇是居住在国外的华侨、外籍华人和中国港澳同胞汇入国内(境内)的汇款，属于由于非贸易往来引起的国际汇入汇款业务。侨汇也有电汇、信汇、票汇 3 种汇款方式，与贸易汇款的业务程序基本相同。旅行支票是由银行或公司为方便旅游者安全携带和使用而发行的一种定额支票，专供旅行者在途中购买物品、支付旅途费用。旅行支票在性质和使用方式上具有面额固定、兑取方便、携带安全的特点。

信用卡是由银行或信用卡公司向其客户提供的一种信用凭证。持卡人可凭卡向发卡单位及其附属机构存取款及转账，凭卡在特约商门自费。近几年来，随着电脑的普及，信用卡已经成为世界范围内跨地区、跨国境使用的一种支付凭证。

关键术语

非贸易结算　Non-trade Settlement
信用卡　Credit Card
维萨卡　Visa Card
万事达卡　Master Card
美国运通卡　America Express Card
大莱卡　Dines Card
JCB 卡　JCB Card
侨汇　Overseas Chinese Remittance

综合练习

一、填空题

1. 信用卡根据清偿方式不同可分为(　　　)和(　　　)两种。
2. 旅行支票有三个基本当事人，分别是(　　　)、(　　　)、(　　　)。

二、判断题

1．非贸易结算的范围不包括机关、团体经费外汇支出。 ( )

2．信用卡具有支付和信贷的功能。 ( )

三、名词解释

非贸易结算　信用卡　侨汇　旅行支票

四、简答题

1. 非贸易收支项目有哪些？
2. 简述信用卡的清算业务。
3. 简述旅行支票兑付程序。
4. 简述侨汇的种类。

【案例分析题】

2004 年 7 月至 8 月，郑某某为了实施信用卡诈骗活动，伙同或指使他人并由其出资先后在重庆、西安等地用伪造的身份证设立了多家服装店、工艺品店，并为上述商店向中国银行申请设立了基本账户和用于国际信用卡交易的特约商户终端机(“POS 机”)。而后，郑正山利用先前通过国际不法分子获取的一些国际信用卡信息，伪造了多张国际信用卡。然后在并无货物实际交易的情况下，用伪造的国际信用卡在上述 POS 机上多次刷卡，伪造交易，从中国银行多次骗取交易结算款，共计人民币 152 万余元。中国银行陕西省分行于 2004 年 11 月 1 日，通过交易监控系统发现其中 3 家服装店、工艺品店交易金额过大，且存在大量异常返回信息，认为有信用卡欺诈嫌疑，于是报案。经过警方缜密侦查，将涉嫌信用卡诈骗的郑某某等 5 人抓捕归案。根据此案例分析采用什么措施防止信用卡诈骗？

参 考 文 献

[1] 袁永友. 国际商务经典案例[M]. 北京：经济日报出版社，2001.
[2] 姚莉，王学龙. 国际结算[M]. 北京：中国金融出版社，2002.
[3] 陈跃雪，尹成远. 国际结算[M]. 南京：东南大学出版社，2005.
[4] 林泽拯，林毅. 国际贸易结算单证案例与分析[M]. 北京：中国对外经济贸易出版社，1998.
[5] 苏宗祥，国际结算[M]. 北京：中国金融出版社，2004.
[6] 庞红，尹继红. 国际结算[M]. 北京：中国人民大学出版社，2005.
[7] 陈铮. 国际结算[M]. 上海：上海财经大学出版社，2005.
[8] 梁琦. 国际结算[M]. 北京：高等教育出版社，2005.
[9] 郭燕，杨楠楠. 国际贸易案例精选[M]. 北京：中国纺织出版社，2004.
[10] 徐景霖. 国际贸易实务[M]. 大连：东北财经大学出版社，2005.
[11] 徐进亮. 最新国际商务惯例与案例[M]. 南宁：广西科学技术出版社，2000.
[12] 庄乐梅. 国际结算实务精要[M]. 北京：中国纺织出版社，2004.
[13] 白力威. 国际结算[M]. 天津：南开大学出版社，2002.
[14] 俞月琴. 国际贸易结算风险识别与防范[M]. 太原：山西人民出版社，2003.
[15] 张东祥. 国际结算[M]. 武汉：武汉大学出版社，2005.
[16] 沈明其. 国际结算[M]. 北京：机械工业出版社，2006.
[17] 苏宗祥，徐捷. 国际结算练习[M]. 北京：中国金融出版社，2010.
[18] 秦定，高蓉蓉. 国际结算（英文版）[M]. 北京：清华大学出版社，2010.
[19] 蒋琴儿，秦定. 国际结算理论•实务•案例（双语教材）[M]. 北京：清华大学出版社，2007.
[20] 张晓明. 国际贸易实务与操作[M]. 北京：高等教育出版社，2006.
[21] 肖玉珍. 实用国际结算[M]. 长沙：中南大学出版社，2003.
[22] 高洁. 国际结算案例评析[M]. 北京：对外经济贸易大学出版社，2006.
[23] 国际贸易实务网，http://met.fzu.edu.cn/
[24] 张素珍. 谈信用证新审单标准在国际贸易中的运用[J]. 中国农业银行武汉培训学院学报，2008，(2):66-67.
[25] 徐英杰. ISBP 的适用及案例分析[J]. 济南职业学院学报，2006，(1):47-49.
[26] 王善论. UCP600——信用证领域的新规则[N]. 国际商报，2007-01-05.
[27] 张恒安. 郭丽春. 从一则案例看 ISBP 关于不符点的处理规则[J]. 黑龙江对外经贸，2004，(9):22-23.
[28] 徐进亮. 国际结算惯例与案例[M]. 北京：对外经济贸易大学出版社，2007
[29] 梁琦. 国际结算与融资[M]. 北京：高等教育出版社，2005.
[30] 贺瑛. 国际结算[M]. 北京：中国金融出版社，2006.

北京大学出版社本科财经管理类实用规划教材(已出版)

序号	标准书号	书 名	主 编	定 价	序号	标准书号	书 名	主 编	定 价
1	7-5038-4748-6	应用统计学	王淑芬	32.00	38	7-5038-5018-9	财务管理学实用教程	骆永菊	42.00
2	7-301-18515-5	会计学原理(第 2 版)	刘爱香	30.00	39	7-5038-5022-6	公共关系学	于朝晖	40.00
3	7-5038-4881-0	会计学原理习题与实验	齐永忠	26.00	40	7-5038-5013-4	会计学原理与实务模拟实验教程	周慧滨	20.00
4	7-5038-4892-6	基础会计学	李秀莲	30.00	41	7-5038-5021-9	国际市场营销学	范应仁	38.00
5	7-5038-4896-4	会计学原理与实务	周慧滨	36.00	42	7-5038-5024-0	现代企业管理理论与应用	邸彦彪	40.00
6	7-5038-4897-1	财务管理学	盛均全	34.00	43	7-301-13552-5	管理定量分析方法	赵光华	28.00
7	7-5038-4877-3	生产运作管理	李全喜	42.00	44	7-81117-496-0	人力资源管理原理与实务	邹 华	32.00
8	7-5038-4878-0	运营管理	冯根尧	35.00	45	7-81117-492-2	产品与品牌管理	胡 梅	35.00
9	7-5038-4879-7	市场营销学新论	郑玉香	40.00	46	7-81117-494-6	管理学	曾 旗	44.00
10	7-5038-4880-3	人力资源管理	颜爱民	56.00	47	7-81117-498-4	政治经济学原理与实务	沈爱华	28.00
11	7-5038-4899-5	人力资源管理实用教程	吴宝华	38.00	48	7-81117-495-3	劳动法学	李 瑞	32.00
12	7-5038-4889-6	公共关系理论与实务	王 玫	32.00	49	7-81117-497-7	税法与税务会计	吕孝侠	45.00
13	7-5038-4884-1	外贸函电	王 妍	20.00	50	7-81117-549-3	现代经济学基础	张士军	25.00
14	7-5038-4894-0	国际贸易	朱廷珺	35.00	51	7-81117-536-3	管理经济学	姜保雨	34.00
15	7-5038-4895-7	国际贸易实务	夏合群	42.00	52	7-81117-547-9	经济法实用教程	陈亚平	44.00
16	7-5038-4883-4	国际贸易规则与进出口业务操作实务	李 平	45.00	53	7-81117-544-8	财务管理学原理与实务	严复海	40.00
17	7-5038-4885-8	国际贸易理论与实务	缪东玲	47.00	54	7-81117-546-2	金融工程学理论与实务	谭春枝	35.00
18	7-5038-4873-5	国际结算	张晓芬	30.00	55	7-5038-3915-3	计量经济学	刘艳春	28.00
19	7-5038-4893-3	国际金融	韩博印	30.00	56	7-81117-559-2	财务管理理论与实务	张思强	45.00
20	7-5038-4874-2	宏观经济学原理与实务	崔东红	45.00	57	7-81117-545-5	高级财务会计	程明娥	46.00
21	7-5038-4882-7	宏观经济学	蹇令香	32.00	58	7-81117-533-2	会计学	马丽莹	44.00
22	7-5038-4886-5	西方经济学实用教程	陈孝胜	40.00	59	7-81117-568-4	微观经济学	梁瑞华	35.00
23	7-5038-4870-4	管理运筹学	关文忠	37.00	60	7-81117-575-2	管理学原理与实务	陈嘉莉	38.00
24	7-5038-4871-1	保险学原理与实务	曹时军	37.00	61	7-81117-519-6	流程型组织的构建研究	岳 澎	35.00
25	7-5038-4872-8	管理学基础	于干千	35.00	62	7-81117-660-5	公共关系学实用教程	周 华	35.00
26	7-5038-4891-9	管理学基础学习指南与习题集	王 珍	26.00	63	7-81117-663-6	企业文化理论与实务	王水嫩	30.00
27	7-5038-4888-9	统计学原理	刘晓利	28.00	64	7-81117-599-8	现代市场营销学	邓德胜	40.00
28	7-5038-4898-8	统计学	曲 岩	42.00	65	7-81117-674-2	发展经济学	赵邦宏	48.00
29	7-5038-4876-6	经济法原理与实务	杨士富	32.00	66	7-81117-598-1	税法与税务会计实用教程	张巧良	38.00
30	7-5038-4887-2	商法总论	任先行	40.00	67	7-81117-594-3	国际经济学	吴红梅	39.00
31	7-5038-4965-7	财政学	盖 锐	34.00	68	7-81117-676-6	市场营销学	戴秀英	32.00
32	7-5038-4997-8	通用管理知识概论	王丽平	36.00	69	7-81117-597-4	商务谈判实用教程	陈建明	24.00
33	7-5038-4999-2	跨国公司管理	冯雷鸣	28.00	70	7-81117-595-0	金融市场学	黄解宇	24.00
34	7-5038-4890-2	服务企业经营管理学	于干千	36.00	71	7-81117-677-3	会计实务	王远利	40.00
35	7-5038-5014-1	组织行为学	安世民	33.00	72	7-81117-800-5	公司理财原理与实务	廖东声	36.00
36	7-5038-5016-5	市场营销学	陈 阳	48.00	73	7-81117-801-2	企业战略管理	陈英梅	34.00
37	7-5038-5015-8	商务谈判	郭秀君	38.00	74	7-81117-826-5	服务营销理论与实务	杨丽华	39.00

序号	标准书号	书 名	主 编	定 价	序号	标准书号	书 名	主 编	定 价
75	7-81117-824-1	消费者行为学	甘瑁琴	35.00	105	7-301-19038-8	宏观经济学(第2版)	蹇令香	39.00
76	7-81117-828-9	审计学	王翠琳	46.00	106	7-301-18787-6	宏观经济学原理与实务(第2版)	崔东红	57.00
77	7-81117-593-6	国际金融实用教程	周 影	32.00	107	7-301-19098-2	人力资源管理(第2版)	颜爱民	60.00
78	7-81117-818-0	微观经济学原理与实务	崔东红	48.00	108	7-301-19351-8	管理运筹学(第2版)	关文忠	39.00
79	7-81117-851-7	西方经济学	于丽敏	40.00	109	7-5655-0370-2	企业战略管理	代海涛	36.00
80	7-81117-853-1	企业战略管理实用教程	刘松先	35.00	110	7-5655-0404-4	企业财务会计模拟实习教程	董晓平	25.00
81	7-81117-852-4	国际商法理论与实务	杨士富	38.00	111	7-301-19400-3	成本会计学	杨尚军	38.00
82	7-81117-887-6	会计规范专题	谢万健	35.00	112	7-301-19404-1	国际贸易(第2版)	朱廷珺	45.00
83	7-81117-943-9	管理会计	齐殿伟	27.00	113	7-5655-0405-1	金融学理论与实务	战玉锋	42.00
84	7-81117-955-2	审计理论与实务	宋传联	36.00	114	7-301-19403-4	基础会计学	窦亚芹	33.00
85	7-81117-958-3	金融法学理论与实务	战玉锋	34.00	115	7-301-09956-8	客户关系管理实务	周贺来	44.00
86	7-81117-959-0	市场营销理论与实务	那 薇	38.00	116	7-301-19449-2	会计学原理习题与实验(第2版)	王保忠	30.00
87	7-81117-956-9	东南亚南亚商务环境概论	韩 越	38.00	117	7-301-15062-7	货币银行学	杜小伟	38.00
88	7-81117-972-9	新编市场营销学	刘丽霞	30.00	118	7-301-17420-3	国际结算(第2版)	张晓芬	35.00
89	7-301-16084-8	人力资源管理经济分析	颜爱民	38.00	119	7-301-19855-1	市场营销学(第2版)	陈 阳	45.00
90	7-5655-0069-5	质量管理	陈国华	36.00	120	7-301-19967-1	证券投资学	陈汉平	45.00
91	7-5655-0063-3	管理学实用教程	邵喜武	37.00	121	7-301-20042-1	财务管理理论与实务	成 兵	40.00
92	7-5655-0064-0	市场营销学	王槐林	33.00	122	7-301-20048-3	商务谈判(第2版)	郭秀君	49.00
93	7-5655-0078-7	管理学原理	尹少华	42.00	123	7-301-20019-3	初级财务管理	胡淑姣	42.00
94	7-5655-0061-9	高级财务会计	王奇杰	44.00	124	7-301-20071-1	国际商法	丁孟春	37.00
95	7-5655-0077-0	现代组织理论	岳 澎	32.00	125	7-301-19967-1	证券投资学	陈汉平	45.00
96	7-5655-0081-7	市场营销学实用教程	李晨耘	40.00	126	7-301-20027-8	跨文化管理	晏 雄	35.00
97	7-5655-0093-0	国际商务	安占然	30.00	127	7-5655-0433-4	东方哲学与企业文化	刘峰涛	34.00
98	7-5655-0155-5	公共关系理论与实务	李泓欣	45.00	128	7-301-20090-2	金融风险管理	朱淑珍	38.00
99	7-5655-0193-7	人力资源管理：理论、实务与艺术	李长江	50.00	129	7-5655-0482-2	成本会计学	张红漫	30.00
100	7-5655-0057-2	消费者行为学	肖 立	37.00	130	7-301-20089-6	员工招聘	王 挺	30.00
101	7-301-18536-0	管理学原理与实务(第2版)	陈嘉莉	43.00	131	7-301-20281-4	人力资源管理实用教程(第2版)	吴宝华	45.00
102	7-301-18653-4	会计学原理与实务(第2版)	周慧滨	33.00	132	7-301-20407-8	财务管理理论与实务(第2版)	张思强	45.00
103	7-5655-0302-3	西方经济学实用教程	杨仁发	49.00	133	7-301-20473-3	成本会计学	刘建中	38.00
104	7-301-18798-2	国际贸易理论与实务(第2版)	缪东玲	54.00					

本科电子商务与信息管理类教材

序号	标准书号	书 名	主 编	定 价	序号	标准书号	书 名	主 编	定 价
1	7-301-12349-2	网络营销	谷宝华	30.00	16	7-301-15694-0	网络金融与电子支付	李蔚田	30.00
2	7-301-12351-5	数据库技术及应用教程(SQL Server版)	郭建校	34.00	17	7-301-16556-0	网络营销	王宏伟	26.00
3	7-301-12343-0	电子商务概论	庞大连	35.00	18	7-301-16557-7	网络信息采集与编辑	范生万	24.00
4	7-301-12348-5	管理信息系统	张彩虹	36.00	19	7-301-16596-6	电子商务案例分析	曹彩杰	28.00
5	7-301-13633-1	电子商务概论	李洪心	30.00	20	7-301-16717-5	电子商务概论	杨雪雁	32.00
6	7-301-12323-2	管理信息系统实用教程	李 松	35.00	21	7-301-05364-5	电子商务英语	覃 正	30.00
7	7-301-14306-3	电子商务法	李 瑞	26.00	22	7-301-16911-7	网络支付与结算	徐 勇	34.00
8	7-301-14313-1	数据仓库与数据挖掘	廖开际	28.00	23	7-301-17044-1	网上支付与安全	帅青红	32.00
9	7-301-12350-8	电子商务模拟与实验	喻光继	22.00	24	7-301-16621-5	企业信息化实务	张志荣	42.00
10	7-301-14455-8	ERP原理与应用教程	温雅丽	34.00	25	7-301-17246-9	电子化国际贸易	李辉作	28.00
11	7-301-14080-2	电子商务原理及应用	孙 睿	36.00	26	7-301-17671-9	商务智能与数据挖掘	张公让	38.00
12	7-301-15212-6	管理信息系统理论与应用	吴 忠	30.00	27	7-301-19472-0	管理信息系统教程	赵天唯	42.00
13	7-301-15284-3	网络营销实务	李蔚田	42.00	28	7-301-15163-1	电子政务	原忠虎	38.00
14	7-301-15474-8	电子商务实务	仲 岩	28.00	29	7-301-19899-5	商务智能	汪 楠	40.00
15	7-301-15480-9	电子商务网站建设	臧良运	32.00	30	7-301-19978-7	电子商务与现代企业管理	吴菊华	40.00

请登录 www.pup6.cn 免费下载本系列教材的电子书(PDF版)、电子课件和相关教学资源。

欢迎免费索取样书，并欢迎到北京大学出版社来出版您的大作，可在 www.pup6.cn 在线申请样书和进行选题登记，也可下载相关表格填写后发到我们的邮箱，我们将及时与您取得联系并做好全方位的服务。

联系方式：010-62750667，wangxc02@163.com，gefang-zf@163.com，linzhangbo@126.com，欢迎来电来信。